D1701262

Mann am Herd

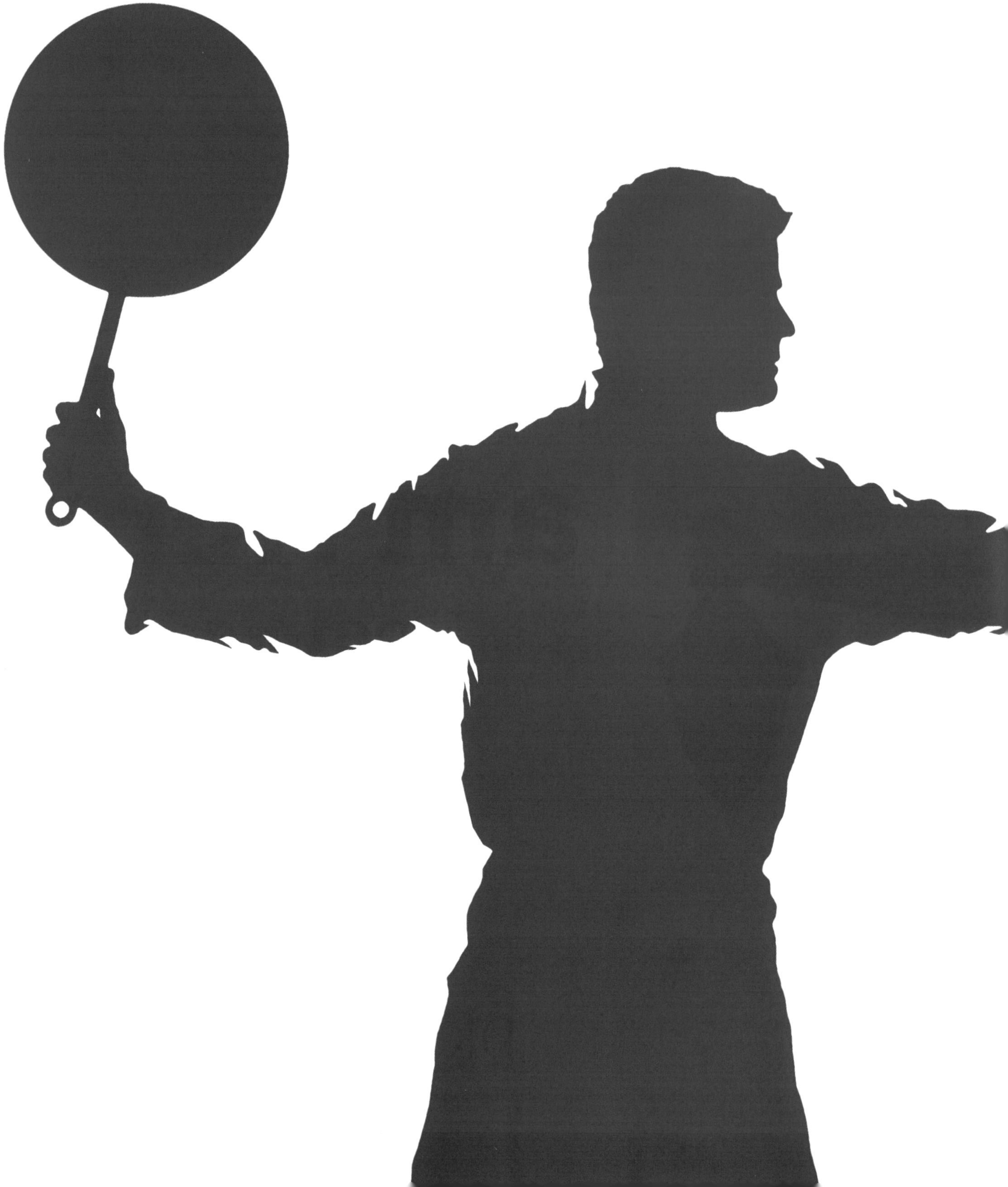

Mann am Herd

pete evans

NEUE REZEPTE
FÜR PFANNE
UND GRILL

DORLING KINDERSLEY

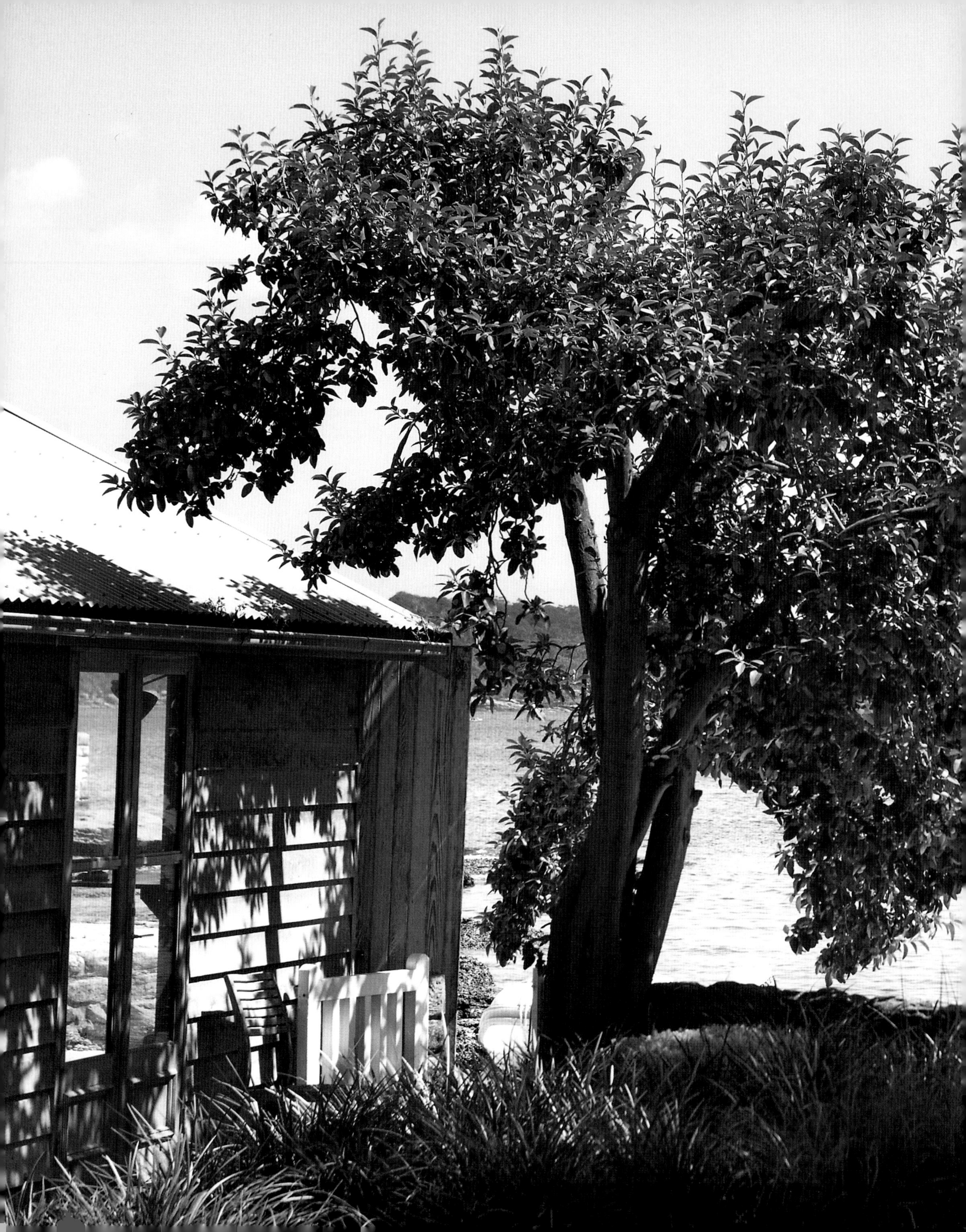

Inhalt

Glühende Leidenschaft...6

Nichts wie raus!...10

Entspannte Tage...86

Am Abend...172

Register...252

Glühende Leidenschaft

Ich bin ein waschechter Australier und liebe es, auf meinem Grill draußen etwas zu brutzeln – so geht es wohl fast allen Männer überall auf der Welt. Wir Kerle halten es für unser natürliches Recht, am Grill »unseren Mann« zu stehen, wann immer Gelegenheit dazu ist. Dabei war es meine Mutter, die mir in jungen Jahren die hohe Kunst des Barbecues beibrachte. Meinem Glückstern sei Dank für ihr gutes Händchen am Grill und für die vielen fabelhaften Gerichte, die sie auftischte, wenn ich und meine Freunde mit einem Bärenhunger vom Wellenreiten zurückkamen. Ihr legendäres Steaksandwich, ein echtes Glanzstück, darf in meinem Buch nicht fehlen. So lag es für mich nahe, ein Kochbuch zu schreiben für Gerichte, wie ich sie liebe: unkompliziert, mit besten Zutaten und rauchigen Barbecue-Aromen, die für den gewissen Kick sorgen. Wir Australier nennen übrigens alles »Barbecue«, was unter freiem Himmel über direkter Hitze zubereitet wird, ob nun über glühenden Kohlen, auf einem Gasbrenner oder am Lagerfeuer.

Aber keine Sorge! Falls das Wetter bei Ihnen zu Hause nicht so toll sein sollte wie bei uns, können Sie jedes Gericht auch auf dem Herd bzw. im Backofen zubereiten. Zum Braten benutzen Sie eine normale Bratpfanne auf dem Herd, vorzugsweise eine schwere aus Gusseisen (es geht aber auch jede herkömmliche antihaftbeschichtete Pfanne). An schönen Sommertagen können Sie zum Braten eine gusseiserne Pfanne oder eine Bratplatte auf Ihren Holzkohle- oder Gasgrill stellen – falls Sie nicht ohnehin zu den Glücklichen gehören, die einen Profigrill mit eingebauter Bratplatte besitzen. Bei den Grillrezepten haben Sie ebenfalls die Wahl: Eine Grillpfanne, vorzugsweise aus Gusseisen, sorgt in der Küche ebenso zuverlässig für die typischen Aromen und die schicken Grillstreifen wie der Rost des Holzkohle- oder Gasgrills für draußen.

In meiner Zeit als Koch habe ich einige nützliche Tipps und Tricks aufgegabelt, die auch Ihnen helfen sollen, das Beste aus den Rezepten herauszuholen. Zum Beispiel ist es ratsam, die Garauflage – egal ob Pfanne, Rost oder Bratplatte – mit etwas Öl einzupinseln, bevor man sie auf Betriebstemperatur bringt. Außerdem sollte man Fleisch für ein Maximum an Geschmack und Zartheit grundsätzlich vor dem Garen auf Raumtemperatur erwärmen und danach etwas ruhen lassen.

Bei Rezepten für Geschmortes empfehle ich einen schweren Schmortopf oder Bräter. Die Kunst beim Schmoren liegt darin, die Temperatur so zu regulieren, dass sie im Topf konstant bleibt, und ein spezieller Schmortopf, etwa aus Gusseisen, erleichtert diese Aufgabe. Alle Gerichte enthalten aber ausreichend Flüssigkeit, also keine Angst, dass Sie es vermasseln. Am Lagerfeuer bringe ich für diesen Zweck gern einen Dutch oven (oder, wie wir Aussies auch sagen, »camp oven«) zum Einsatz, das ist ein schwerer, gusseiserner Topf mit Deckel, der über das offene Feuer gehängt oder direkt in die Glut gestellt wird. Der Dutch oven wird beim Kochen verwendet wie ein normaler Schmortopf, eignet sich aber auch z. B. zum Brot backen (siehe Seite 68).

Wollen Sie mit dem Wok draußen brutzeln, empfiehlt sich ein spezieller Wokbrenner.

Welche Wahl Sie treffen, ist letztlich nicht entscheidend, es geht einzig darum, mit Freunden und Familie ganz entspannt bei ein paar gut gekühlten Drinks eine leckere Mahlzeit zu genießen – was braucht man mehr für einen perfekten Tag?

Dieses Buch soll Ihr Repertoire um einige köstliche, aber einfache Gerichte bereichern. Die Rezepte haben sich zigfach bewährt, seit ich die ersten Shrimps auf den Grill warf. Es ist in drei Kapitel unterteilt, die von meiner Art zu leben und zu kochen erzählen.

Das erste Kapitel »Nichts wie raus!« verrät, wie mir das Kochen wohl am meisten Spaß macht: Am Wochenende mit den Jungs oder der Familie rausfahren und irgendwo den Grill auspacken. Die Fotos wurden in unserer kleinen Hütte in den Bergen zwischen Melbourne und Sydney, auf diversen Campingplätzen und auf der Farm meines Freundes Barry geschossen (unbedingt sein Grillspießchen-Rezept auf Seite 68 probieren!). Es bietet herzhafte und würzige Gerichte, darunter viel Geschmortes.

Das Kapitel »Entspannte Tage« enthält die typischen Gartenparty-Klassiker, fotografiert bei mir zu Hause in Sydney Bondi. Hier geht es um stressfreie

GLÜHENDE LEIDENSCHAFT

Gerichte, die wenig Zeit und Aufwand kosten und vom Grill oder Herd direkt auf dem Teller landen können.

Das Kapitel »Am Abend« bietet etwas festlichere Küche für den besonderen Anlass. Hier werden Sie fündig, wenn Sie Freunde und Familie mit ihren Kochkünsten beeindrucken wollen, ohne sich gleich übermäßig in Arbeit zu stürzen.

Auch ein rundes Dutzend Drinks sind dabei, damit Ihre Einladung wirklich keine Wünsche offen lässt.

Koch bin ich aus einem einfachen Grund geworden: Ich war in Englisch durchgefallen und hatte schlicht zu schlechte Noten, um zur Uni zu gehen. Im Nachhinein war das ein Glücksfall, denn die Entscheidung für die Kocherei war das Beste, was mir passieren konnte. Hätte man meinen Englischlehrern damals erzählt, dass ich einmal mein drittes Buch veröffentlichen würde, so kann ich mir ihre Kommentare lebhaft vorstellen (ich behalte sie besser für mich). Ich weiß, ich bin kein Kandidat für den Pulitzerpreis, doch wenn ich Rezepte und die kleinen Geschichten dazu aufschreibe oder einfach nur aufs Geratewohl vor mich hin plaudere, habe ich richtig Spaß dabei, und das hätte ich mir im Leben nicht träumen lassen. Doch ich bin nur einer von vielen, die ihren Beitrag zu diesem Buch geleistet haben, auf das ich so stolz bin, darum möchte ich mich bei den vielen anderen Verantwortlichen bedanken, die daran mitgewirkt haben.

Einen großen Dank an das Team von Murdoch Books, die meine Ideen veröffentlichen. An Juliet Rogers und Kay Scarlett für ihre Zuversicht, mit mir gegen den Strom zu schwimmen. An Jane Lawson, die alles so wunderbar und unaufgeregt zusammenfügte, an Reuben Crossman für seine Gestaltungsideen, an Mary-Jayne House, die mit mir kreuz und quer durchs Land flog, um mich mit vielen interessanten Leuten zusammenzubringen, Sonia Greig für ihre Rezepttests und Daniela Bertollo, die meine Worte klingen lässt, als verfügte ich über so etwas wie Bildung ... Ich glaube, das war der härteste Job von allen!

Dank an das »rasante Duo«, den Fotografen Anson Smart und den Food-Stylisten David Morgan, ein bemerkenswertes Team, das ganz Alltägliches in etwas Außergewöhnliches verwandeln kann. Ich weiß nicht, wie sie das machen, aber ich bin froh, dass sie es können!

Dem Team in meinen Restaurants *Hugos* und *The Pantry* danke ich für die unablässige Unterstützung. Ein großes Dankeschön an Monica und Jacinta Cannactaci für ihre Hilfe bei den Fotoshootings und die immer stressfreie und perfekte Vorbereitung, an Massimo Mele, Kris Bailey, Guy Massey, Matt Drummond, Clint Jaeger und Gerard d'Ombrille, die während der Arbeiten an diesem Buch ein Auge auf meine Küchen hatten. Danke noch einmal an meine Geschäftspartner Dave Evans, Dave Corsi, Daniel Vaughan, Guy Mainwaring und Daddy'o für ihr Verständnis und ihre Erlaubnis, meinen Traum zu verwirklichen.

Danke an alle Buchhändler, die helfen, mein Buch unter die Leute und in die Küchen zu bringen – auf dass es ein Lächeln in die Gesichter zaubern möge!

Das Team von Fresh, mit dem ich seit Jahren zusammenarbeite, hat mir die Augen für viele fremde Esskulturen geöffnet. Nicht viele können behaupten, jedes Jahr fast 800 völlig verschiedene Gerichte zu kochen – ich kann es dank des Talents von Michelle Lucia, Rob Cowen und Naomi Smith. Ein großes Dankeschön an John Pye für all seine Arbeit an diesem Buch, er ist einer der talentiertesten Köche, die ich kenne und auch sehr brauchbar, um ein Bier trinken zu gehen. Und an Mark Ward, König der Cocktails – toller Job!

Einen Dank an Andrew Dwyer für seine Großzügigkeit, ein Rezept aus seinem Kochbuch *Outback – Recipes and Stories from the Campfire* zur Verfügung zu stellen.

Den Lesern und Köchen, die mein Buch kaufen, danke ich für ihr Vertrauen darauf, dass man von mir ein paar Rezepte lernen kann und auch der Spaß dabei nicht zu kurz kommt. Wenn Sie nur ein Rezept in Ihr Repertoire aufnehmen, hat sich die Sache schon gelohnt!

Einen ganz besonderen Dank an meine wundervolle Familie – Astrid, Mum, Udo, Leonie, Poldi und Walter.

Zu guter Letzt möchte ich dieses Buch meinen kleinen Mädchen Chilli und Indii widmen, die Daddy nach jeder Barbecue-Session beim Aufräumen halfen. Ich liebe euch!

Cheers, Pete

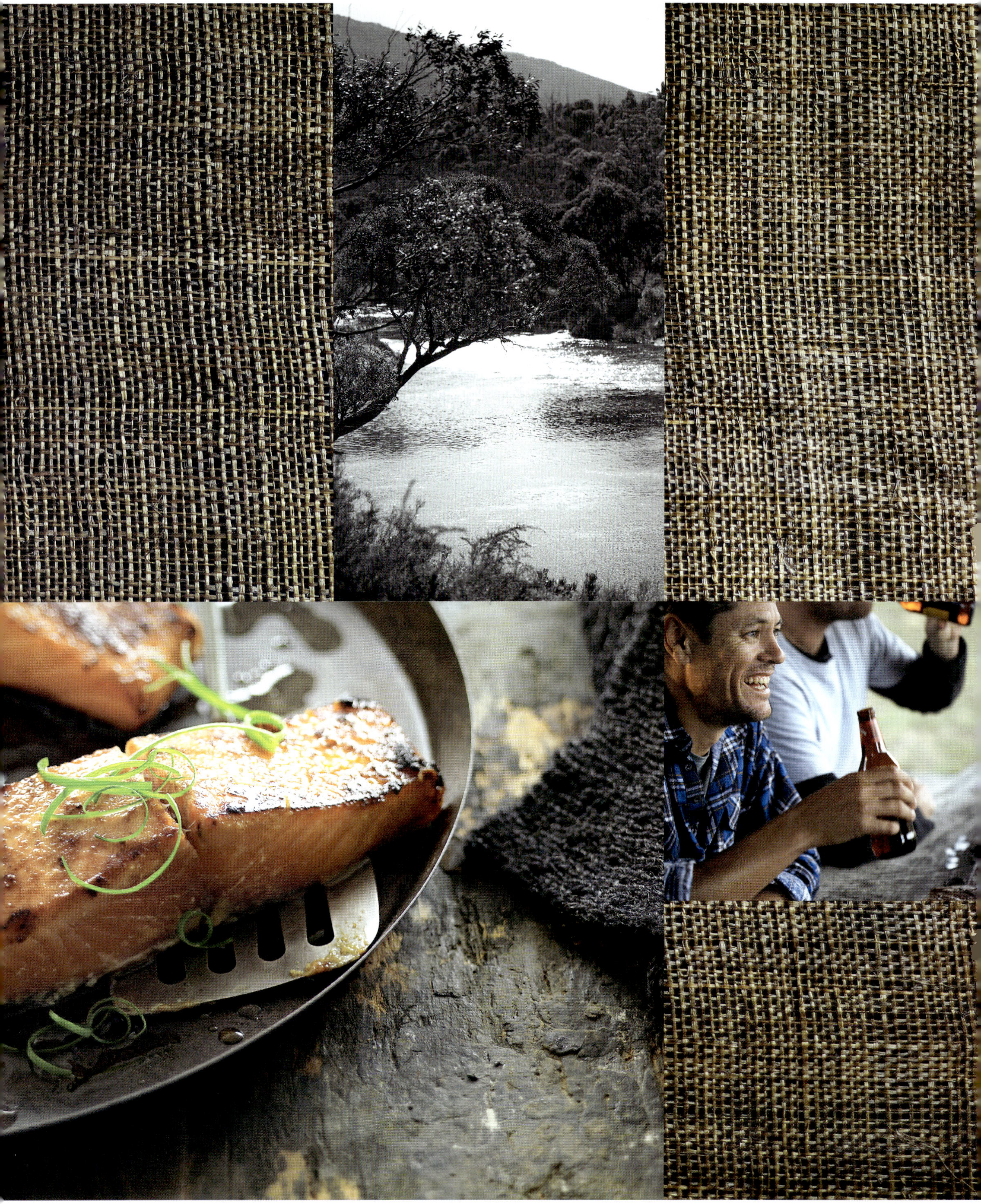

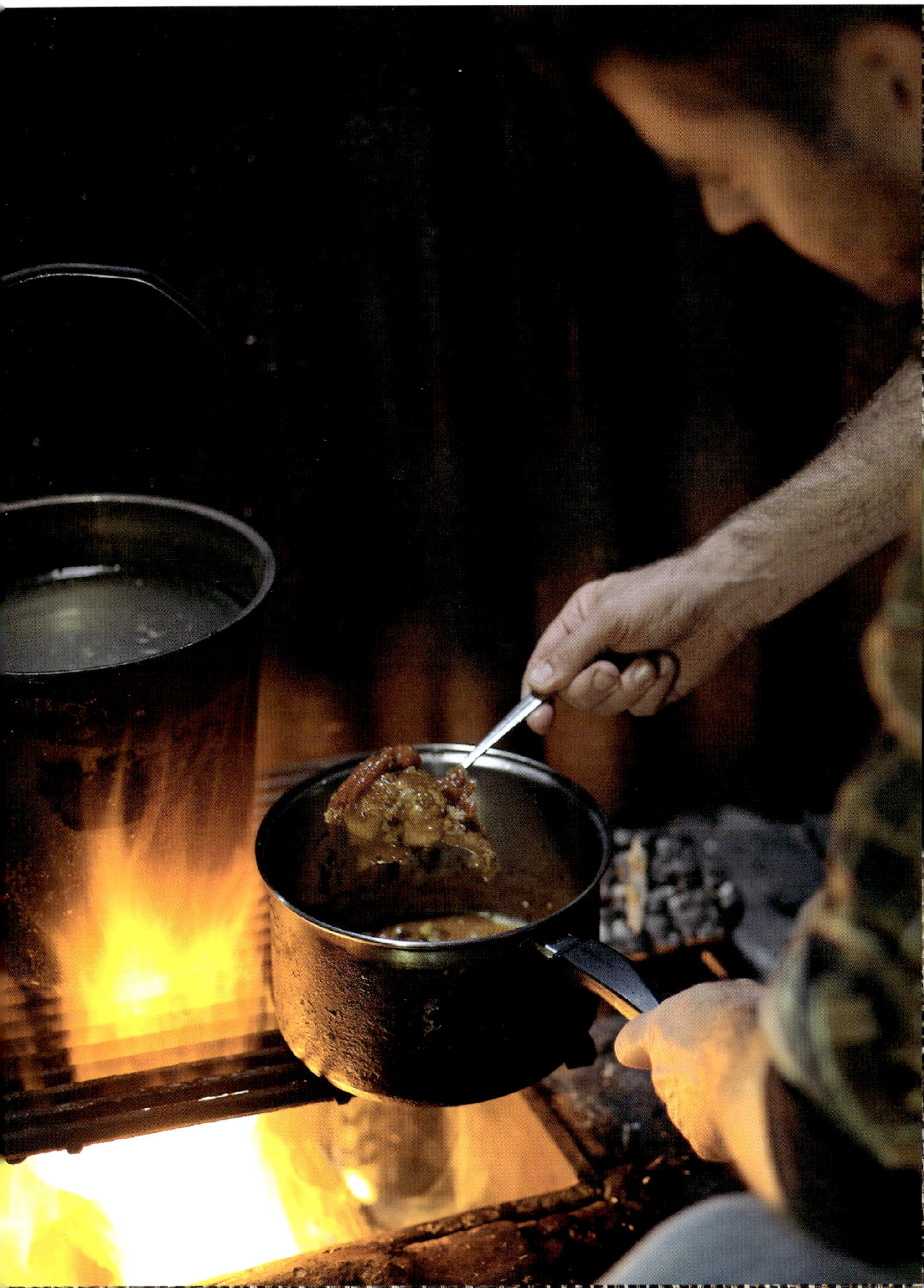

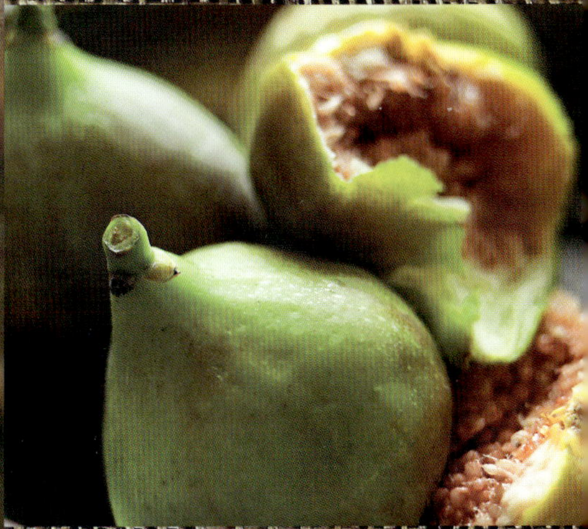

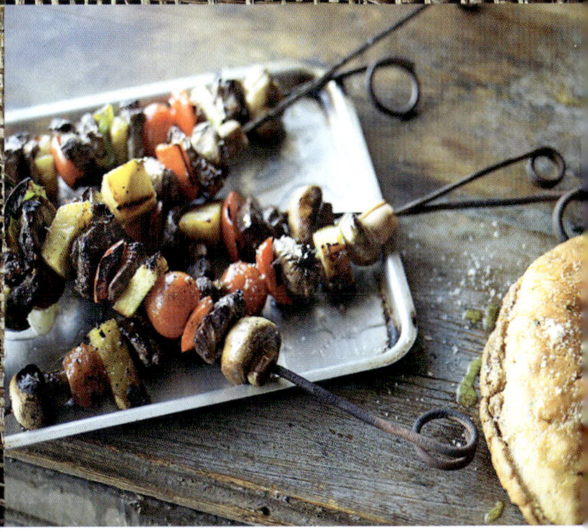

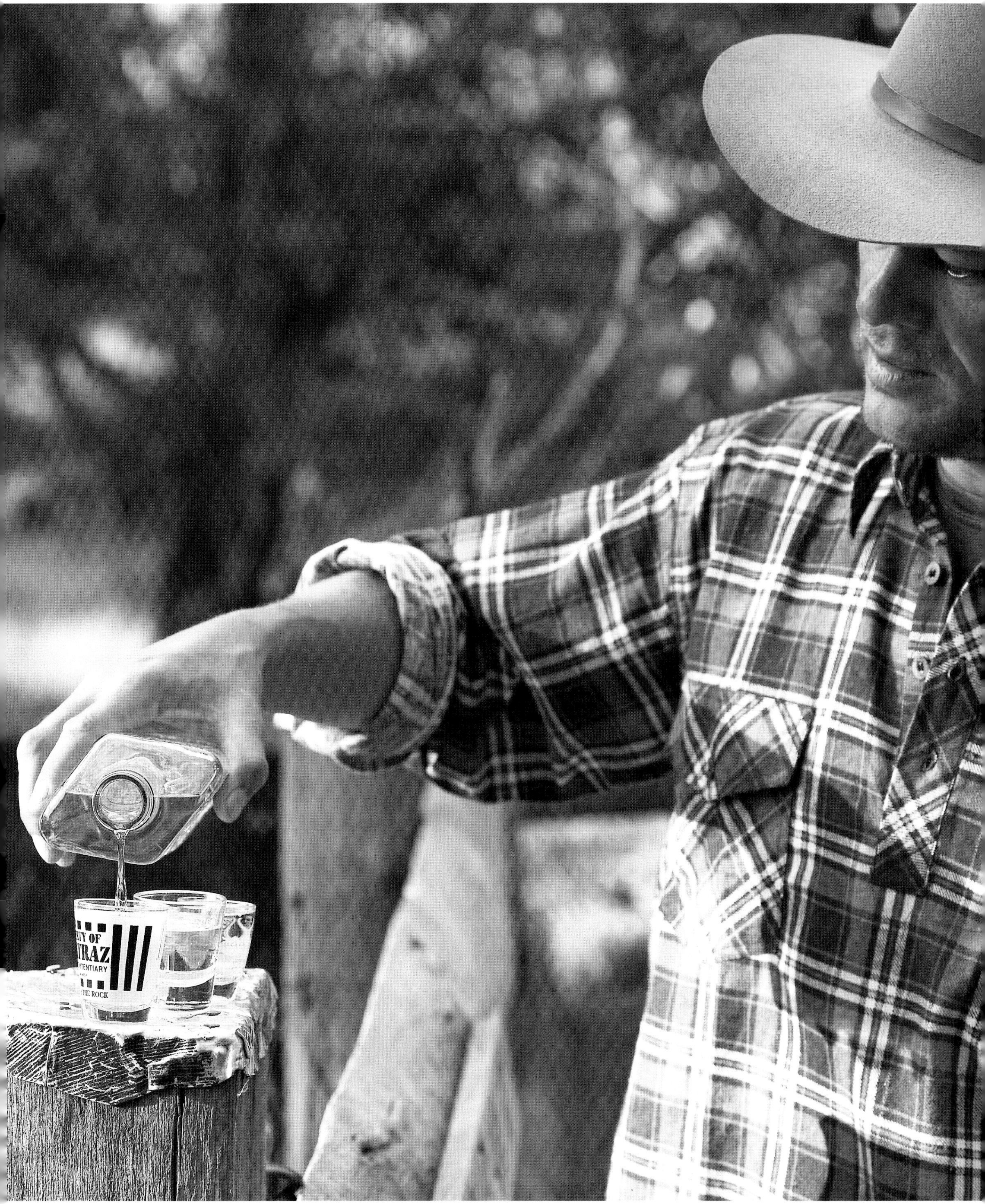
THE ROCK

Nichts wie raus!

Ich brauche es, ab und zu der Stadt und dem Alltag zu entfliehen, irgendwo ins Hinterland oder an die Küste zu fahren, einen Nationalpark zu besuchen oder mit dem Boot fischen zu gehen. Doch an erster Stelle steht für mich dabei das gemeinsame Essen mit Familie und Freunden. Die Rezepte dieses Kapitels sind genau das Richtige für einen entspannten freien Tag irgendwo da draußen. Was gibt es Schöneres als ein Lagerfeuer, beste Zutaten, gute Freunde und ein paar Drinks, um die Unterhaltung zu ölen?

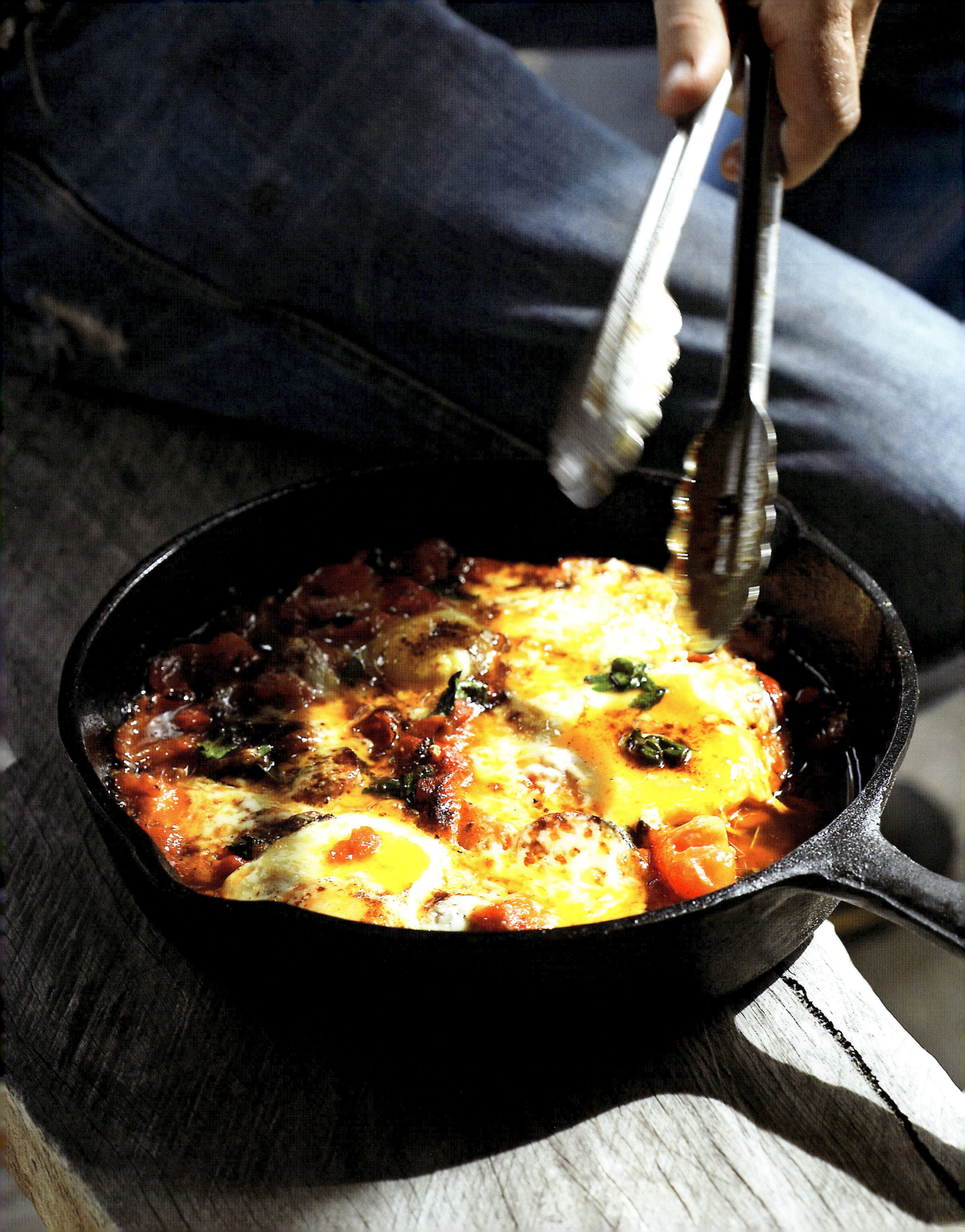

Chorizos gehören zu meinen Lieblingszutaten. Die pikanten spanischen Paprikawürste aus Schweinefleisch sind aus meinem Kühlschrank kaum wegzudenken (allerdings sollte man nicht zu viel davon essen, da sie ganz schön fett sind – doch in Maßen sollten sie nicht schaden). Chorizos sind ungemein vielseitig, ich kombiniere sie mit Reis, Pasta oder Meeresfrüchten und verwende sie für Eintöpfe. Mein absoluter Favorit ist aber die Kombination mit Eiern zum Frühstück. Ein wunderbarer Start in den Tag – besonders, wenn es ein freier ist!

Eier mit Chorizo

FÜR 4 PERSONEN

1 rote Paprikaschote
4 Tomaten, halbiert
1 Chorizo (spanische Paprikawurst), in Scheiben geschnitten
1 kleine Handvoll glatte Petersilie, Blättchen abgezupft
Salz und frisch gemahlener schwarzer Pfeffer
8 Eier
1 Prise geräuchertes Paprikapulver (*Pimentón de la Vera*)
100 g geriebener Manchego (spanischer Schafskäse)

Einen Grill anheizen oder den Backofengrill auf 200 °C vorheizen. Die Paprikaschote für 15–20 Minuten rundherum grillen, bis die Haut schwarz wird und Blasen wirft. Abkühlen lassen und die Haut mit einem spitzen Messer vorsichtig abziehen. Die Schote halbieren, von Stielansatz und Samen befreien und in Streifen schneiden.

Die Tomatenhälften einige Minuten grillen oder in einer Pfanne braten, bis sie weich sind; anschließend in grobe Würfel schneiden. Die Chorizoscheiben von beiden Seiten goldbraun grillen oder braten.

Tomaten und Chorizo in einer Schüssel mit den Paprikastreifen und der Petersilie mischen und mit Salz und Pfeffer würzen.

Die Mischung in eine Pfanne geben und bei mittlerer Temperatur erhitzen. Einige Mulden in das Gemüse drücken und dort die Eier hineinschlagen. Mit dem Paprikapulver und dem geriebenen Käse bestreuen und zugedeckt bei mittlerer Hitze 5 Minuten garen, bis das Eiweiß gestockt, das Eigelb jedoch noch flüssig ist. Schmeckt hervorragend mit geröstetem Sauerteigbrot.

Dieses Rezept ist denkbar einfach: Ein paar Eier werden mit Ahornsirup oder Honig verschlagen, das Brot wird darin eingeweicht und dann goldgelb gebraten. Darauf kommt ein Belag Ihrer Wahl. Mein Favorit sind Honig, Ricotta und Feigen, an sich schon eine unschlagbare Kombination – aber auf goldbraunem French Toast ein ganz besonderer Genuss!

French Toast mit Feigen

FÜR 4 PERSONEN

Eine Pfanne oder eine Bratplatte erhitzen. Etwas Butter auf die Garfläche geben. Die Eier mit dem Ahornsirup oder Honig und 1 Prise Meersalz verschlagen. Die Brotscheiben jeweils etwa 10 Sekunden in die Mischung einlegen, sodass sie etwas durchweichen.

Das überschüssige Ei abtropfen, die Scheiben bei mittlerer Temperatur 2–3 Minuten braten, bis sie von unten goldbraun sind. Wenden und von der anderen Seite ebenfalls goldbraun braten.

Die Feigen mit der aufgeschnittenen Seite nach unten 1–2 Minuten Farbe nehmen lassen. Die Früchte mit dem French Toast auf einer Platte anrichten und mit dem Honig beträufeln. Mit Puderzucker bestäuben und mit dem Ricotta servieren.

etwas Butter
6 Eier
2 EL Ahornsirup oder Honig
1 Prise Meersalz
8 Scheiben Toastbrot
8 Feigen, halbiert
90 g Bio-Honig, erwärmt
Puderzucker zum Bestäuben
8 EL Ricotta

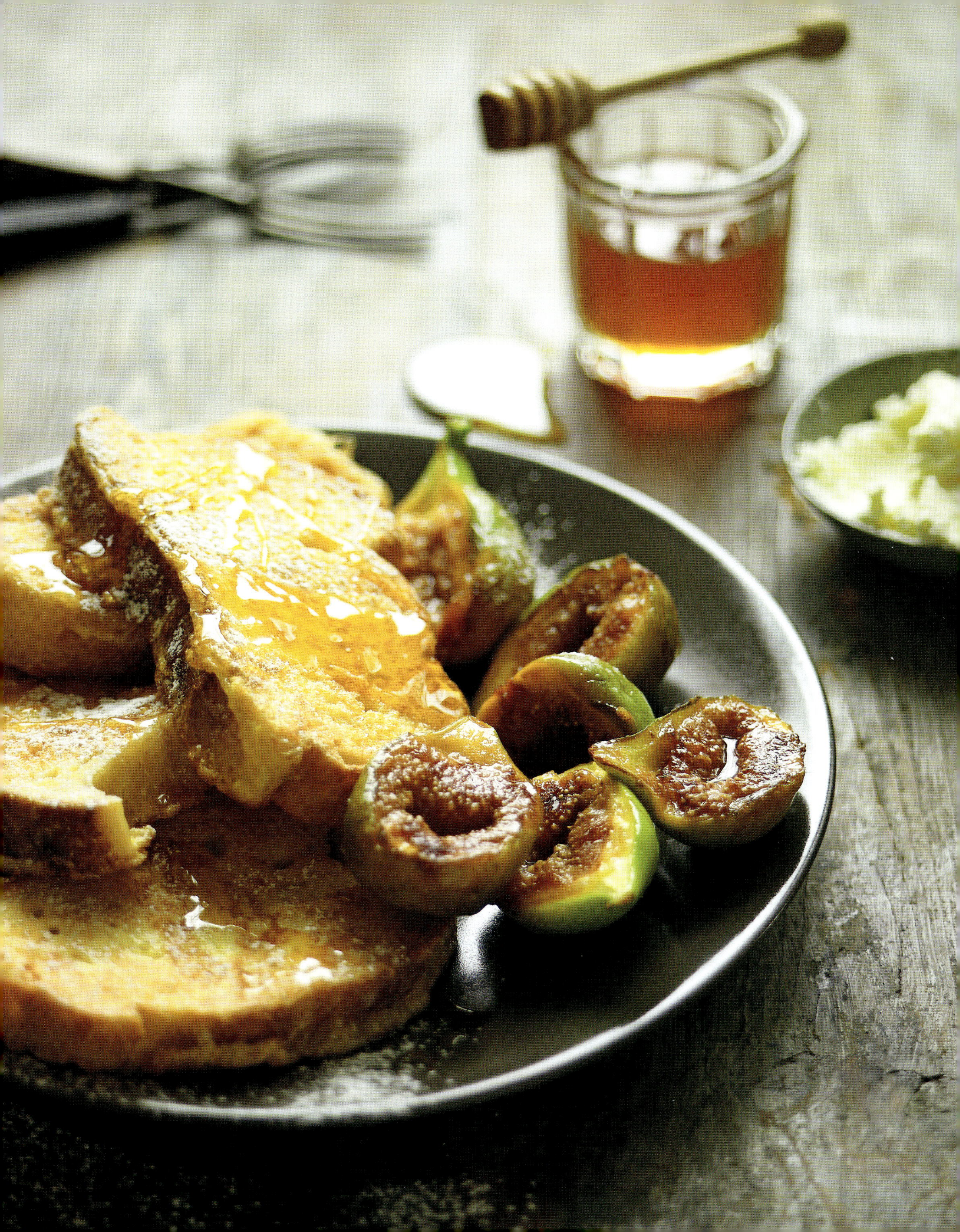

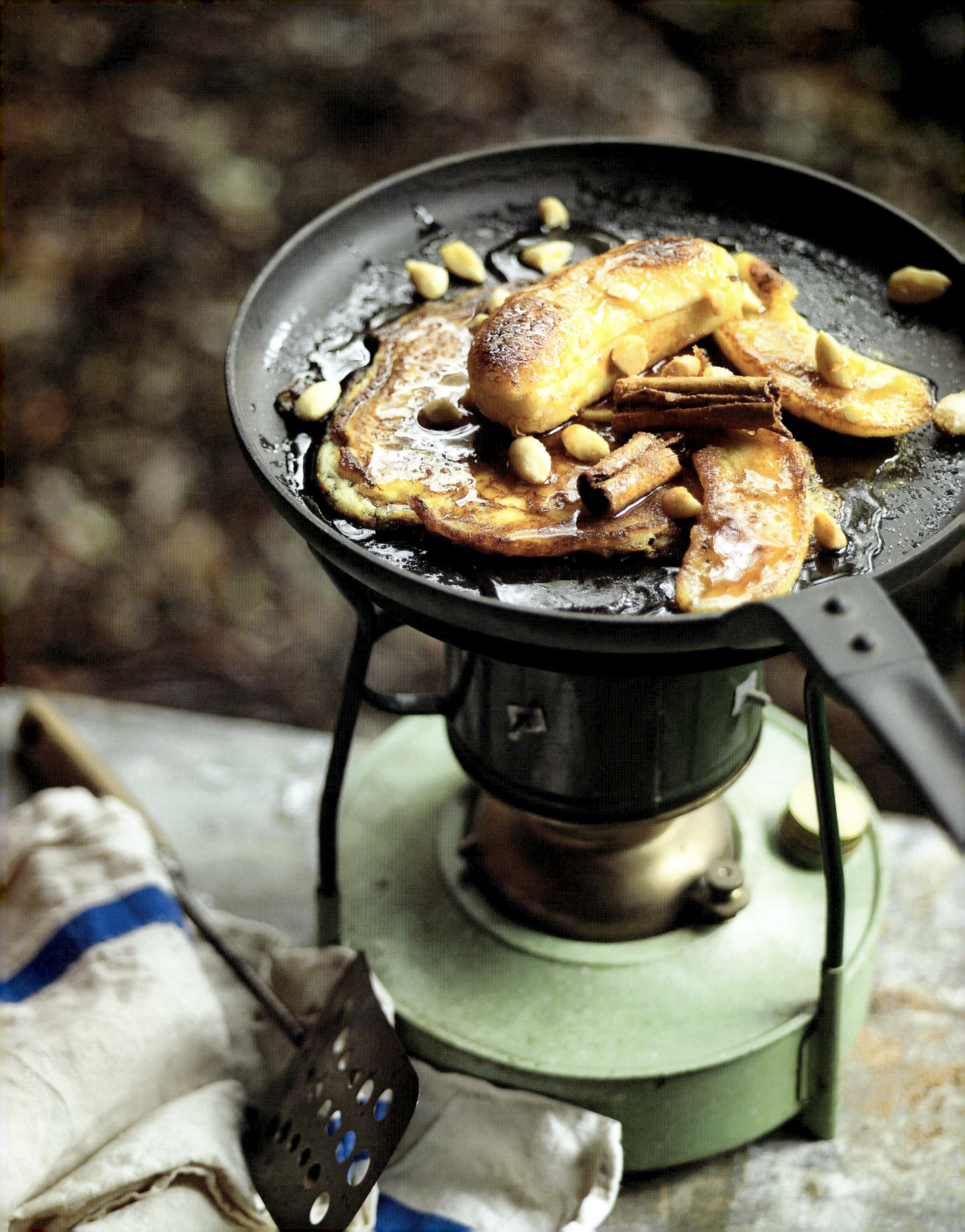

Dieses Rezept stammt noch aus den Anfangszeiten meiner Laufbahn als Koch. Es bietet eine schmackhafte Abwechslung zu klassischen Pfannkuchen, da Eischnee und Ricotta für einen besonders lockeren Teig sorgen. Als großer Freund von gebratenen Bananen serviere ich diese Pfannkuchen mit Zimtbananen. Probieren Sie ruhig je nach Saison andere Früchte, besonders gut machen sich einige unter den Teig gehobene Blaubeeren und Himbeeren.

Pfannkuchen mit Zimtbananen

FÜR 4 PERSONEN

75 g Mehl
2 TL Backpulver
1 Prise Salz
4 Eier, getrennt
180 ml Milch
300 g Ricotta
geklärte Butter oder Butterschmalz
  (siehe Anmerkung)
1 EL gemahlener Zimt
1 EL Zucker
4 reife Bananen, längs halbiert
8 EL Ahornsirup
zerbrochene Zimtstangen zum
  Garnieren (nach Belieben)
geröstete Mandeln zum Servieren
  (nach Belieben)

Für die Pfannkuchen das Mehl, das Backpulver und 1 Prise Salz in eine Schüssel sieben.

In einer zweiten Schüssel die Eigelbe mit der Milch verschlagen. Die Mischung langsam zu dem Mehl gießen, sorgfältig unterrühren und den zerkrümelten Ricotta untermengen. In einer weiteren Schüssel die Eiweiße steif schlagen, bis sich feste Spitzen bilden. Den Eischnee behutsam unter den Teig heben.

Eine Pfanne oder eine Bratplatte erhitzen und mit etwas geklärter Butter einfetten. Jeweils eine kleine Kelle Teig etwa 2 Minuten bei mittlerer Temperatur backen, bis der Pfannkuchen von unten goldbraun ist. Wenden, die Hitze reduzieren und von der anderen Seite ebenfalls goldbraun backen. Auf einen Teller legen und zugedeckt warm stellen. Den restlichen Teig in gleicher Weise zu Pfannkuchen ausbacken.

Inzwischen den Zimt und den Zucker mischen, die Bananen darin wenden und rundherum goldbraun braten. Mit dem Ahornsirup überziehen, nach Belieben mit Zimtstangen und gerösteten Mandeln garnieren und servieren.

Anmerkung: Für die geklärte Butter 200 g Butter in einem Topf bei schwacher Hitze zerlassen und 10 Minuten stehen lassen. Den Schaum abschöpfen, ohne den milchigen Bodensatz aufzuwirbeln, und das klare Butterfett vorsichtig in eine Schüssel abgießen.

Diese Fritters sind ein echter Hit zum Frühstück, Brunch oder auch zum Mittagessen – sie schmecken nicht nur gut, sie schinden auch noch Eindruck. Zucchini, Mais und Feta sind einfach eine fabelhafte Kombination. Der Rand darf ruhig ein bisschen dunkler werden, das macht sie noch knuspriger und würziger. Sie können die Fritters im Voraus zubereiten und vor dem Verzehr aufwärmen, aber frisch schmecken sie natürlich am besten. Mit der Gazpacho-Sauce schlagen Sie gleich zwei Fliegen mit einer Klappe: Erstens passt sie hervorragend zu den Fritters und zweitens lässt sie sich auch später am Abend als Vorspeise servieren – also lieber gleich die doppelte Portion machen.

Zucchini-Mais-Fritters mit Ziegenquark & Gazpacho-Sauce

FÜR 4 PERSONEN

Für die Gazpacho-Sauce die Tomaten, die Gurke, den Knoblauch, die Chili, die Paprikaschote und die Zwiebel grob zerkleinern und zusammen mit dem Olivenöl in der Küchenmaschine pürieren, bis die Mischung glatt ist. Durch ein Sieb passieren, sofern die Angelegenheit etwas feiner sein soll, ansonsten ein wenig stückig lassen (ganz, wie Sie mögen). Den Essig unterrühren und mit Salz und Pfeffer abschmecken. Kurz vor dem Servieren noch etwas Olivenöl darauf träufeln und mit dem Basilikum bestreuen.

Die geraspelten Zucchini in einem feinen Sieb mit Meersalz bestreuen und 15 Minuten ziehen lassen. Möglichst viel Flüssigkeit aus dem Gemüse herauspressen und weggießen.

Zwei Drittel der Maiskörner im Mixer pürieren und leicht salzen und pfeffern. Den Knoblauch, die Chili (falls verwendet), die Schalotte und das Koriandergrün untermischen.

Das Mehl zugeben, 1 Minute weitermixen, dann das Ei hinzufügen und noch einmal 30 Sekunden pürieren.

Die Mischung in einer Schüssel mit dem restlichen Mais, den geraspelten Zucchini, der Petersilie, dem Schafskäse, der Minze und den Frühlingszwiebeln gründlich vermengen.

Eine Pfanne oder eine Bratplatte erhitzen und dünn mit Öl bestreichen. Den Teig portionsweise auf die Garfläche geben, flach drücken und die Fritters von beiden Seiten bei mittlerer Temperatur in etwa 5 Minuten goldbraun und knusprig braten. Den gesamten Teig auf diese Weise verarbeiten. Gebratene Fritters auf einen Teller legen und warm stellen.

Auf jeden Teller etwas Gazpacho-Sauce geben und die Zucchini-Mais-Fritters darauf anrichten. Mit je einem Löffel Ziegenquark und nach Belieben mit Rucola garnieren und servieren.

250 g Zucchini, geraspelt
Meersalz
300 g rohe Zuckermaiskörner
Salz und frisch gemahlener schwarzer Pfeffer
1 Knoblauchzehe, fein gehackt
1 lange, rote Chilischote, von Samen befreit und fein gehackt (nach Belieben)
1 Schalotte, gehackt
1 EL gehacktes Koriandergrün
35–50 g Mehl
1 Ei, leicht verschlagen
3 EL gehackte glatte Petersilie
80 g Schafskäse, zerkrümelt
2 EL gehackte Minze
2 Frühlingszwiebeln, gehackt
etwas Pflanzenöl
4 EL Ziegenquark
Rucola zum Garnieren (nach Belieben)

GAZPACHO-SAUCE
500 g Rispentomaten
½ Salatgurke
1 Knoblauchzehe, geschält
1 scharfe rote Chilischote (z. B. Bird's Eye)
1 rote Paprikaschote, halbiert und von Samen und Trennwänden befreit
½ rote Zwiebel
50 ml bestes Olivenöl, plus Olivenöl zum Beträufeln
1½ EL Rotweinessig
Salz und frisch gemahlener schwarzer Pfeffer
1 kleine Handvoll Basilikum, in feine Streifen geschnitten

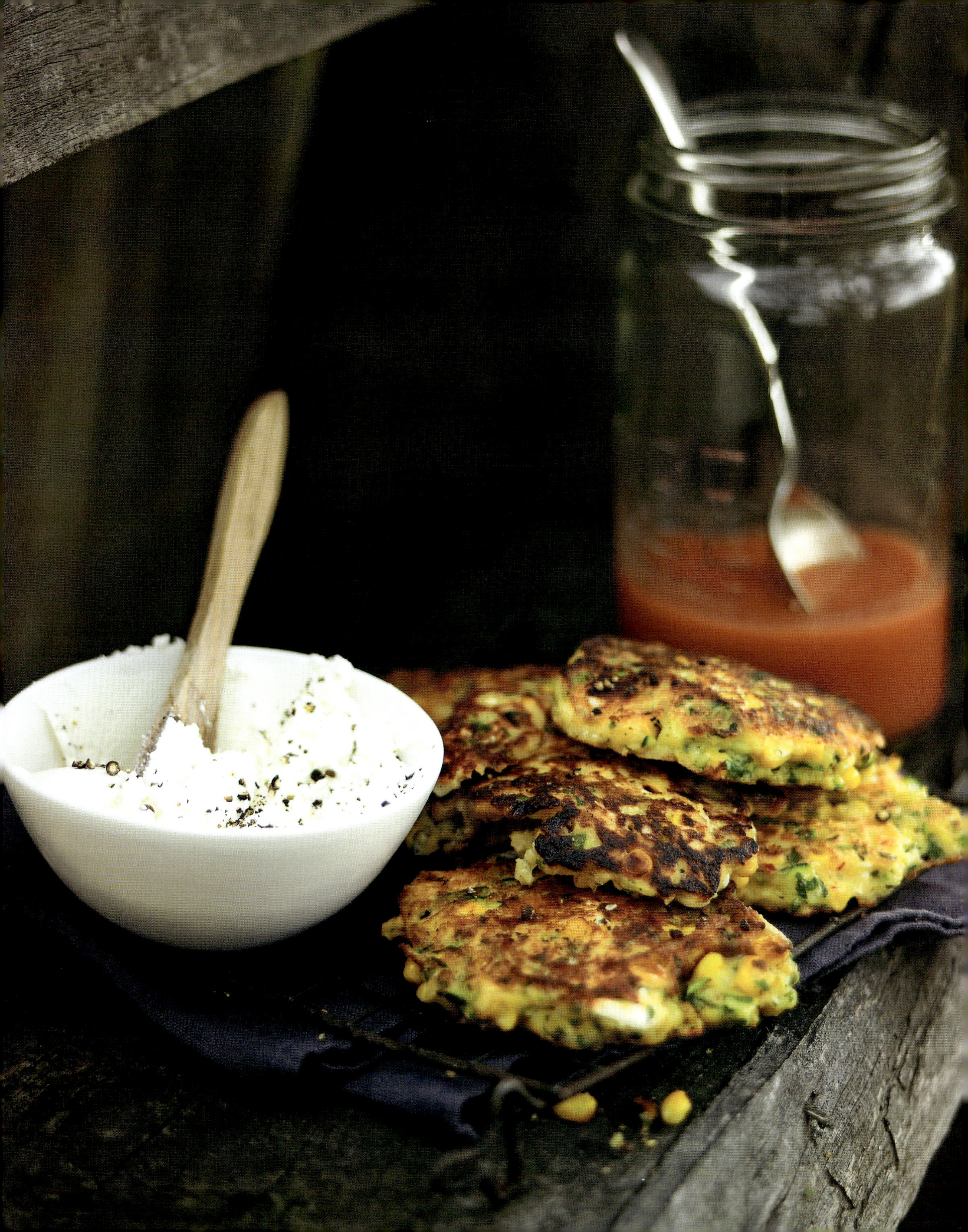

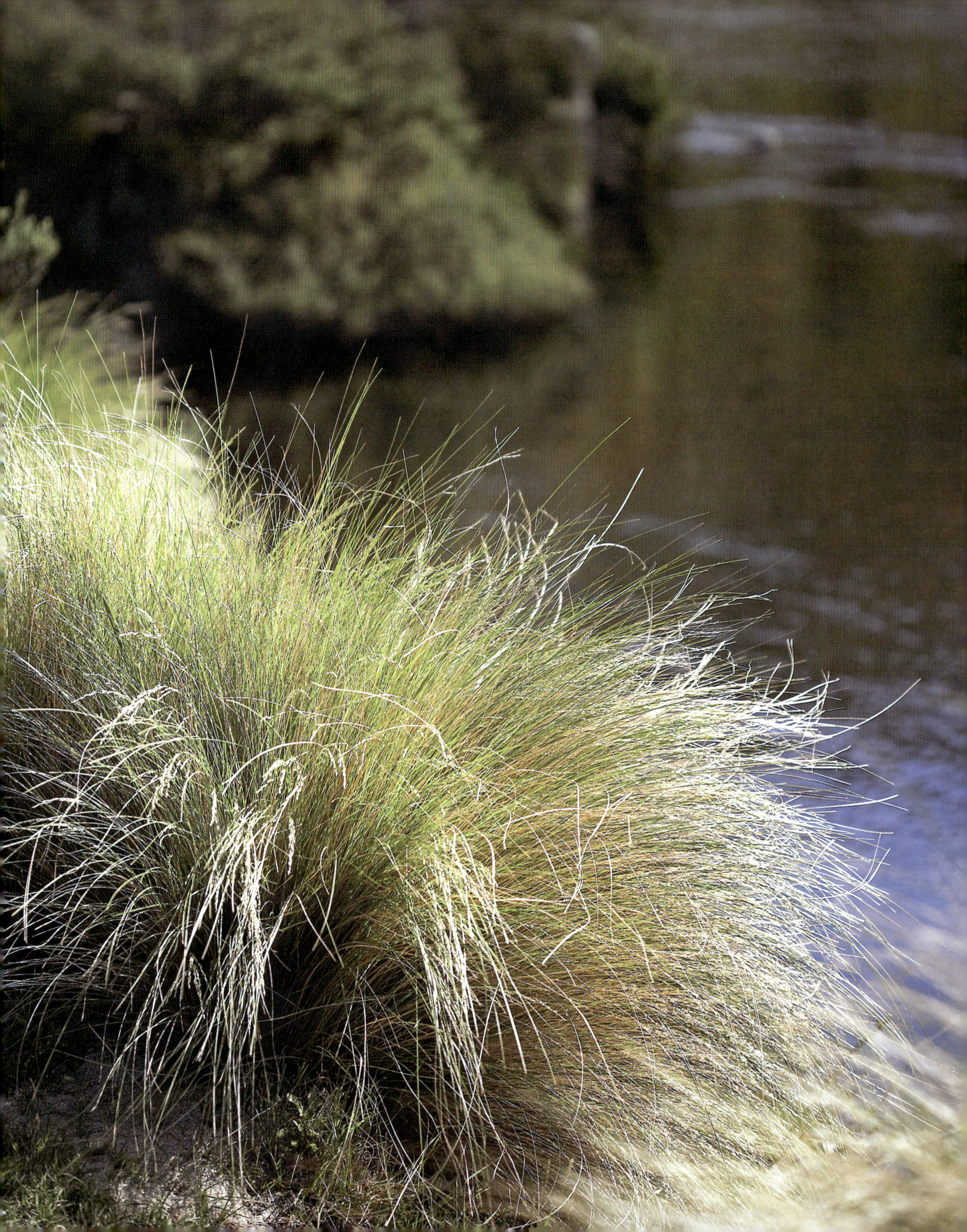

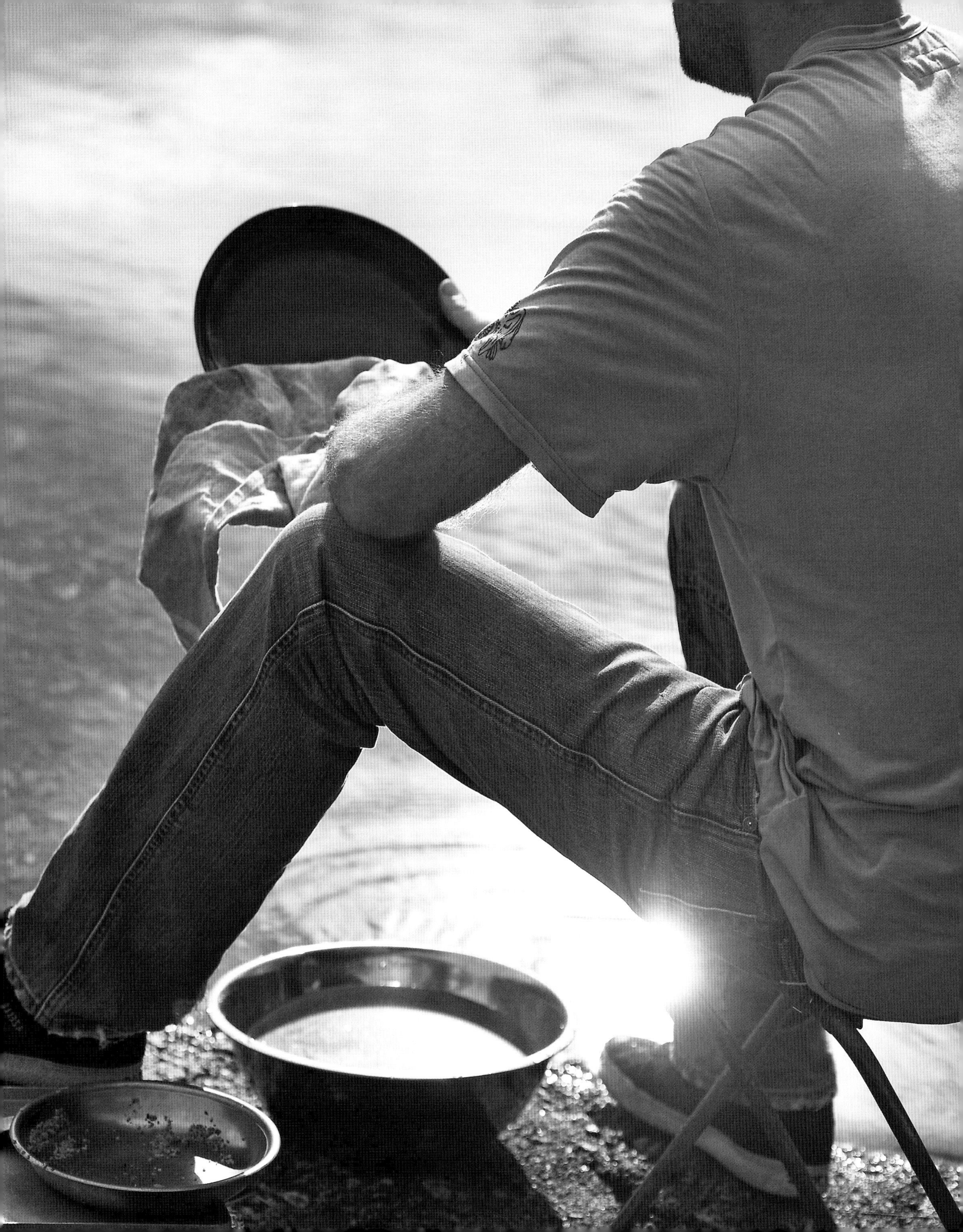

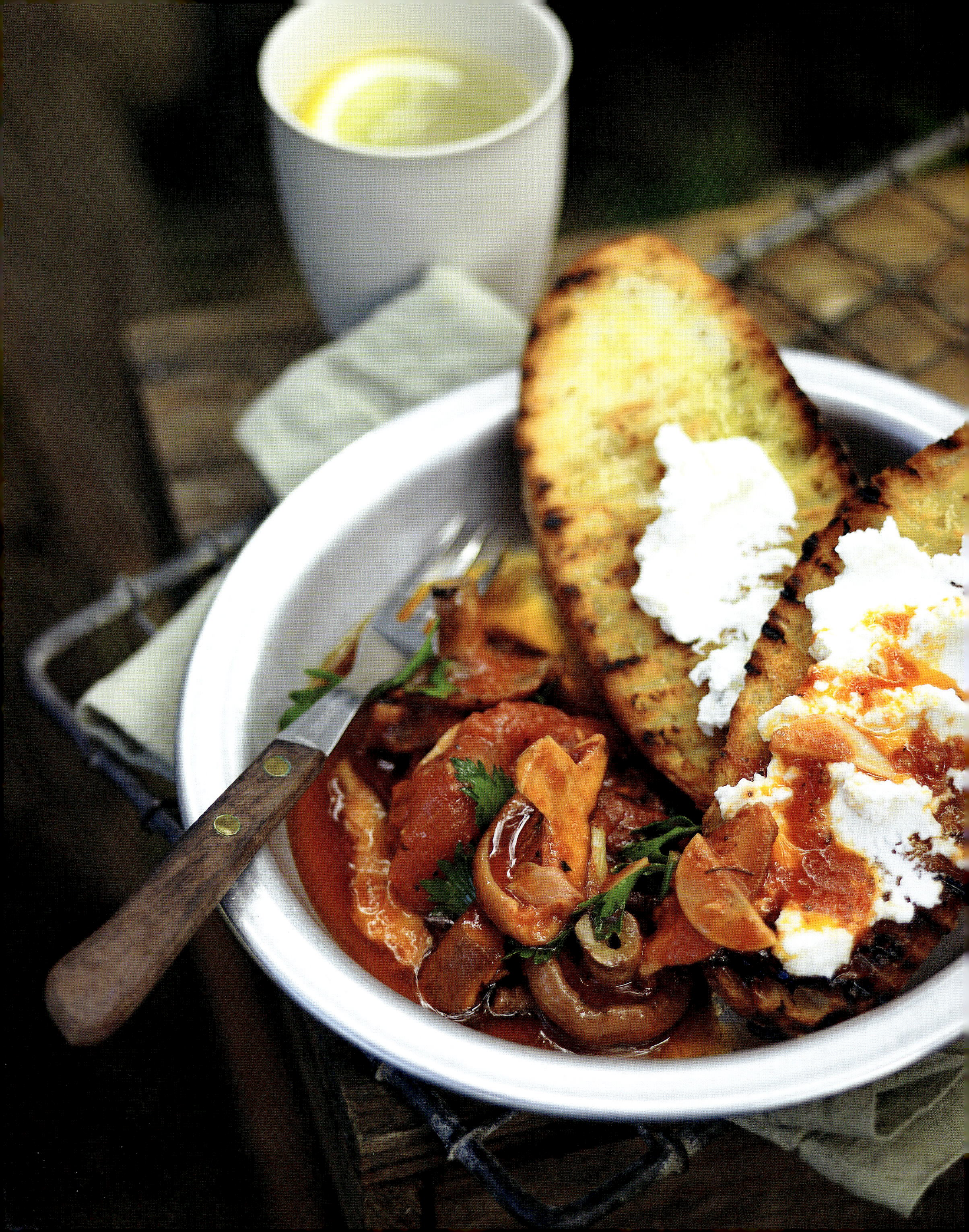

Auf einem Ausflug in die Highlands von Victoria stieß ich in der Ortschaft Bright kürzlich auf ein wunderbares, kleines italienisches Restaurant namens Simone's. Es wird von Patrizia Simone und ihrer Familie geführt, allesamt leidenschaftliche Köche. Ich probierte mich quer durch die Speisekarte, doch am besten gefiel mir die Bruschetta mit Matsutake-Pilzen (ein besonders in Japan beliebter Ritterling, doch das Rezept schmeckt auch mit anderen Pilzsorten gut). Hier ist meine Version, die ich mit cremigem Ricotta angereichert habe, den ich zum Pilztoast einfach liebe.

Toast mit Pilzen und Ricotta

FÜR 4 PERSONEN

- **4 Knoblauchzehen, in dünne Scheiben geschnitten**
- **4 EL bestes Olivenöl, plus Öl für das Brot**
- **8 große Matsutake-Pilze (ersatzweise Ritterlinge oder eine andere Pilzsorte nach Belieben), in dicke Scheiben geschnitten**
- **100 g ganze Tomaten aus der Dose, mit den Händen zerdrückt**
- **Salz und frisch gemahlener schwarzer Pfeffer**
- **1 Handvoll glatte Petersilie, Blättchen abgezupft**
- **8 Scheiben Roggenbrot**
- **4 EL Ricotta**

Den Knoblauch in dem Olivenöl in einem Topf bei mittlerer Temperatur anschwitzen, bis er weich geworden ist. Die Pilze zugeben und goldbraun braten. Die zerdrückten Tomaten unterrühren, mit Salz und Pfeffer würzen und 20 Minuten behutsam schmoren, bis die Sauce etwas eingedickt ist. Die Petersilie unterrühren.

Einen Grill anheizen oder den Backofengrill auf 200 °C vorheizen. Die Brotscheiben mit Olivenöl bestreichen und etwa 10 Minuten rösten, dabei nach der Hälfte der Zeit wenden.

Die Brotscheiben auf Teller legen und mit dem Ricotta bestreichen. Die Pilze mit ihrer Sauce daneben anrichten und servieren.

Bei uns in Australien gibt es einen Fischhändler namens John Susman, und wenn Sie jemals Gelegenheit haben, ihn zu treffen oder sogar ein Bier mit ihm zu trinken, wird er Ihnen einen unglaublich lehrreichen Vortrag über Fisch und Meeresfrüchte halten. Er weiß mehr über Fisch als jeder andere Mensch (vielleicht mit Ausnahme von Rick Stein). Wenn er Fisch zubereitet, steht man nur staunend daneben. Dieses Rezept gehört zu Susmans Repertoire – ein köstliches Rezept, das Sie auf Ihrer nächsten Party unbedingt ausprobieren sollten. Wir verwenden dafür Gelbschwanzmakrelen, die vor der Küste Südaustraliens in Aquakulturen gezüchtet werden. Sie sind besonders fettreich, ideal zum Grillen. Andere Fettfische wie Thunfisch oder auch Schwertfisch sind ein mehr als passabler Ersatz.

Mr. Susman empfiehlt, den Fisch schräg in Steaks zu schneiden und durchzugaren, ich selbst gare ihn nur *medium* – aber probieren Sie es einfach selbst aus.

Gegrillte Gelbschwanzmakrele mit Hoisin-Glasur

FÜR 4 PERSONEN

Für die Glasur die Hoisin-Sauce, den Limettensaft, den Honig, den Knoblauch und das Koriandergrün verrühren und mit etwas Meersalz und Pfeffer würzen.

Das Pflanzenöl und das Sesamöl verrühren, die Fischsteaks damit einreiben und etwa 30 Minuten marinieren. Dann herausnehmen und abtropfen lassen.

Einen Grill anheizen oder eine Grillpfanne erhitzen. Die Garfläche mit dem Öl der Marinade bestreichen. Die Fische bei hoher Temperatur 1–1½ Minuten grillen, dann wenden und 1 weitere Minute grillen. Die Fischsteaks auf einen Servierteller legen, zudecken und einige Minuten ruhen lassen.

Die Fischsteaks mit der Hoisin-Glasur überziehen und mit Jasminreis und einem eiskalten Bier servieren.

2 EL Pflanzenöl
2 TL Sesamöl
4 Steaks von der Gelbschwanzmakrele, je etwa 160 g (ersatzweise Schwertfisch oder Thunfisch)
gedämpfter Jasminreis zum Servieren

HOISIN-GLASUR
4 EL Hoisin-Sauce (aus dem Asialaden)
Saft von 2 Limetten
1 EL Honig
2 Knoblauchzehen, fein gehackt
2 EL gehacktes Koriandergrün
Meersalz und frisch gemahlener schwarzer Pfeffer

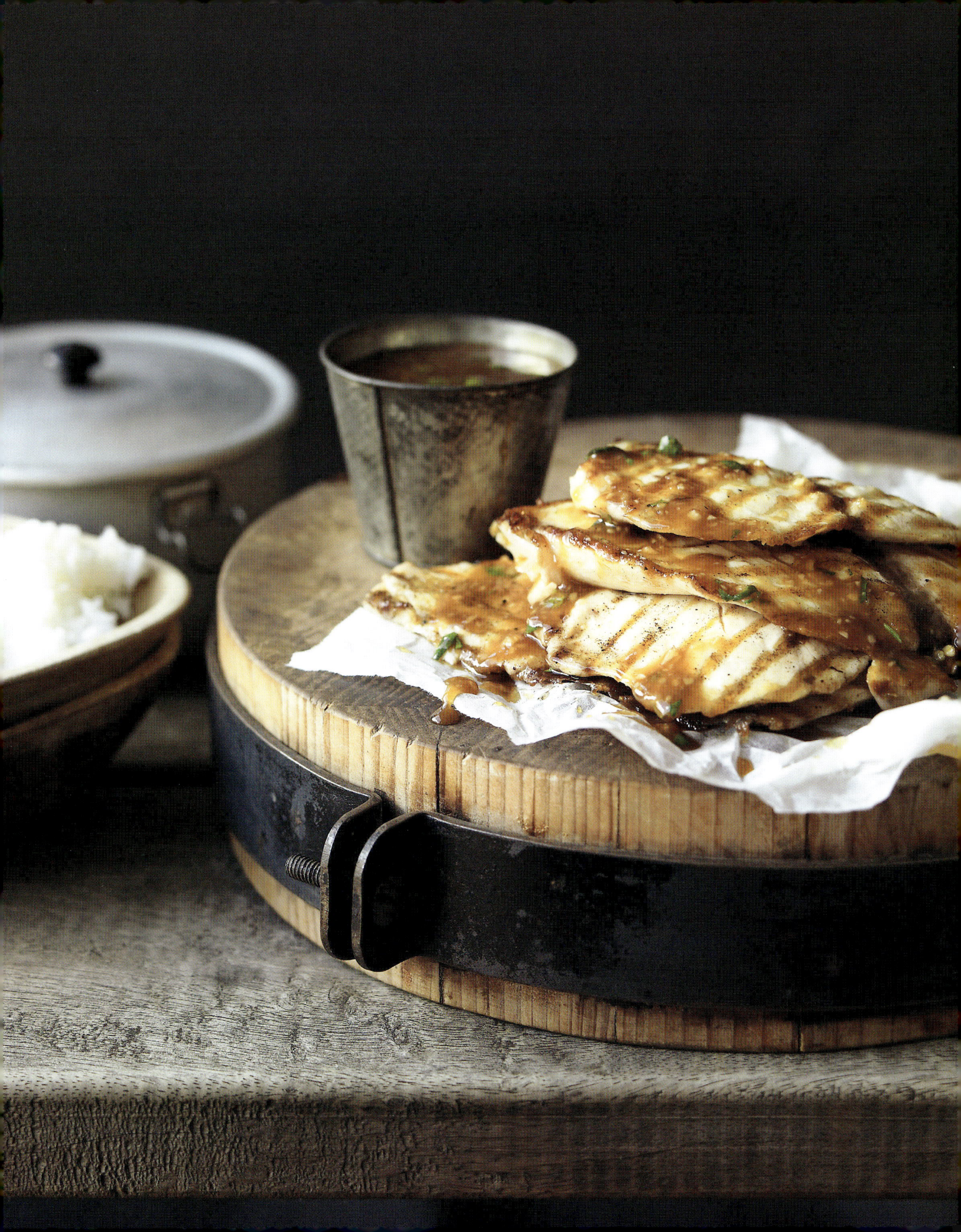

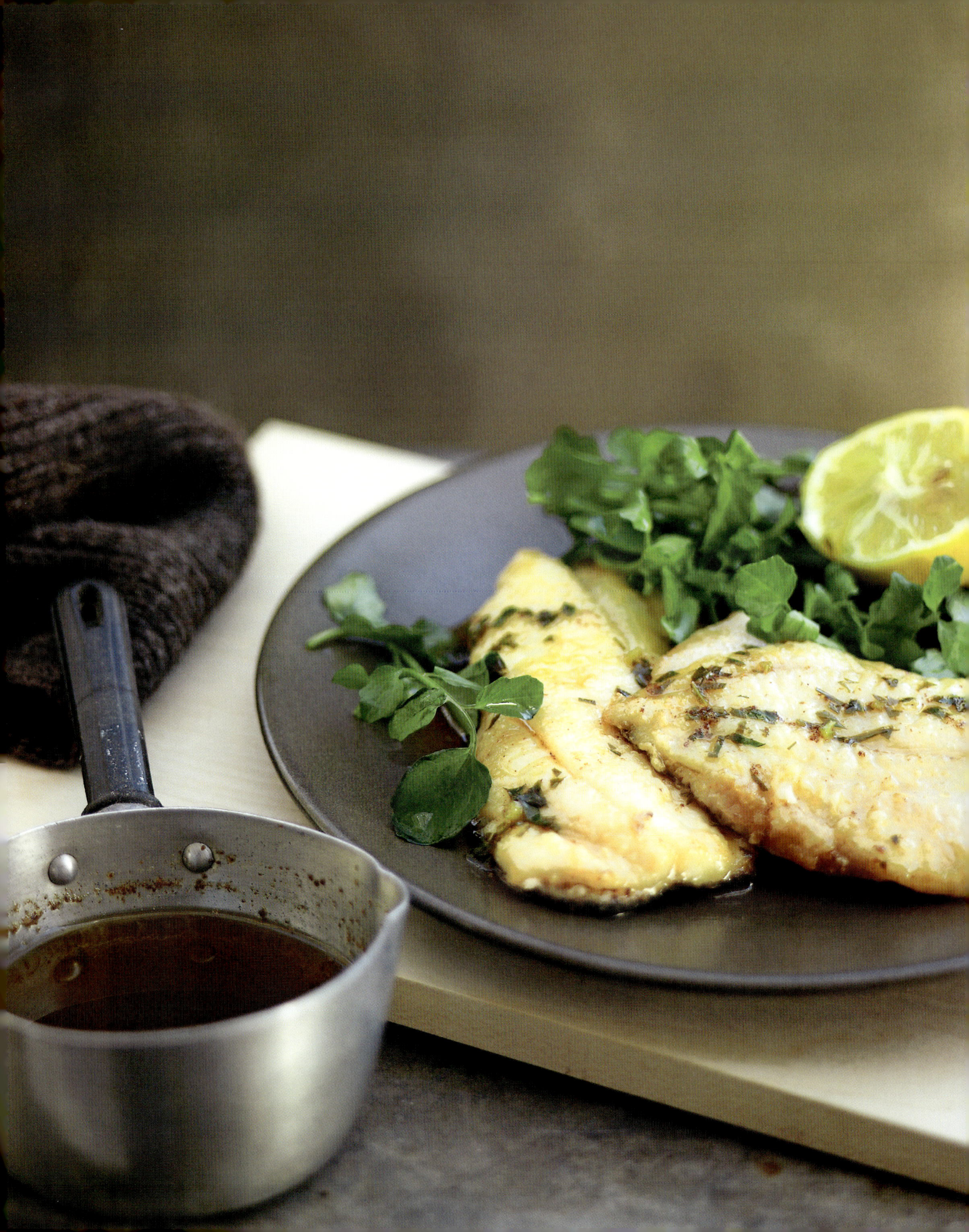

Sie stehen doch sicher auch auf die alten klassischen Songs? Ich jedenfalls höre sie immer, wenn ich mit dem Auto unterwegs bin. Dann schmettere ich Lieder von den Beatles, den Doors, Blondie, David Bowie, Johnny Cash oder Elvis. Zwar singe ich nicht besonders schön, aber darum geht es nicht. Es weckt einfach Erinnerungen, macht gute Laune, und außerdem kann ich die Texte auswendig. Genauso geht es mir mit bestimmten Gerichten, meinen persönlichen Klassikern, und dies ist eines von ihnen – ein einfaches Fischgericht mit einer Zitronen-Butter-Sauce mit Petersilie. Es war wohl eines der ersten, die ich aus selbst gefangenem Fisch zubereitet habe. Noch heute muss ich jedes Mal an diesen Fischzug denken, wenn ich es zubereite. Die Klassiker beherrscht man wie im Schlaf, da kann eigentlich nichts schiefgehen … es sei denn, ich singe dazu!

Petersfisch mit Zitronen-Petersilien-Butter

FÜR 4 PERSONEN

etwas Pflanzenöl
Mehl zum Bestäuben
Salz und frisch gemahlener schwarzer Pfeffer
4 Petersfischfilets oder andere weißfleischige Fischfilets, je etwa 200 g
100 g Butter
2 EL gehackte Petersilie
Saft von 1 Zitrone
1 Handvoll Brunnenkresse
Zitronenspalten zum Servieren

Eine Pfanne oder eine Bratplatte erhitzen und einölen. Das Mehl in eine Schüssel geben und mit Salz und Pfeffer würzen. Die Fischfilets in dem gewürzten Mehl wenden; überschüssiges Mehl vorsichtig abklopfen.

Den Fisch von jeder Seite bei mittlerer Temperatur etwa 2 Minuten braten, anschließend auf Servierteller legen und warm stellen.

Die Butter in einem kleinen Topf bei starker Hitze einige Minuten aufschäumen, bis sie braun zu werden beginnt. Sofort die Petersilie hineingeben, 1 weitere Minute bräunen und den Zitronensaft unterrühren. Die Mischung noch einmal aufschäumen und über die Fischfilets verteilen. Mit der Brunnenkresse und den Zitronenspalten garnieren und servieren.

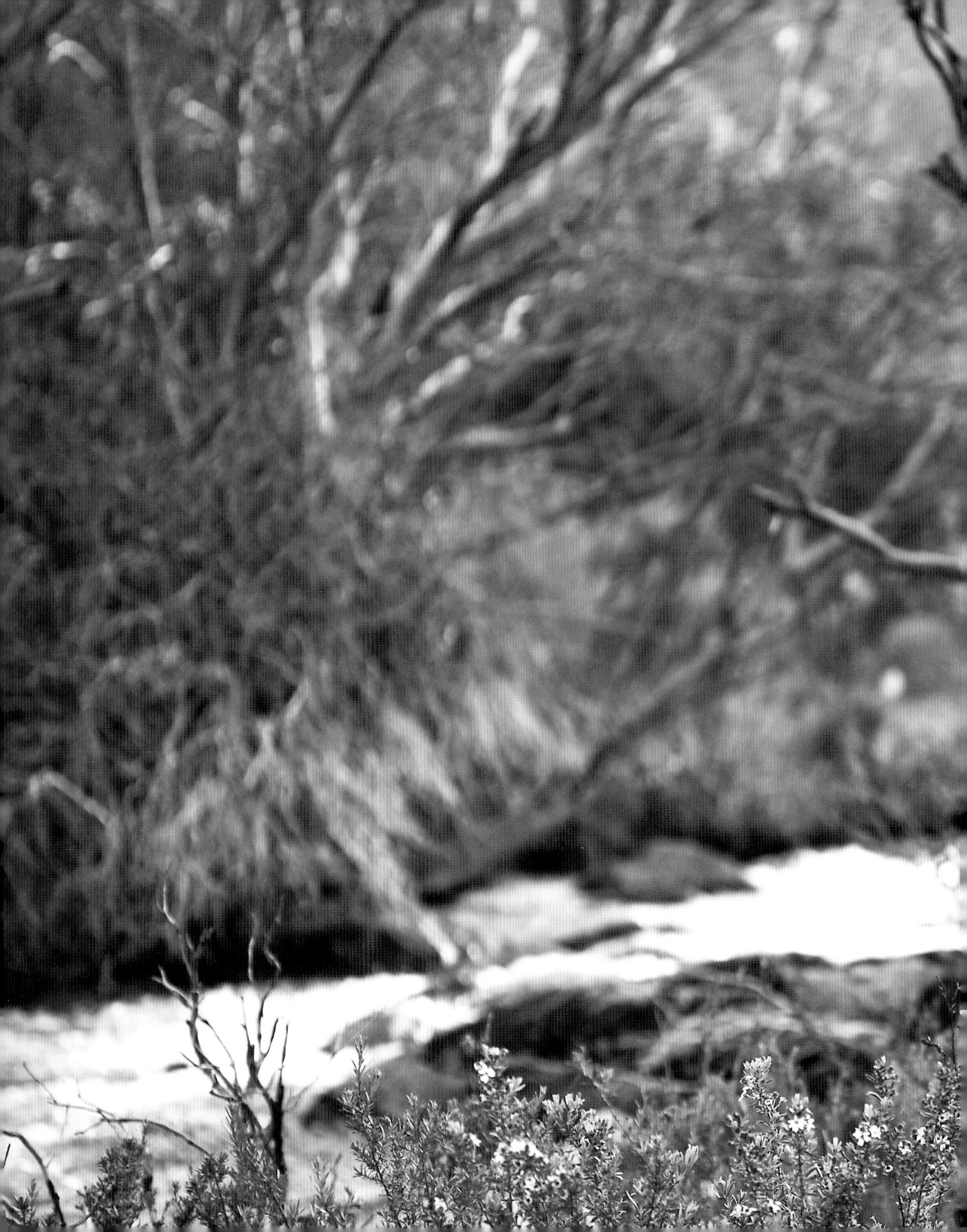

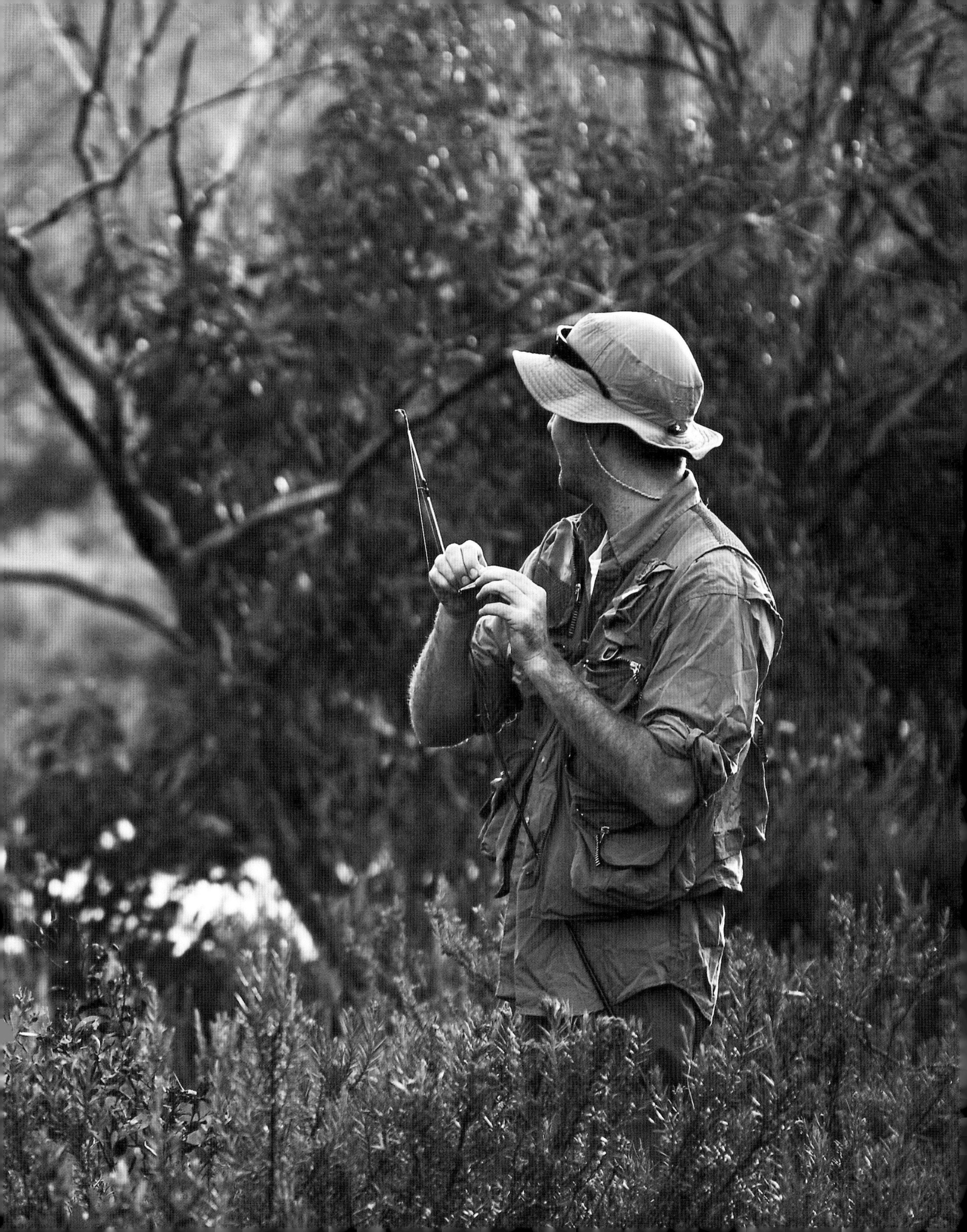

Letztes Jahr hatte ich die Gelegenheit in einem Ort namens Oberon, gleich hinter den majestätischen Blue Mountains westlich von Sydney, auf Pilzsuche zu gehen. In einem Kiefernwald sammelten wir Matsutake-Pilze, eine Art Ritterling, und Butterröhrlinge. Ich war erstaunt, wie viele es waren. Es war ein wirklich lohnendes Ausflugsziel – vergessen Sie die Trüffelsuche in Italien (meiner Ansicht nach völlig überschätzt)! Unsere Ausbeute landete noch am selben Nachmittag in der Pfanne, wo wir sie zu allerlei Gerichten verarbeiteten, darunter Pilz-Bruschetta, Steak mit Pilzsauce – und nicht zuletzt zu diesem: Regenbogenforelle mit Matsutake-Pilzen. Ich hatte gerade zwei wunderbare Forellen gefangen (nehmen Sie Regenbogenforellen, sie schmecken einfach am besten).

Bevor Sie selbst Pilze sammeln, sollten Sie sich vorher gründlich informieren und Ihren Fund im Zweifelsfall einem Pilzexperten zeigen, damit es zu keiner Verwechslung mit giftigen Pilzen kommt.

Forelle im Schinkenmantel mit Matsutake-Pilzen

FÜR 4 PERSONEN

Einen Grill anheizen oder eine Grillpfanne erhitzen. Die Hälfte der Butter in Flocken zerteilen und zusammen mit je 1 Zweig Thymian in die Bauchhöhlen der Forellen stecken. Die Fische mit je 5 Scheiben Schinken umwickeln und mit je 1 EL des Olivenöls bestreichen.

Die Forellen bei mittlerer Temperatur von jeder Seite etwa 4 Minuten grillen, anschließend auf einen Servierteller legen und warm stellen.

Das restliche Olivenöl in einem großen Topf sehr heiß werden lassen (mit geeignetem Kochgeschirr, etwa einer gusseisernen Pfanne, geht das auch auf dem Grill). Die Pilze hineingeben und 2–3 Minuten braten. Den Knoblauch untermischen und 1 Minute weitergaren. Den Weißwein und die Petersilie hinzufügen und um die Hälfte einkochen. Die restliche Butter unterrühren, mit Salz und Pfeffer abschmecken und die Pilze zusammen mit den gegrillten Forellen servieren.

125 g Butter
4 Zweige Thymian
4 Regenbogenforellen, ausgenommen und gesäubert
20 sehr dünne Scheiben roher Schinken
4 EL Olivenöl
500 g Matsutake-Pilze (ersatzweise Ritterlinge oder Steinpilze), gesäubert und in Scheiben geschnitten
2 Knoblauchzehen, in Scheiben geschnitten
250 ml Weißwein
1 Handvoll Petersilie, fein gehackt
Salz und frisch gemahlener schwarzer Pfeffer

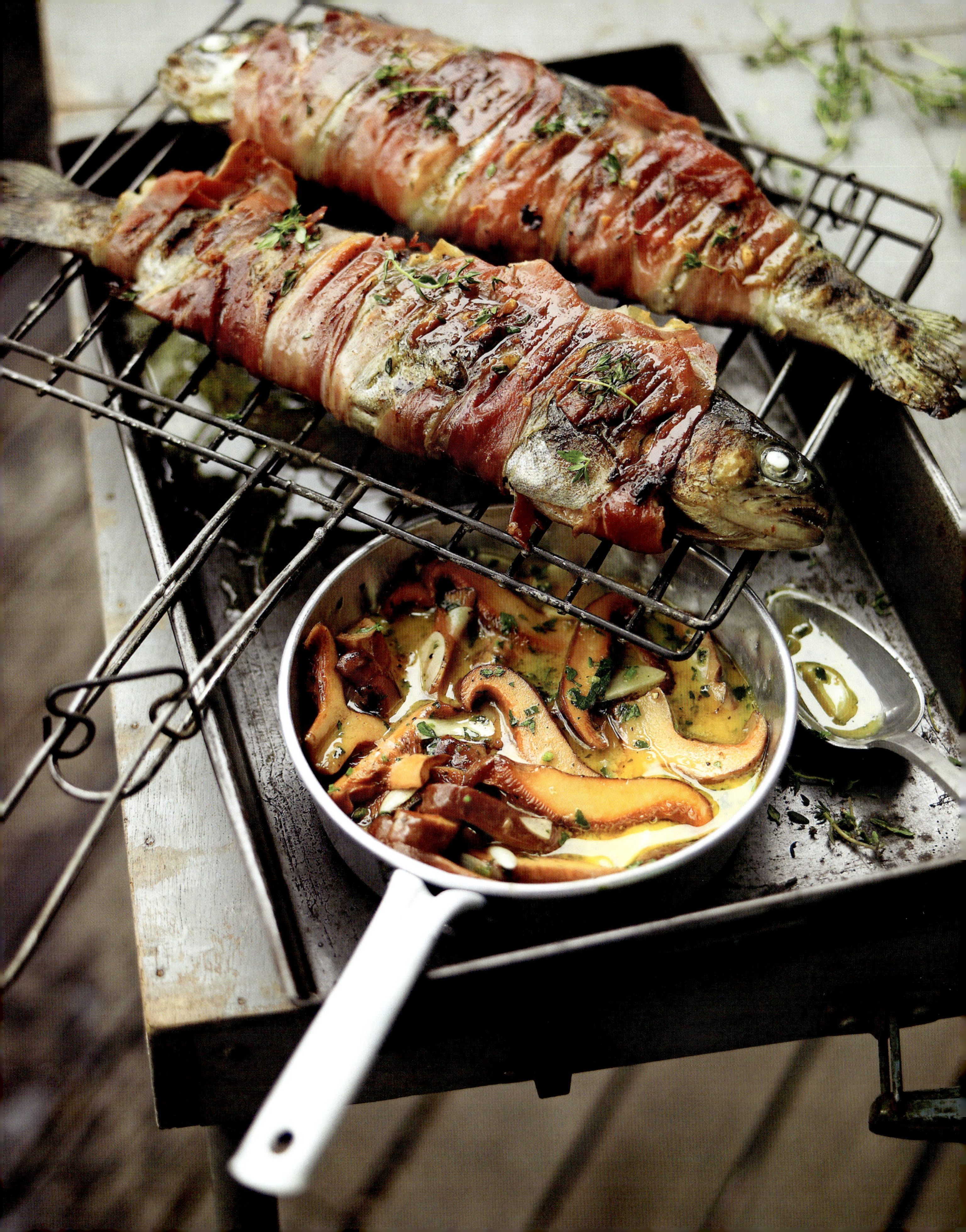

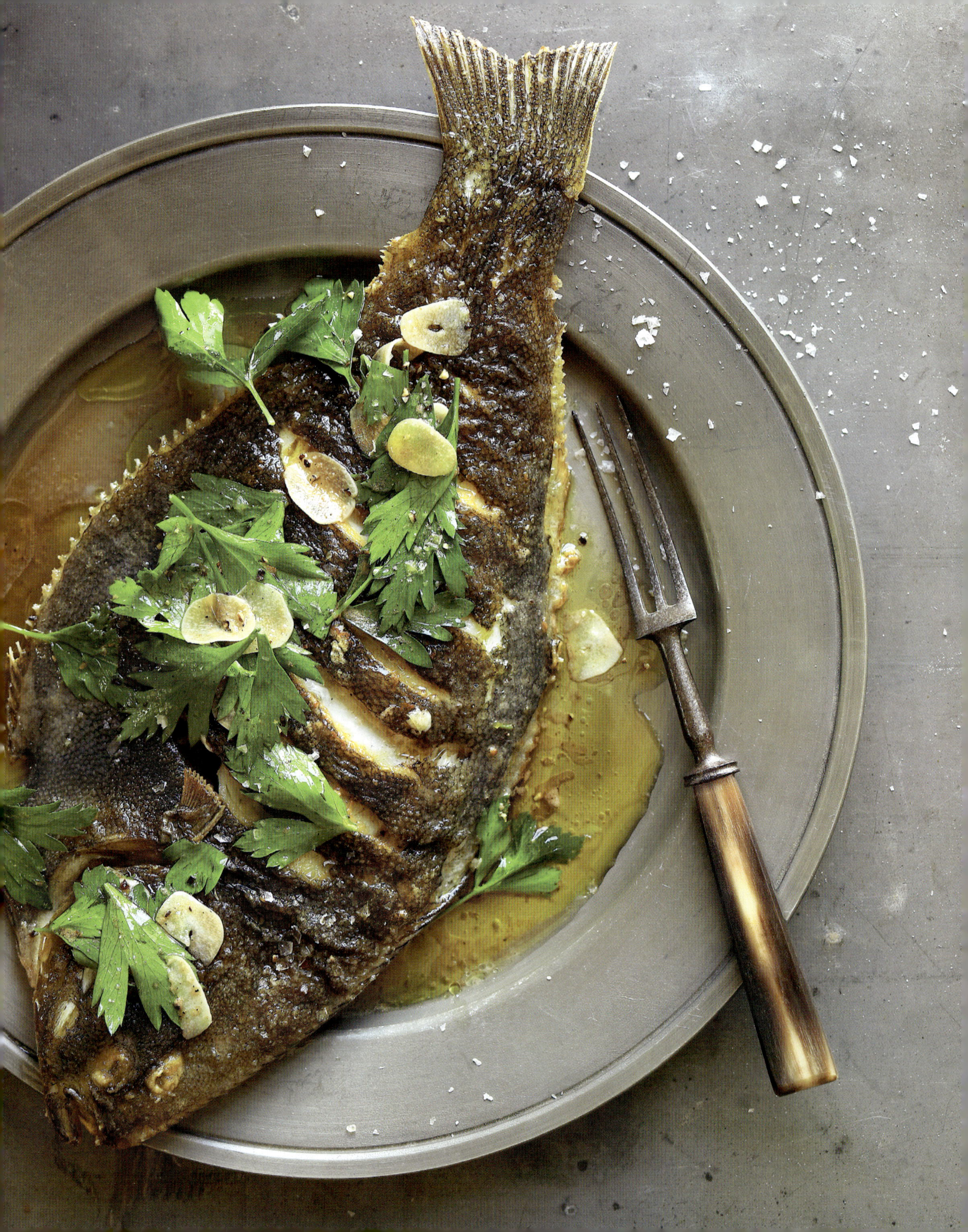

Dieses Rezept feierte Premiere in meinem neuesten Restaurant *Hugos Manly* am wunderschönen Manly Wharf im Hafen von Sydney. Für mich steht es stellvertretend für den Stil des Restaurants und sein Publikum. Es ist ein schnörkelloses Gericht, bei dem der Fisch für sich selbst spricht, sein Geschmack wird lediglich durch ein einfaches Dressing aus Rotweinessig, hauchdünn geschnittenem Knoblauch und frischer Petersilie betont. Mein guter Kumpel Squid sagte einmal: »Pete, das ist wohl der beste Fisch, den ich je gegessen habe.« Ein schöneres Kompliment habe ich nie bekommen, immerhin isst er schon seit mehr als 45 Jahren Fisch und gilt als besonders anspruchsvoll und kritisch in Sachen Seafood.

Flunder mit warmem Knoblauch-Petersilien-Dressing

FÜR 4 PERSONEN

etwas Olivenöl
Mehl zum Bestäuben
Salz und frisch gemahlener schwarzer Pfeffer
4 Flundern, je etwa 400 g, ausgenommen und gesäubert
125 ml bestes Olivenöl
4 Knoblauchzehen, in sehr feine Scheiben geschnitten
1 große Handvoll glatte Petersilie
3 EL Rotweinessig
Zitronenspalten zum Servieren (nach Belieben)

Eine Pfanne oder eine Bratplatte erhitzen und etwas Olivenöl auf die Garfläche geben. Ein großes Backblech mit Mehl bestreuen und mit Salz und Pfeffer würzen. Die Flundern auf der dunklen Seite je sechsmal schräg einschneiden und in dem gewürzten Mehl wenden; überschüssiges Mehl abklopfen.

Die Fische mit der dunklen Seite nach unten bei mittlerer Temperatur goldbraun und knusprig braten. Die Fische wenden und zugedeckt weitere 4 Minuten garen, bis das Fleisch durchgegart ist. Anschließend auf eine Servierplatte legen und zugedeckt warm stellen. Das Olivenöl in einem Topf erhitzen und den Knoblauch darin etwas Farbe annehmen lassen. Den Topf von der Hitze nehmen, die Petersilie und den Rotweinessig zugeben (Achtung, es könnte spritzen) und mit Salz und Pfeffer würzen.

Die Flundern auf Tellern anrichten und mit dem warmen Dressing überziehen. Nach Belieben mit Zitronenspalten garnieren und servieren.

Anmerkung: Dieses Gericht schmeckt richtig nach Barbecue, wenn Sie es auf einem verschließbaren Grill mit Bratplatte zubereiten – anstatt den Fisch zuzudecken, schließen Sie den Grill.

Ich bin verrückt nach Chermoula, dieser wunderbaren Würzsauce und Marinade aus der marokkanischen Küche. Sie gibt jeder Art von Fleisch auf denkbar simple Weise das gewisse Etwas. Ob in eine Lammkeule eingerieben, dünn auf ein Schnapperfilet gestrichen oder zum Marinieren von Garnelen für die nächste Tagine (siehe Anmerkung auf Seite 48) verwendet, Chermoula ist wirklich ein Alleskönner. Sie lässt sich entweder selbst als Paste herstellen oder auch in getrockneter Form als Würzmischung fertig kaufen. Für dieses Rezept verwende ich die Paste, aber Sie dürfen ruhig zur Trockenmischung greifen (einfach über das Fleisch streuen). Zu allem, was mit Chermoula zubereitet oder mariniert wird, passt am besten eine einfache Joghurtsauce mit Minze.

Stubenküken in Chermoula-Marinade mit Joghurt-Minze-Sauce

FÜR 4 PERSONEN

Für die Joghurt-Minze-Sauce sämtliche Zutaten in einer Schüssel verrühren. Nicht zu lange rühren, sonst gerinnt der Joghurt und die Sauce wird zu dünn.

Für die Chermoula das Koriandergrün, die Petersilie, den Knoblauch, den Kreuzkümmel, den gemahlenen Koriander, das Paprikapulver, die Chili und den Zitronensaft im Mixer zermahlen. Bei laufendem Gerät nach und nach das Olivenöl zugießen und weitermixen, bis die Mischung glatt ist. Die Stubenküken mit 250 ml der Chermoula einreiben und möglichst über Nacht, mindestens aber 30 Minuten, im Kühlschrank marinieren.

Eine Pfanne oder eine Bratplatte erhitzen und mit Olivenöl einfetten. Die Stubenküken bei mittlerer bis hoher Temperatur von der einen Seite goldbraun braten. Wenden und weitere 5–10 Minuten braten, bis auch die andere Seite gebräunt und das Fleisch gar ist. Mit der Joghurt-Minze-Sauce und Zitronenspalten servieren.

1 EL Olivenöl
4 große Stubenküken à etwa 500 g, Rückgrat herausgetrennt und geviertelt
Zitronenspalten zum Servieren

JOGHURT-MINZE-SAUCE

1½ EL gehacktes Koriandergrün
1 EL gehackte Minze
1 grüne Chilischote, von Samen befreit und gehackt
1 TL fein gewürfelte rote Zwiebel
1 TL Fischsauce (*nam pla*)
1 TL durchgesiebter Limettensaft
100 g cremiger Joghurt (6–10 % Fett)

CHERMOULA

1 große Handvoll Koriandergrün, mit Stielen und Wurzeln gehackt
1 große Handvoll glatte Petersilie, gehackt
3 Knoblauchzehen, gehackt
2 TL gemahlener Kreuzkümmel
2 TL gemahlener Koriander
1 TL Paprikapulver edelsüß
1 scharfe rote Chilischote (z. B. Bird's Eye), von Samen befreit und gehackt
3 EL Zitronensaft
4 EL Olivenöl

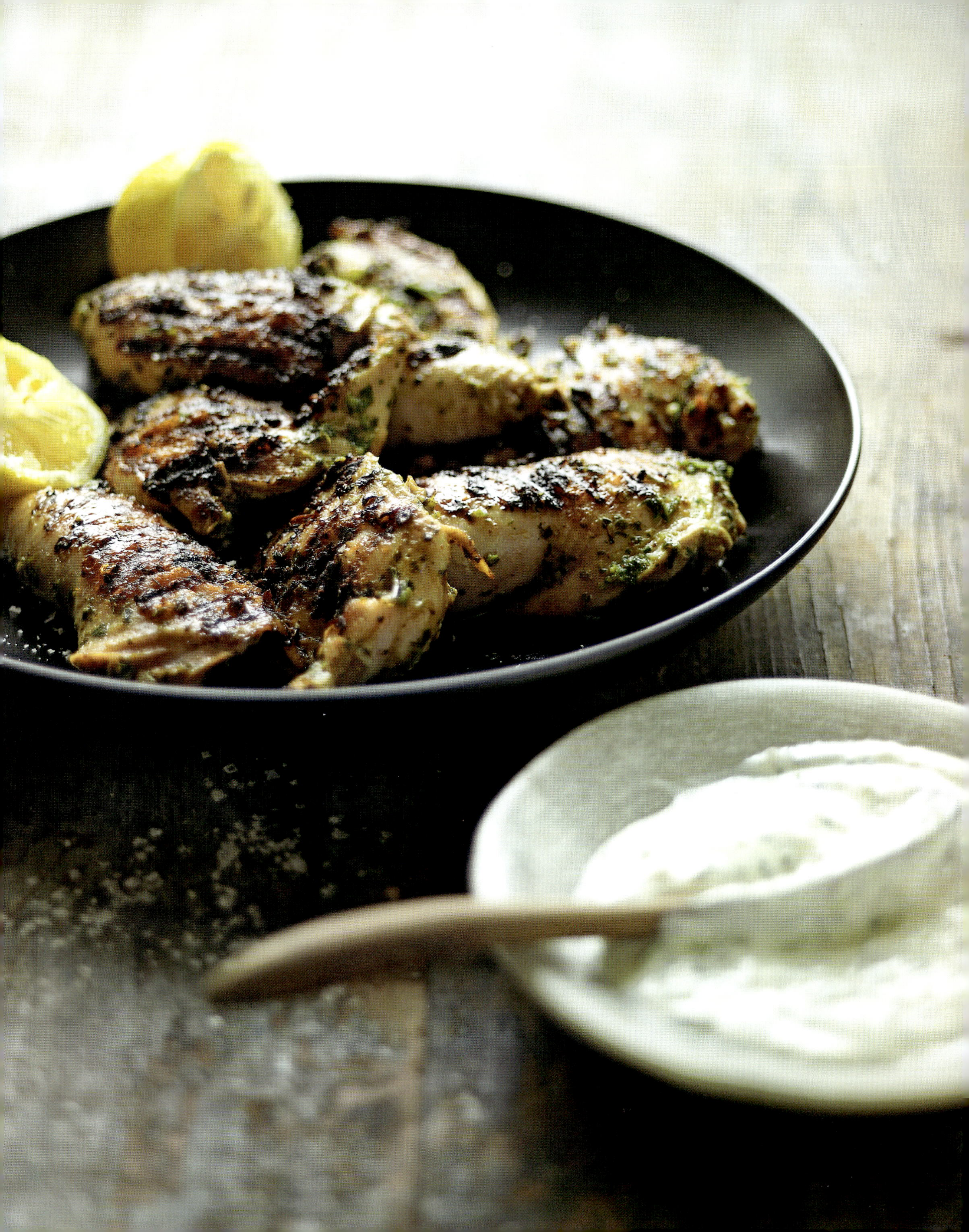

Was für ein fantastisches Rezept – ich habe es von einem exzellenten Koch namens Massimo Mele. Alles, was Sie dazu benötigen, sind erstklassige Garnelen, bestes Olivenöl, ein paar Kräuter, Chili und etwas Zitrone, und schon wähnen Sie sich im kulinarischen Himmel.

Garnelen mit Chili, Oregano & Olivenöl

FÜR 4 PERSONEN

Einen Grill anheizen oder eine Grillpfanne erhitzen. Das Olivenöl mit dem getrockneten und dem frischen Oregano, den Chiliflocken, der Petersilie, der Zitronenschale, dem Knoblauch sowie etwas Meersalz und zerstoßenem schwarzem Pfeffer verrühren. Die Garnelen gründlich mit dem Dressing einreiben und bei hoher Temperatur mit der Schale nach unten grillen. Nach 3 Minuten wenden und weitere 30 Sekunden garen. Die Garnelen mit dem restlichen Dressing beträufeln und servieren.

125 ml bestes Olivenöl
1 EL getrockneter Oregano
1 EL frischer, gehackter Oregano
1 EL Chiliflocken
1 EL gehackte Petersilie
abgeriebene Schale von 1 Bio-Zitrone
1 Knoblauchzehe, fein gehackt
Meersalz und zerstoßener schwarzer Pfeffer
16 Riesengarnelen mit Schale, am Bauch längs eingeschnitten, aufgeklappt und flach gedrückt

Soll ich Ihnen etwas verraten? Dies ist möglicherweise das beste Rezept im ganzen Buch, besonders, wenn Sie ein Steakfan sind, ungern lange in der Küche stehen und die einfachen Dinge des Lebens lieben. Zwar zählt ein anständiges Ribeye-Steak zum Teuersten, was die Fleischtheke zu bieten hat, doch ist es jeden Cent wert, denn es gibt kaum etwas Besseres. Versuchen Sie, 500-Gramm-Stücke am Knochen für jeweils zwei Personen zu bekommen.

Und lassen Sie das Fleisch nach dem Grillen bitte, bitte, bitte einige Zeit ruhen, sonst läuft beim Anschneiden der ganze leckere Saft heraus und all das Geld und die Arbeit waren für die Katz'. Dazu schmeckt in Butter geschwenkter Brokkoli.

Ribeye-Steak mit Chili-Salz-Kruste und Zitrone

FÜR 4 PERSONEN

2 Ribeye-Steaks, je etwa 500 g
100 g grobes Meersalz
2 EL schwarze Pfefferkörner
1 EL Chiliflocken
1 EL gehackter Rosmarin
Olivenöl zum Bestreichen und Beträufeln
2 Zitronen, halbiert

Die Steaks sich auf Raumtemperatur erwärmen lassen. Einen Grill anheizen oder eine Grillpfanne erhitzen.

Das Salz, den Pfeffer, den Chili und den Rosmarin im Mörser zerstoßen. Das Fleisch mit etwas Olivenöl und der Gewürzmischung einreiben und von jeder Seite 5 Minuten bei hoher Temperatur grillen. Anschließend 15 Minuten ruhen lassen. Erneut auf den Grill oder in die Pfanne legen und noch bis zum gewünschten Gargrad garen. Vor dem Tranchieren nochmals einige Minuten ruhen lassen. Mit weiterem Olivenöl beträufeln und mit den Zitronenhälften servieren.

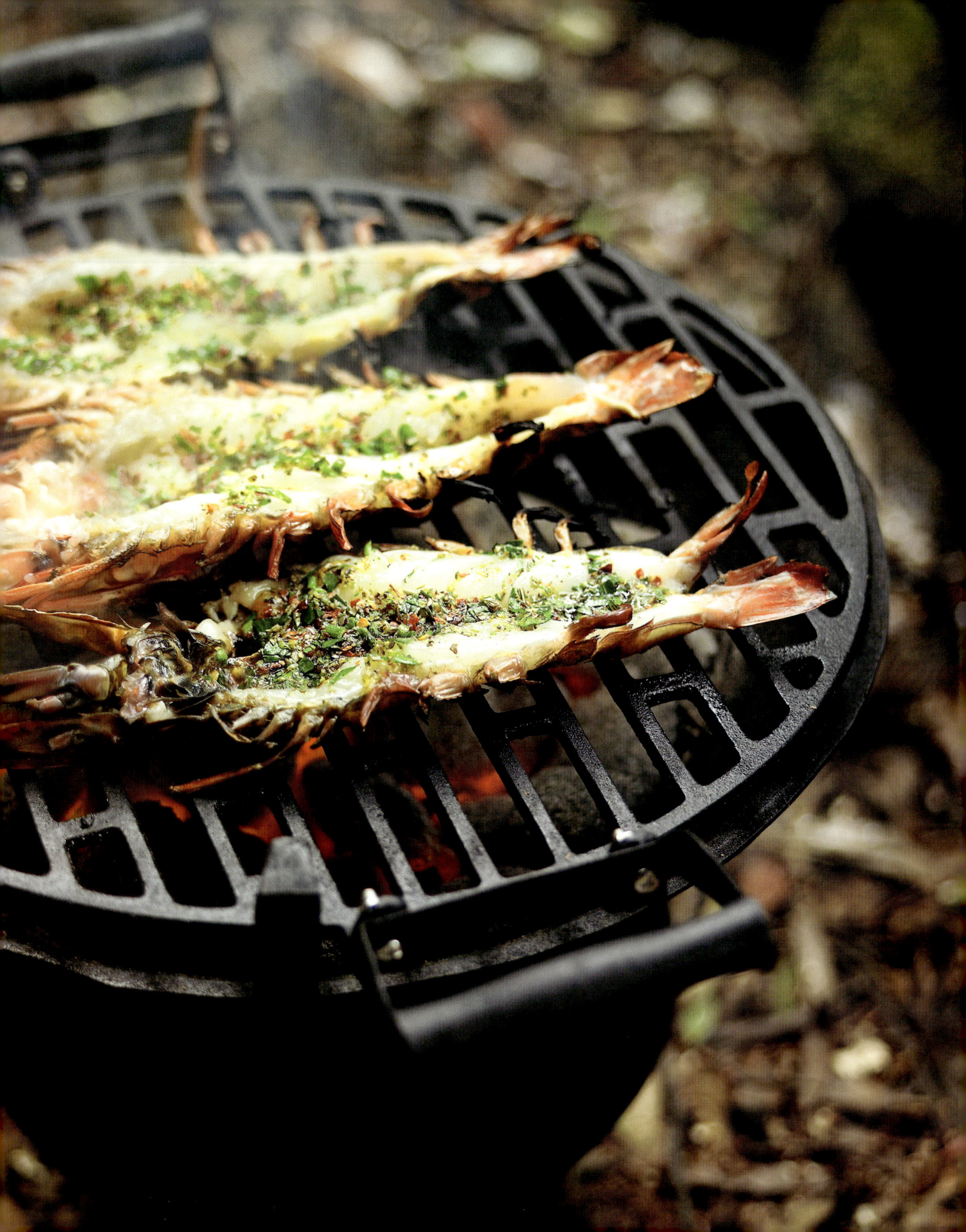

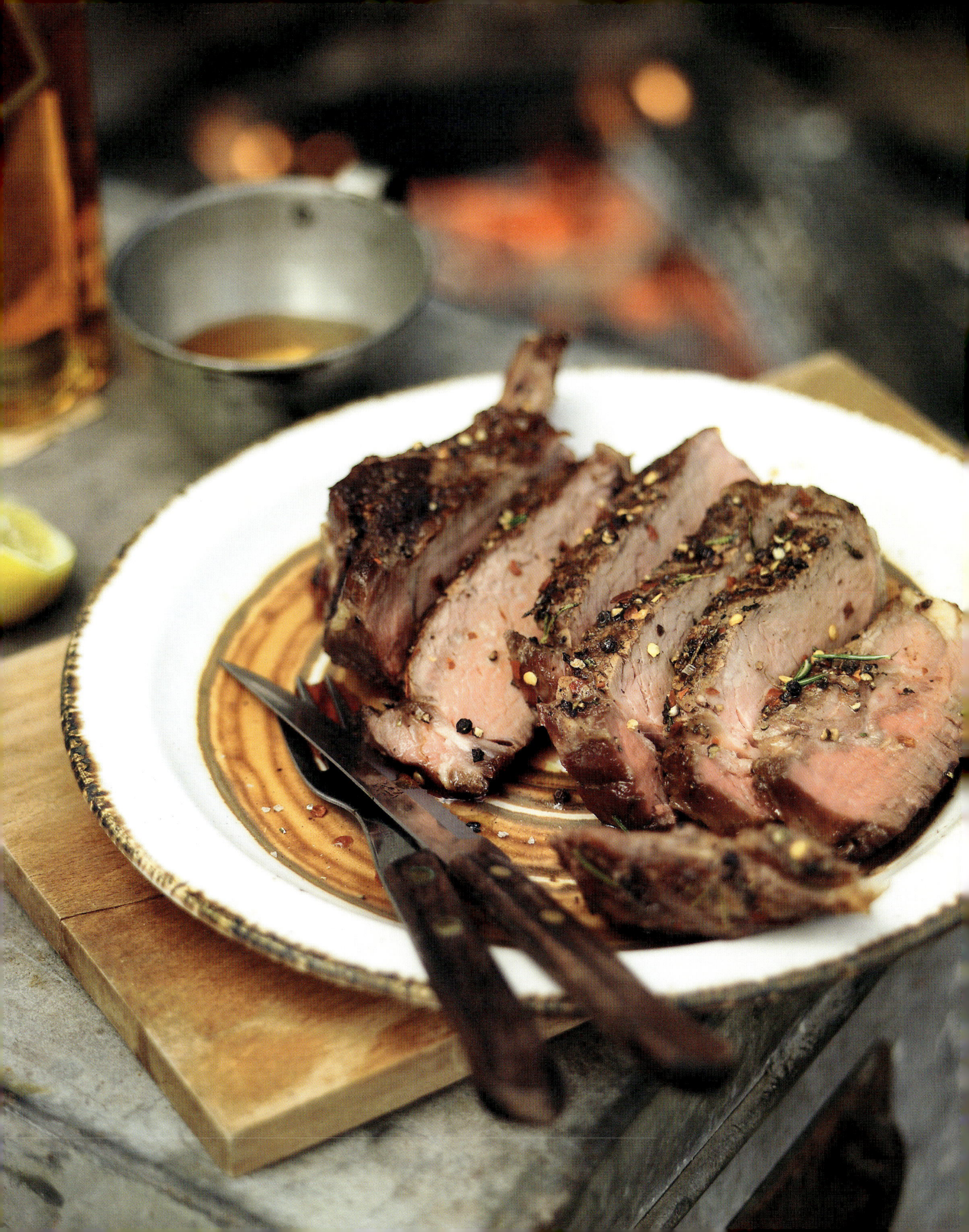

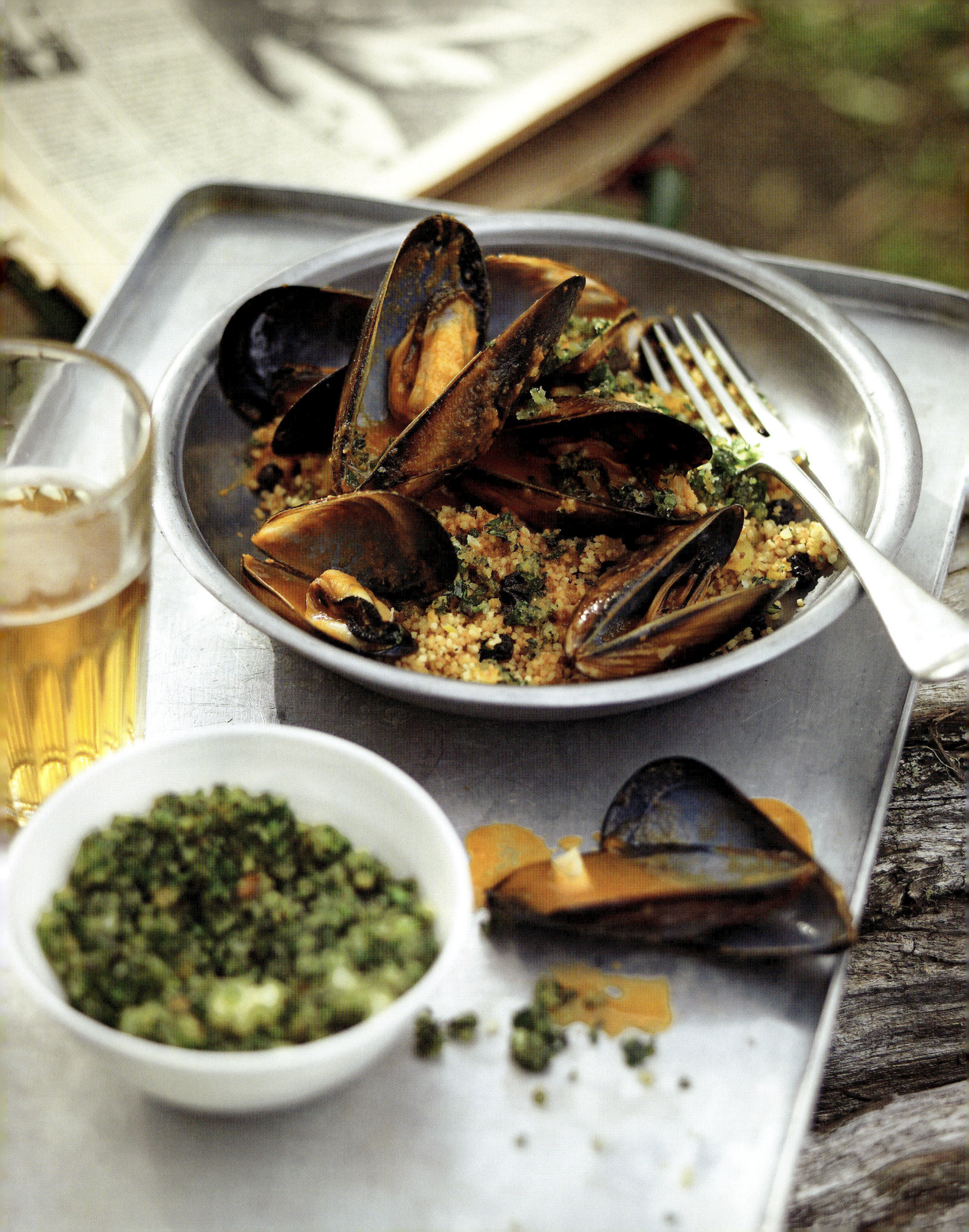

Letztes Jahr habe ich eine Muschelfarm in der Nähe von Jervis Bay an der Südküste von New South Wales besucht. Nachdem wir in dem glasklaren Wasser unsere Muscheln gesammelt hatten, fuhren wir zum Paperbark Camp, einer ökologischen Hotelanlage. Ich hatte das Vergnügen, mit Chefkoch Gary Fishwick zu kochen, der die besten Miesmuscheln meines Lebens zubereitete. Hier ist das Rezept, das er – wie immer, wenn ihm kein besserer Name einfällt – nach seinem Spitznamen benannt hat. Sie können die Muscheln wie er im Wok zubereiten oder zusammen mit der Sauce in Alufolie einschlagen und auf den Grillrost legen.

Miesmuscheln »Gazwah«

FÜR 4 PERSONEN

2 kg Miesmuscheln, gesäubert und entbartet
150 ml Weißwein

COUSCOUS
200 g Couscous
4 getrocknete Aprikosen, fein gehackt
6 Minzeblätter, gehackt
1 EL dünne Streifen eingelegte Zitronenschale, abgespült (siehe Anmerkung)
1 EL Korinthen

GREMOLATA
je 1 Handvoll Basilikum-, Minze- und Petersilienblätter
50 g geröstete Macadamia-Nüsse
abgeriebene Schale von 1 Bio-Zitrone
abgeriebene Schale von 1 Bio-Limette
100 ml bestes Olivenöl
50 g frische Weißbrotbrösel
Salz und frisch gemahlener schwarzer Pfeffer

SAUCE
100 ml Olivenöl
1 Zwiebel, gehackt
2 TL kleine Kapern, abgespült
1 scharfe rote Chilischote (z. B. Bird's Eye), von Samen befreit und gehackt
3 Knoblauchzehen, gehackt
6 Sardellen, gehackt
150 ml Weißwein
100 g Tomatenmark
100 ml Fischfond (aus dem Glas)
1 Dose (400 g) gehackte Tomaten

Für den Couscous den Couscousgrieß in einem großen Topf bei starker Hitze goldbraun rösten. 200 ml kochendes Wasser zugießen, den Topfdeckel auflegen und den Topf vom Herd nehmen. Den Couscous 5 Minuten quellen lassen und dann mit einer Gabel auflockern. Die Aprikosen, die Minze, die Zitronenschale und die Korinthen untermengen und abschmecken.

Für die Gremolata die Kräuter und die Macadamia-Nüsse fein hacken und mit der Zitronen- und Limettenschale, dem Olivenöl und den Weißbrotbröseln mischen. Mit Salz und Pfeffer würzen.

Für die Sauce das Olivenöl in einem Topf mit schwerem Boden erhitzen. Die Zwiebel darin anschwitzen, bis sie weich wird, die Kapern, die Chilischote, den Knoblauch und die Sardellen zugeben und weiter bei starker Hitze Farbe annehmen lassen. Weißwein, Tomatenmark, Fischfond und Tomaten hinzufügen und zum Kochen bringen. Die Hitze reduzieren und 30 Minuten behutsam garen. Die Sauce leicht abkühlen lassen und in der Küchenmaschine pürieren.

Einen großen Topf bei hoher Temperatur heiß werden lassen. Die Muscheln und den Wein hineingeben und zugedeckt dämpfen, bis sie sich geöffnet haben. Muscheln, die sich nicht öffnen, wegwerfen. Die Muscheln geben dabei gewöhnlich reichlich Flüssigkeit ab. Diese bis auf etwa 100 ml abgießen, dann die Sauce zugeben und alles sorgfältig verrühren. Die Muscheln auf dem Couscous anrichten, mit der Gremolata bestreuen und servieren. Entspannen und genießen.

Anmerkung: In Salz eingelegte Zitronen sind ein Markenzeichen der nordafrikanischen, vor allem der marokkanischen Küche. Sie finden sie in entsprechenden Lebensmittelgeschäften oder auch im Feinkosthandel.

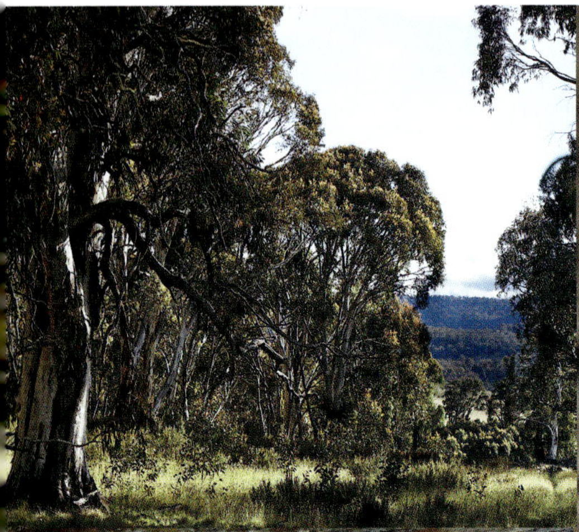
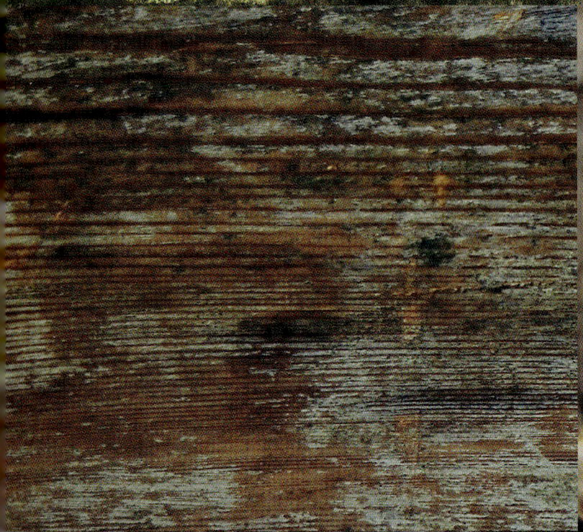
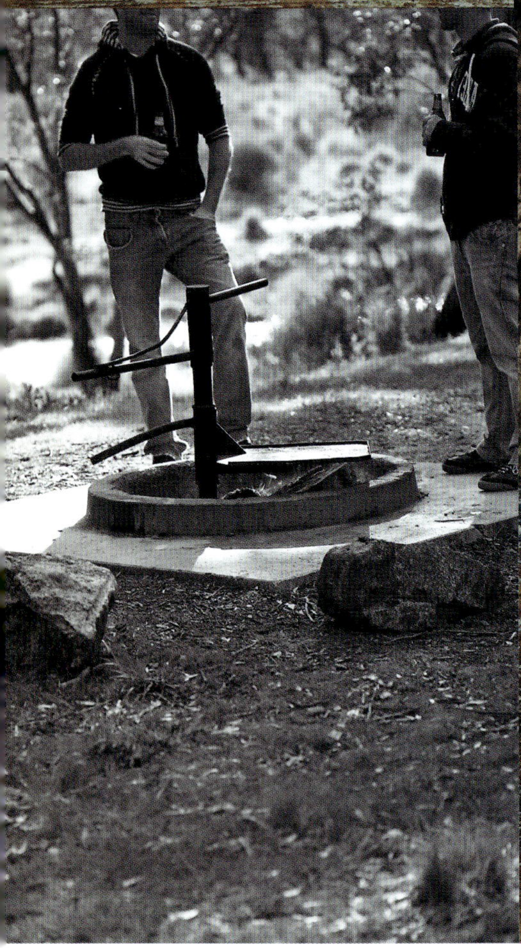
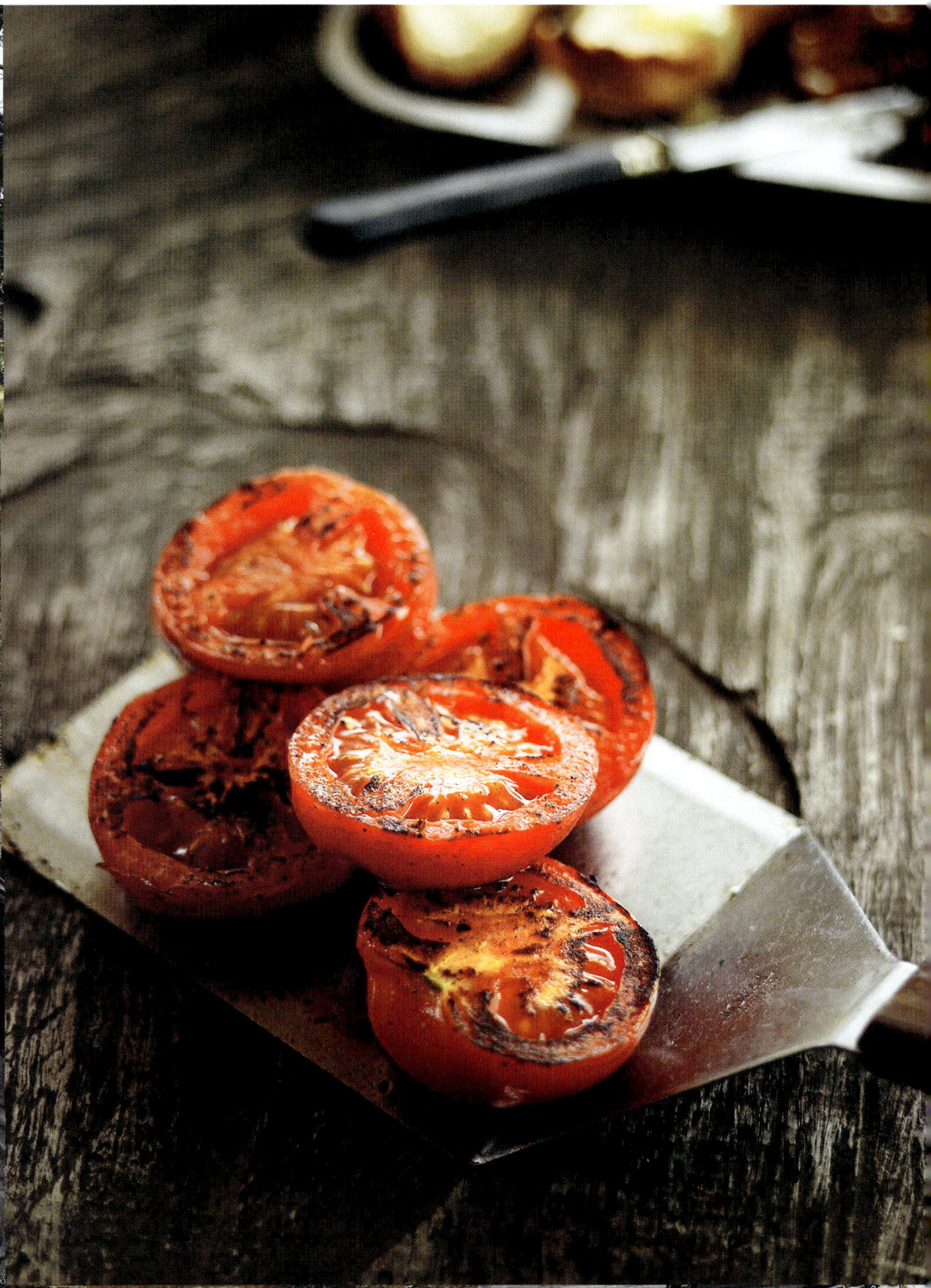
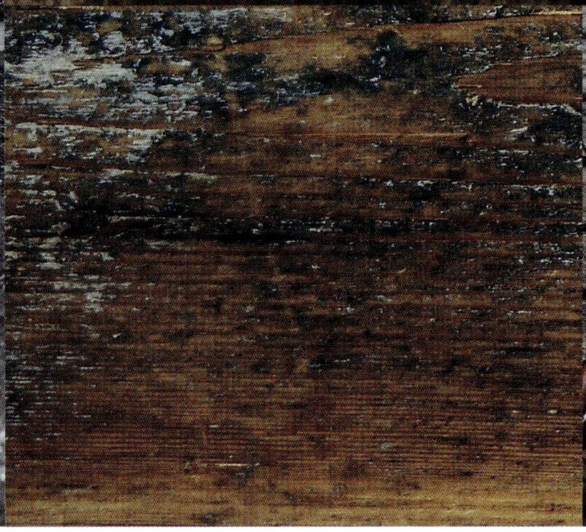
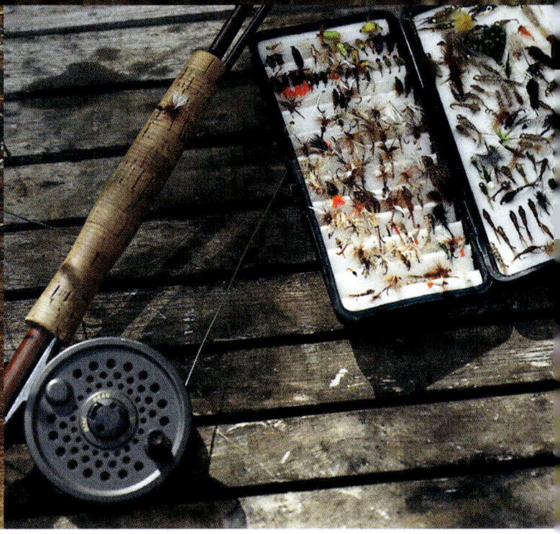

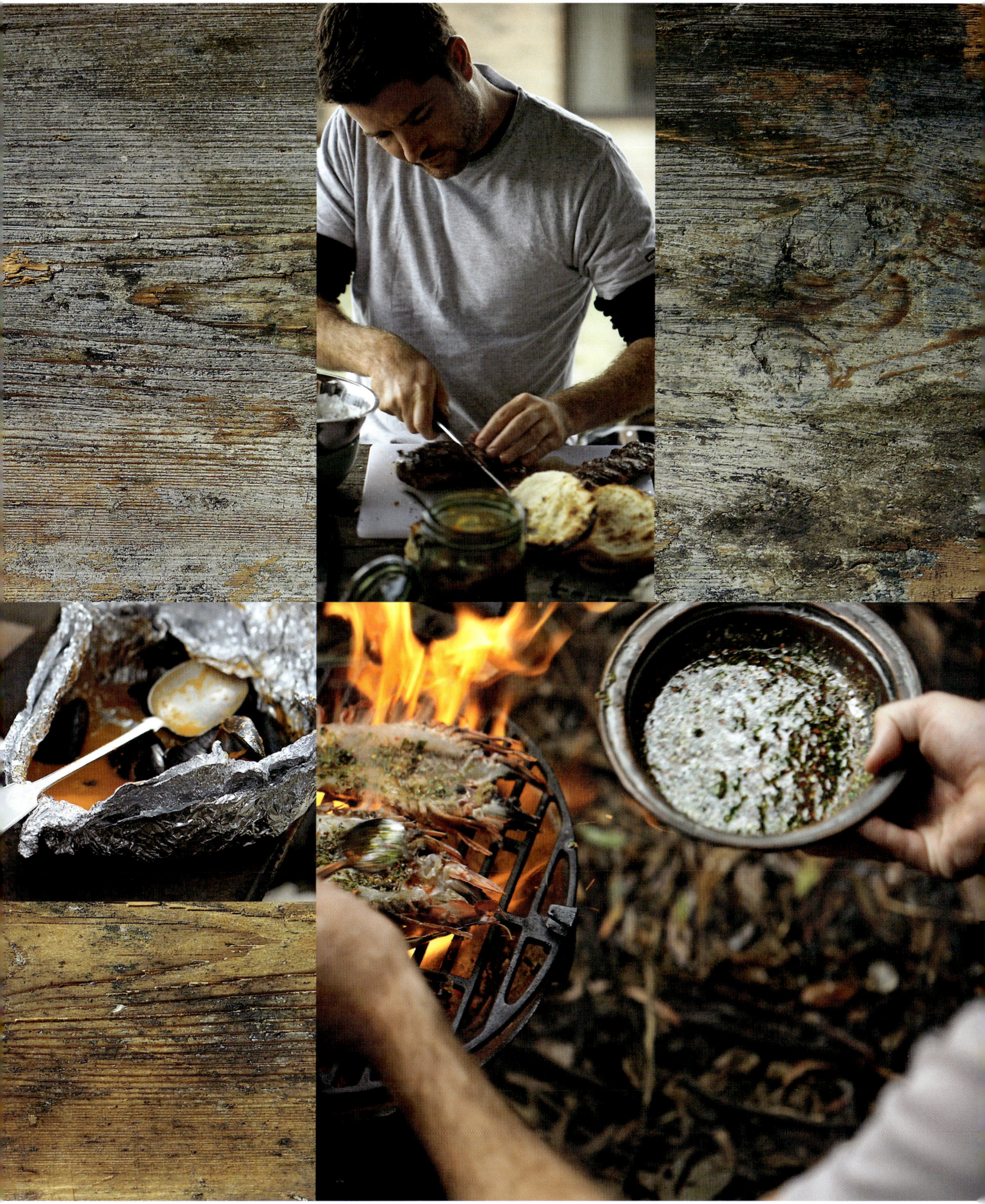

Dies ist ein Gericht für besondere Anlässe – es ist nicht unbedingt für den Alltag zu empfehlen, da Schweinebauch recht fett ist. Doch ab und zu kommt ein herzhafter Seelenwärmer gerade recht. Zubereitet wird es traditionell in einem Tontopf, der in der südostasiatischen Küche weit verbreitet ist, es gelingt aber auch in einem herkömmlichen Schmortopf mit Deckel auf dem Herd oder – mein Favorit – im gusseisernen Dutch oven über offenem Feuer. Für einen gesunden Ausgleich zum gehaltvollen Fleisch und der üppigen Sauce sorgen der Spinat, die Auberginen und der Reis.

Geschmorter Schweinebauch mit Chilisauce

FÜR 4 PERSONEN

Das Öl in einem großen Schmortopf oder Dutch oven (siehe Seite 6) erhitzen. Die Schweinebauchscheiben portionsweise hineingeben und rundherum goldbraun anbraten. Herausnehmen und beiseitestellen.

Den Zucker einstreuen und 1 Minute unter Rühren auflösen. Den Knoblauch, den Ingwer, die Chilischoten und die Schalotten zugeben und 2–3 Minuten anbraten, bis der Zucker goldbraun karamellisiert ist.

Das Fleisch wieder in den Topf geben, die Fischsauce, den weißen Pfeffer, etwas Salz und 180 ml Wasser zugeben und gründlich umrühren. Zum Kochen bringen und zugedeckt bei mäßiger Hitze 1 Stunde schmoren, bis das Fleisch zart ist. Die Auberginen unterheben und weitere 30 Minuten garen. Gelegentlich die Saucenmenge kontrollieren und eventuell durch Wasser ergänzen, wenn die Mischung zu dick oder trocken wird.

Zuletzt den Spinat unterheben und das Gericht mit gedämpftem Jasminreis servieren.

1 EL Erdnussöl
1,5 kg Schweinebauch, längs halbiert und in 3 cm dicke Scheiben geschnitten
110 g brauner Zucker
4 Knoblauchzehen, in dünne Scheiben geschnitten
2 cm frische Ingwerwurzel, geschält und gehackt
1–2 kleine rote Chilischoten, von Samen befreit und fein gehackt
3 violette Schalotten, in feine Streifen geschnitten
4 EL Fischsauce (*nam pla*)
1 TL gemahlener weißer Pfeffer und Salz
500 g japanische Auberginen (oder hiesige Auberginen), in mundgerechte Würfel geschnitten
200 g frische Spinatblätter
gedämpfter Jasminreis zum Servieren

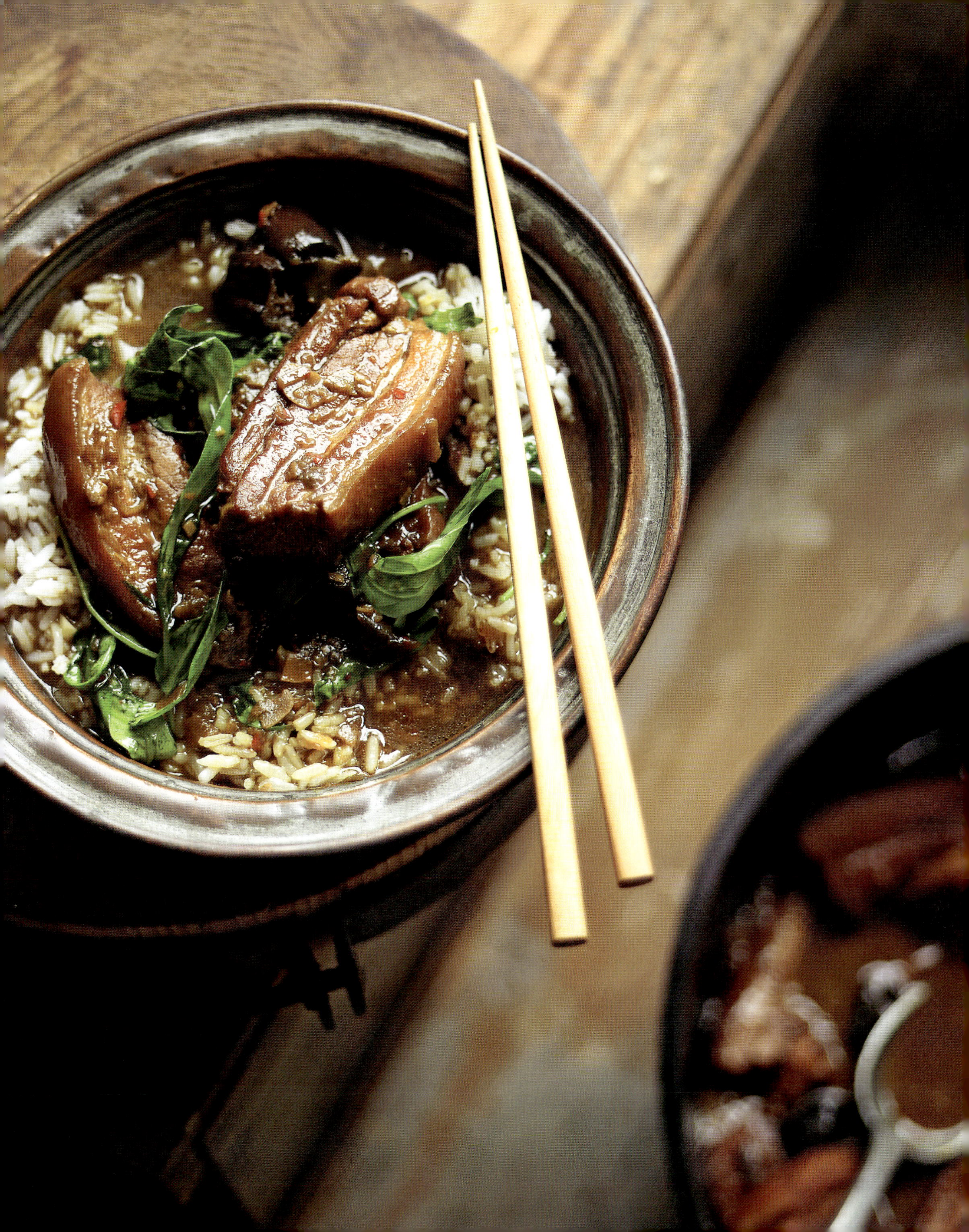

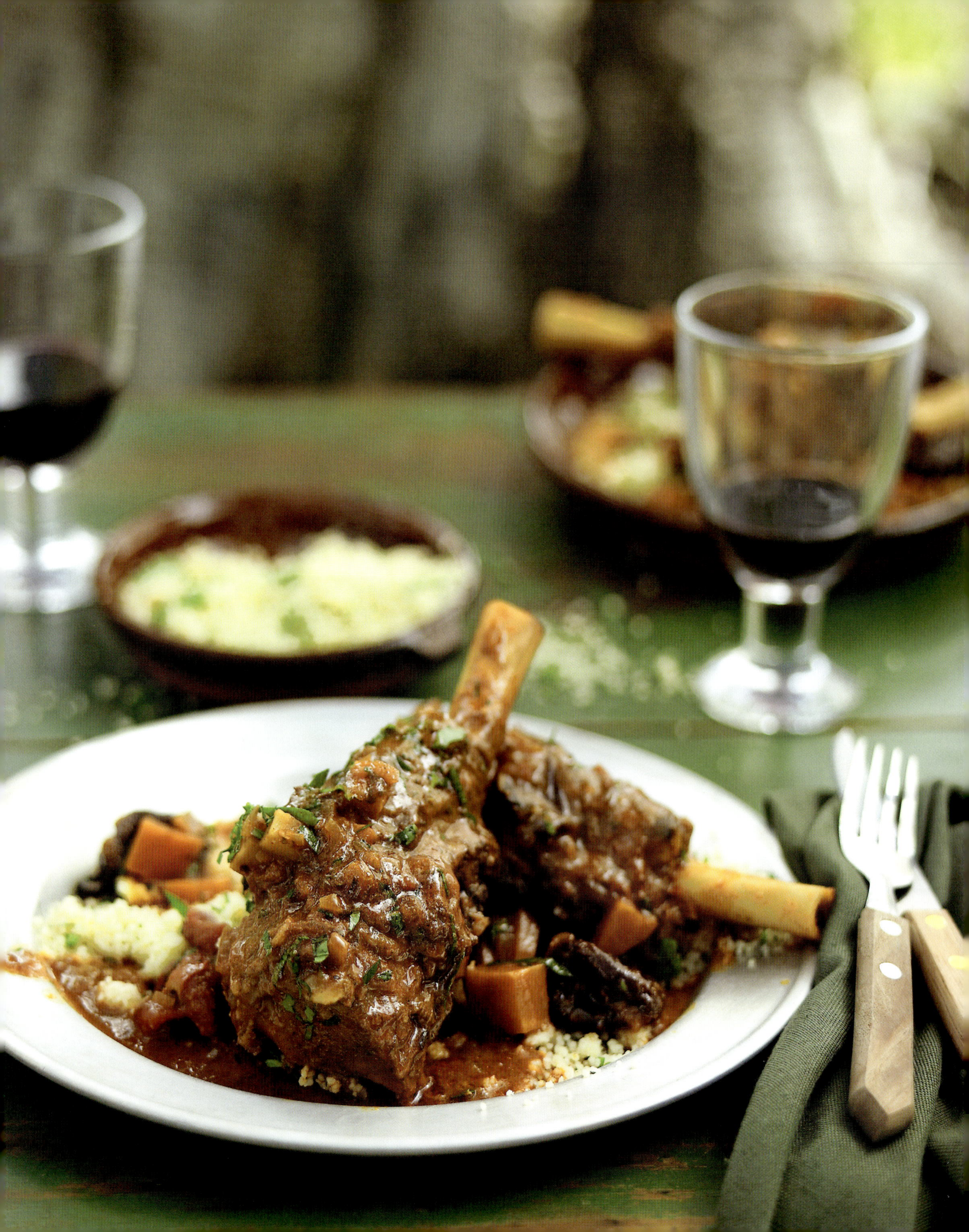

Fertige Gewürzmischungen von Top-Qualität sparen eine Menge Zeit und Mühe. Mein Favorit ist der Tagine-Mix, eine erstklassige Mischung aus Paprika, Kardamom, Chili und Piment, um nur ein paar Bestandteile zu nennen. Sie ist in der nordafrikanischen Küche verbreitet. Für alle, die keine Fertigmischung kaufen mögen, liefere ich hier ein Rezept dafür.

Herbies Lamm-Tagine

FÜR 4 PERSONEN

8 kleine Lammhachsen
4 EL Tagine-Gewürzmischung (siehe Anmerkung)
2 EL Öl
2 Pastinaken, geschält und gewürfelt
4 Möhren, gehackt
3 Zwiebeln, fein gehackt
6 Backpflaumen, entsteint
3–4 schwarze Pfefferkörner, zerstoßen
8 Knoblauchzehen, durchgepresst
2 EL Tomatenmark
1 Dose (400 g) gehackte Tomaten
500 ml Orangensaft
Salz
frisch gegarter Couscous zum Servieren
gehackte glatte Petersilie zum Bestreuen

TAGINE-GEWÜRZMISCHUNG
2½ EL Paprikapulver edelsüß
5 TL gemahlener Koriander
2 TL gemahlener Zimt
2 TL mittelscharfes Chilipulver
1 TL gemahlener Piment
½ TL gemahlene Nelken
½ TL grüne Kardamomsamen

Einen großen Schmortopf oder Dutch oven (siehe Seite 6) mäßig erhitzen. Die Lammhachsen mit 3 EL der Tagine-Gewürzmischung einreiben. Das Öl in den Topf geben und das Fleisch darin portionsweise rasch anbraten.

Sämtliche Hachsen wieder in den Topf geben und die Pastinaken, die Möhren, die Zwiebeln, die Backpflaumen, 1 EL der Tagine-Gewürzmischung, den Pfeffer, den Knoblauch, das Tomatenmark, die Tomaten, den Orangensaft und 1 Liter Wasser zugeben. Den Topf bedecken und 1½–2 Stunden sanft schmoren, bis das Fleisch ganz zart ist. Gelegentlich die Saucenmenge kontrollieren und eventuell durch Wasser ergänzen. Mit Salz abschmecken, auf dem Couscous anrichten und mit Petersilie bestreut servieren.

Anmerkung: Die Tagine-Gewürzmischung ergibt mehr als die für das Rezept benötigte Menge. Den Rest können Sie luftdicht verschlossen bis zu 1 Monat aufbewahren.

Dies ist ein weiteres grandioses Schmorgericht. Es ist wirklich köstlich und schmeckt nach mehr, Sie müssen es einfach irgendwann in Ihrem Leben ausprobieren. Es basiert auf einem marokkanischen Tagine-Gericht (siehe Anmerkung), und was mir besonders gefällt, ist das saftige Kaninchenfleisch. Die Pistazien und Aprikosen runden das Ganze perfekt ab.

Geschmortes Kaninchen mit Zimt, getrockneten Aprikosen & Pistazien

FÜR 4 PERSONEN

Einen großen Schmortopf oder Dutch oven (siehe Seite 6) mäßig erhitzen. Das Öl hineingeben und die Kaninchenteile darin portionsweise rundherum goldbraun anbraten. Das gesamte Fleisch herausnehmen, die Zwiebel, den Sellerie und den Knoblauch zufügen und ebenfalls 2–3 Minuten Farbe annehmen lassen. Den Kreuzkümmel, den Koriander und den Zimt einrühren und weitere 5 Minuten behutsam anrösten; dann das angebratene Kaninchenfleisch, die Tomaten, das Lorbeerblatt, die Pistazien, die Aprikosen und den Geflügelfond hineingeben.

Einen Deckel auflegen und das Fleisch 1¼ Stunden sanft schmoren, bis es zart ist. Gelegentlich die Saucenmenge kontrollieren und eventuell mit Geflügelfond oder Wasser ergänzen. Vom Herd nehmen und mit Salz und Pfeffer abschmecken.

Das Kaninchen mit seiner Sauce auf Stampfkartoffeln oder Couscous anrichten, mit Schnittlauch garnieren und servieren.

Anmerkung: Tagine oder Taijine nennt man einen im Nordwesten Afrikas verbreiteten Schmortopf aus Ton mit einem spitzen Deckel. Auch die in ihm zubereiteten Gerichte werden als Tagine bezeichnet. Traditionell wird darin über Holzkohle gegart und direkt aus dem Topf gegessen.

125 ml Olivenöl
1 Kaninchen, in Stücke zerteilt (vom Metzger machen lassen)
1 Zwiebel, fein gehackt
1 Stange Staudensellerie, fein gehackt
2 Knoblauchzehen, zerdrückt
1 EL gemahlener Kreuzkümmel
1 EL gemahlener Koriander
3 Zimtstangen
1 große Dose (800 g) gehackte Tomaten
1 Lorbeerblatt
100 g geschälte Pistazienkerne
180 g getrocknete Aprikosen
250 ml Geflügelfond (aus dem Glas)
Salz und frisch gemahlener schwarzer Pfeffer
Stampfkartoffeln oder Couscous zum Servieren
Schnittlauch zum Garnieren

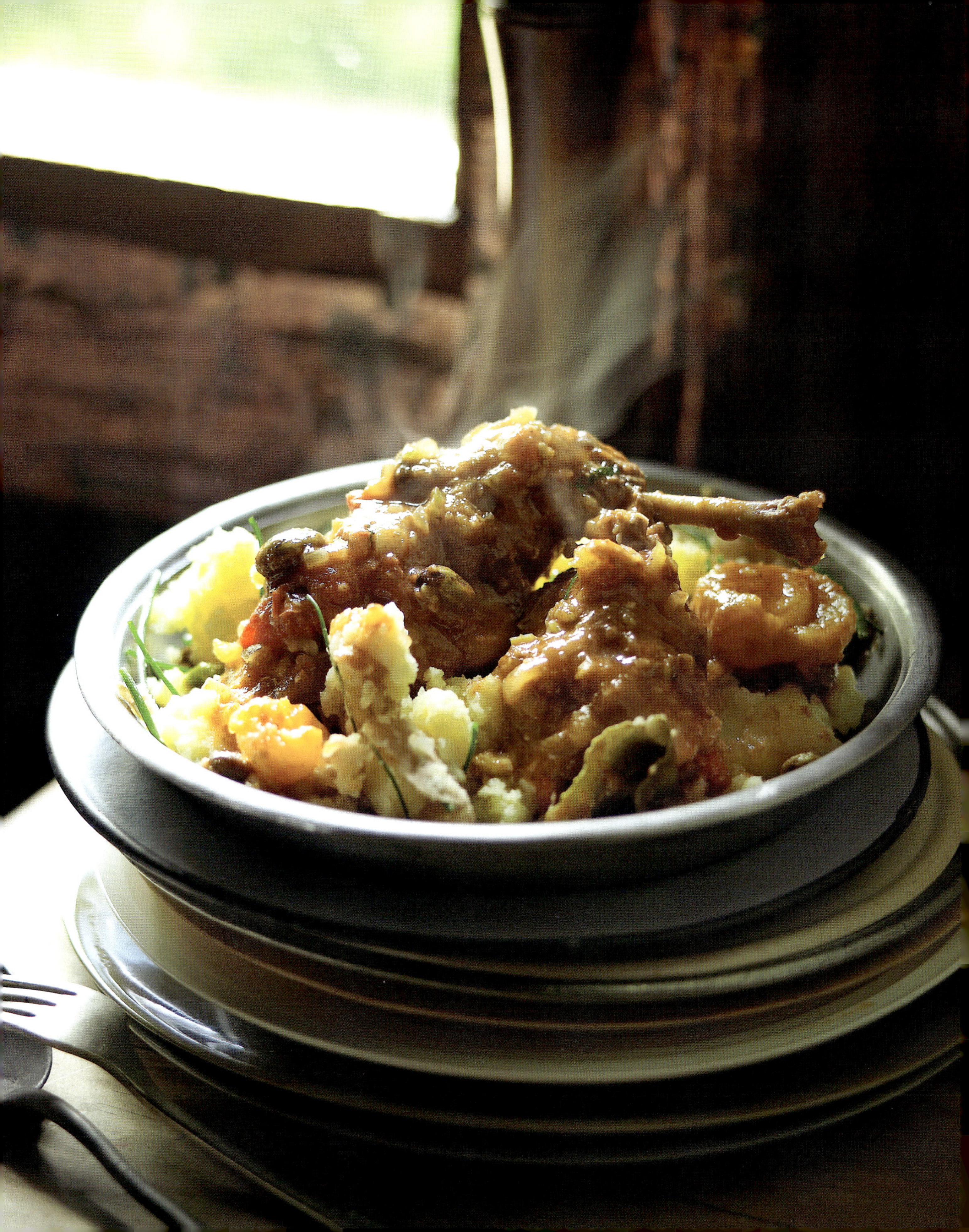

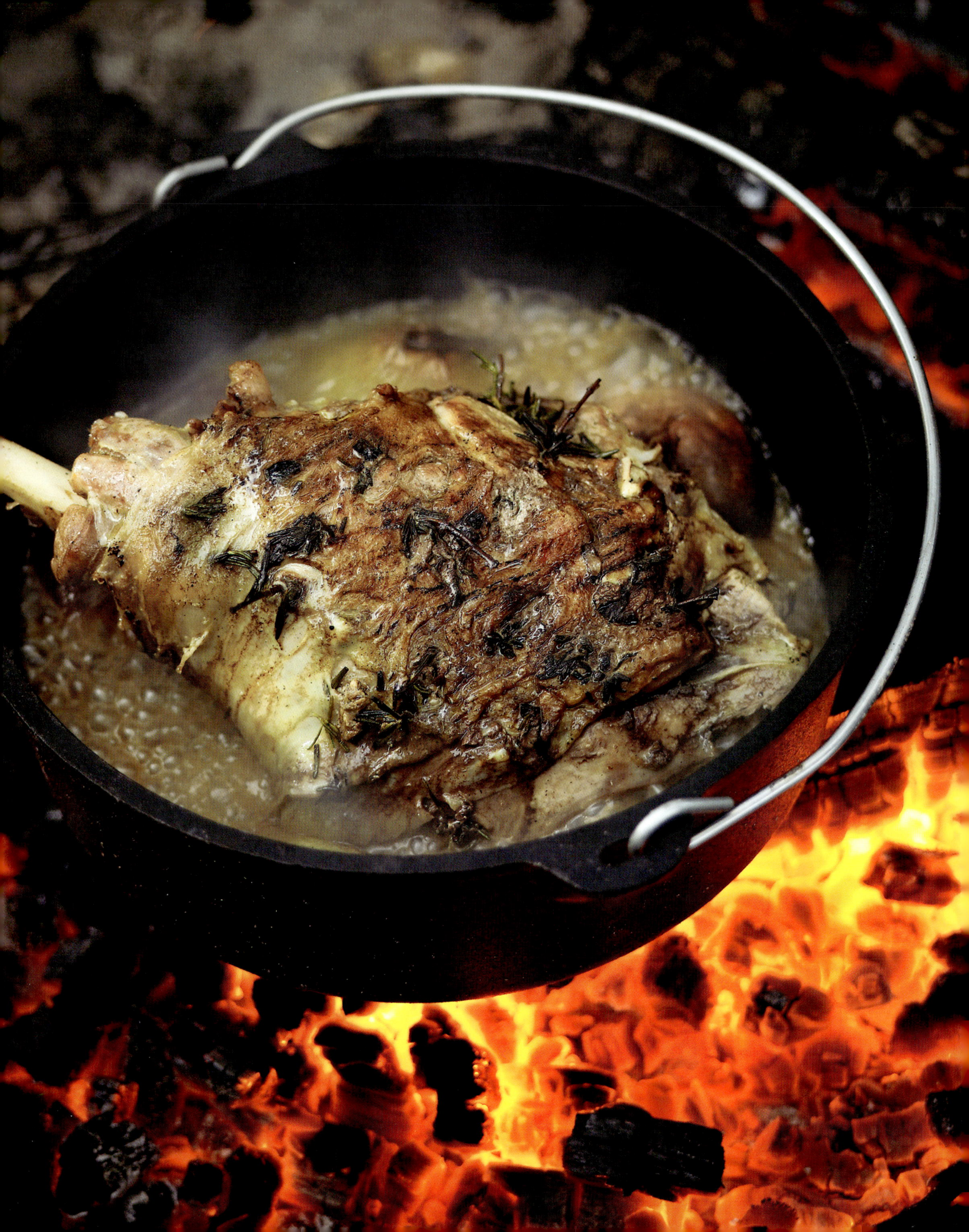

Dieses Rezept stammt von Andrew Dwyers, er ist Anbieter von Reisen ins Outback und ein verdammt guter Koch. Es ist eines der besten Lammgerichte, die ich je gegessen habe, und Andrew war so großzügig, mir das Rezept zu verraten.

Geschmorte Lammkeule mit Zwiebeln und Portwein

FÜR 4 PERSONEN

1 Lammkeule von etwa 2,7 kg
5 Knoblauchzehen, in Scheiben geschnitten
12 Sardellen, halbiert
24 kleine Rosmarinzweige
4 Zwiebeln
3 EL Olivenöl
Salz und frisch gemahlener schwarzer Pfeffer
500 ml Portwein
60 g Butter, gewürfelt

Die Lammkeule auf der oberen Seite kreuz und quer in Abständen von 2,5 cm mit 1,5 cm tiefen Einschnitten versehen. Diese mit je einem Scheibchen Knoblauch, einer halben Sardelle und einem Rosmarinzweig spicken. In dieser Weise die gesamte Fläche spicken, bis sämtliche Knoblauchscheiben, Sardellen und Rosmarinzweige verbraucht sind.

Einen großen Schmortopf oder Dutch oven (siehe Seite 6) mäßig erhitzen. Die Zwiebeln schälen, halbieren und mit den Schnittflächen nach unten in den Topf legen. Die Lammkeule darauf platzieren (eventuell müssen Sie den Endknochen etwas kürzen, damit sie hineinpasst), mit dem Olivenöl bestreichen und mit Salz und Pfeffer würzen. Den Portwein dazugießen.

Das Fleisch behutsam bis zum gewünschten Gargrad schmoren – für medium rare (rosa bis blutig) dauert das etwa 1½ Stunden. Gelegentlich die Flüssigkeitsmenge kontrollieren und eventuell durch Wasser ergänzen.

Die Lammkeule auf eine Platte oder ein Backblech legen, mit einem sauberen Küchentuch bedecken und ruhen lassen, während die Sauce zubereitet wird.

Den Topf wieder auf die Hitzequelle stellen und die Zwiebeln herausheben. Den Schmorsaft aufkochen und sirupartig eindicken lassen. Stück für Stück die Butter unterschlagen und sofort mit dem Fleisch servieren.

Dies ist eine fantastische Art, eine ganze Seite Lachs oder Lachsforelle zuzubereiten. Sie wird auch Ihre nächste Einladung zum Essen zu einem bleibenden Erlebnis machen. Bei einem Curry wird, wie Sie sicherlich wissen, gewöhnlich zuerst die Currypaste angebraten und dann mit Kokosmilch und den Gewürzen verkocht, was in der Regel ein bisschen Zeit in Anspruch nimmt. Nicht so bei diesem Rezept – Sie verrühren die Paste einfach mit der Kokosmilch und den Aromaten und reiben sie dann in die Lachsseite ein. Beim Garen dringt die Mischung in das Fleisch ein und verleiht ihm ein köstliches Aroma. Den Fisch stellen Sie dann in die Tischmitte, servieren dazu ein asiatisches Gemüse – und alle werden mit der Zunge schnalzen.

Lachs mit Curry-Kokos-Marinade

FÜR 4 PERSONEN

Mit einer Fischzange oder einer Pinzette die kleinen Stehgräten aus der Lachsseite herausziehen und das Fleisch kreuzweise leicht einschneiden. Die Currypaste, die Kokoscreme, den Palmzucker, die Fischsauce, die Korianderwurzeln und -stiele, das Zitronengras und die Hälfte des Öls gründlich verrühren.

Den Lachs gleichmäßig mit der Mischung einreiben und mindestens 20 Minuten marinieren.

Eine Pfanne oder eine Bratplatte erhitzen und mit dem restlichen Öl einfetten. Den Lachs mit der Hautseite nach unten auflegen und zugedeckt etwa 10 Minuten braten, anschließend auf eine Servierplatte legen und etwas abkühlen lassen. Mit den Röstzwiebeln, den Limettenblattstreifen und dem Koriandergrün bestreuen und mit Limettenspalten servieren.

1 ganze Lachsseite von etwa 750 g
1 EL rote Thai-Currypaste
125 ml Kokoscreme (*creamed coconut*)
2 TL geriebener Palmzucker oder brauner Zucker
2 EL Fischsauce (*nam pla*)
2 EL fein gehackte Korianderwurzeln und -stiele
2 Stängel Zitronengras (nur das Weiße), in feine Scheiben geschnitten
4 EL Olivenöl
3 EL Röstzwiebeln
1 Kaffir-Limettenblatt, in feine Streifen geschnitten
1 Handvoll grob gehacktes Koriandergrün
Limettenspalten zum Servieren

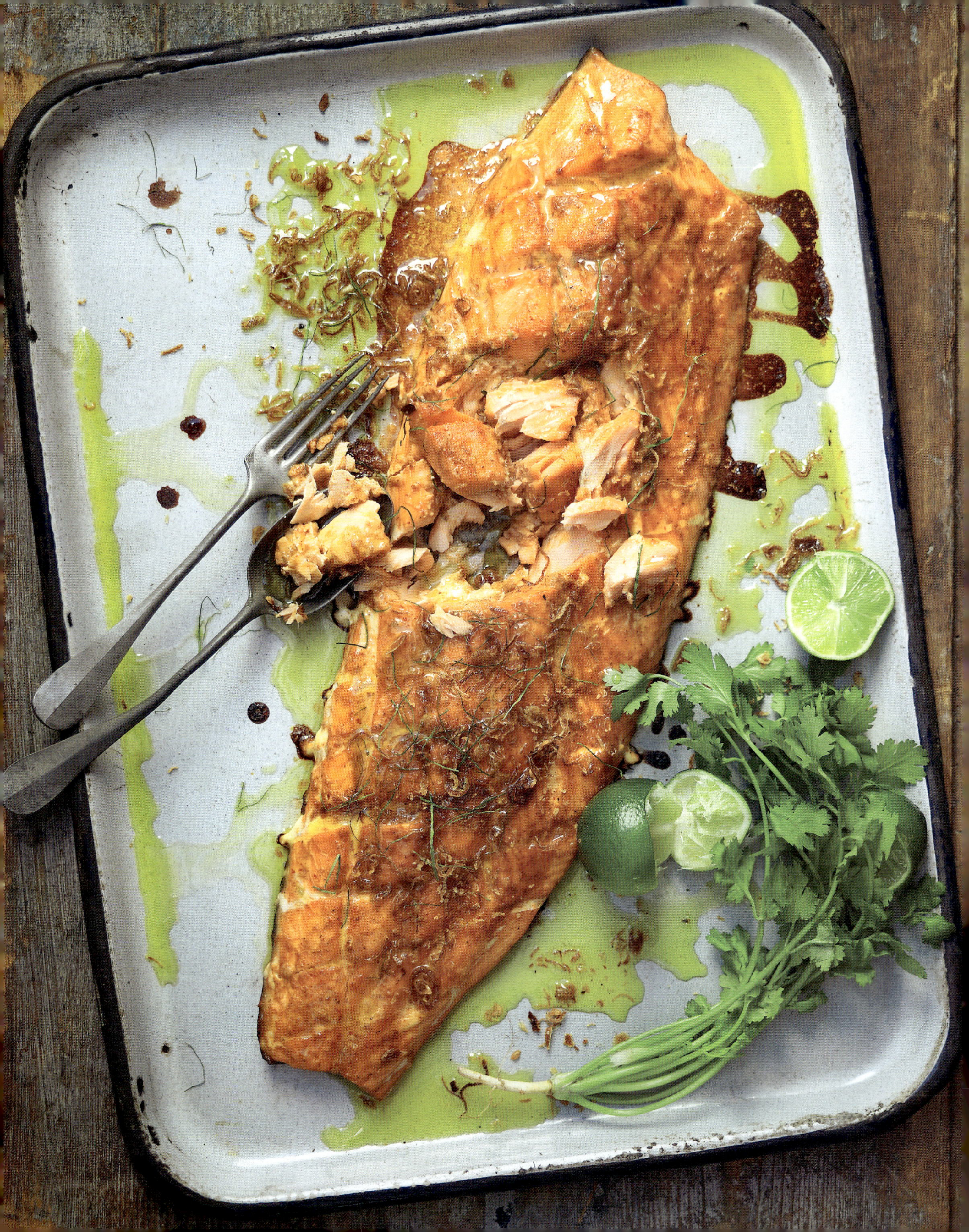

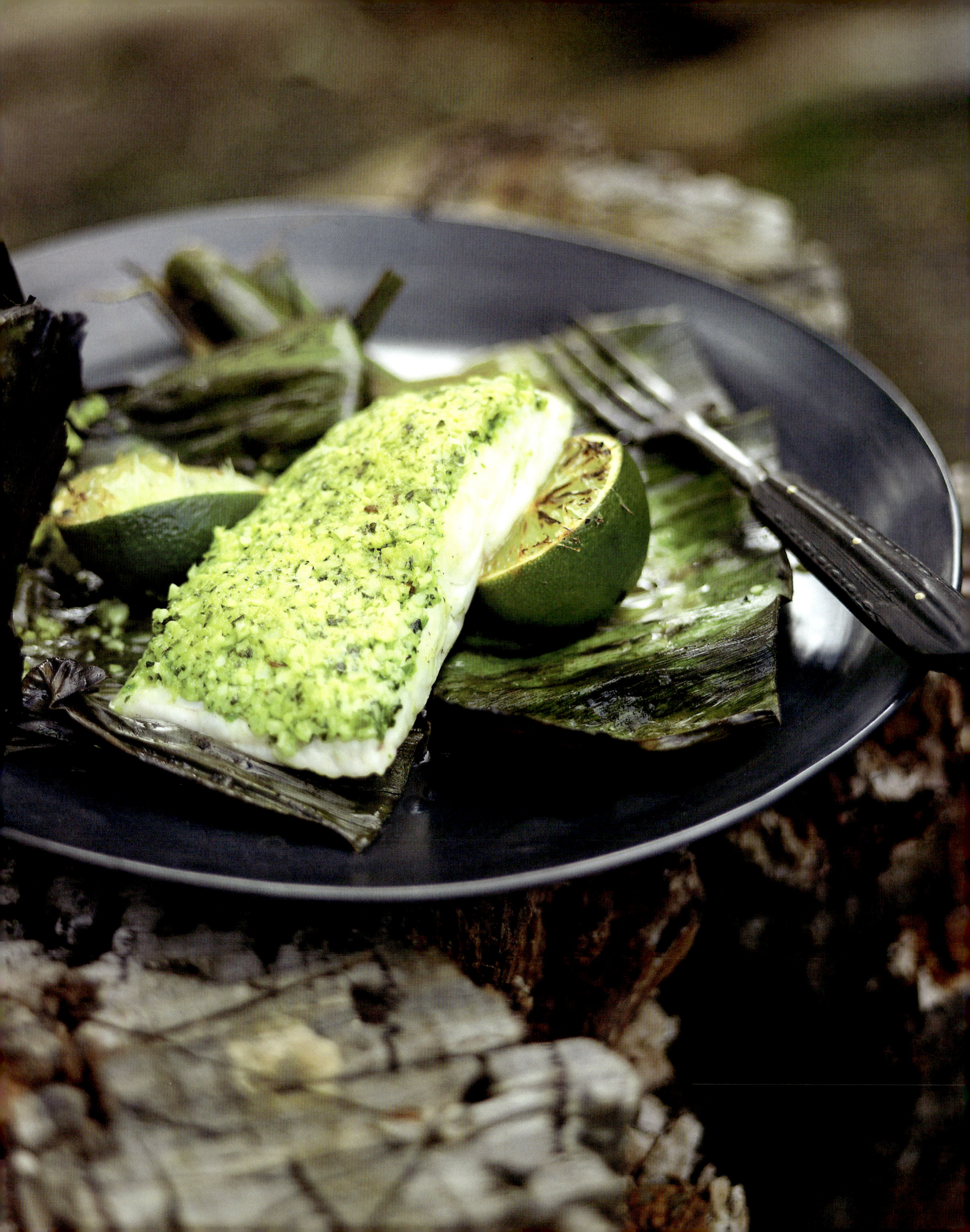

Ich weiß, viele Leute sagen, dass man Fisch nicht mit zu kräftigen Aromen kombinieren soll. Das war auch meine Meinung – so lange, bis ich dieses Gericht entdeckt habe! Frisch gehacktes Kokosfleisch, mit Chilischoten, Koriandergrün, Minze, Kurkuma und Kreuzkümmel zu einer Paste verarbeitet, wird dick auf fangfrischen Fisch gestrichen, der dann in der Folie oder in Bananenblättern gegart wird. Probieren Sie es aus, und Sie werden den traditionellen Rezepten für panierten Fisch keine Träne nachweinen!

Gegrillter Fisch mit Kokos-Chutney im Bananenblatt

FÜR 4 PERSONEN

4 frische Bananenblätter, Mittelrippen entfernt
4 weißfleischige Fischfilets, je etwa 160 g (z. B. Schnapper oder Meerbrassen)
Limettenspalten zum Servieren

KOKOSCHUTNEY
400 g frisches Kokosfleisch (von etwa 1 Kokosnuss), grob gehackt (siehe Anmerkung)
3 grüne Chilischoten, von den Samen befreit und grob gehackt
1 große Handvoll Koriandergrün
3 große Handvoll Minze
100 ml Pflanzenöl
2 Knoblauchzehen, zerstoßen
½ TL gemahlener Kurkuma
1 TL Kreuzkümmelsamen
Saft von 2 Limetten
¼ TL Zucker
Salz

Für das Kokoschutney das Kokosfleisch, die Chilischoten, das Koriandergrün, die Minze, das Öl, den Knoblauch, den Kurkuma, den Kreuzkümmel, den Limettensaft, den Zucker und etwas Salz im Mixer fein zermahlen.

Die Bananenblätter langsam über einer offenen Flamme wenden, bis sie sich leuchtend grün färben. Alternativ können Sie die Blätter auch in eine heiße Pfanne legen. Abkühlen lassen.

Einen Grill anheizen oder den Backofen auf 160 °C vorheizen. Die Fischfilets einzeln auf die Bananenblätter legen und mit je einem Viertel des Kokoschutneys bestreichen. In die Blätter einwickeln und mit Küchengarn verschnüren.

Die Fischpäckchen bei mittlerer Temperatur von beiden Seiten 4–8 Minuten grillen, bis der Fisch durchgegart ist. (Alternativ im Backofen etwa 15 Minuten garen.) Mit den Limettenspalten servieren.

Anmerkung: Wählen Sie eine schwere Kokosnuss ohne Anzeichen von Feuchtigkeit.

Durch das Erhitzen werden die Bananenblätter geschmeidig und formbar. Sollten Sie keine finden, können Sie auch Pergamentpapier oder Alufolie verwenden.

Wie gut ist ein Rezept, für das man nicht viel mehr Zutaten braucht als für den passenden Drink dazu? Ich glaube, mehr muss ich nicht sagen, außer vielleicht: Packen Sie genügend Servietten ein ...

Cola-Rum-Rippchen
FÜR 2 PERSONEN

Sämtliche Zutaten für die Marinade in einer Schüssel verrühren. Die Rippchen in ein nichtmetallenes Gefäß legen, mit der Marinade übergießen und über Nacht in den Kühlschrank stellen.

Einen Backofen auf 200 °C Ober- und Unterhitze (ohne Umluft) vorheizen. Das Fleisch auf einem Backblech in den Ofen geben und nach 5 Minuten die Temperatur auf 150 °C reduzieren. Die Spareribs noch 40–50 Minuten garen, dabei alle 15 Minuten wenden und von beiden Seiten mit der Marinade bepinseln. Die Spareribs sollten zum Schluss durchgegart, rundherum karamellisiert und gut gebräunt sein. (Alternativ das Fleisch auf die gleiche Weise auf der Bratplatte eines verschließbaren Grills bei mittlerer Hitze zugedeckt 1 Stunde 15 Minuten garen, dabei am Schluss von beiden Seiten noch 5 Minuten ohne Deckel.)

Während die Rippchen garen, etwas Marinade in einem Topf auf die Hälfte reduzieren und als Sauce zu den Rippchen servieren.

Anmerkung: Halten Sie ausreichend Servietten oder Küchenpapier bereit, denn diese Rippchen sind eine recht klebrige Angelegenheit. Ach ja, und die Extraportion Rum und Cola für den Koch sollten Sie auch nicht vergessen!

2 Seiten Spareribs

MARINADE
250 ml Rum
750 ml Cola
300 ml Ketchup
1–2 Spritzer Tabasco
2 Knoblauchzehen, durchgepresst
4 EL Hoisin-Sauce (aus dem Asialaden)

Hier ist ein weiteres wunderbares Sparerib-Rezept – es hat dieses süßsaure Aroma, das so hervorragend mit Schweinefleisch harmoniert. Für den süßen Akzent sorgen Ahornsirup und süße Sojasauce, während schwarzer chinesischer Reisessig die nötige Säure beisteuert. Das Gute daran: Man kann alles am Vortag vorbereiten, so holt man auch das Maximum aus der Marinade heraus. Sie ist übrigens auch ausgezeichnet für Hähnchenschlegel oder -flügel geeignet.

Schweinerippchen mit Ahornsirup- & Tamarinden-Glasur

FÜR 4 PERSONEN

2 kg Spareribs, in Stücke zerteilt

MARINADE
250 ml Ahornsirup
250 ml süße Sojasauce (*ketjap manis*)
1 EL Tamarindenpaste
4 EL Austernsauce
300 ml chinesischer schwarzer Essig (dunkler Reisessig; aus dem Asialaden)
2 Zimtstangen
3 Sternanis

Sämtliche Zutaten für die Marinade in einer nichtmetallenen Schüssel verrühren. Die Rippchen einlegen, rundherum in der Marinade wenden und zugedeckt über Nacht in den Kühlschrank stellen.

Einen Backofen auf 160 °C Ober- und Unterhitze vorheizen. Das Fleisch auf ein Backblech legen und 30 Minuten garen, anschließend wenden, mit der Marinade überziehen und weitere 30 Minuten bei zugeschaltetem Backofengrill garen. Die Rippchen sollten am Ende durchgegart, gut gebräunt und rundherum glasiert sein. (Alternativ das Fleisch auf die gleiche Weise auf einem verschließbaren Grill 30 Minuten zugedeckt und 30 Minuten ohne Deckel auf kleiner bis mittlerer Stufe garen.)

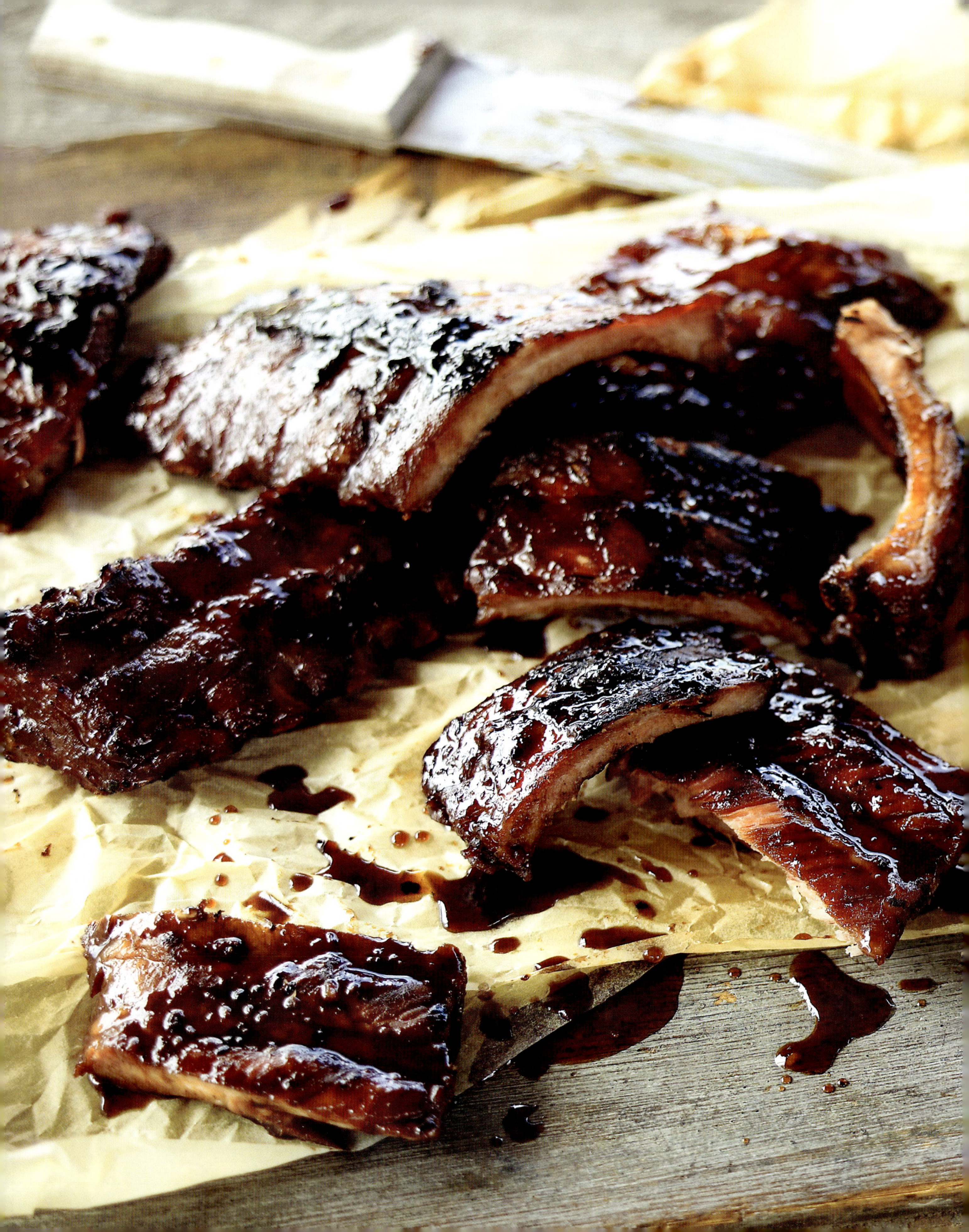

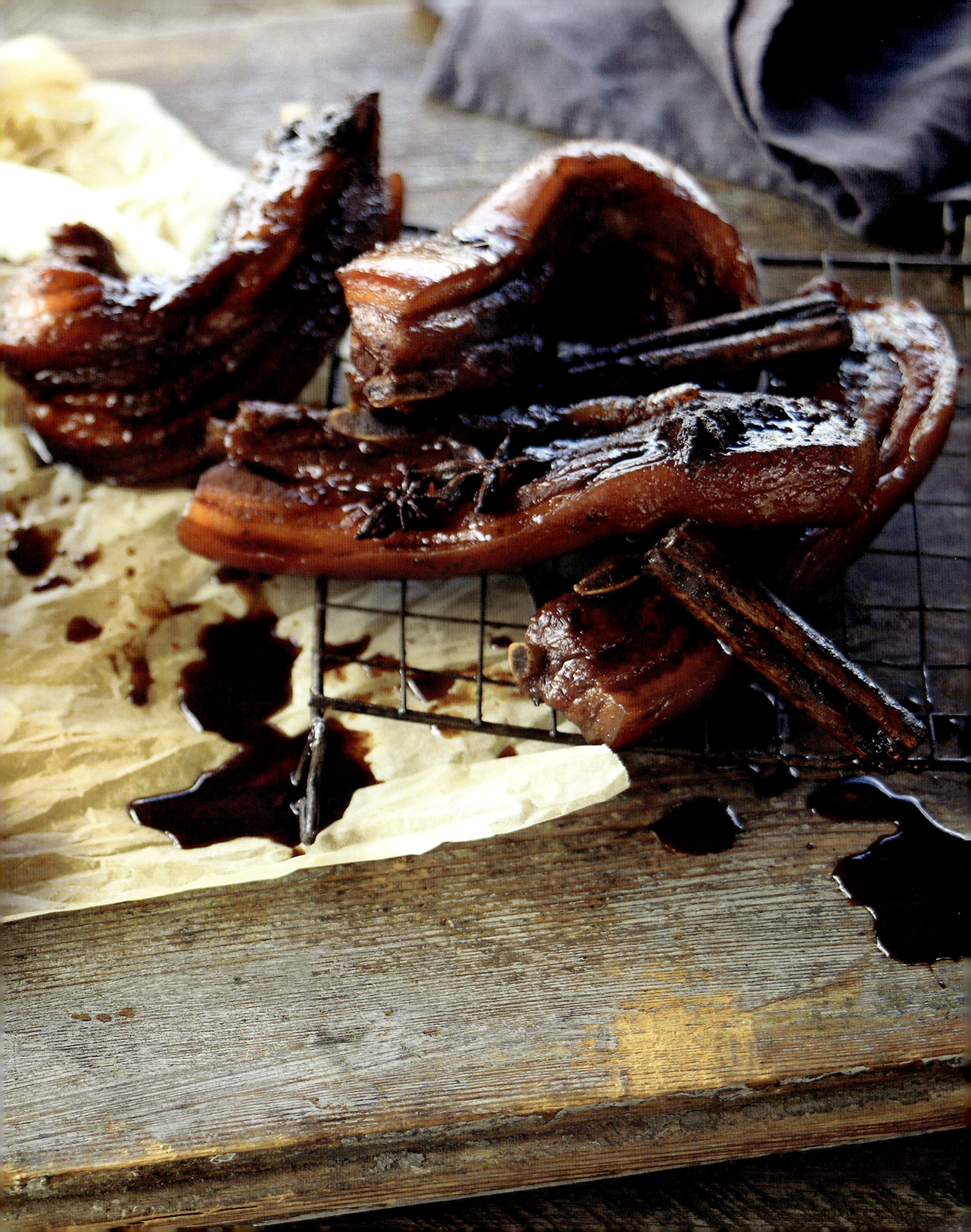

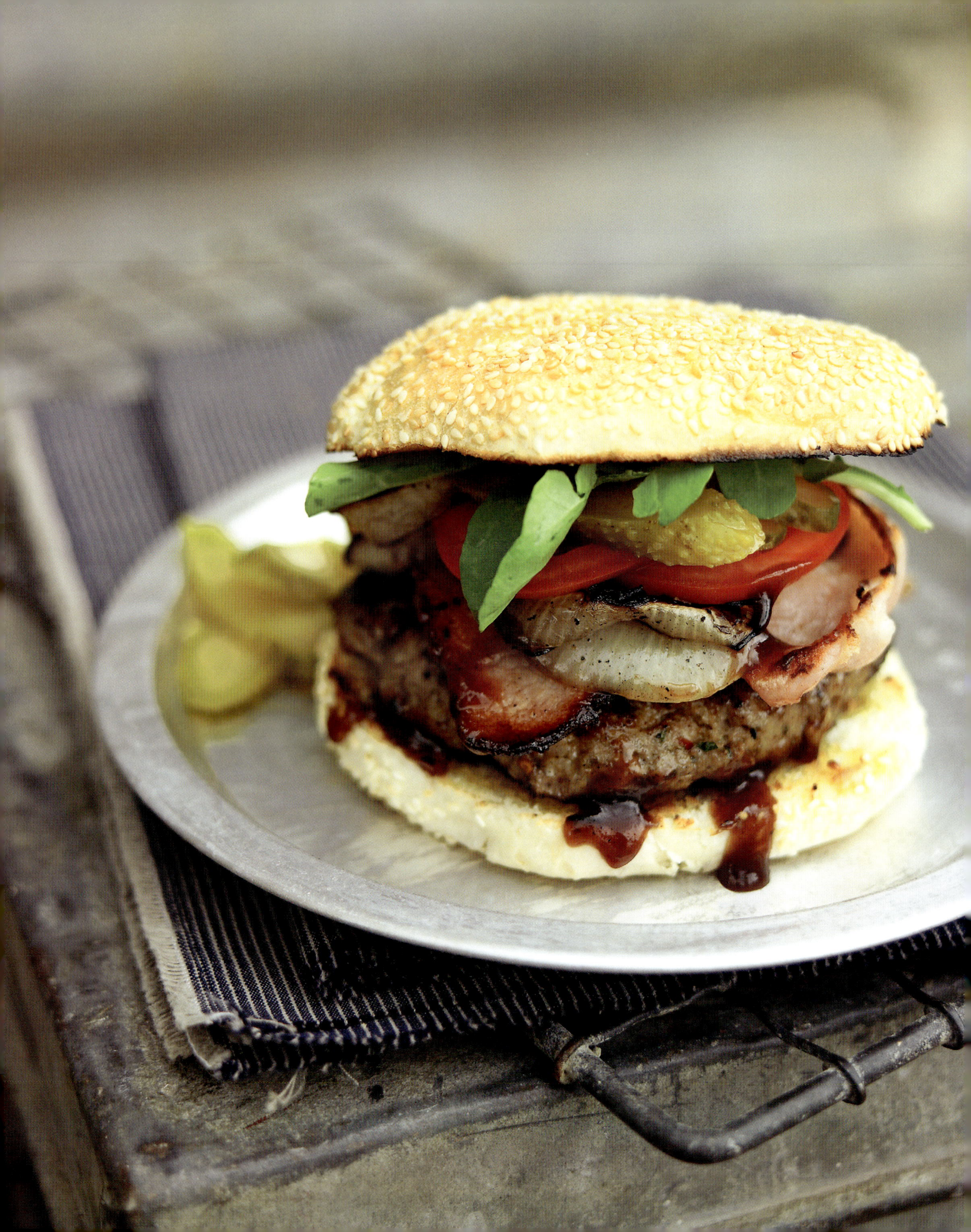

Dieses Burger-Rezept birgt keinerlei Geheimnisse – es ist schlicht ein solider Hamburger, den ich gern auf meinem Grill zubereite und dann mit einem kalten Bier genieße, während ich aufs Meer blicke und der heranrollenden Brandung zuschaue.

Petes Burger

FÜR 4 PERSONEN

HACKSTEAKS
600–800 g Rinderhackfleisch
2 Knoblauchzehen, zerdrückt
1 Prise Chiliflocken
2 EL gehackte Petersilie
1 Prise getrockneter Oregano
1 Ei
2 EL fein gewürfelte Zwiebeln
2–4 EL Semmelbrösel
1 EL Dijonsenf

4 Scheiben alter Cheddar (oder ein Käse Ihrer Wahl)
1 Zwiebel, in dicke Scheiben geschnitten
4 Scheiben Speck
4 Hamburgerbrötchen mit Sesam
Butter für die Brötchen
Tomaten- oder Barbecue-Sauce zum Servieren
8 Scheiben Rispentomaten
8 Scheiben Gewürzgurke
8 Rucolablätter

Sämtliche Zutaten für die Hacksteaks in einer großen Schüssel vermengen und zu vier flachen Frikadellen formen.

Einen Grill anheizen oder eine Grillpfanne erhitzen. Die Hacksteaks 5 Minuten von einer Seite grillen, dann wenden und in einigen weiteren Minuten durchgaren. Kurz bevor das Fleisch den gewünschten Gargrad erreicht hat, die Käsescheiben auflegen, sodass sie etwas schmelzen. Die Hacksteaks auf eine Servierplatte legen und warm stellen.

Inzwischen die Zwiebeln goldbraun rösten und den Speck knusprig oder nach Geschmack grillen.

Die Brötchen halbieren, mit Butter bestreichen und mit der bestrichenen Seite nach unten grillen, bis sie goldbraun und knusprig sind. Die unteren Hälften mit etwas Sauce bedecken und mit den Hacksteaks sowie Speck, Zwiebeln, Tomaten, Gurken und Rucola belegen. Den Brötchendeckel auflegen und servieren.

Ich habe eine Schwäche für Fisch oder Fleisch, das nach dem Braten mit einem leckeren Dressing überzogen wird. Hier besteht es aus eingelegter Zitrone, frischen Kräutern, darunter Minze und Petersilie, sowie Koriandersamen, Zitronensaft und Olivenöl. Es passt perfekt zu jeder Art von Seafood oder gegrilltem Hähnchen.

Fisch mit Zitronendressing

FÜR 4 PERSONEN

Die Fische auf jeder Seite dreimal diagonal bis auf die Gräte einschneiden, mit etwas Olivenöl einreiben und mit Salz und Pfeffer würzen.

Eine Pfanne oder eine Bratplatte erhitzen. Die Fische bei mittlerer Temperatur von jeder Seite 4–5 Minuten braten, bis die Haut goldbraun und knusprig ist. Wenn sie etwas länger brauchen, die Fische zugedeckt noch ein paar weitere Minuten garen.

Inzwischen das Dressing zubereiten: Sämtliche Zutaten in einer Schüssel gründlich verrühren und eventuell mit etwas Zucker und Salz abschmecken, falls nötig.

Die Fische auf einer Platte anrichten und mit der Hälfte des Dressings überziehen. Den Rest separat dazu reichen.

4 weißfleischige Portionsfische (Wolfsbarsch, Meerbrassen, Schnapper), geschuppt und ausgenommen
Olivenöl
Salz und frisch gemahlener schwarzer Pfeffer

ZITRONENDRESSING

1 EL in feine Streifen geschnittene eingelegte Zitronenschale (siehe Anmerkung Seite 41)
2 EL kleine Kapern, abgespült
1 Prise gemahlener Koriander
2 EL gehackte Minze
2 EL gehackte glatte Petersilie
2 EL Zitronensaft oder nach Geschmack
6 EL bestes Olivenöl
Zucker und Salz nach Bedarf

Ich bin ein großer Fan der asiatischen Küche. Besonders gefallen mir die Seafood-Gerichte wie Pipis (Neuseeländische Seemuscheln) mit XO-Sauce, im Ganzen gedämpfter Fisch oder Jakobsmuscheln mit Ingwer und Frühlingszwiebeln. XO-Sauce gibt es im asiatischen Lebensmittelhandel, Sie können sie aber auch selbst zubereiten. Ist die Sauce erst einmal fertig, dauert es nur noch Minuten, bis Sie vor einem dampfenden Teller würziger Muscheln sitzen. Schneller schaffen Sie es auch zum nächsten Chinesen nicht. Nehmen Sie Mies- oder Venusmuscheln, wenn diese bei Ihnen leichter erhältlich sind.

Muscheln mit XO-Sauce

FÜR 4 PERSONEN

3 EL XO-Sauce (aus dem Asialaden oder selbst gemacht; siehe unten)
600 g Mies- oder Venusmuscheln (siehe Anmerkung)
1 EL helle Sojasauce
2 EL Geflügelfond (aus dem Glas)
6 Frühlingszwiebeln, in Stücke geschnitten

XO-SAUCE
250 g lange, rote Chilischoten, von Samen befreit und gehackt
1 EL frischer, gewürfelter Ingwer
2 Knoblauchzehen, grob gehackt
15 g getrocknete Garnelen, 1 Stunde in heißem Wasser eingeweicht und abgetropft
30 g getrocknete kleine Fische oder Jakobsmuscheln, 1 Stunde in heißem Wasser eingeweicht und abgetropft
1 TL Salz
1 TL Zucker
4 EL Pflanzenöl

Wenn Sie Ihre eigene XO-Sauce zubereiten, sämtliche Zutaten im Mixer zermahlen und anschließend im Wok bei ganz schwacher Hitze 15 Minuten pfannenrühren, damit sich die Aromen entfalten (ähnlich wie bei einer Currypaste).

Die Muscheln mit der XO-Sauce, der Sojasauce und dem Geflügelfond in einen großen Topf geben und bei mittlerer Hitze zugedeckt 8–10 Minuten garen – in dieser Zeit sollten sich die Muscheln geöffnet haben. Muscheln, die sich nicht öffnen, wegwerfen.

Die Muscheln mit den Frühlingszwiebeln bestreuen und mit eiskaltem Bier servieren.

Anmerkungen: Sehr sandige Muscheln sollten Sie in Salzwasser einlegen und über Nacht in den Kühlschrank stellen, damit sie den Sand abgeben.

Die Muscheln können Sie auch auf dem Grill garen. Packen Sie sie dazu gemeinsam mit den Saucen locker in Alufolie, und verschließen Sie das Päckchen gut, bevor Sie es bei bei mittlerer Hitze auf den Grill legen.

Eventuell verbliebene XO-Sauce lässt sich mit etwas Pflanzenöl bedeckt und luftdicht verschlossen bis zu 2 Wochen im Kühlschrank aufbewahren.

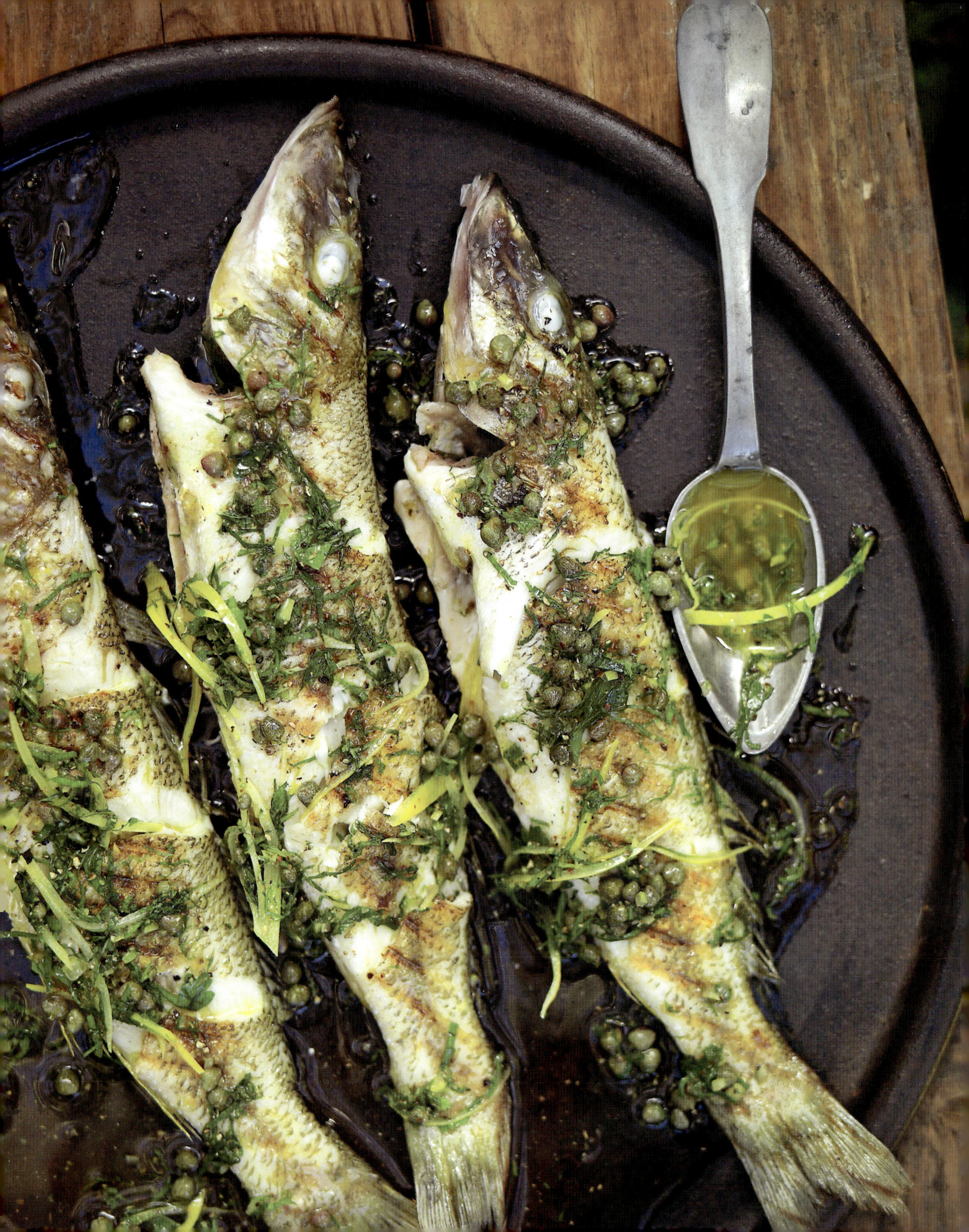

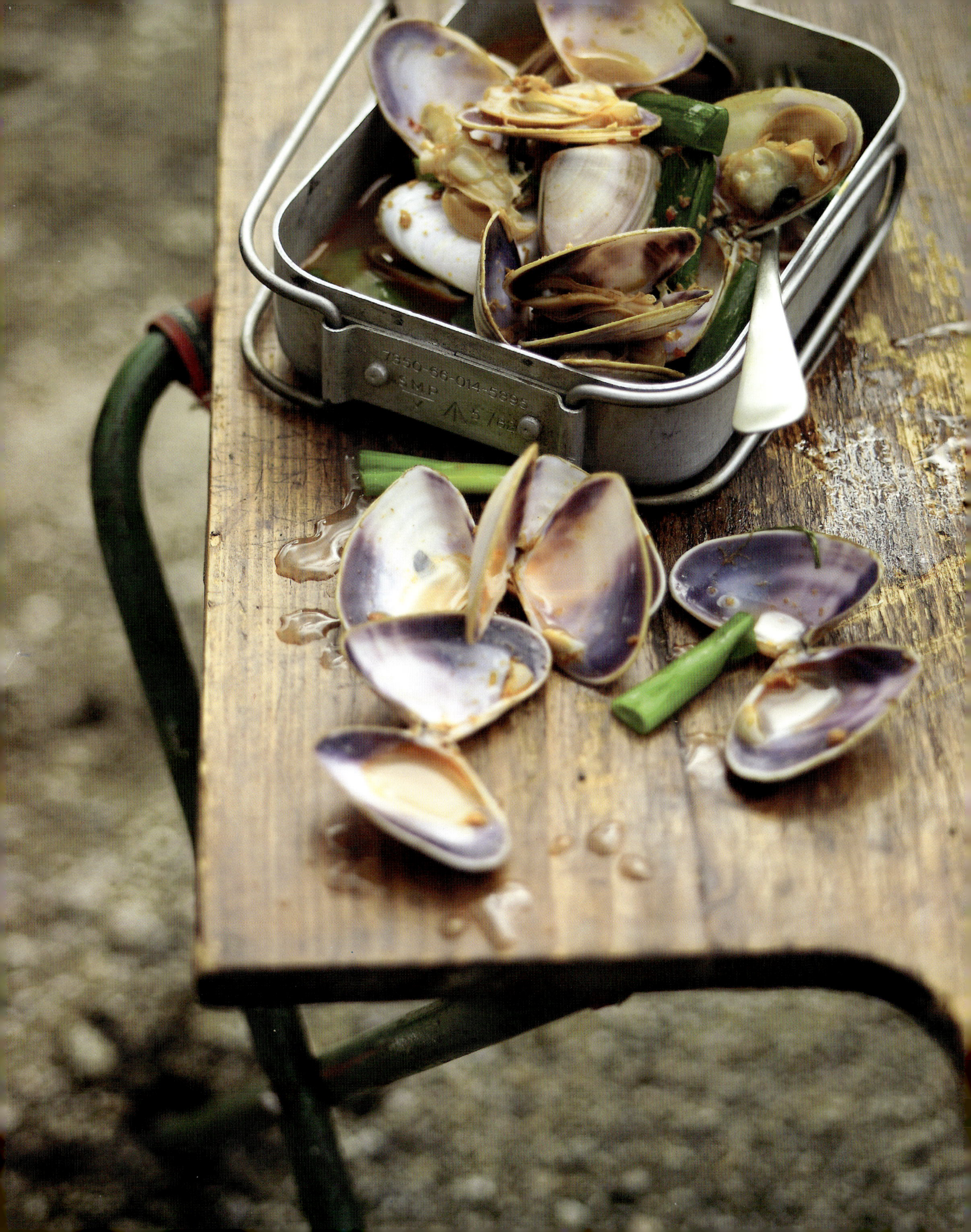

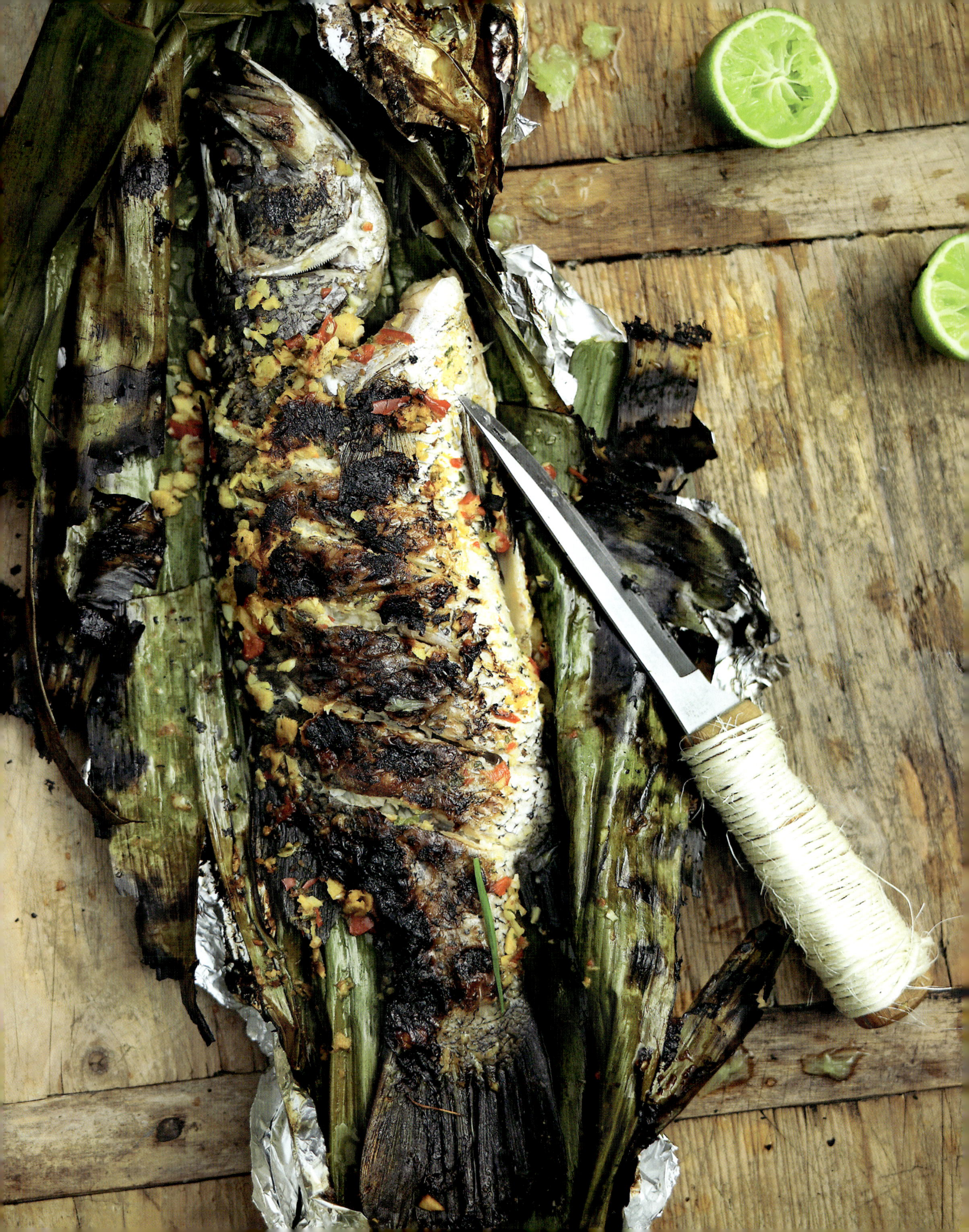

Dieses Rezept hat mein Schwager Udo erfunden, als er letztes Jahr auf einer Angeltour im Northern Territory unterwegs war. Aus irgendeinem Grund war ich nicht dabei, also musste er sich ums Essen kümmern. Später rief er mich an und erzählte von den wunderbaren Fischen und Krabben, die er gefangen hatte, und von diesem köstlichen Fisch in der Folie.

Udos Fisch in der Folie mit Tamarinden-Kokos-Würzpaste

FÜR 4 PERSONEN

1 Bananenblatt
1 ganzer Barramundi, Schnapper oder Wolfsbarsch von etwa 2 kg, geschuppt, ausgenommen und an den Flanken mehrfach schräg eingeschnitten
Limettenspalten zum Servieren

WÜRZPASTE
2 Knoblauchzehen, gehackt
1 großes Stück Ingwerwurzel, geschält und gehackt
3 violette Schalotten, gehackt
2 rote Chilischoten, von Samen befreit und gehackt
1 Stängel Zitronengras (nur das Weiße), gehackt
1 kleines Bund Koriandergrün (Wurzeln und Blätter), gehackt
1 TL Garnelenpaste
1 TL geriebener Palmzucker oder brauner Zucker
1 TL Fischsauce (*nam pla*; aus dem Asialaden)
1 EL Tamarindenpaste
1 Dose (400 ml) Kokosmilch oder -creme

Für die Würzpaste den Knoblauch, den Ingwer, die Schalotten, die Chilischoten, das Zitronengras, das Koriandergrün und die Garnelenpaste im Mörser zu einer glatten Masse zermahlen. In eine Schüssel geben, den Palmzucker, die Fischsauce, die Tamarindenpaste und die Kokosmilch hinzufügen und alles gründlich verrühren.

Das Bananenblatt langsam über einer offenen Flamme wenden, bis es sich leuchtend grün färbt. Sie können es alternativ auch in eine heiße Pfanne legen. Abkühlen lassen.

Den Fisch auf das Bananenblatt legen und mit der Würzpaste einreiben. Wenden und auch die andere Seite mit Paste bestreichen. Den Fisch vollständig in das Bananenblatt einwickeln und in Alufolie einschlagen.

Den Fisch in der Folie im Backofen bei 160 °C etwa 30 Minuten backen (oder auf dem Grill bei mittlerer Hitze etwa 15 Minuten garen; nach der Hälfte der Grillzeit wenden). Den Fisch auf einer Servierplatte anrichten und mit Limettenspalten garnieren.

Anmerkung: Das Erhitzen macht das Bananenblatt geschmeidig und formbar. Ersatzweise nehmen Sie einfach Pergamentpapier oder Alufolie.

Barry Aitchison, ein guter Kumpel von mir, lebt in den herrlichen Snowy Mountains. Er nimmt sich immer viel Zeit, um sein reiches Wissen über das Leben in den Bergen weiterzugeben, über die Geschichte, wo man den besten Fisch fängt und wie man ihn zubereitet. Einige Fotos für dieses Buch haben wir bei ihm geschossen und er servierte uns diese Grillspieße zum Lunch. Sie schmecken so gut, dass sie ihren Platz hier absolut verdient haben.

Barrys Mixed-Spieße mit Bierbrot

FÜR 4 PERSONEN

Für das Bierbrot das Mehl, den Zucker und 1 Prise Salz in einer Schüssel vermischen. Das Bier und die zerlassene Butter unterrühren und alles zu einem glatten Teig verkneten. Zu einem Kloß formen, in eine saubere Schüssel legen und mit einem Tuch bedeckt 1 Stunde ruhen lassen.

Bei Verwendung von Holzspießen vier Spieße 1 Stunde in Wasser einweichen.

Für das Brot einen Dutch oven (siehe Seite 6) bei mittlerer bis starker Hitze über der Kohleglut oder über dem offenen Feuer erhitzen und mit etwas Olivenöl einfetten. Ein wenig Mehl einstreuen und einige Sekunden anrösten; wird es braun, ist die Hitze zu groß, also die Hitze etwas reduzieren oder den Abstand zur Hitzequelle vergrößern. Den Teig in den Dutch oven legen und zugedeckt 30 Minuten backen. (Für den Backofen: Den Backofen auf 200 °C vorheizen und das Brot auf mittlerer Schiene etwa 45 Minuten backen.) Klingt es hohl, wenn man darauf klopft, ist das Brot durchgebacken.

Das Bierbrot mit etwas zerlassener Butter bestreichen und beiseitelegen.

Für die Spieße den Zitronensaft, den Honig und den Knoblauch in einer nichtmetallenen Schüssel verrühren. Das Fleisch in die Mischung einlegen und 30 Minuten marinieren.

Eine Pfanne oder eine Bratplatte erhitzen. Die Fleischwürfel abwechselnd mit den roten und grünen Paprika, den Champignons, den Ananaswürfeln und den Kirschtomaten auf die Spieße stecken, mit etwas Olivenöl bestreichen und rundherum etwa 10 Minuten bei mittlerer bis hoher Temperatur garen, dabei regelmäßig wenden. Die Spieße zusammen mit dem Bierbrot servieren.

Saft von 1 Zitrone
2 EL Honig
2 Knoblauchzehen, zerdrückt
500 g ausgelöste Lammkeule, in Würfel geschnitten
1 grüne Paprikaschote, in quadratische Stücke geschnitten
1 rote Paprikaschote, in quadratische Stücke geschnitten
40 g Champignons
½ Ananas, geschält und gewürfelt
250 g Kirschtomaten
etwas Olivenöl zum Bestreichen

BIERBROT
450 g Mehl, vermischt mit 3 TL Backpulver, plus Mehl zum Bestäuben
1 EL Zucker
Salz
375 ml Bier
25 g Butter, zerlassen, plus etwas zerlassene Butter zum Bestreichen
etwas Olivenöl

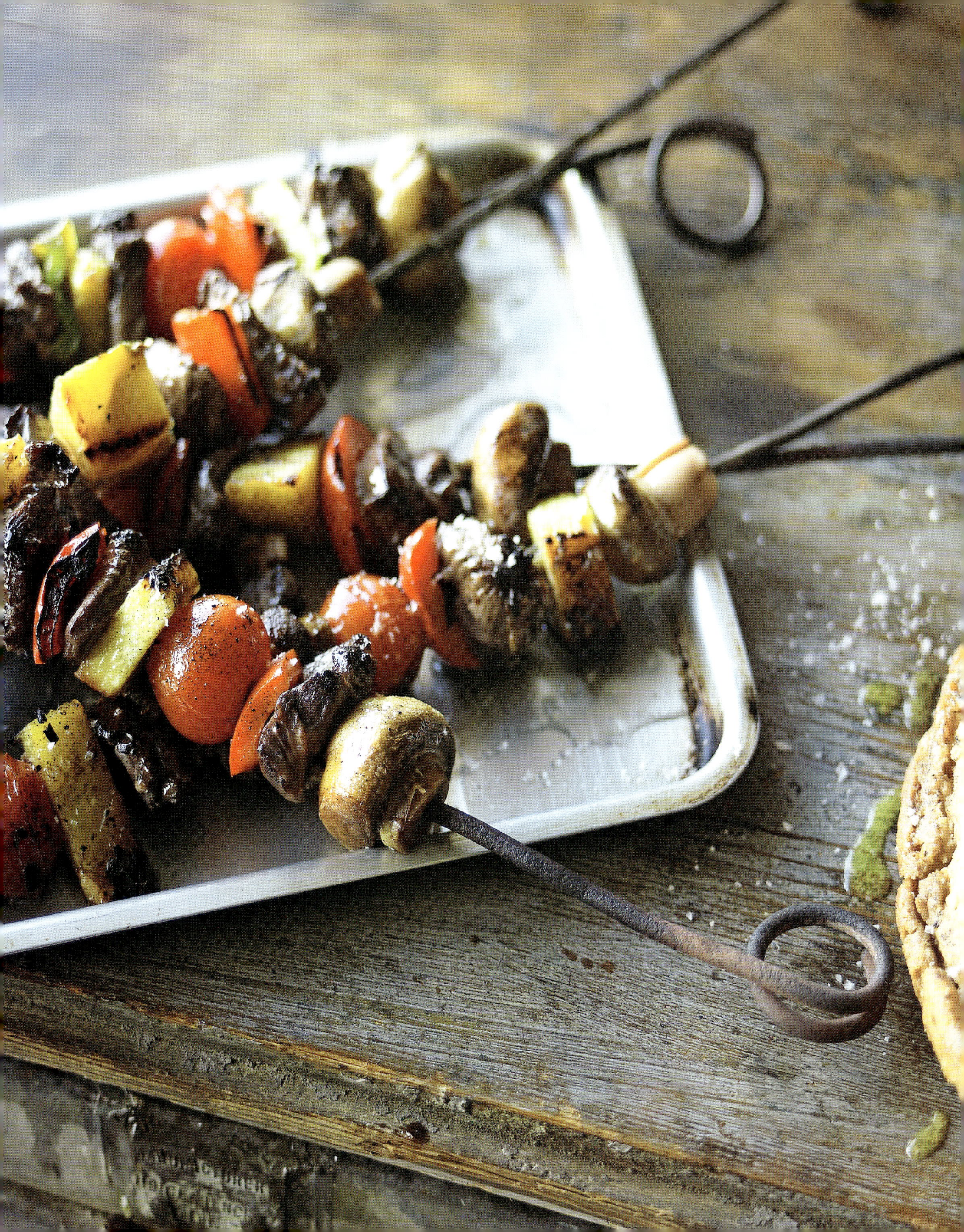

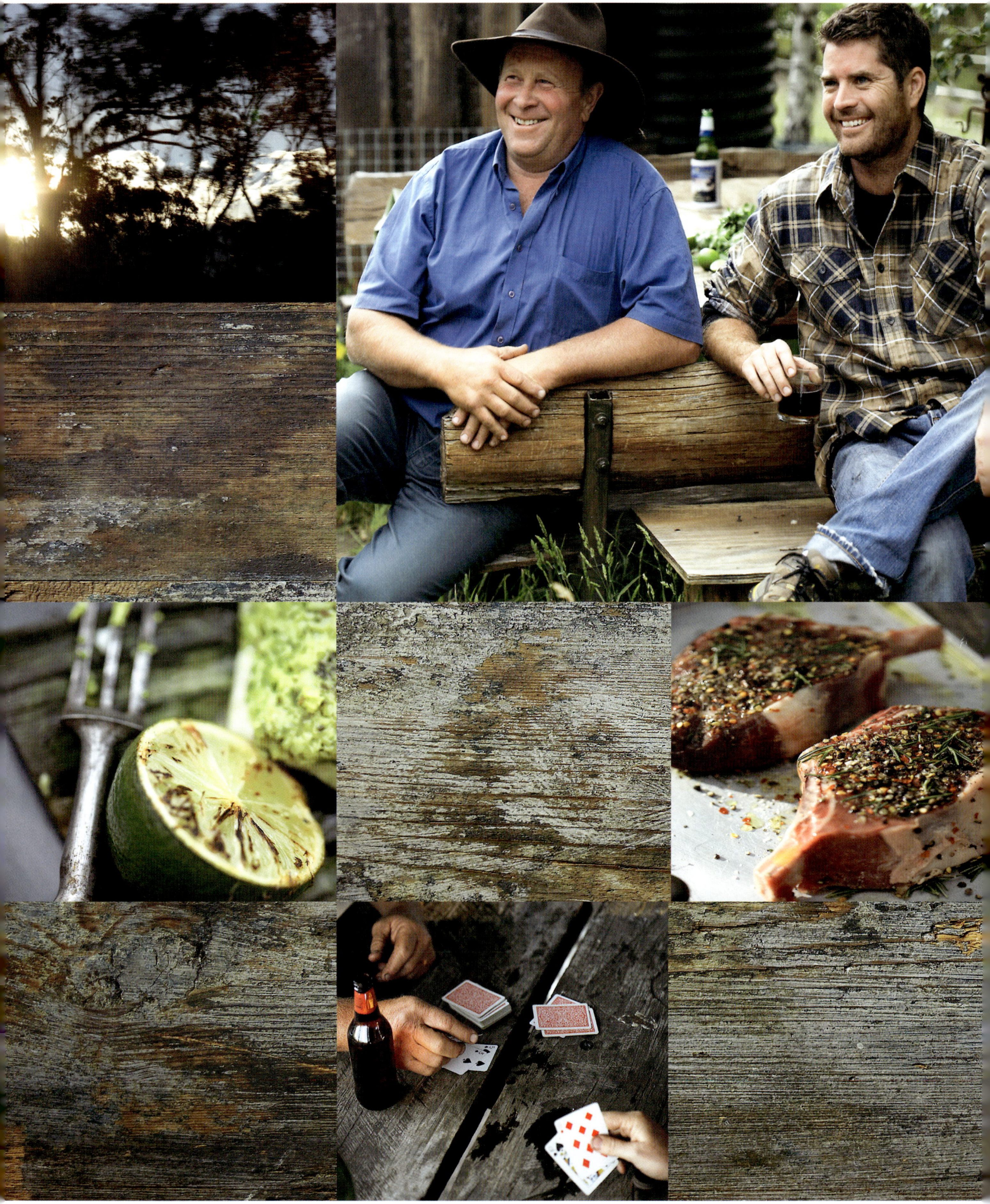

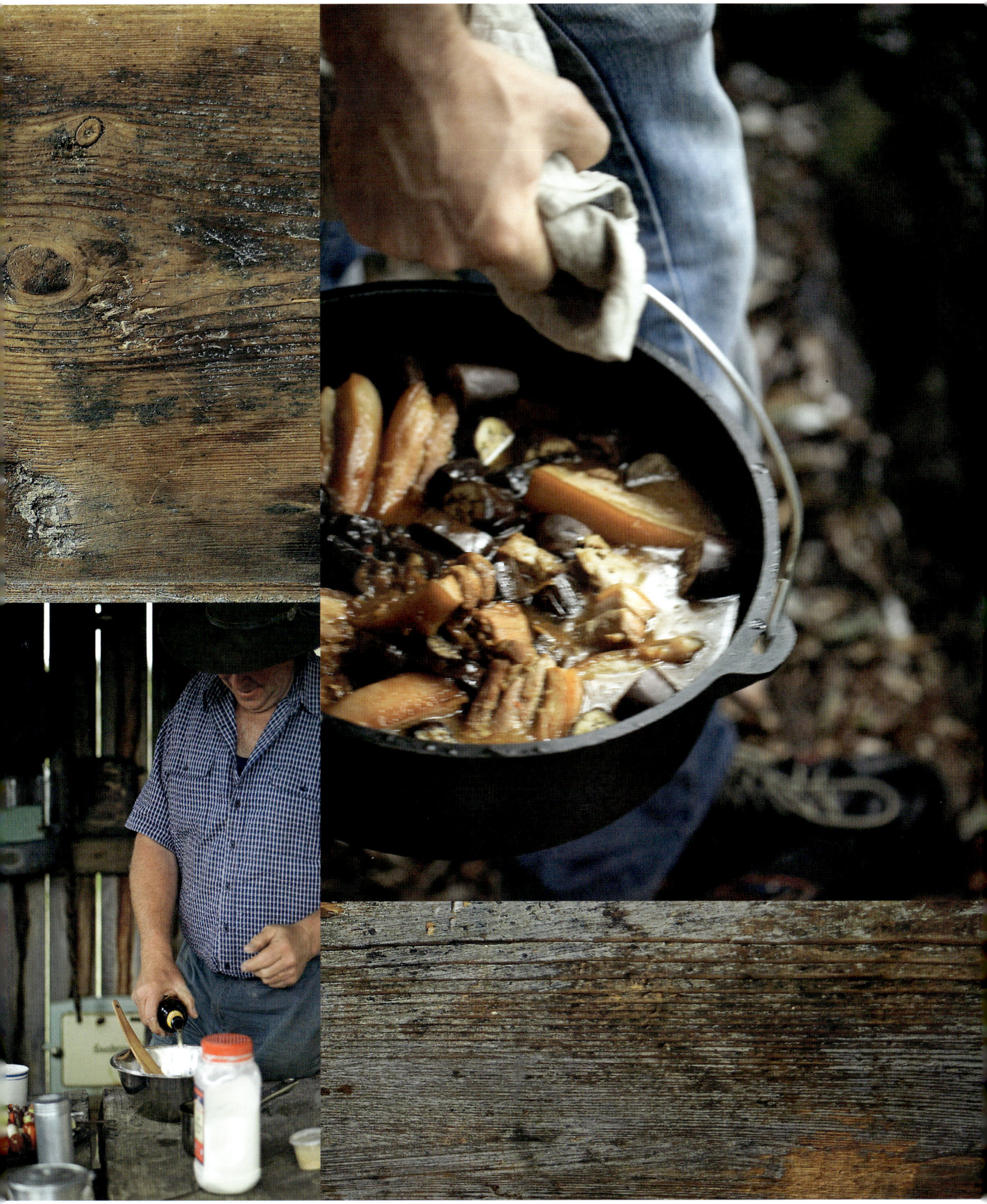

Einmal kam Tom Kime, ebenfalls Koch, zu mir ins TV-Studio und zeigte, wie man Möhren und Kürbis einlegt. Ich war hin und weg und konnte darum nicht widerstehen, diese beiden leckeren Beilagen mit einem türkischen Lammsandwich zu kombinieren – sie passen einfach perfekt.

Das beste türkische Lammsandwich vom Grill

FÜR 4 PERSONEN

Einen Grill anheizen oder eine Grillpfanne erhitzen. Die Lammrückenfilets mit dem Olivenöl einreiben, salzen und pfeffern und etwa 3 Minuten grillen, bis sie gut gebräunt sind. Wenden und auch die andere Seite goldbraun grillen. Das Fleisch auf ein Küchenbrett legen, 5 Minuten ruhen lassen und in dünne Scheiben schneiden.

Das Fladenbrot mit einem Hauch Olivenöl benetzen und kurz rösten.

Die untere Brothälfte mit dem Kürbispüree bestreichen und mit dem Joghurt, dem Fleisch, den eingelegten Möhren, der Minze und etwas Rucola garnieren. Den Brotdeckel auflegen, das Riesensandwich in 4 Viertel zerteilen und servieren.

2 ausgelöste Lammrückenfilets
1 EL Olivenöl für das Fleisch, plus Öl für das Brot
Salz und frisch gemahlener schwarzer Pfeffer
1 großes Fladenbrot, waagerecht aufgeschnitten
1 Rezeptmenge pikantes Kürbispüree (siehe Seite 73)
125 g Joghurt
120 g eingelegte Möhren (siehe Seite 73)
1 kleine Handvoll Minze
Rucola zum Garnieren

Pikantes Kürbispüree & eingelegte Möhren

ERGIBT JEWEILS ETWA 600 G

PIKANTES KÜRBISPÜREE
500 g Gartenkürbis, geschält, von den Kernen befreit und in 2 cm große Würfel geschnitten
Salz und frisch gemahlener schwarzer Pfeffer
1 TL Kümmelsamen
1 TL Kreuzkümmelsamen
3 Knoblauchzehen, fein gehackt
1 kleine rote Chilischote, von Samen befreit und gehackt
Saft von 1 Zitrone
60–100 ml bestes Olivenöl (je nach Geschmack)

EINGELEGTE MÖHREN
1 EL Olivenöl
1 Knoblauchzehe, fein gehackt
1 kleiner rote Chilischote, von Samen befreit und fein gehackt
1 Prise Cayennepfeffer
1 Prise gemahlener Kreuzkümmel
1 Prise gemahlener Koriander
1 Prise gemahlener Piment
500 g Möhren, geraspelt
160 g Zucker
170 ml Weißweinessig
Salz und frisch gemahlener schwarzer Pfeffer

Den Backofen auf 200 °C vorheizen. Das Kürbisfleisch auf einem Backblech verteilen und zugedeckt etwa 30 Minuten garen, bis es weich ist; zwischendurch regelmäßig wenden. Den Kürbis mit Salz und Pfeffer würzen, mit einer Gabel zerdrücken und beiseitestellen.

In einer kleinen Pfanne den Kümmel und den Kreuzkümmel einige Minuten ohne Fett rösten, bis die Mischung aromatisch duftet. Die Mischung im Mörser zerstoßen. Den Knoblauch und die Chili in einem kleinen Topf in etwas Öl bei mittlerer Hitze unter Rühren 2 Minuten anschwitzen. Die Mischung mit den zerstoßenen Gewürzen und dem Zitronensaft unter das Kürbispüree mischen. Das Olivenöl zugießen und noch einmal gründlich verrühren.

Für die eingelegten Möhren das Öl in einem Topf auf mittlerer bis großer Stufe erhitzen. Den Knoblauch und die Chili zugeben und einige Minuten anbraten. Die Gewürze einstreuen und 1 Minute weitergaren, bis die Mischung aromatisch duftet. Vorsicht, die Mischung verbrennt sehr schnell! Die Möhren, den Zucker, den Essig und 125 ml Wasser hinzufügen und bei schwacher Hitze 40–60 Minuten leise köcheln lassen, bis die Flüssigkeit fast vollständig verdampft ist; gelegentlich umrühren. Mit Salz und Pfeffer abschmecken.

Anmerkung: Die restlichen eingelegten Möhren können Sie in einem verschlossenen Gefäß bis zu einer Woche im Kühlschrank aufbewahren. Sie passen auch bestens zu gebratenem oder gegrilltem Hähnchen.

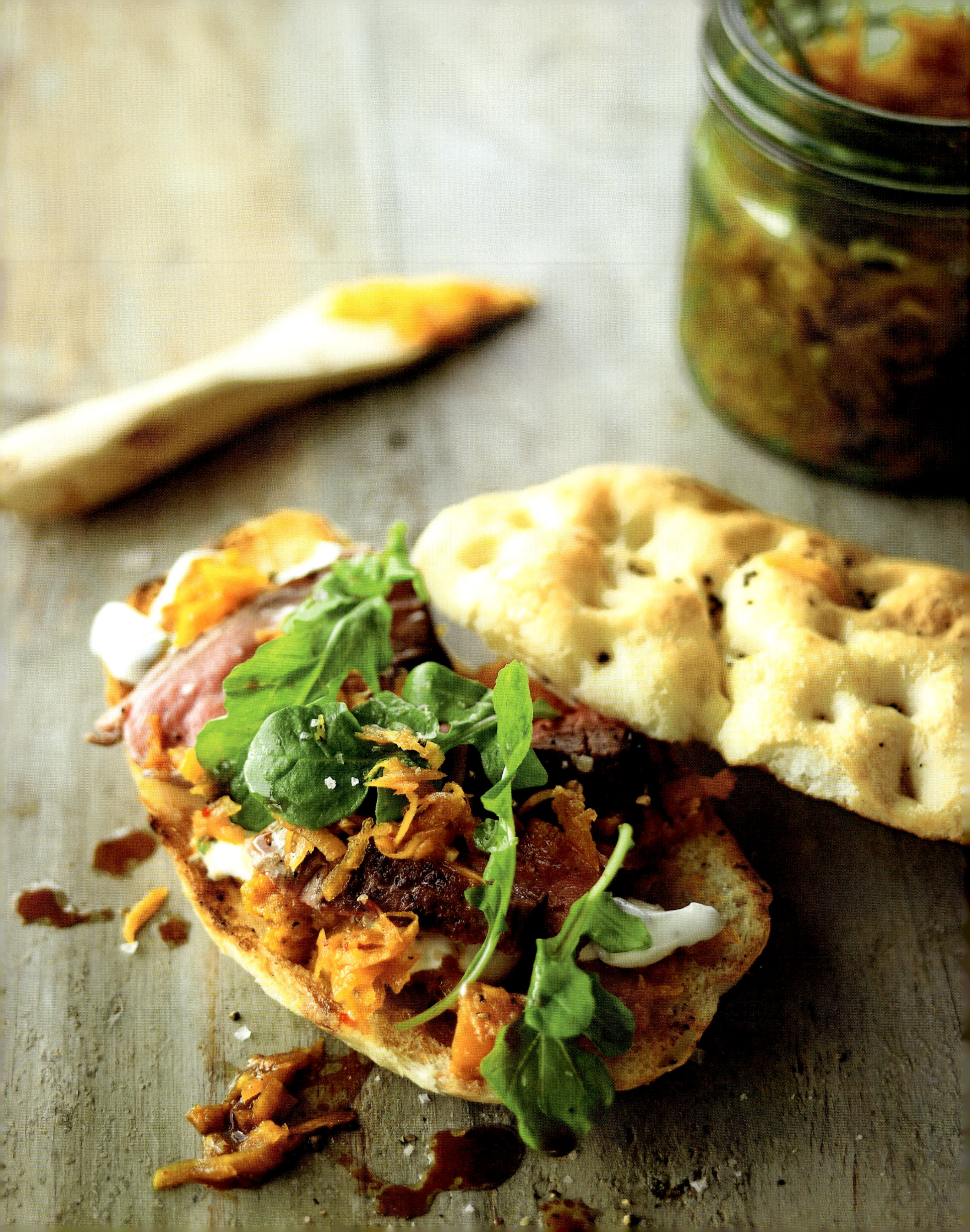

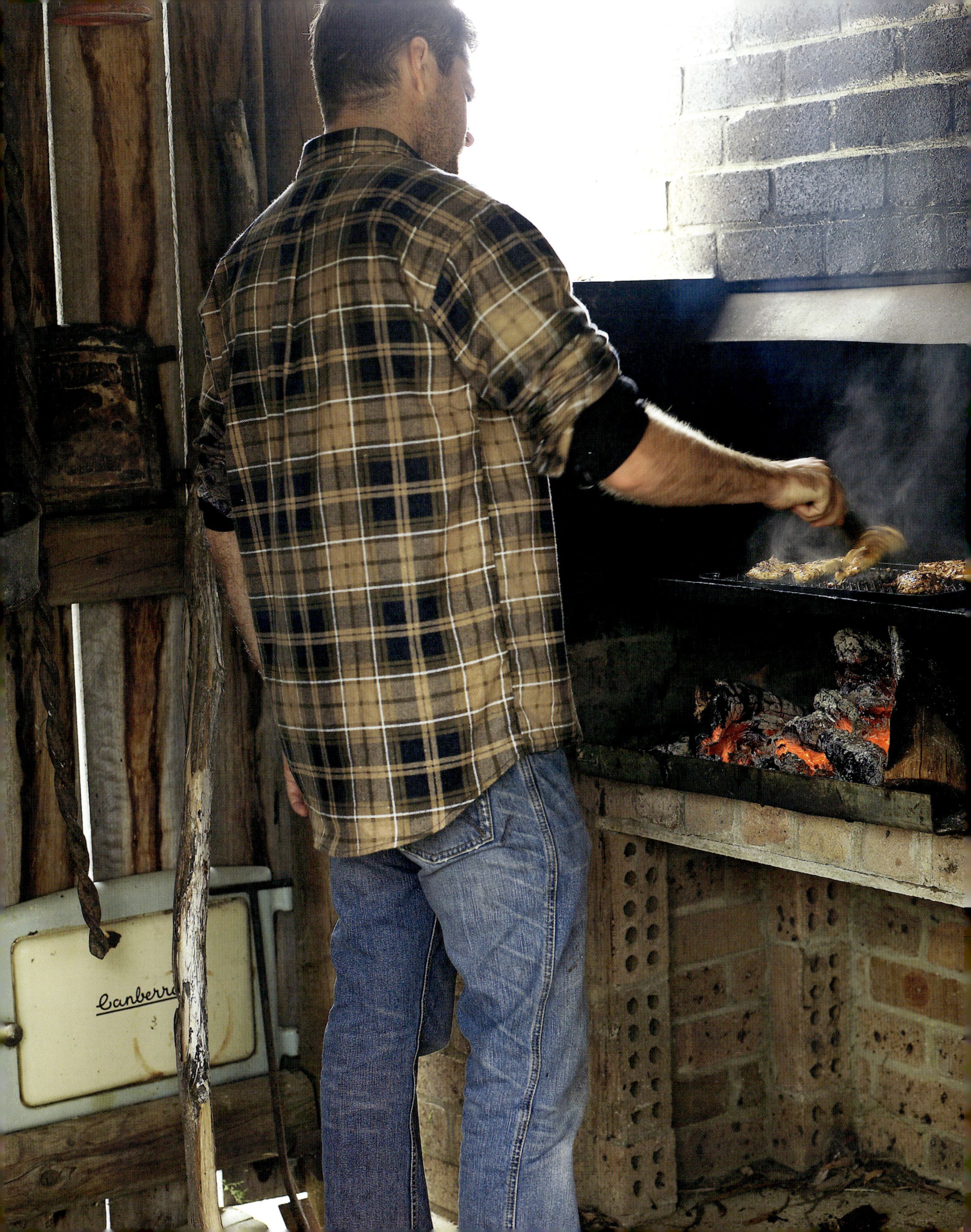
Canberra

Dieses Rezept kam dabei heraus, als ich nach etwas Paniertem für eine einfache Speisekarte suchte, das trotzdem etwas anderes als das übliche Schnitzel sein sollte. Ich probierte es mit Kalb, Huhn, Fisch und Schwein, doch das Schweinekotelett war eindeutig der Sieger. Für das gewisse Etwas sorgen Parmesan und Salbei in der knusprigen Kruste. Ein fantastisches Gericht, das mit einem einfachen Salat und einigen Zitronenspalten perfekt wird. Probieren Sie es einmal mit diesem eleganten Fenchelsalat.

Schweinekotelett mit Parmesan-Salbei-Kruste und Fenchelsalat

FÜR 4 PERSONEN

Die Semmelbrösel mit dem Salbei und dem Parmesan mischen. Etwas Mehl mit Salz und Pfeffer würzen und die Koteletts darin wenden; überschüssiges Mehl abklopfen. Das Fleisch in das verschlagene Ei tauchen, kurz abtropfen lassen und mit der Semmelbrösel-Mischung panieren. Fest andrücken, sodass die Koteletts rundherum gleichmäßig bedeckt sind.

Eine Pfanne oder Bratplatte erhitzen und einölen. Die Koteletts bei niedriger bis mittlerer Temperatur von jeder Seite 4–5 Minuten braten, bis sie rundherum goldbraun und durchgegart sind, eventuell zugedeckt (bzw. bei geschlossenem Grill) kurz fertig garen.

Für den Fenchelsalat den Fenchel, die Petersilie, die Oliven, die Zitronenfilets, die Brunnenkresse, das Olivenöl und den Schnittlauch in einer Schüssel mischen und auf vier Teller verteilen. Die Koteletts darauf anrichten und sofort servieren.

120 g japanische Semmelbrösel (*panko*) oder herkömmliche Semmelbrösel
1 Handvoll Salbeiblätter, grob gehackt
35 g geriebener Parmesan
Mehl zum Bestäuben
Salz und frisch gemahlener schwarzer Pfeffer
4 Schweinekoteletts, je etwa 300 g
2 Eier, verschlagen
etwas Pflanzenöl

FENCHELSALAT

1 große Fenchelknolle, in feine Scheiben gehobelt
1 große Handvoll glatte Petersilie
10 grüne Oliven, in Scheiben geschnitten
2 Zitronen, filetiert
1 große Handvoll Brunnenkresse
4 EL bestes Zitronen-Olivenöl
20 g Schnittlauch, in 3 cm lange Stücke geschnitten

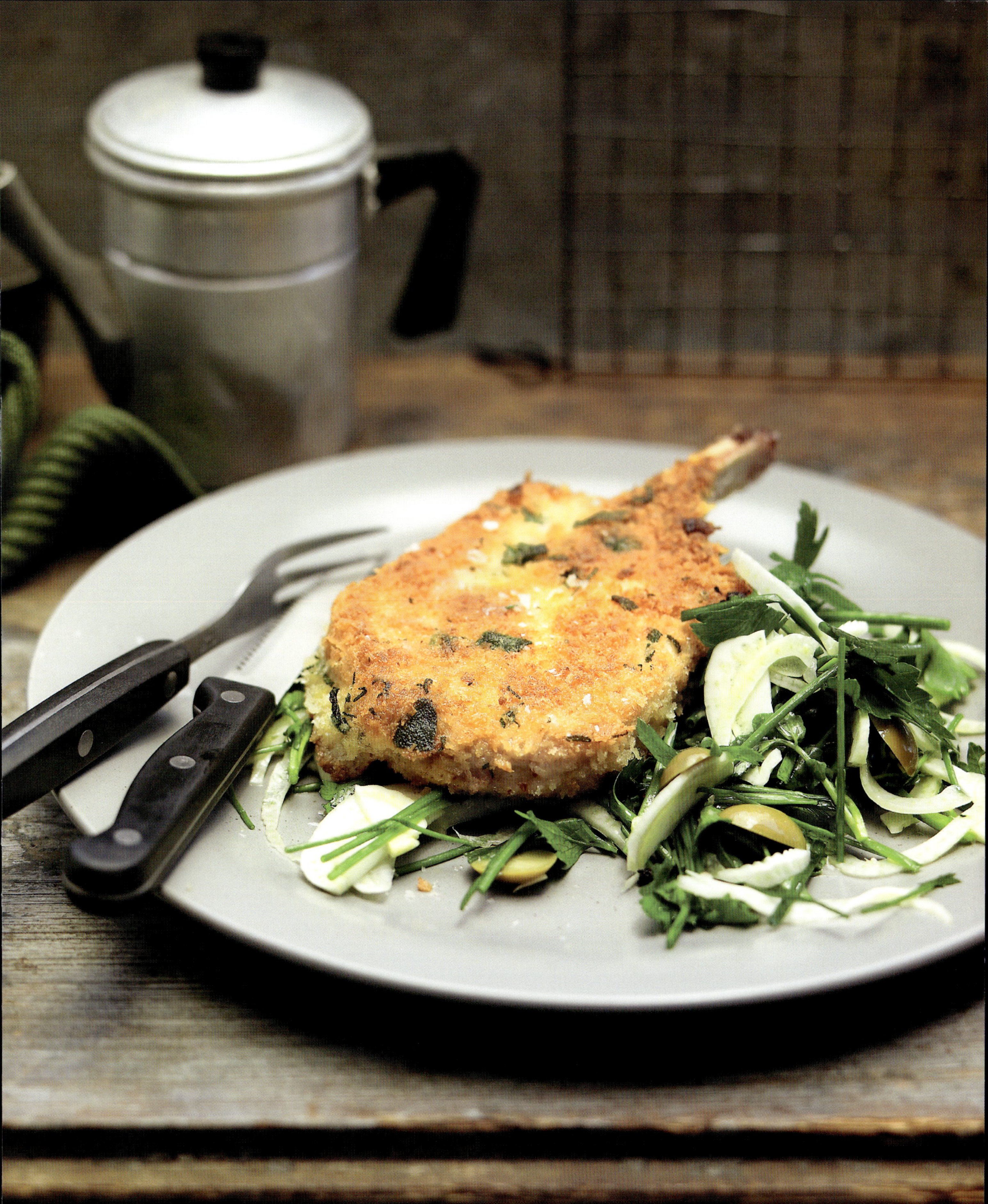

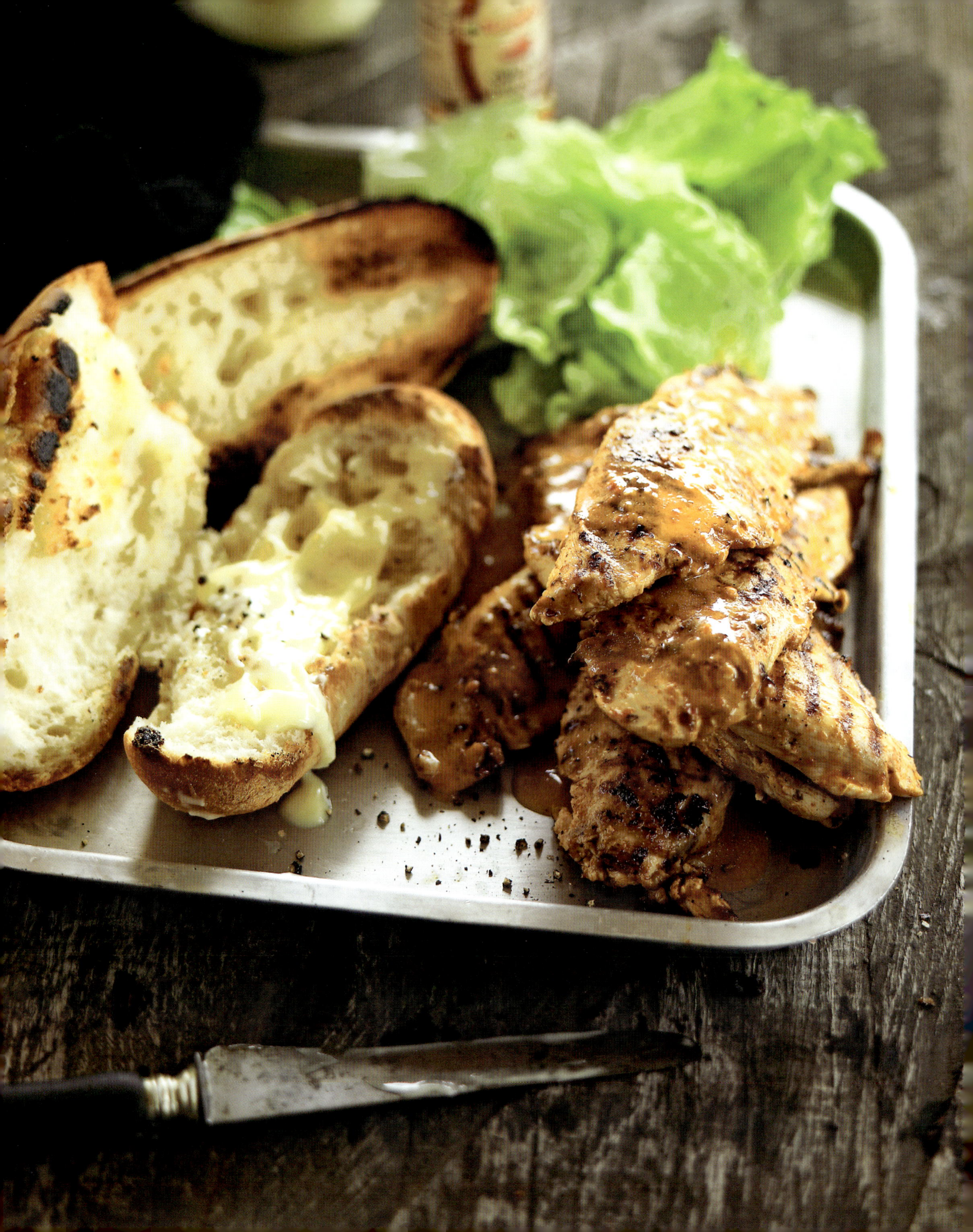

Bei mir um die Ecke gab es früher einen kleinen portugiesischen Hamburger-Imbiss. Ich ging nach dem Wellenreiten oft auf einen Sprung vorbei und bestellte mir einen Burger. Er bestand aus einem leicht gerösteten, frischen Brötchen und millimeterdünn geklopften Hähnchenfilets, die mit Piri-Piri-Sauce gegrillt und mit Blattsalat und Mayo garniert wurden – ein absoluter Hochgenuss, der süchtig machte. Inzwischen ist der Imbiss leider verschwunden, darum musste ich selbst zur Tat schreiten … hier ist mein Rezept.

Chicken-Burger mit Piri-Piri-Sauce

FÜR 4 PERSONEN

2 Hähnchenbrüste ohne Haut und Knochen, längs halbiert und leicht plattiert
2 EL Olivenöl
4 Brötchen oder Hamburgerbrötchen
Butter für die Brötchen
60 g Aïoli oder Mayonnaise von guter Qualität
2 große Handvoll Eisbergsalat, in Stücke gezupft
Salz und frisch gemahlener schwarzer Pfeffer

PIRI-PIRI-SAUCE
6–12 kleine rote Chilischoten (je nach Geschmack)
2 Knoblauchzehen, grob gehackt
1 Teelöffel Meersalz
½ TL getrockneter Oregano
½ TL Paprikapulver edelsüß
100 ml Olivenöl
50 ml Rotweinessig

Für die Piri-Piri-Sauce die Chilischoten unter gelegentlichem Wenden 5 Minuten grillen oder in einer Pfanne bei mittlerer Hitze garen, bis sie weich sind. Die Schoten grob hacken, mit dem Knoblauch, dem Meersalz, dem Oregano, dem Paprika, dem Olivenöl und dem Essig in einem Topf verrühren und 3 Minuten bei schwacher Hitze garen. Die Mischung etwas abkühlen lassen und im Mixer pürieren, bis sie glatt ist.

Die Hähnchenbrustfilets in die 2 EL Olivenöl und in 2 EL der Piri-Piri-Sauce einlegen und nach Möglichkeit einige Stunden marinieren.

Eine Grillpfanne erhitzen oder einen Grill anheizen. Das Fleisch von überschüssiger Marinade befreien und von jeder Seite 2 Minuten bei hoher Temperatur grillen, bis es goldbraun ist. (Falls das Fleisch dann noch nicht durch sein sollte, noch einige Minuten bei mittlerer Temperatur fertiggaren.)

Die Brötchen aufschneiden, mit Butter bestreichen und leicht rösten. Die unteren Hälften mit Aïoli oder Mayonnaise bestreichen und mit dem Hähnchenfleisch belegen. Etwas Piri-Piri-Sauce darübergeben, mit dem Eisbergsalat garnieren und mit Salz und Pfeffer würzen. Die Brötchendeckel auflegen und servieren.

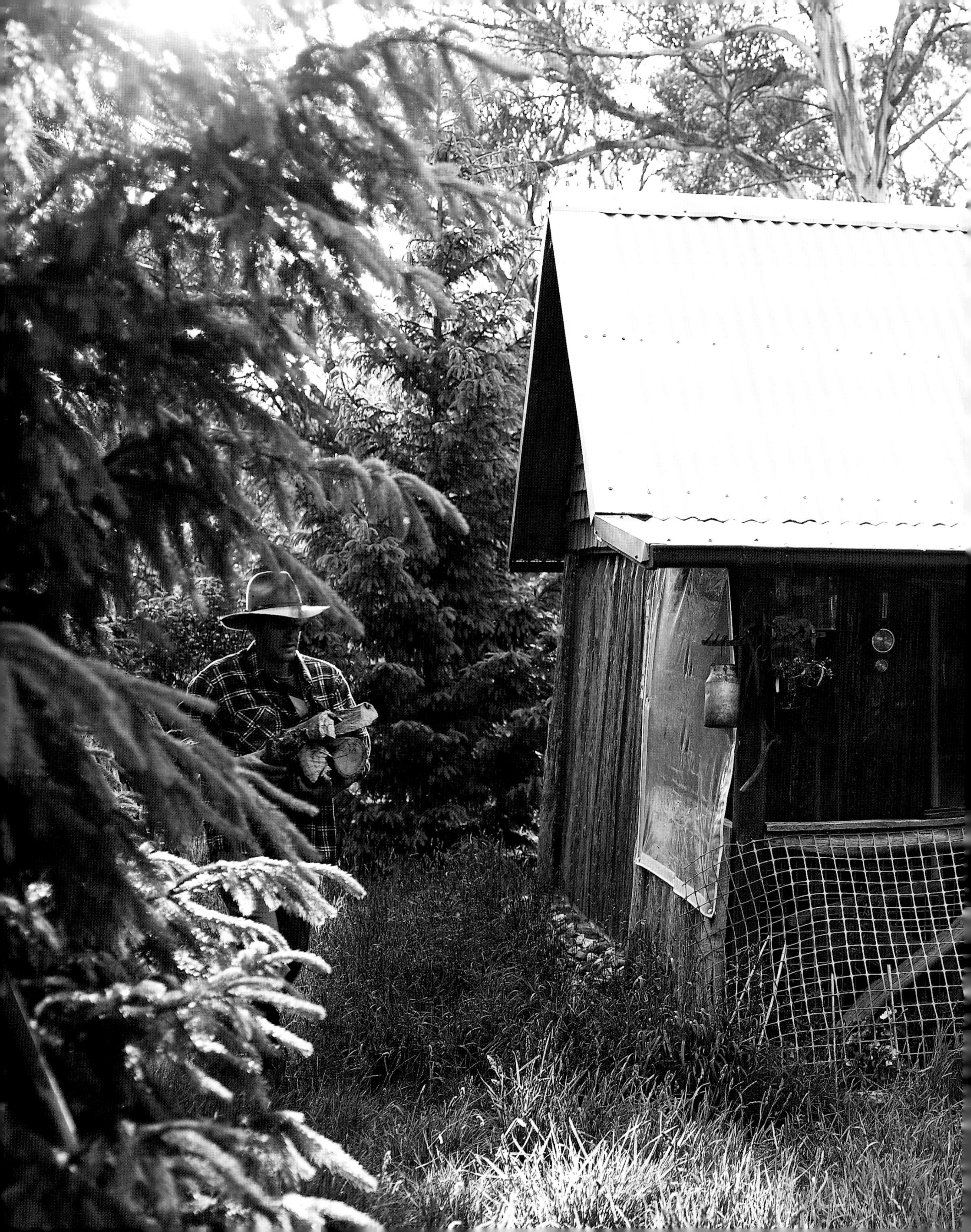

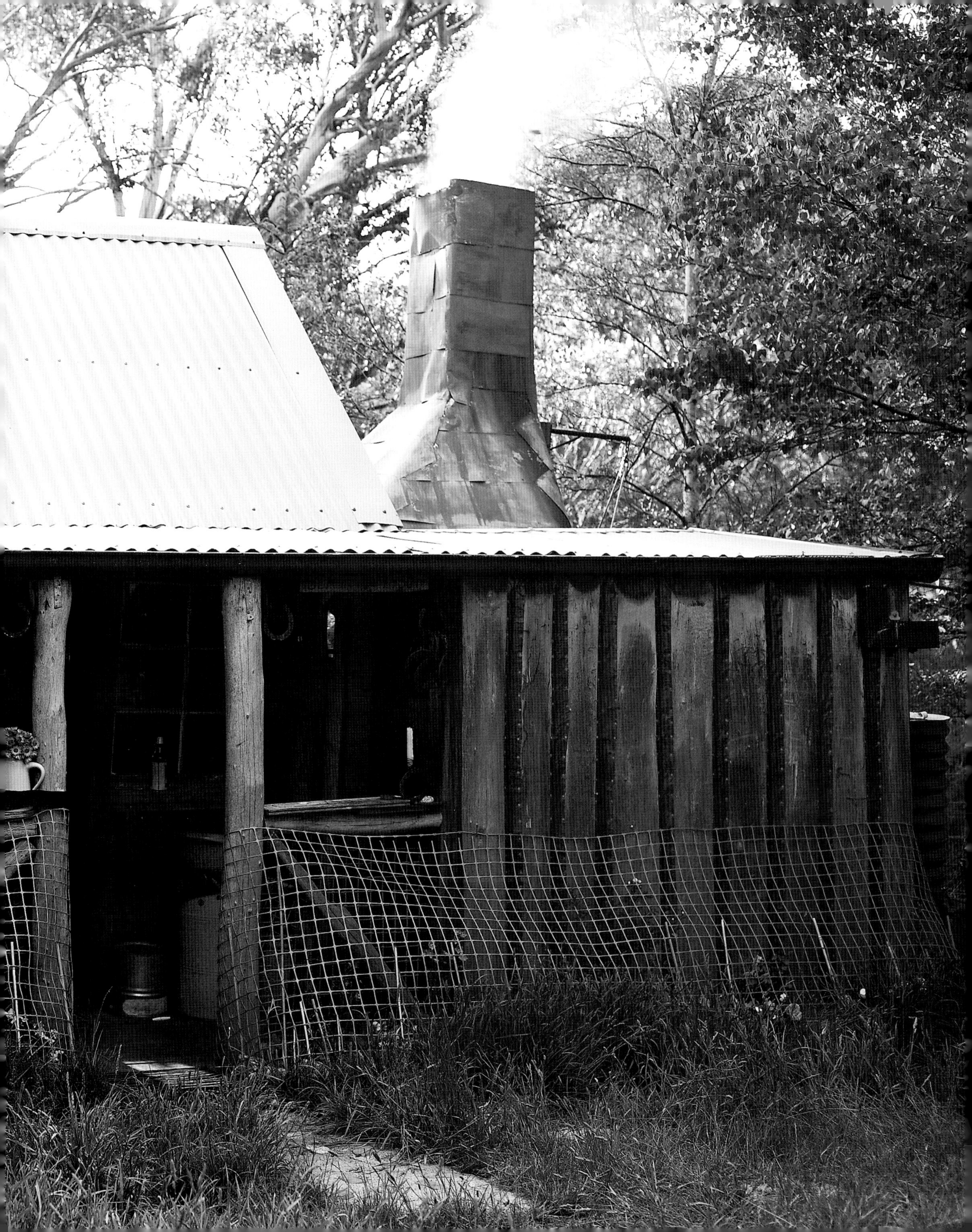

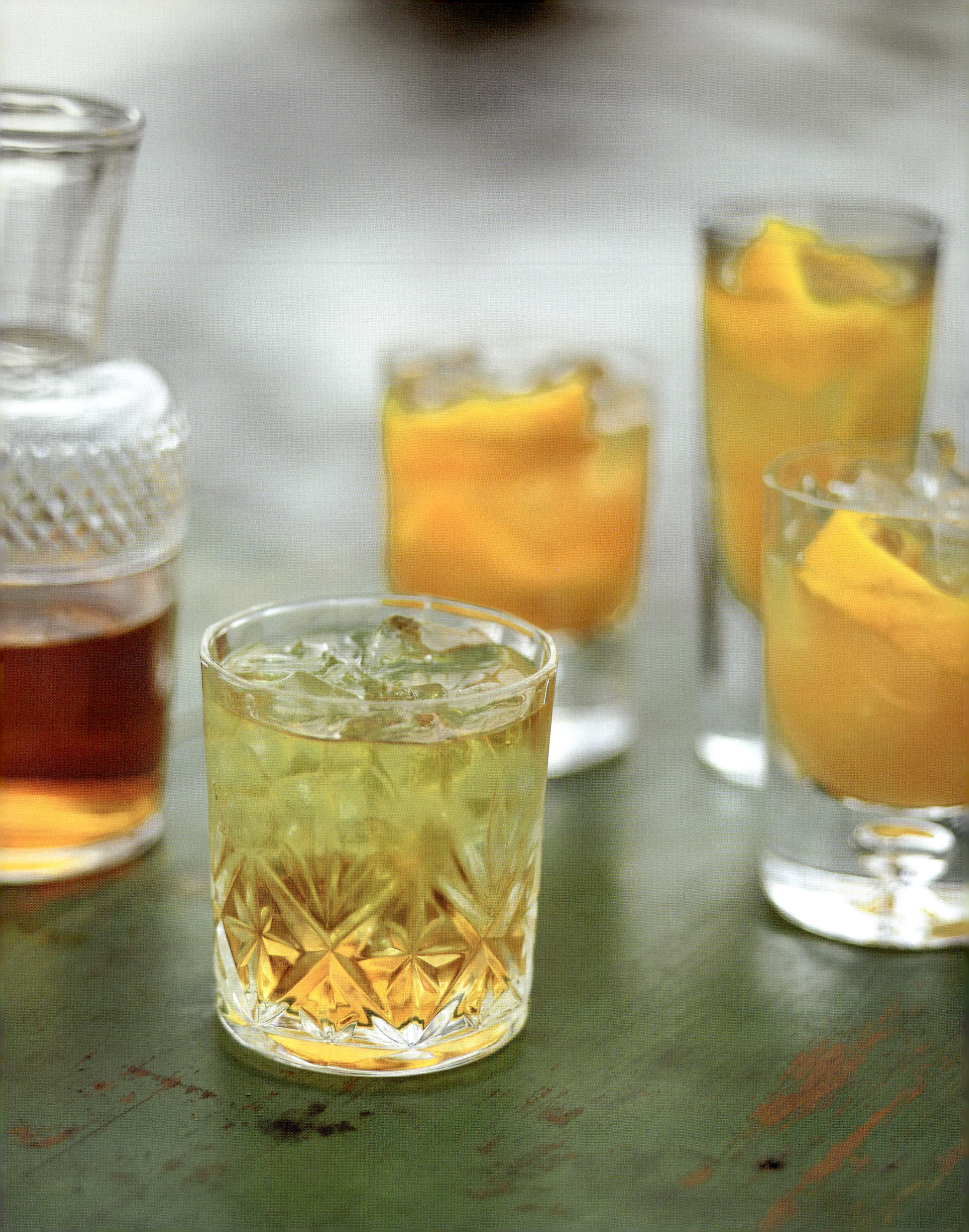

Der Cocktail »Treacle« ist die Erfindung des bekannten Londoner Barmanns Dick Bradsell. Noch heute steht er hinter seiner Bar und serviert einige der beliebtesten zeitgenössischen Klassiker. Dieser Drink ist eine Abwandlung eines anderen klassischen Cocktails, des »Old Fashioned«. Er ist die perfekte Ergänzung zu den Cola-Rum-Rippchen auf Seite 56 und überhaupt zu allen Speisen mit ausgeprägtem Grillgeschmack.

Treacle

FÜR 4–6 PERSONEN

200 ml brauner Rum
120 ml naturtrüber Apfelsaft
20 ml Honigwasser (siehe Anmerkung)
12 Spritzer Angostura

Sämtliche Zutaten in einen Krug mit Eiswürfeln geben und vorsichtig umrühren. In Gläser füllen und servieren.

GLAS: großer Tumbler
GARNITUR: Orangenspalten
ANMERKUNG: Honigwasser besteht zu gleichen Teilen aus Honig und heißem Wasser.

Ein Whiskey Mac ist ein erstklassig strukturierter Drink für alle, die eine Vorliebe für Scotch haben. Sie können auch etwas Minze zugeben, um den Whiskey abzurunden. Er passt ausgezeichnet zur Lamm-Tagine auf Seite 47.

Whiskey Mac

FÜR 4 PERSONEN

160 ml schottischer Whiskey (Famous Grouse ist eine gute Wahl)
80 ml Ingwerwein (z. B. Stone's Original Ginger Wine; im Spirituosenfachhandel erhältlich) oder Ginger Beer

Sämtliche Zutaten in einen Krug mit Eiswürfeln geben und vorsichtig umrühren. In Gläser füllen und servieren.

GLAS: großer Tumbler
GARNITUR: Orangenscheibchen
ANMERKUNG: Ingwerwein hat einen intensiven Geschmack. Alternativ können Sie auch Ginger Ale verwenden, dann wird der Drink etwas milder.

Hier ist ein wirklich erfrischender Drink für Tequila-Fans – mit ausreichend Saft und Sodawasser, um ihn ein wenig zu »zähmen«. Er ist ganz leicht zuzubereiten und lässt sich zusätzlich mit Minze oder sogar mit ein paar Beeren geschmacklich abrunden. Genau das Richtige zum Chicken-Burger mit Piri-Piri-Sauce auf Seite 79.

Paloma
FÜR 4 PERSONEN

Den Tequila, den Grapefruitsaft, den Limettensaft und den Zuckersirup in einen Krug gießen, Eiswürfel zugeben und umrühren. Den Rand der Gläser mit der ausgepressten Limette befeuchten und in das Salz tauchen. Den Drink auf die Gläser verteilen, mit Sodawasser auffüllen und servieren.

GLAS: Highball
GARNITUR: Grapefruitspalten
ANMERKUNG: Zuckersirup besteht zu gleichen Teilen aus Zucker und Wasser. Beide Zutaten in einem Topf bei mittlerer Hitze verrühren und nur eben zum Kochen bringen. Darauf achten, dass sich der Zucker vollständig auflöst. Abkühlen lassen.

200 ml Tequila
200 ml rosa Grapefruitsaft
60 ml Limettensaft (von 1 Limette, Fruchthälften aufbewahren)
40 ml Zuckersirup (siehe Anmerkung)
Salz für die Glasränder
60 ml kaltes Sodawasser

Dieser Drink wurde angeblich 1732 im Schuykill Fishing Club in Pennsylvania erfunden, als man dort die Damen der Gesellschaft zur alljährlichen Weihnachtsfeier willkommen hieß. Der in seiner Urform wohl sehr kräftige Punsch wird heute mit Fruchtsaft »gestreckt« und dadurch bekömmlicher.

Fish House Punch
ERGIBT 1 LITER

Sämtliche Zutaten mit Eiswürfeln in eine Karaffe geben und gründlich verrühren.

GLAS: Highball
GARNITUR: Minzezweige, Orangenscheiben und Maraschino-Kirschen
ANMERKUNG: Zuckersirup besteht zu gleichen Teilen aus Zucker und Wasser. Beide Zutaten in einem Topf bei mittlerer Hitze verrühren und nur eben zum Kochen bringen. Darauf achten, dass sich der Zucker vollständig auflöst. Abkühlen lassen.

240 ml Jamaika-Rum
120 ml Weinbrand
120 ml Zitronensaft
90 ml Zuckersirup (siehe Anmerkung)
240 ml naturtrüber Apfelsaft
120 ml Guavensaft
10 Spritzer Angostura

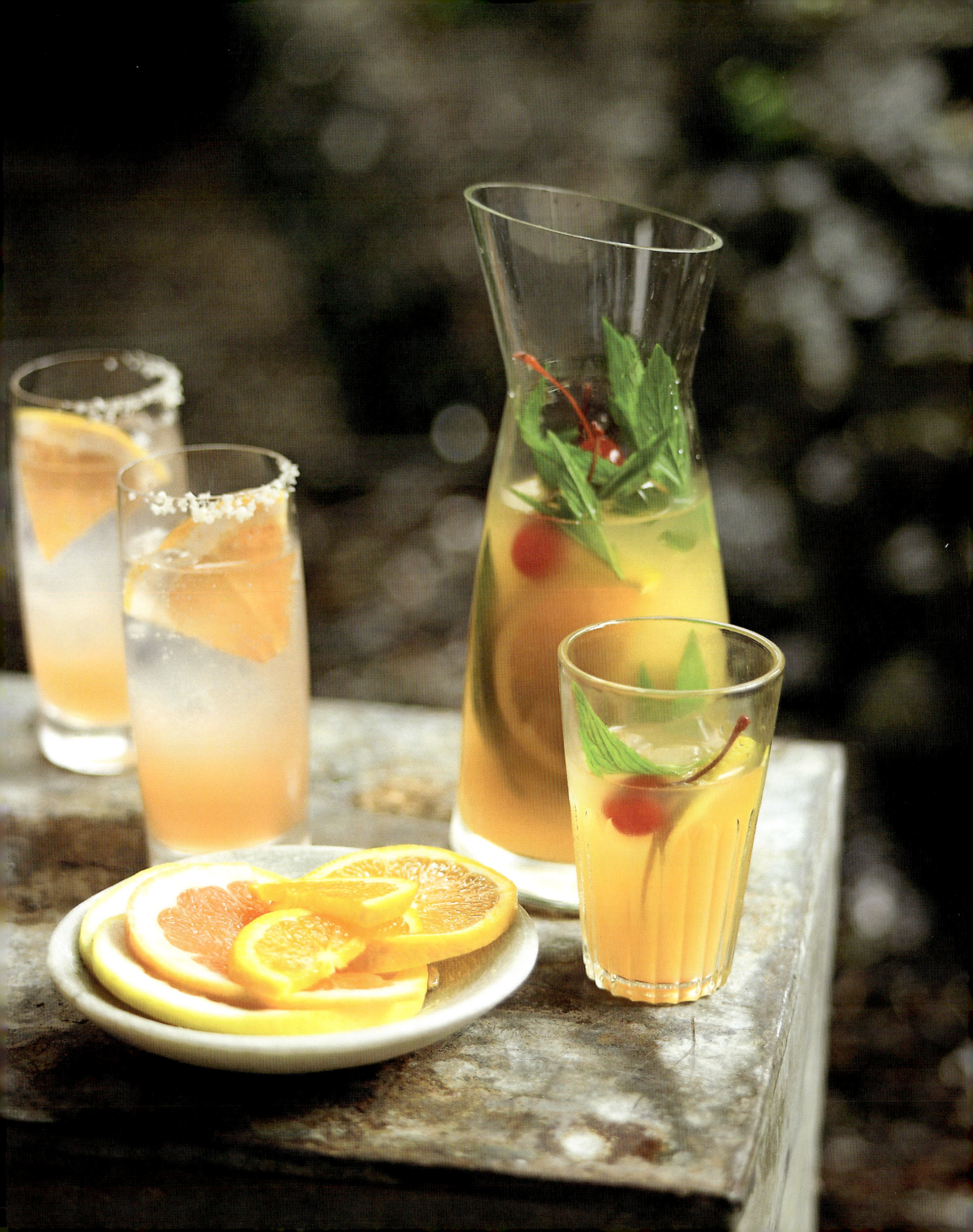

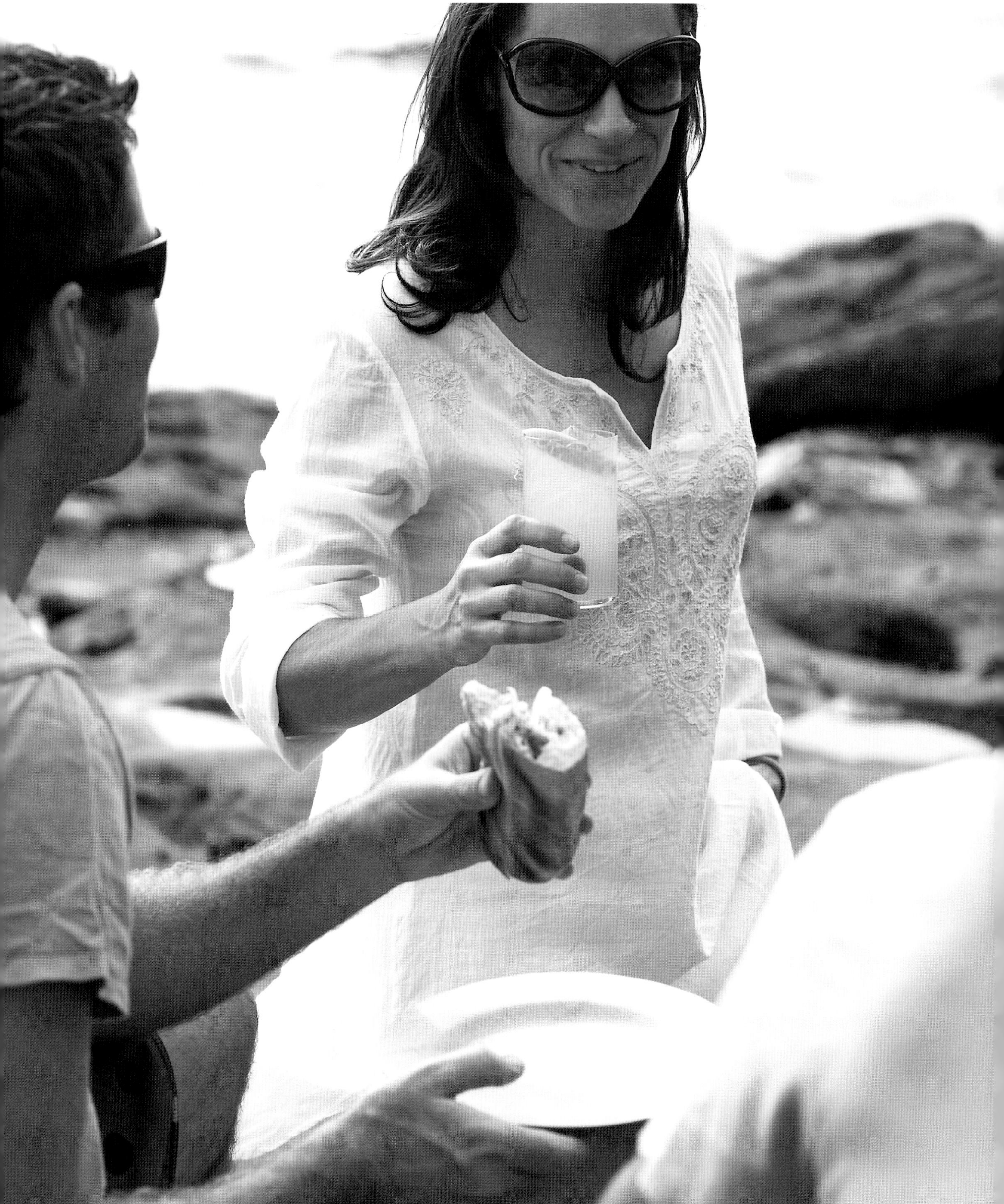

Entspannte Tage

Es gibt nichts Schöneres, als an einem sonnigen Tag gemeinsam mit Freunden und der Familie draußen zu essen und sich bei ein paar Drinks zu amüsieren. Die Rezepte in diesem Kapitel machen viel Spaß und nur wenig Arbeit – und dabei können Ihnen die Gäste unter die Arme greifen. Ich stelle einfach alle Zutaten bereit und jeder kann sich selbst sein Steak-Sandwich oder seinen Wrap zusammenstellen – so habe ich weniger zu tun …

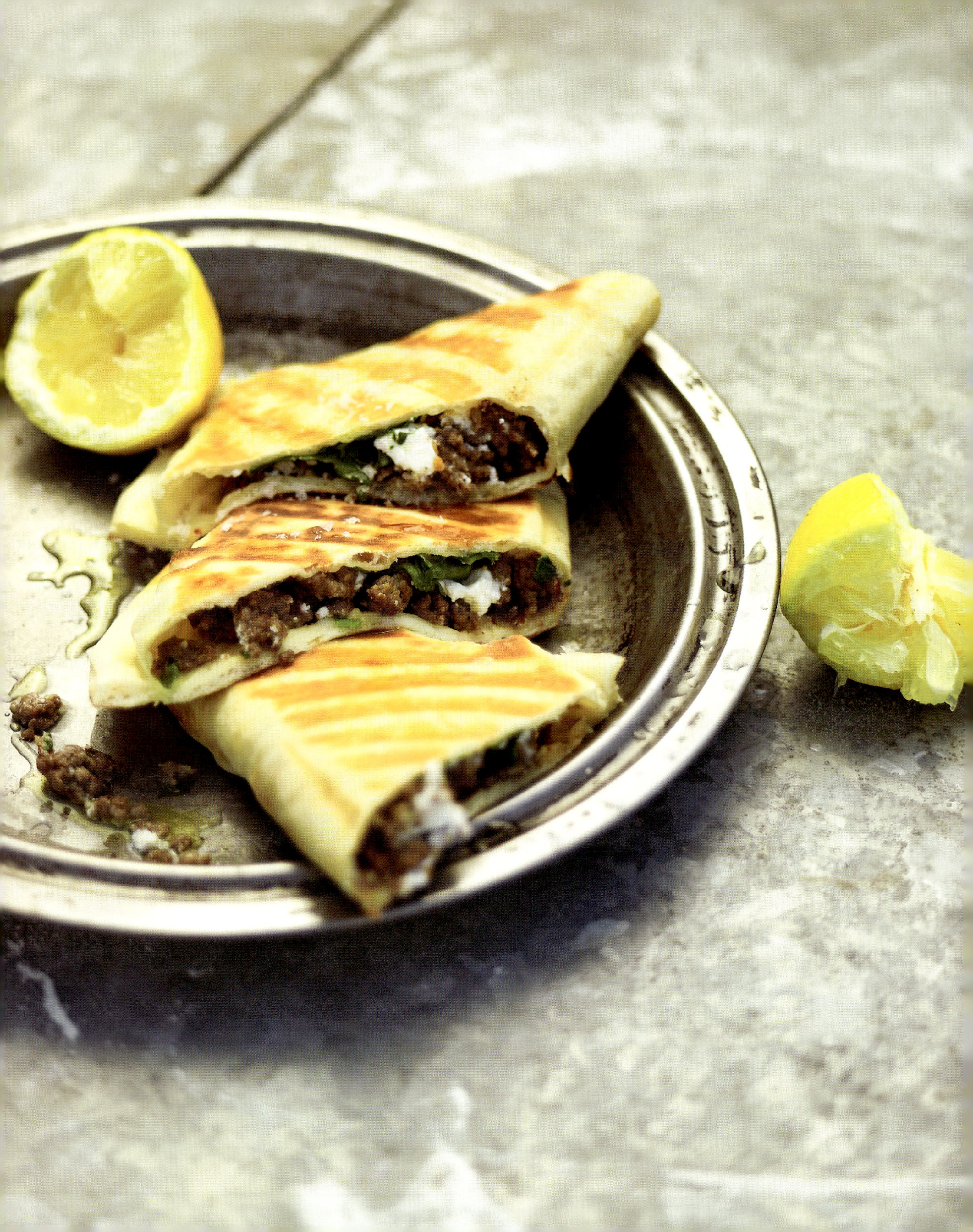

Wenn Sie noch nie türkische Gözleme, kleine gefüllte Fladenbrote, gegessen haben, sollten Sie dieses Rezept unbedingt ausprobieren – die Zubereitung macht wirklich Spaß (finde ich jedenfalls) und alle werden begeistert sein. Diese Version wird mit Rinderhack, Schafskäse, Spinat und reichlich Zitronensaft zubereitet. Ich habe Gözleme auch schon mit Lamm, Huhn, Rind und in einigen vegetarischen Varianten probiert, ebenfalls sehr lecker. Testen Sie selbst, was Ihnen am besten gefällt.

Gözleme (Gefüllte Fladenbrote)

FÜR 4 PERSONEN

200 g Joghurt
Salz und frisch gemahlener schwarzer Pfeffer
250 g Mehl, vermischt mit 2 TL Backpulver, plus Mehl zum Bestäuben
150 g Rinderhackfleisch
etwas Olivenöl
1 Knoblauchzehe, durchgepresst
1 Prise gemahlener Kreuzkümmel
1 Prise Chiliflocken
4 EL Tomatensaft
50 g Spinat- oder Mangoldblätter
100 g Schafskäse, zerbröckelt
50 g Butter, zerlassen (nach Belieben)
Zitronenspalten zum Servieren

Den Joghurt in einer Schüssel mit 1 Prise Salz glatt rühren. Nach und nach das Mehl zugeben und alles zu einem festen Teig verarbeiten. Den Teig auf der leicht bemehlten Arbeitsfläche sorgfältig durchkneten und dabei verbliebenes Mehl einarbeiten, bis er geschmeidig ist und kaum noch klebt. In eine saubere Schüssel legen und zugedeckt 30 Minuten ruhen lassen.

Einen Topf erhitzen und etwas Olivenöl hineingeben. Das Hackfleisch bei mäßig starker Hitze etwa 2 Minuten bräunen. Den Knoblauch, den Kreuzkümmel, die Chiliflocken und den Tomatensaft zugeben und 1–2 Minuten weitergaren, bis sämtliche Flüssigkeit verkocht ist. Die Hackmasse in einem Durchschlag abkühlen und abtropfen lassen.

Den Teig in vier gleich große Portionen teilen und auf der bemehlten Arbeitsfläche zu Kreisen (30 cm Durchmesser) ausrollen.

Die eine Kreishälfte mit einem Viertel des Spinats belegen und je ein Viertel zerbröckelten Schafskäses und Hackmasse darüber verteilen. Würzen, die andere Teighälfte über die Füllung schlagen und an den Rändern mit den Zinken einer Gabel zusammendrücken. Die übrigen Teigfladen in gleicher Weise füllen.

Den Backofen auf 200 °C Ober- und Unterhitze vorheizen oder eine Bratplatte erhitzen. Die Teigtaschen rundum mit Olivenöl bestreichen und backen bzw. grillen. Wenn sie auf einer Seite goldbraun sind, umdrehen und von der anderen Seite backen bzw. grillen.

Die Gözleme nach Belieben mit zerlassener Butter beträufeln, in je vier Stücke schneiden und mit Zitronenspalten zum Darüberpressen servieren.

Dieses schnörkellose, stressfreie Rezept besticht schon durch seine Schlichtheit. Man nehme asiatisches Gemüse wie Pak-Choi oder chinesischen Brokkoli und ein schönes Stück Fisch (wer weiß, vielleicht sogar selbst geangelt), übergieße das Ganze mit einer leckeren Sauce, wickle es in Alufolie ein und gare es für 10 Minuten. So macht Kochen wieder Spaß – man hat Zeit, ein paar Drinks zu mixen, sich um die Musik zu kümmern oder einfach nur den neusten Tratsch aus der Familie und dem Freundeskreis auszutauschen.

Lachs & Pak-Choi in der Folie mit Ingwer-Soja-Sauce

FÜR 4 PERSONEN

Vier große Bögen Alufolie ausbreiten. In die Mitte jeweils einen halben Pak-Choi und 1 Lachsfilet legen und die Ingwer-, die Frühlingszwiebel- und die Chilistreifen darüber verteilen.

Einen Backofen auf 160 °C vorheizen oder einen Grill anheizen. Die Sojasauce, die Fischsauce, den Knoblauch, den Reiswein, die Korianderwurzeln und -stiele und das Sesamöl verrühren und über den Fisch gießen. Die Folie rasch über die Füllung schlagen, damit die Sauce nicht herausläuft, und an den Rändern fest verschließen.

Die Pakete etwa 10 Minuten garen – je nach gewünschtem Gargrad auch etwas länger. Die Pakete öffnen (Vorsicht vor austretendem Dampf), nach Belieben mit Frühlingszwiebelstreifen und mit Koriandergrün bestreuen und sofort servieren.

- 2 Pak-Choi, halbiert
- 4 Lachsfilets ohne Haut, je etwa 180 g
- 4 cm frische Ingwerwurzel, in feine Streifen geschnitten
- 3 Frühlingszwiebeln, in Streifen geschnitten, plus 1 extra zum Garnieren (nach Belieben)
- 1 lange rote Chilischote, von Samen und Trennwänden befreit und in dünne Streifen geschnitten
- 125 ml Sojasauce
- 1 EL Fischsauce (*nam pla*)
- 2 Knoblauchzehen, zerdrückt
- 3 EL Shaoxing-Reiswein (dunkler chinesischer Reiswein)
- 1 EL fein gehackte Korianderwurzeln und -stiele
- ½ TL Sesamöl
- 1 kleine Handvoll Koriandergrün zum Garnieren (nach Belieben)

Vor einigen Jahren hatte ich das Glück, Japan zu besuchen. Ich habe mich sofort in das Land verliebt – in die Menschen, die Kultur, die Mode und natürlich in das Essen. Für mich persönlich rangiert die japanische Küche wohl an erster Stelle weltweit. Ich bewundere den Sinn der Japaner fürs Detail, ihren zurückhaltenden und respektvollen Umgang mit den Zutaten und ihr unbedingtes Streben nach Qualität.

Ich erinnere mich noch an diese japanischen Pfannkuchen, die dort als Straßensnack verkauft werden. Man verwendet dafür alle möglichen Zutaten. Ich habe mich für Jakobsmuscheln und Shiitake-Pilze entschieden, weil ich die Geschmackskombination liebe. Doch das Rezept funktioniert genauso gut mit Fisch, Garnelen oder Krabben anstelle der Muscheln, also variieren Sie ruhig nach eigenem Gusto.

Japanische Pfannkuchen mit Jakobsmuscheln & Shiitake-Pilzen

FÜR 4 PERSONEN

etwas Pflanzenöl
100 g Mehl
2 EL süßer Reiswein (*mirin*; aus dem Asialaden)
1 TL Salz
2 Eier
12 Jakobsmuscheln (nur der weiße Muskel, ohne den roten Corail), in dünne Scheiben geschnitten
90 g Shiitake-Pilze, in dünne Scheiben geschnitten
250 g Chinakohl, in Streifen geschnitten
4 Frühlingszwiebeln, gehackt
4 EL japanische Mayonnaise (siehe Anmerkung)
4 EL Tonkatsu-Sauce (siehe Anmerkung)
2 Nori-Blätter, in feine Streifen geschnitten

Eine Pfanne mit schwerem Boden oder eine Bratplatte erhitzen und mit Öl bestreichen. In einer großen Schüssel das Mehl, den Reiswein, das Salz, die Eier und 125 ml Wasser verrühren. Die Jakobsmuscheln, die Pilze, den Kohl und die Frühlingszwiebeln untermischen.

Jeweils ein Viertel des Teiges auf die Garfläche geben und zu einem runden Pfannkuchen (15 cm Durchmesser) verstreichen. 2–3 Minuten backen, bis die untere Seite leicht gebräunt ist, wenden und in weiteren 2 Minuten fertig garen. Den restlichen Teig in gleicher Weise zu Pfannkuchen verarbeiten.

Die Pfannkuchen vor dem Servieren mit japanischer Mayonnaise und Tonkatsu-Sauce beträufeln und mit den Nori-Streifen garnieren.

Anmerkung: Japanische Mayonnaise ist eine echte Mayonnaise aus Eiern und Reisessig. Bei Tonkatsu-Sauce handelt es sich um eine dicke, fruchtige braune Würzsauce, die in Japan zu Pfannkuchen und zu panierten und in Fett gebackenen Speisen serviert wird. Beides finden Sie im Asialaden und im Internethandel.

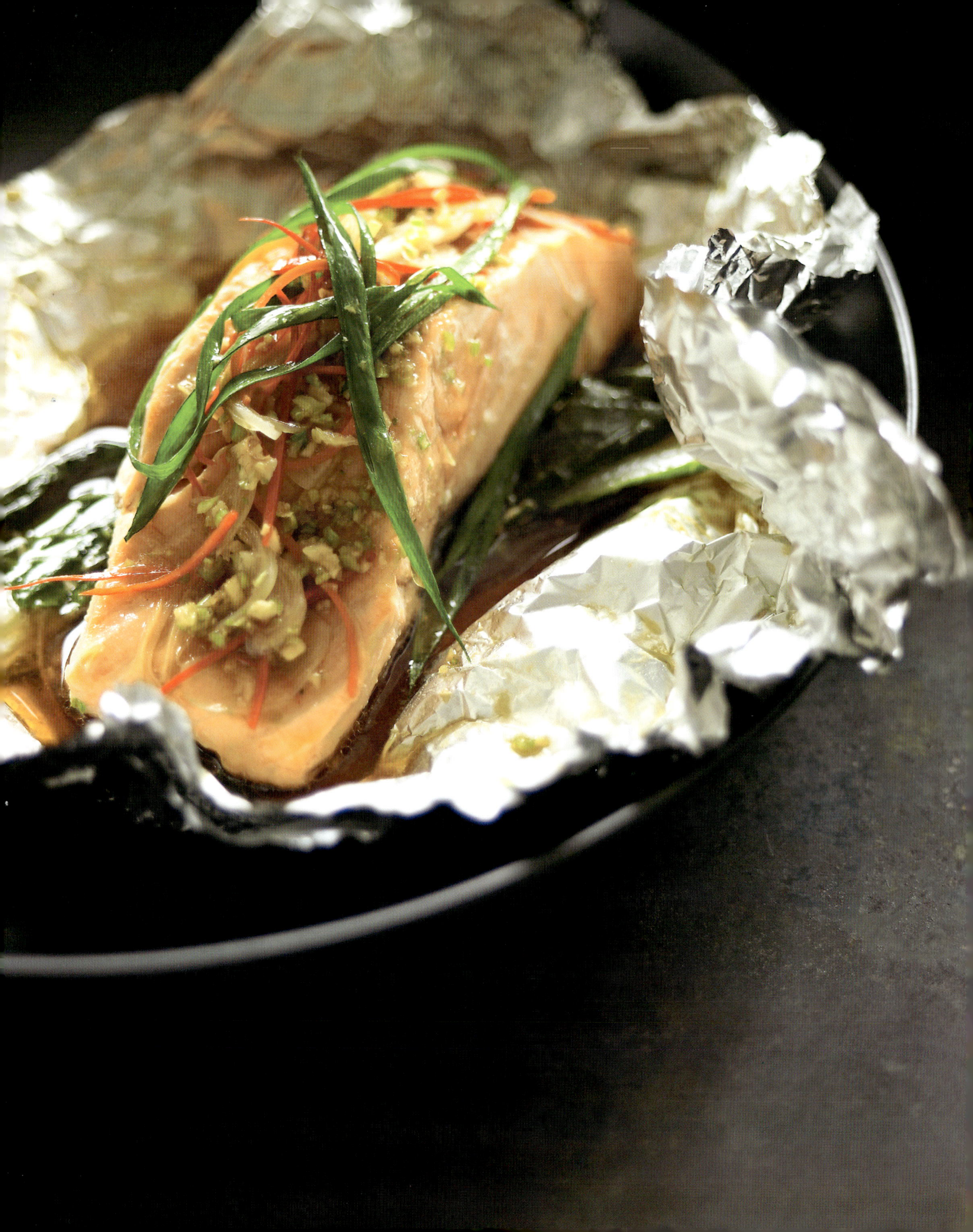

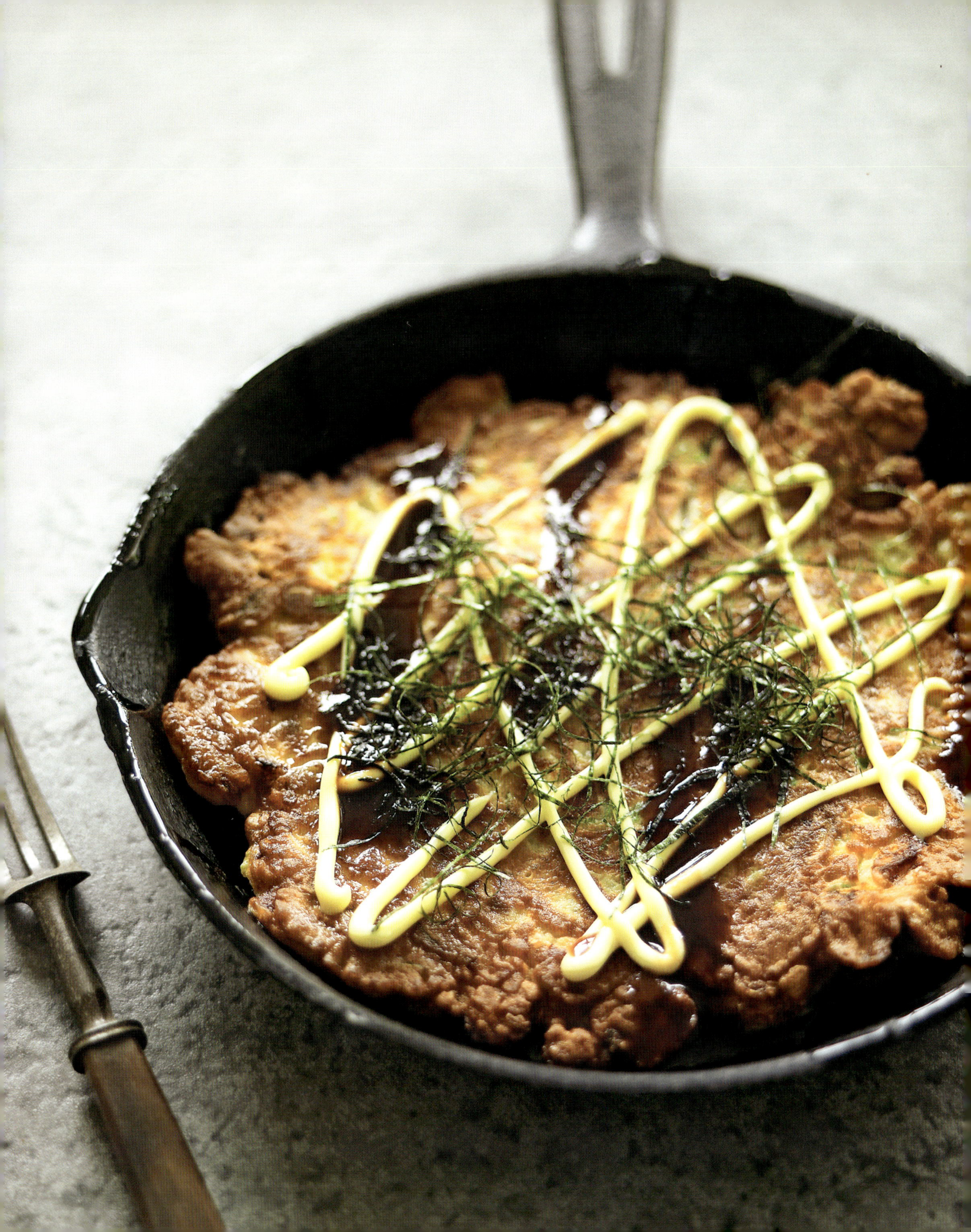

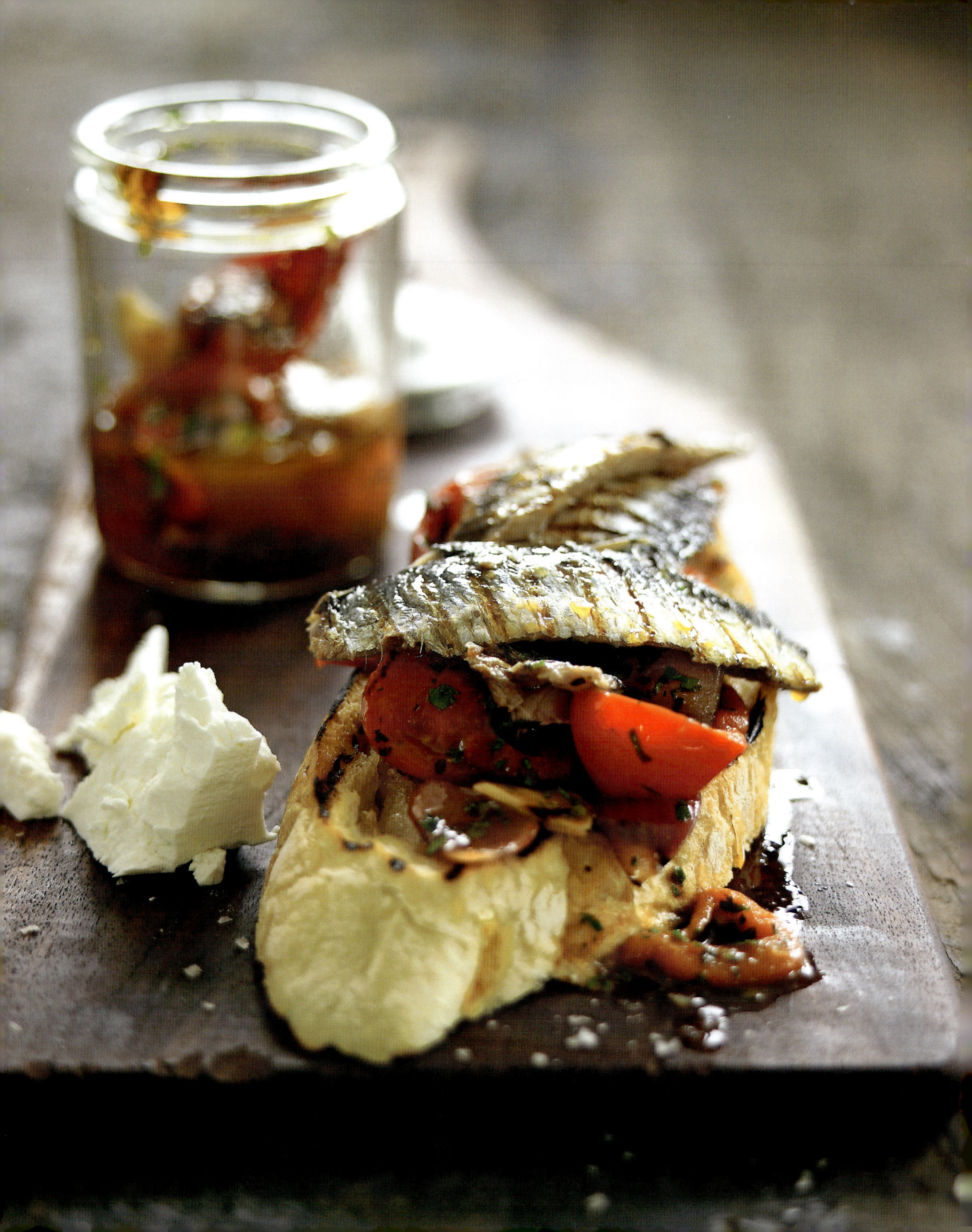

Den größten Spaß beim Dreh für eine Sendung hatte ich einmal mit meinem Geschäftspartner und Koch Daniel Vaughan und seinem Freund, dem Komiker Tim Smith. Wir drehten in Melbourne in einem Hinterhof mit Holzbackofen – ich sage Ihnen, alles, was da raus kam, schmeckte fantastisch. Wir backten Pizzas, unsere Armhaare (bei der intensiven Hitze muss man höllisch aufpassen) und dieses Gericht: Sardinen auf Toast, Daniels Erfindung, inspiriert vom spanischen Original mit geräuchertem Paprika und Sherryessig.

Sardinen auf Toast

FÜR 4 PERSONEN

1 rote Paprikaschote
½ rote Zwiebel, grob gehackt
8 Kirschtomaten, halbiert
2 Knoblauchzehen, in Scheiben geschnitten
1 große rote Chilischote, von Samen und Trennwänden befreit und längs geviertelt
Olivenöl zum Braten und Grillen
1 TL geräuchertes Paprikapulver (*Pimentón de la Vera***)**
1 EL Sherryessig
2 EL Olivenöl
Salz und frisch gemahlener schwarzer Pfeffer
25 g Schafskäse, zerkrümelt
4 EL grob gehackte Petersilie
4 ganze frische Sardinen, durch den Bauch entgrätet, aufgeklappt und flach gedrückt
4 Scheiben frisches Ciabatta

Einen Grill anheizen oder den Backofengrill auf 200 °C vorheizen. Die Paprikaschote für 15–20 Minuten grillen, bis die Haut schwarz wird und Blasen wirft, dabei gelegentlich umdrehen. Abkühlen lassen und die Haut mit einem spitzen Messer vorsichtig abziehen. Die Schote halbieren, von Stielansatz und Samen befreien und hacken.

Die Zwiebel, die Kirschtomaten, den Knoblauch und die Chili einzeln mit etwas Olivenöl in einer Pfanne anbraten, bis sie weich und leicht gebräunt sind. Die Chiliviertel beiseitelegen. Aus dem Knoblauch, dem geräucherten Paprika, dem Sherryessig und dem Olivenöl eine Vinaigrette zubereiten und mit Salz und Pfeffer abschmecken.

Die gehackte Paprikaschote, die Zwiebel, die Kirschtomaten, den Schafskäse und die Petersilie in einer Schüssel mischen und würzen.

Die Sardinen mit etwas Olivenöl bestreichen, würzen und von beiden Seiten grillen, bis sie goldbraun und durchgegart sind. Die Ciabatta-Scheiben mit etwas Olivenöl bestreichen und ebenfalls grillen. Die Brotscheiben mit dem warmen Paprikasalat, den Sardinen und den Chivierteln belegen, mit der Vinaigrette überziehen und servieren.

Mmmmh, Romesco-Sauce – ich könnte sie eimerweise essen! Nicht nur als Beigabe, auch schlicht mit gutem Brot serviert schmeckt sie hervorragend. Die aus Spanien stammende Würzsauce wird aus gegrilltem Paprika, Haselnüssen, Knoblauch, Essig und Olivenöl zubereitet – es geht ganz einfach und lohnt die Arbeit.

Hier kombiniere ich Romesco-Sauce mit Garnelen, die ich in der Schale brate, damit sie noch würziger schmecken – es sei denn, Freunden und Familie ist das Schälen zu fummelig. Falls dem so ist, suchen Sie sich neue Freunde (bei der Familie wird's etwas schwieriger ...). Romesco passt auch zu jeder Art von Fisch, zu Huhn oder Lamm vom Grill.

Garnelen mit Romesco-Sauce

FÜR 4 PERSONEN

Einen Grill anheizen oder den Backofengrill auf 200 °C vorheizen. Die Paprikaschote für 15–20 Minuten grillen, bis die Haut schwarz wird und Blasen wirft, dabei gelegentlich umdrehen. Abkühlen lassen und die Haut mit einem spitzen Messer vorsichtig abziehen. Die Schote halbieren, von Stielansatz und Samen befreien und grob hacken.

Das Fruchtfleisch zusammen mit dem Knoblauch, den Haselnüssen, dem Brötchen und dem Essig im Mixer pürieren. Bei laufendem Gerät langsam das Olivenöl zugießen, bis die Sauce dick wird. Mit Salz und Pfeffer abschmecken.

Die Garnelen bei mäßiger Hitze auf der Bratplatte des Grills oder in einer Pfanne von jeder Seite 2–3 Minuten braten, bis sie Farbe angenommen haben und durchgegart sind. Mit der Romesco-Sauce und dem Brot servieren.

20 rohe, ungeschälte Riesengarnelen

ROMESCO-SAUCE
3 rote Paprikaschoten
4 Knoblauchzehen, geschält
150 g Haselnusskerne, geröstet und geschält
1 Roggenbrötchen, in 4 Stücke geschnitten
100 ml Sherryessig
300 ml bestes Olivenöl
Salz und frisch gemahlener schwarzer Pfeffer
Brot zum Servieren

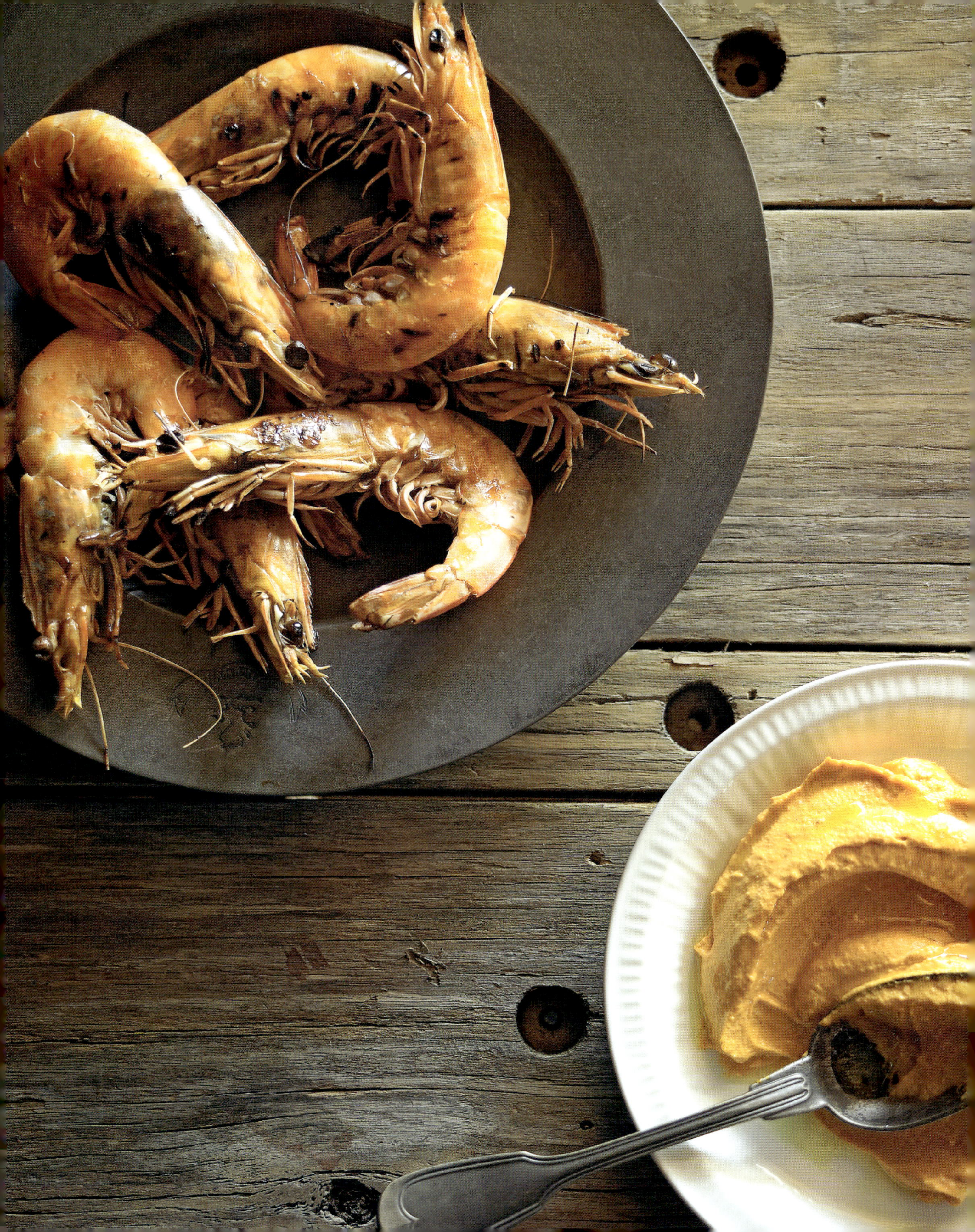

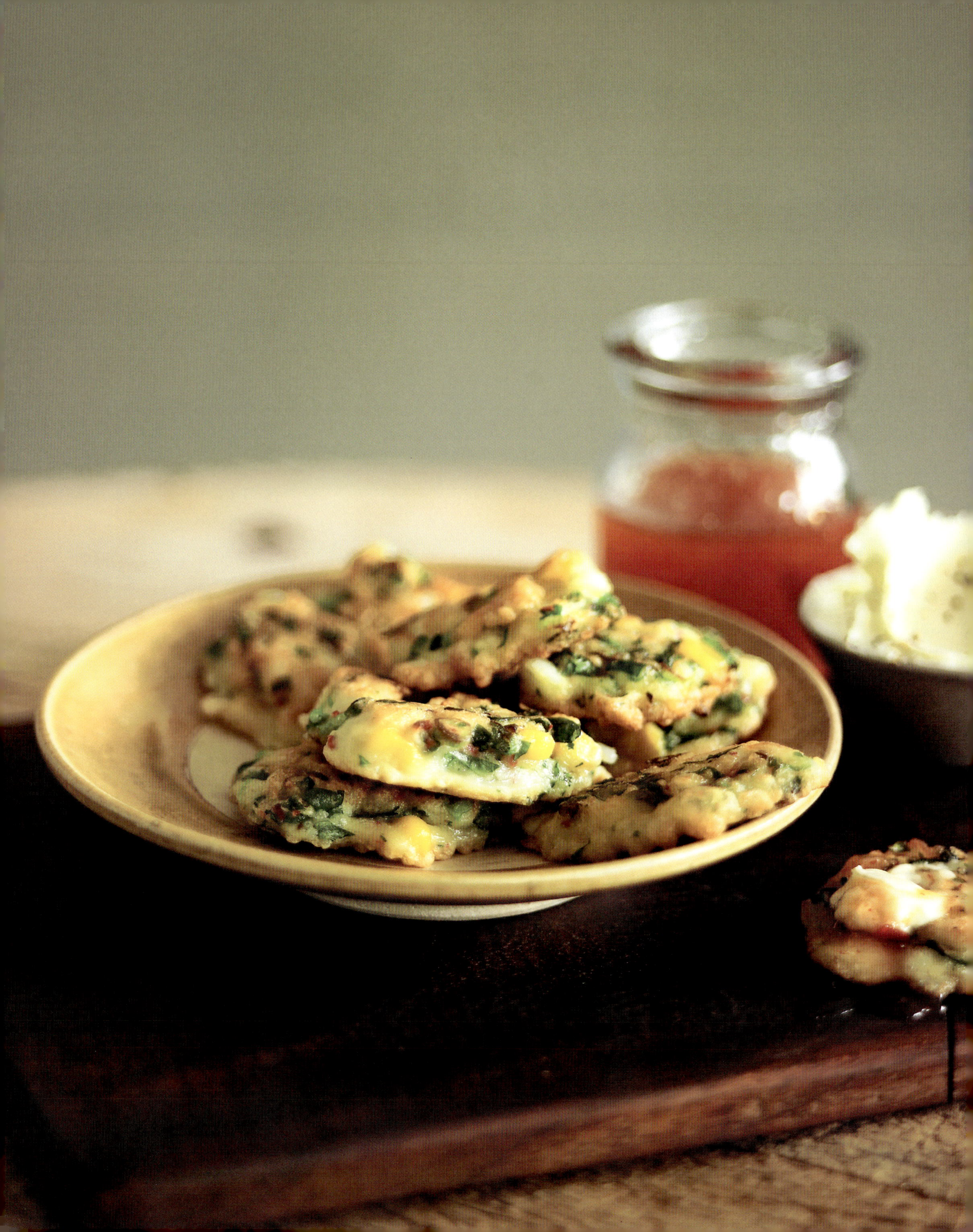

Diesen kleinen Snack serviere ich gern als Vorspeise. Wer immer diese Kombination erfunden hat, verdient einen Orden. Wer kann schon einem knusprigen Küchlein mit einem Klecks Crème fraîche und Chilisauce widerstehen? Niemand, und darum ist hier das Rezept, damit Sie es selbst ausprobieren können, aber arbeiten Sie sorgfältig. Die Küchlein gelingen auch mit Garnelen, Flusskrebsen oder sogar mit Hähnchen, ich mag sie jedoch am liebsten mit Krabbenfleisch. Viel Vergnügen!

Krabben-Mais-Küchlein

FÜR 4 PERSONEN

200 g gegartes Krabbenfleisch
2 Frühlingszwiebeln, in feine Ringe geschnitten
1 lange rote Chilischote, von Samen und Trennwänden befreit und fein gehackt
1 EL grob gehacktes Koriandergrün
Salz und frisch gemahlener schwarzer Pfeffer
60 g Mehl
60 g Maisstärke
2 Eier, verschlagen
100 g Mais aus der Dose, abgetropft
Pflanzenöl zum Braten
150 g Crème fraîche oder Sauerrahm
süße Chilisauce zum Servieren
Limettenspalten zum Servieren

Das Krabbenfleisch, die Frühlingszwiebeln, die Chili und das Koriandergrün in einer Schüssel mischen und mit Salz und Pfeffer würzen.

Das Mehl und die Maisstärke in eine zweite Schüssel sieben, 150 ml kaltes Wasser und die Eier zugeben und mit dem Schneebesen glatt rühren. Die Krabbenmischung und den Mais untermengen. Die Masse sollte die Konsistenz einer dicken Creme haben.

Eine Pfanne oder eine Bratplatte erhitzen und dünn einölen. Mit einem Esslöffel kleine Mengen Teig auf die Garfläche geben und von jeder Seite in 3 Minuten goldbraun und knusprig backen. Die Küchlein mit Crème fraîche oder Sauerrahm, süßer Chilisauce und Limettenspalten servieren.

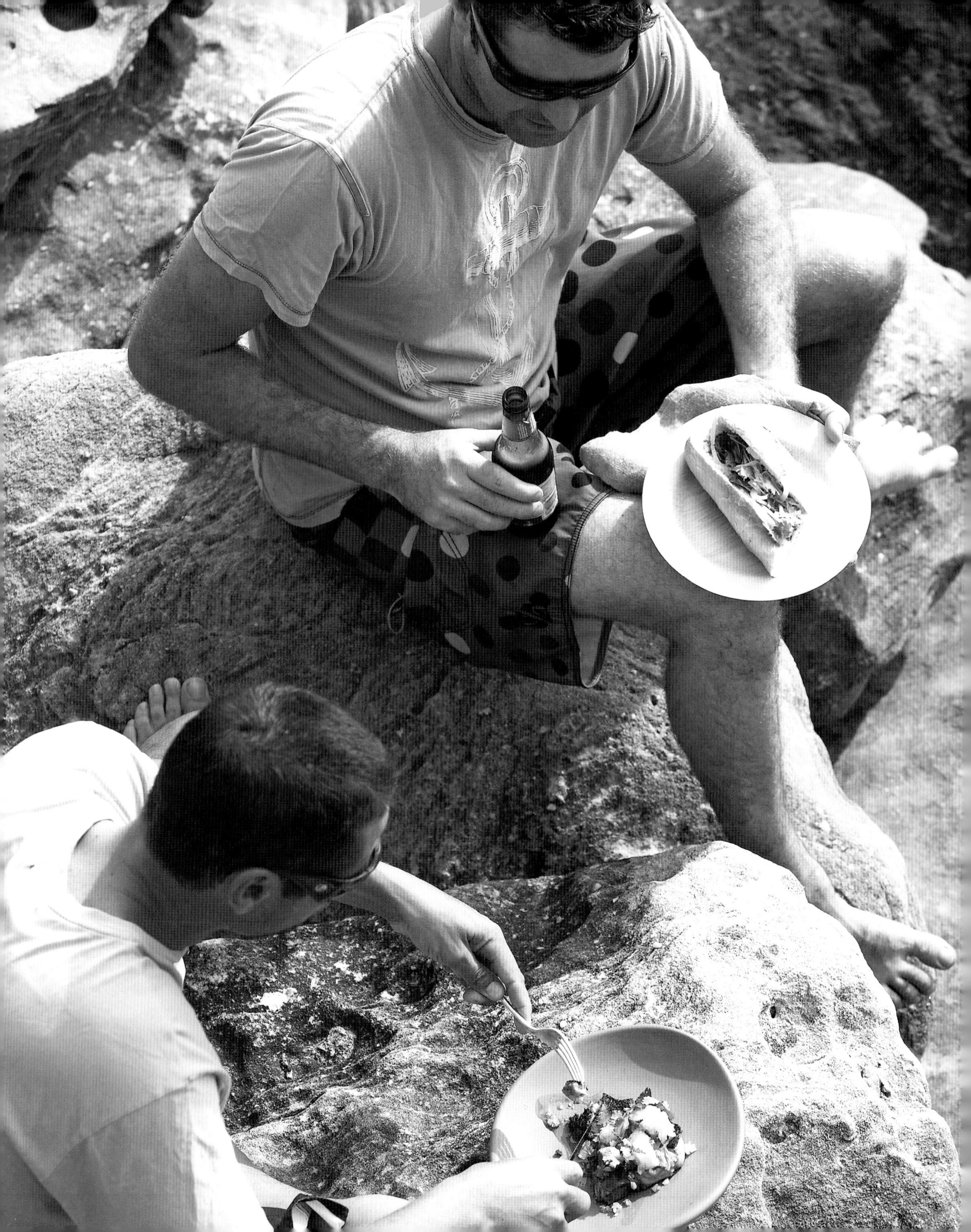

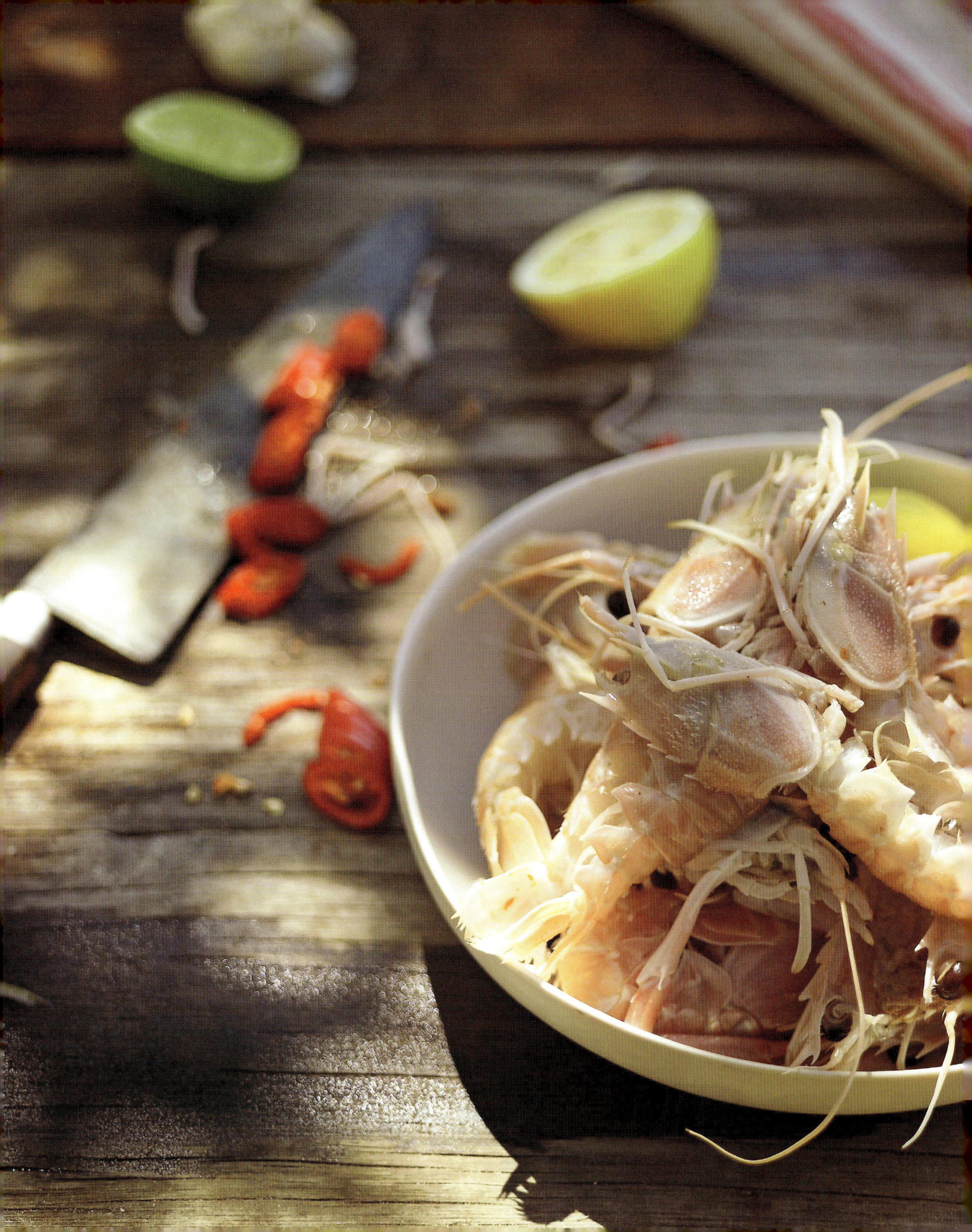

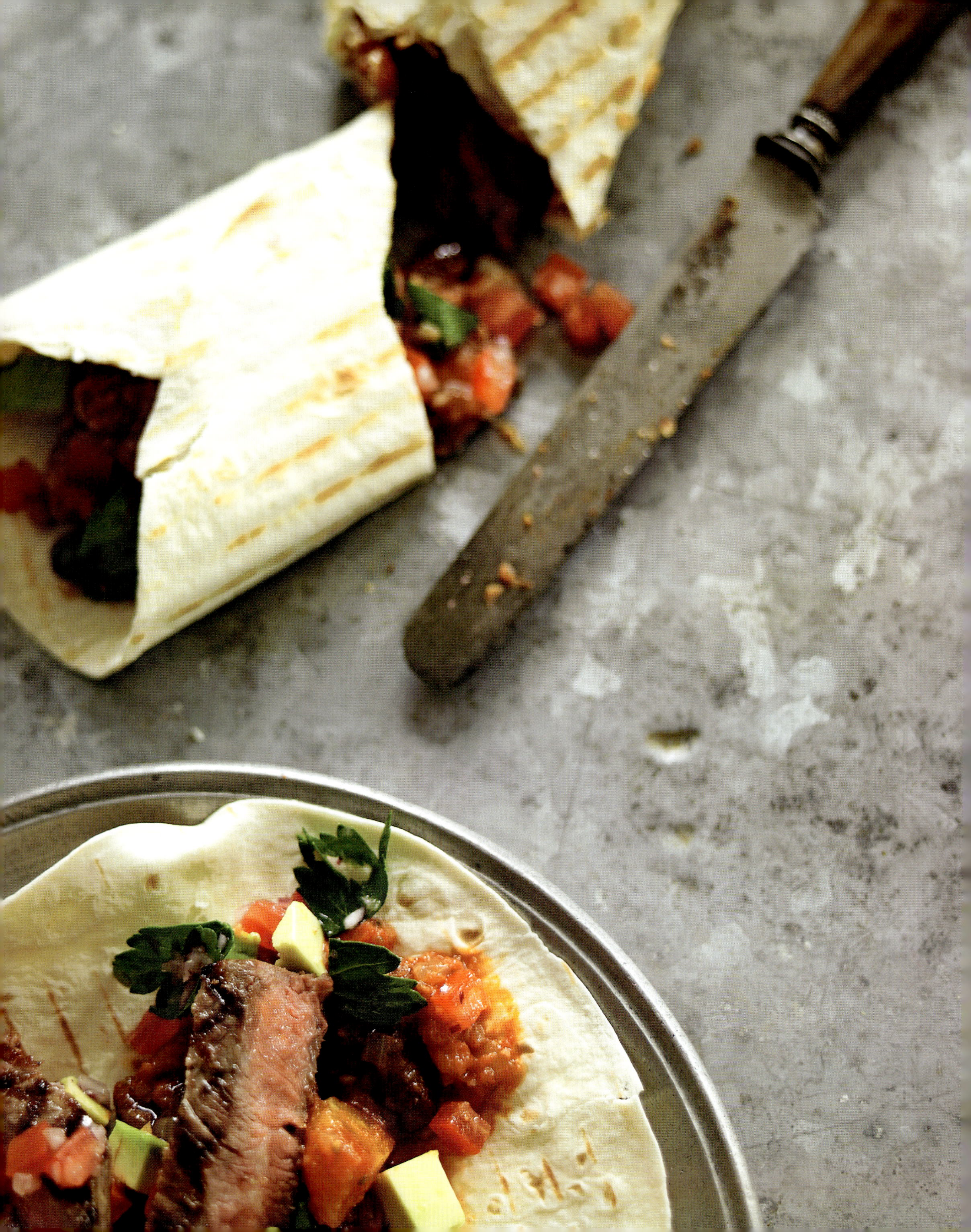

Ich stehe total auf Wraps. Die benötigten fertigen Tortillas oder Burritos findet man heute in praktisch jedem Supermarkt. Sie sind eine willkommene Abwechslung zu den üblichen Brötchen, und bei der Füllung kennt die Fantasie ohnehin keine Grenzen: ob Chilibohnen, Hähnchen, Fisch oder das klassische Steak mit Ihrer Lieblingssauce und Gemüse – alles ist möglich. Hier zeige ich Ihnen eine simple mexikanische Version mit Chilibohnen – Sie können auch Chilibohnen aus der Dose nehmen, wenn Sie den Aufwand scheuen. Ich tue es auch hin und wieder und mische sie mit etwas mexikanischer Salsa, wenn ihre Sauce zu dick ist.

Steak-Wraps mit Chilibohnen

FÜR 4 PERSONEN

2 EL Olivenöl
1 große Zwiebel, gehackt
2 Knoblauchzehen, zerstoßen
2 lange, grüne Chilischoten, von Samen befreit und gehackt
1 EL gemahlener Kreuzkümmel
1 EL gemahlener Paprika edelsüß
1 Prise Chilipulver
1 Dose (400 g) gehackte Tomaten
1 Dose (400 g) Kidney-Bohnen, abgespült und abgetropft
Salz und frisch gemahlener schwarzer Pfeffer
2 Rumpsteaks, je etwa 200 g
8 Tortillas (Fertigprodukt)
1 Avocado, gewürfelt
Sauerrahm zum Servieren
1 große Handvoll Koriandergrün- oder Petersilienblättchen
60 g geriebener Käse

Die Hälfte des Olivenöls in einem Topf erhitzen. Die Zwiebel, den Knoblauch und die Chilischoten anschwitzen, bis sie weich sind. Die Gewürze, die Tomaten und 125 ml Wasser zugeben, sorgfältig umrühren und 15 Minuten köcheln lassen, bis die Sauce leicht eingedickt ist. Die Kidney-Bohnen unterrühren und mit Salz und Pfeffer abschmecken.

Einen Grill anheizen oder eine Grillpfanne erhitzen. Die Steaks mit dem restlichen Olivenöl einreiben, mit Salz und Pfeffer würzen und von jeder Seite 3–4 Minuten oder bis zum gewünschten Gargrad grillen. Das Fleisch 5 Minuten ruhen lassen und dann quer zur Faser in Scheiben schneiden.

Die Tortillas nach Packungsanleitung rösten, dann nebeneinander auf eine Arbeitsfläche legen und die Chilibohnen in der Mitte der Tortillas verteilen. Die Steakscheiben, die Avocadowürfel, den Sauerrahm, das Koriandergrün oder die Petersilie und den geriebenen Käse darauf verteilen, zusammenrollen und sofort servieren.

Dies ist ein ganz einfacher Salat mit grüner Mango – *som tam*, wie er in Thailand genannt wird. Er passt ausgezeichnet zu jeder Art von Fisch und Meeresfrüchten. Die Chilimenge können Sie je nach Geschmack und persönlicher Schmerzgrenze anpassen. Eine grüne Mango ist eine unreife Frucht, die ziemlich sauer und daher etwas gewöhnungsbedürftig ist. Darum wird sie immer sehr fein geschnitten oder geraspelt. Der feine Zuschnitt bietet mehr Angriffsfläche für das leckere Dressing, so wird die Frucht zu einem hervorragenden Geschmacksträger. Außerdem liebe ich die feste Konsistenz grüner Mangos. Wenn Sie keine bekommen, nehmen Sie stattdessen grüne Papayas oder auch Äpfel oder Gurken.

Gebratener Lachs mit grünem Mangosalat

FÜR 4 PERSONEN

Für das Dressing die Schale und den Saft der Limetten sowie die Chilischote, den Zucker, den Essig, das Öl und die Sojasauce in einer kleinen Schüssel gründlich verrühren, bis sich die Zutaten miteinander verbunden haben.

In einer zweiten Schüssel 1 EL der Sesamsamen mit den Sprossen und dem Koriandergrün mischen und das Mangofleisch zugeben. Die Hälfte des Dressings zugießen und kurz unterheben.

Eine Pfanne oder eine Bratplatte erhitzen. Die Lachsfilets mit dem Erdnussöl einreiben und zunächst auf der Hautseite 2–3 Minuten bei hoher Temperatur braten, dann wenden und noch 2–3 weitere Minuten braten, bis sie fast durchgegart, im Kern jedoch noch leicht roh sind. Auf Teller legen und einige Minuten ruhen lassen.

Den Fisch mit dem Mangosalat garnieren. Den restlichen Sesam darüberstreuen und mit dem restlichen Dressing überziehen. Mit Meersalz und zerstoßenem schwarzen Pfeffer würzen und servieren.

2 EL Sesamsamen, geröstet
75 g Sojasprossen, geputzt
1 kleine Handvoll Koriandergrün
1 unreife Mango (ersatzweise eine grüne Papaya), geschält und fein geraspelt
4 Lachsfilets (oder Lachsforellenfilets) mit Haut, je etwa 200 g
Erdnussöl zum Braten
Meersalz und zerstoßener schwarzer Pfeffer

DRESSING
Saft und fein abgeriebene Schale von 2 unbehandelten Limetten
1–2 scharfe rote Chilischoten (z. B. Bird's Eye), von Samen befreit und in feine Streifen geschnitten
1 EL brauner Zucker
2 EL Reisessig
1 EL Erdnussöl
1 EL helle Sojasauce

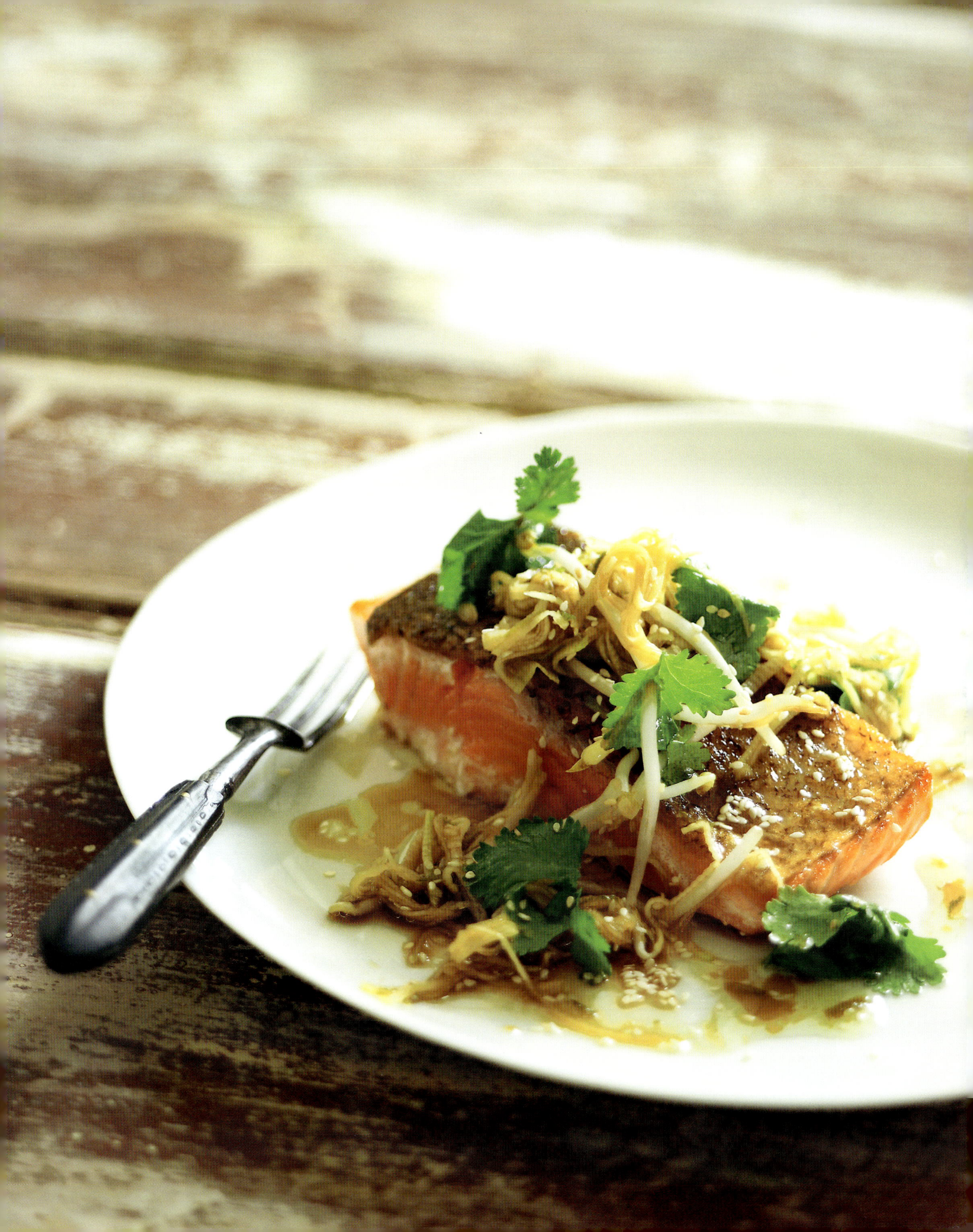

Ich glaube, Tintenfisch hat in der häuslichen Küche noch einiges an Boden gut zu machen. In vielen Restaurants gehört er zu den Bestsellern, vor allem in Form von frittierten Ringen, serviert mit Aïoli oder Ähnlichem. Doch zu Hause am eigenen Herd fristet Tintenfisch eher ein Schattendasein – möglicherweise wirkt sein Äußeres etwas abschreckend, wenn man noch nie einen gesäubert hat. Dabei geht es ganz einfach – und die Zubereitung ist auch nicht schwierig, also trauen Sie sich!

Gebratener Tintenfisch mit Chili und Salsa

FÜR 4 PERSONEN

Die Kalmare säubern: Kopf und Fangarme samt Innereien aus dem Körperbeutel (Tube) ziehen. Die Fangarme unter den Augen abschneiden; die Augen wegwerfen. Die seitlich liegenden dreieckigen Flossen vom Körperbeutel abschneiden und mit ihnen die schwarzviolette Haut abziehen. Das transparente Chitinblatt aus dem Körper herausziehen (es sieht aus wie ein zerdrückter Plastikstrohhalm) und wegwerfen. Den Körperbeutel mit einem scharfen Messer aufschneiden und eventuell verbliebene Innereien oder Hautreste vorsichtig abschaben. Das harte Kauwerkzeug im Zentrum der Fangarme herausdrücken und ebenfalls wegwerfen. Tuben und Fangarme gründlich waschen und abtropfen lassen. Falls Sie die Tuben einritzen möchten, damit sie sich beim Garen kräuseln, das Fleisch mit der Messerspitze im Zickzackmuster oder schlicht in Streifen einschneiden.

Eine Pfanne oder eine Bratplatte stark erhitzen. Die Kalmare in 5 cm große Stücke schneiden. Das Olivenöl, die Chiliflocken, den Knoblauch, den Kreuzkümmel, den Koriander sowie etwas Salz und Pfeffer in einer Schüssel verrühren. Die Kalmare in der Mischung wenden und rundherum bei hoher Temperatur etwa 1 Minute braten.

Donnies Tomatensalsa mit dem Olivenöl abrunden und zum Tintenfisch servieren.

Anmerkung: Damit Tintenfische nicht zäh werden, gart man sie immer nur kurz bei möglichst großer Hitze.

300 g Kalmare
2 EL Olivenöl
1 TL Chiliflocken
1 Knoblauchzehe, durchgepresst
1 Prise gemahlener Kreuzkümmel
1 EL gehackte Korianderwurzeln und -stiele
1 Prise gemahlener Koriander
Salz und frisch gemahlener schwarzer Pfeffer

SALSA
Donnies sagenhafte Tomatensalsa (siehe Rezept Seite 107)
2 EL bestes Olivenöl

Dieses Rezept stammt von einem sehr guten Freund – Donnie St. Pierre. Er ist nicht nur als Coach für die US-Mannschaft im Freestyle-Skiing bekannt, sondern auch für seine Salsa. Hier ist seine Antwort auf meine Bitte nach dem Rezept:

»Ich muss gestehen, dass ich mir ziemlich seltsam vorkomme, dir irgendetwas übers Essen zu erklären … Eines ist sicher, es gibt kein richtig oder falsch bei dieser Salsa, jedes mexikanische Restaurant, ob in Mexiko oder im Südwesten der USA, macht sie auf seine Weise.«

Donnies sagenhafte Tomaten-Salsa

FÜR 4 PERSONEN

6 Rispentomaten, grob gehackt
1 kleine rote Zwiebel, sehr fein gehackt
1 Handvoll Koriandergrün, fein gehackt
1 Knoblauchzehe, fein gehackt
1 scharfe rote Chilischote, von Samen befreit und fein gehackt
Saft von 1 Limette
Salz

Sämtliche Zutaten in einer Schüssel verrühren und mit Salz abschmecken. Hier ist Donnies Tipp für die Zubereitung: »Wie und in welchen Mengen man die Zutaten mischt, muss jeder selbst wissen, je nach gewünschter Konsistenz und wie viel Knoblauch und Chili man verträgt.«

Ich hacke die Tomaten nur grob von Hand, damit die Salsa nicht so suppig wird und von den Maischips nicht gleich wieder heruntertropft. Aber ich habe auch schon einige wirklich gute flüssige Salsas gegessen.

Die Zwiebel, die Chili und der Knoblauch sollten möglichst fein gehackt werden, damit sie geschmacklich nicht dominieren. Gehacktes Koriandergrün und Limettensaft geben Sie nach Geschmack zu. Ich mag diese Salsa am liebsten gekühlt, doch das ist eher typisch amerikanisch, denn in Mexiko haben Kühltechnik oder kaltes Wetter eher Seltenheitswert.

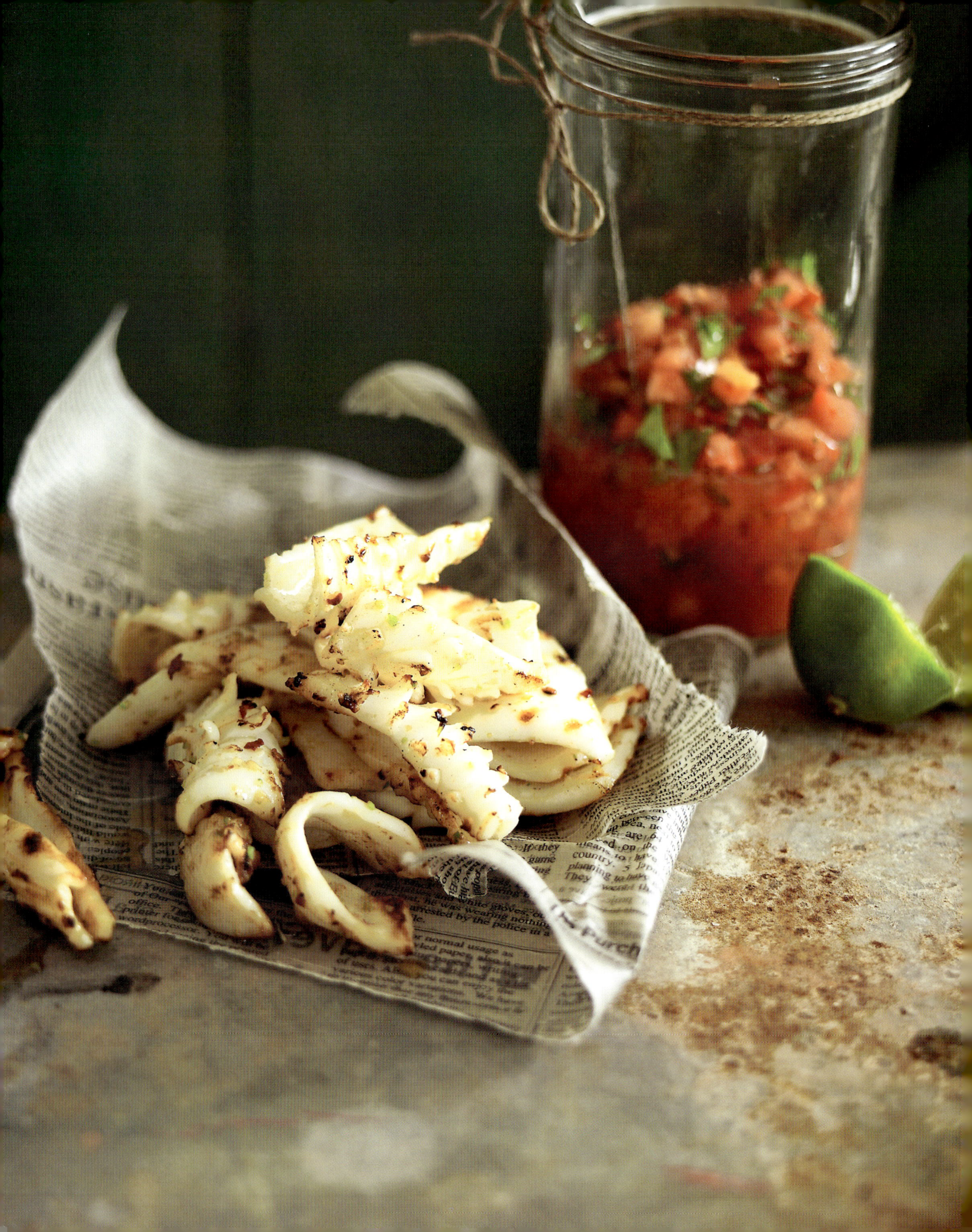

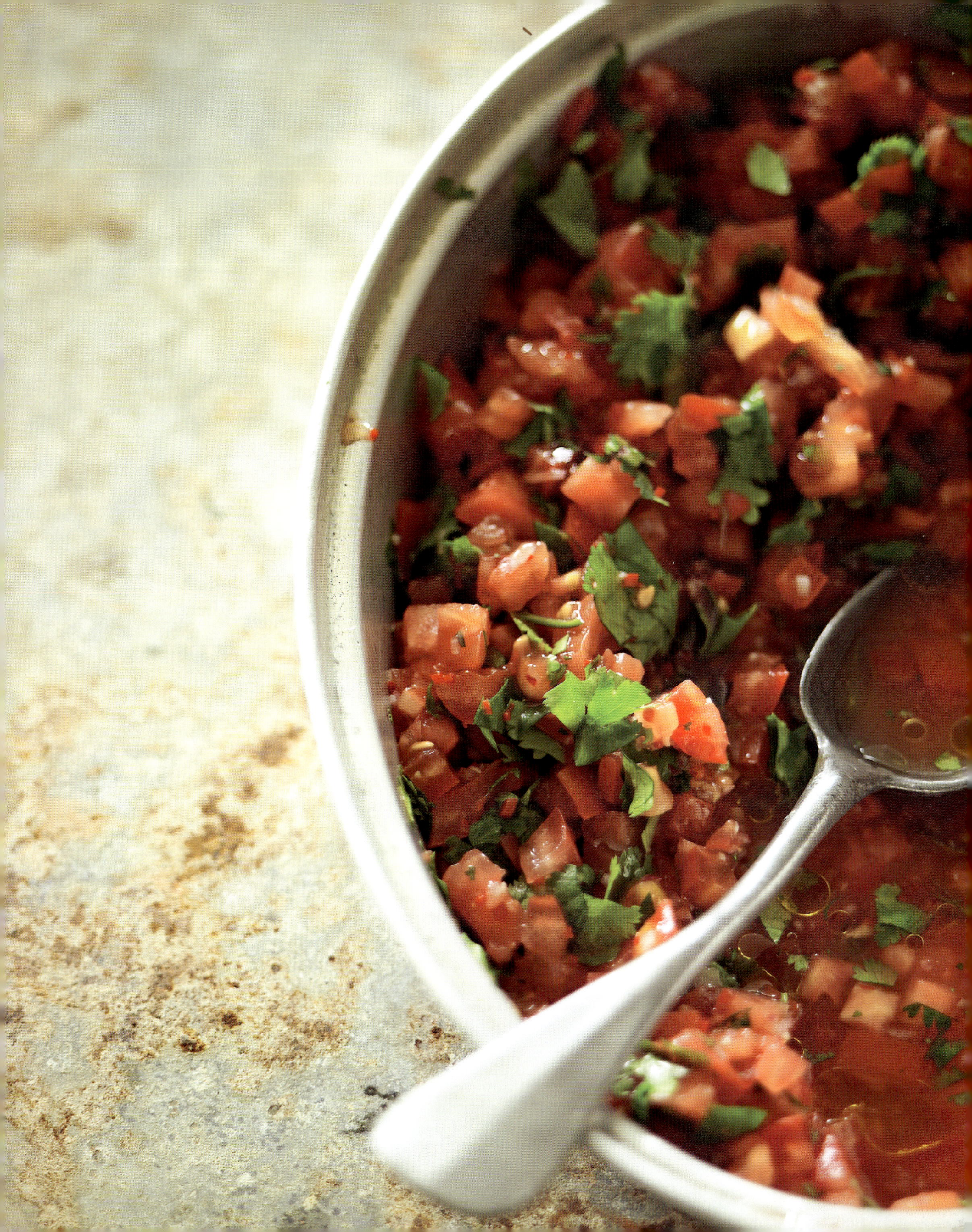

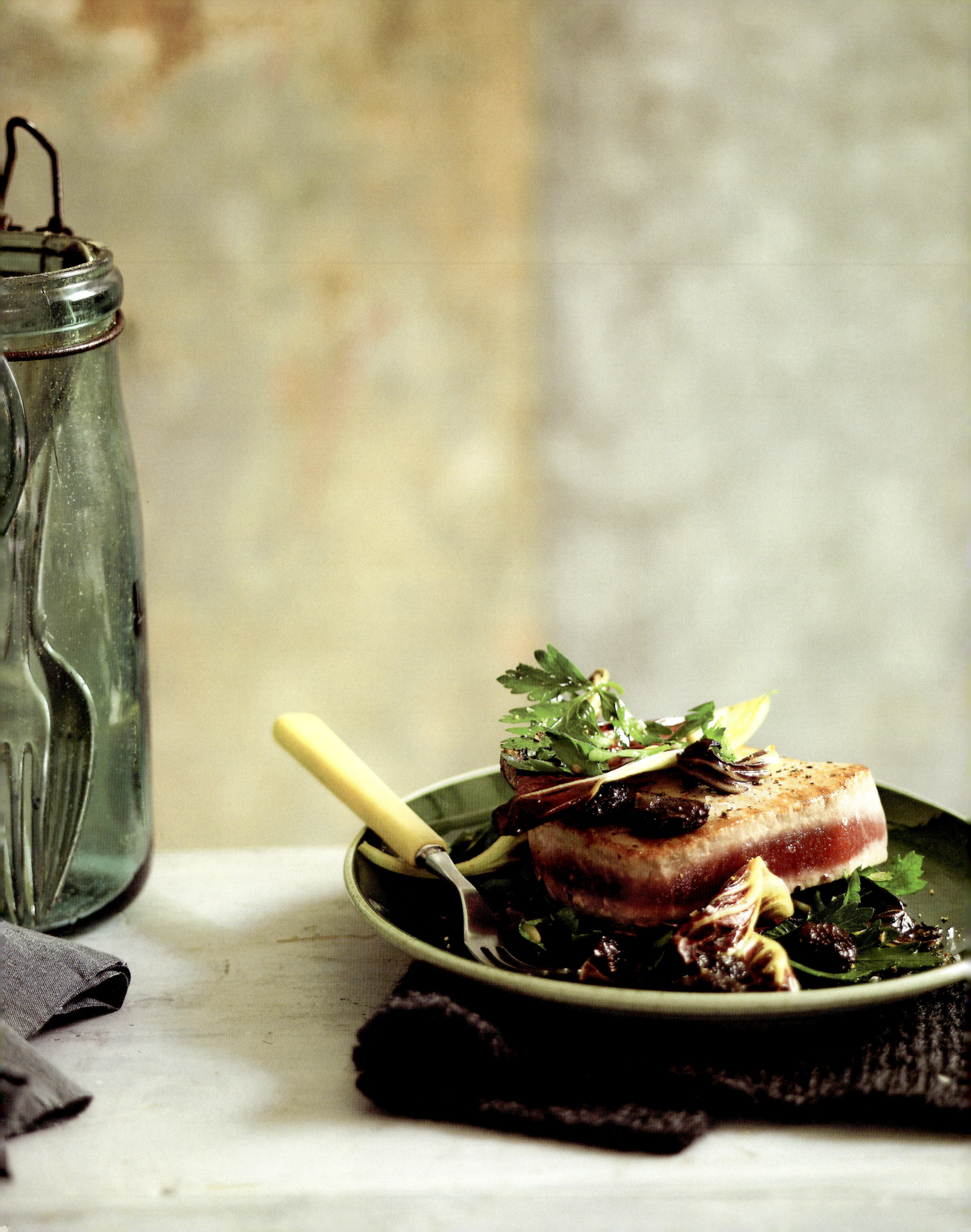

Dieses Gericht ist meine Antwort auf Fastfood – ich schätze, es dauert nicht länger als 15 Minuten, bis Sie nach dem Auspacken der Einkäufe am Tisch sitzen. In der Zeit, die Sie benötigen, die Pinienkerne zu rösten, Ihren Thunfisch *medium-rare* zu braten und ein paar Blätter Radicchio anzumachen, ist die Lieblingssendung Ihrer Kinder noch nicht einmal zur Hälfte vorüber und Sie fragen sich, warum das Leben nicht immer so einfach sein kann ... Entscheidend ist, dass der Thunfisch (Sie können auch eine andere Fischsorte verwenden) von Top-Qualität ist, schließlich spielt er die Hauptrolle. Radicchio di Treviso hat eine bittere Note, doch die süßen Rosinen und der Apfel-Balsamico-Essig gleichen das wunderbar aus.

Thunfisch mit Rosinen, Pinienkernen & Radicchio di Treviso

FÜR 4 PERSONEN

4 Thunfischsteaks, je etwa 180 g
Salz und grob gemahlener schwarzer Pfeffer
2 Köpfe Radicchio di Treviso (besonders aromatischer Radicchio mit länglichen Kolben; alternativ herkömmlicher Radicchio)
Olivenöl zum Garen
100 ml bestes Zitronen-Olivenöl
50 g Pinienkerne, geröstet
50 g Rosinen
35 ml Apfel-Balsamico-Essig
1 Handvoll glatte Petersilie

Eine Pfanne oder eine Bratplatte erhitzen. Die Thunfischsteaks mit Salz und grob gemahlenem schwarzem Pfeffer würzen.

Den Radicchio in Blätter zerteilen, waschen, abtropfen lassen und in etwas Olivenöl wenden. Die Blätter kurz erhitzen, bis sie weich zu werden beginnen. Den noch warmen Salat in einer großen Schüssel mit dem Zitronen-Olivenöl, den Pinienkernen, den Rosinen, dem Apfel-Balsamico und der Petersilie mischen und mit Salz und Pfeffer würzen.

Den Thunfisch für *rare* bis *medium-rare* (blutig bis rosa) bei mittlerer Temperatur von jeder Seite etwa 2 Minuten bis zum gewünschten Gargrad braten. Mit dem Salat servieren.

Dies ist eine besonders ansprechende Art, Fisch zu servieren. Allerdings müssen Sie mit der Zubereitung ein paar Tage im Voraus beginnen, da der Fisch einige Zeit in einer Mischung aus Miso-Paste, Alkohol und Zucker verbringen muss. Miso-Paste wird aus Reis, Gerste und/oder Sojabohnen hergestellt, die gesalzen und vergoren wird. Man verwendet sie hauptsächlich mit *dashi*, einem Fischsud, für Miso-Suppe, aber auch als Marinade und wirksamer Geschmackgeber für Fleisch und Fisch ist sie geeignet. Gehen Sie damit vorsichtig um, denn je nach Marke kann die Paste mehr oder weniger salzig ausfallen. Viele japanische Restaurants haben dieses Gericht auf der Karte, meist mit Kabeljau, doch mit Lachs oder Lachsforelle gelingt es nicht weniger gut.

In Miso marinierter Fisch auf japanische Art

FÜR 4 PERSONEN

Die Miso-Paste mit dem Ingwer, dem Reiswein, dem Sake und dem Zucker verrühren, bis sich der Zucker vollständig aufgelöst hat. Ein Drittel der Paste auf eine flache Schale auftragen und die Lachsfilets darauflegen. Mit der restlichen Paste bedecken und zugedeckt 3 Tage im Kühlschrank marinieren.

Eine Pfanne oder eine Bratplatte erhitzen und einölen. Mit einem feuchten Tuch die überschüssige Marinade vom Fisch abreiben und die Filets von jeder Seite bei mittlerer bis hoher Temperatur 4 Minuten braten. Nach Belieben auf einem Bananenblatt anrichten und mit eingelegtem Ingwer garnieren. Mit den Frühlingszwiebeln bestreuen und servieren.

4 Lachsfilets mit Haut, je etwa 180 g
etwas Pflanzenöl
1 Bananenblatt (nach Belieben)
eingelegter Ingwer zum Servieren (nach Belieben)
2 Frühlingszwiebeln (nur den grünen Teil), in feine Streifen geschnitten

PASTE
200 g weiße Miso-Paste (s. o.)
6 Scheiben frische Ingwerwurzel
1 EL süßer Reiswein (*mirin*)
5 TL Sake
1½ EL Zucker

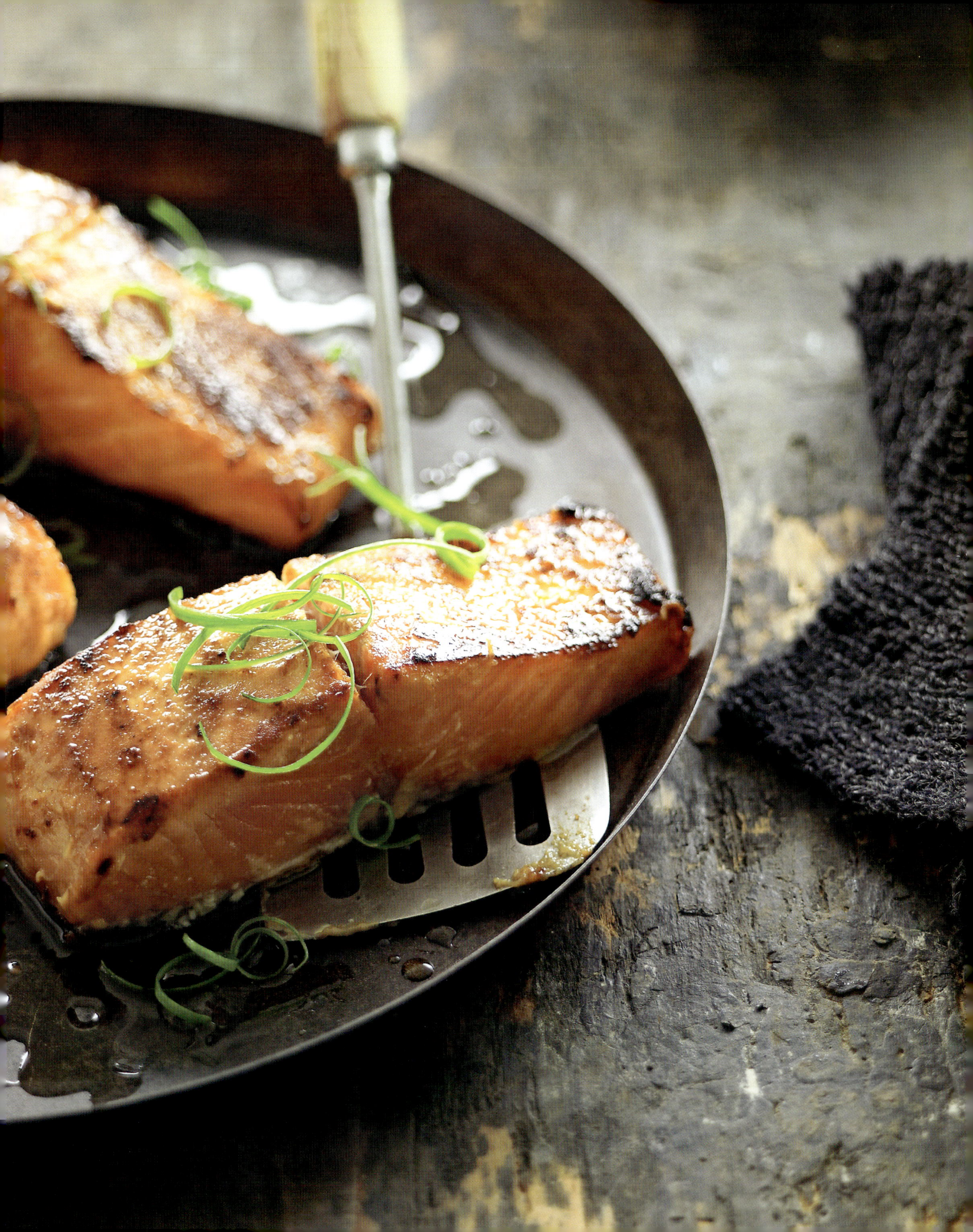

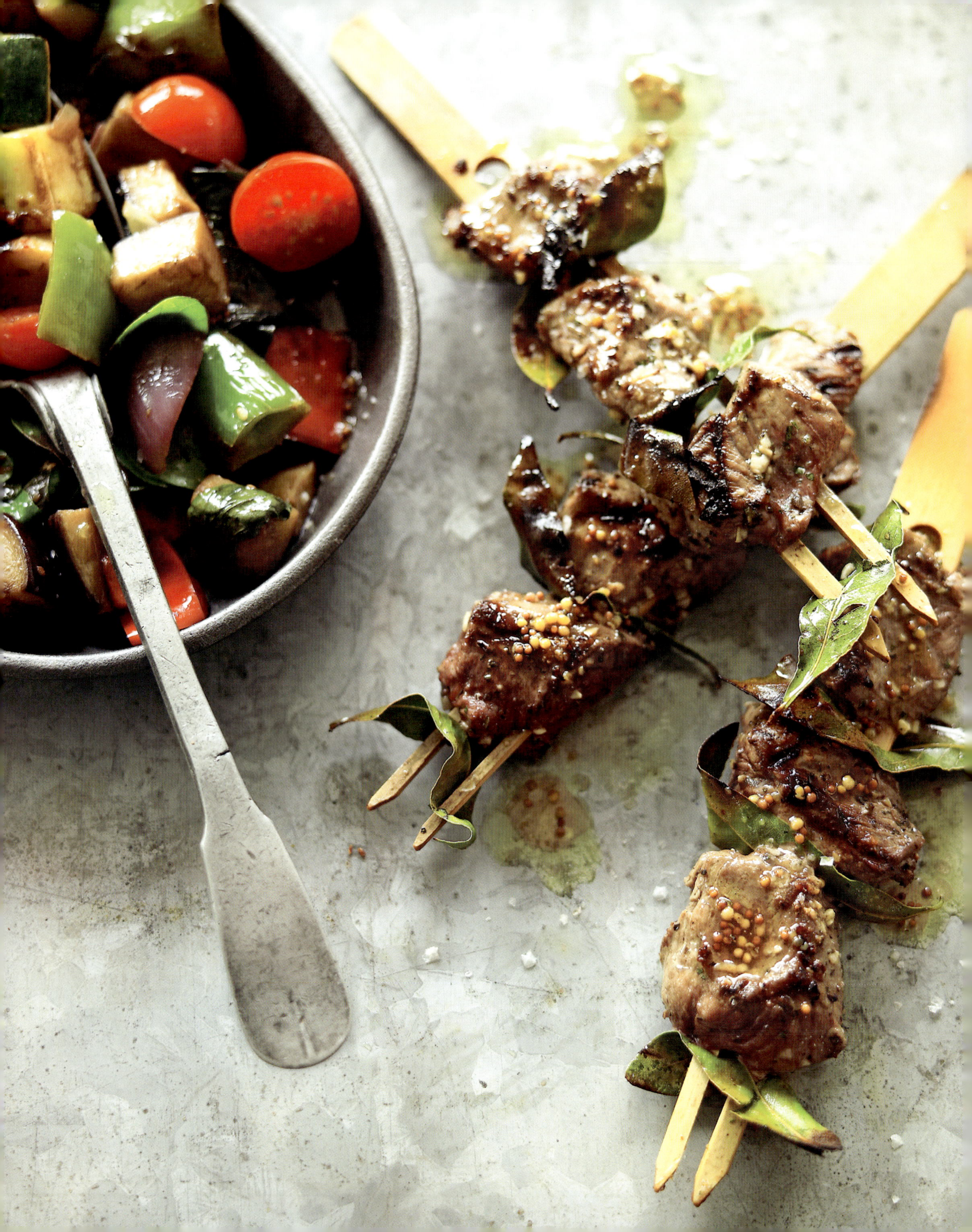

Dies ist ein wunderbar sommerliches Rezept mit dem Geschmack der Mittelmeerküche. Ratatouille ist ein traditionelles Gemüsegericht aus Südfrankreich, das auf dem Herd wie auf dem Grill gleichermaßen gut gelingt. Frische Kräuter der Provence, eine klassische Mischung aus Rosmarin, Majoran, Basilikum, Lorbeer, Thymian und Lavendel, bekommen Sie auf dem Wochenmarkt oder bei einem guten Gemüsehändler. Sie haben ein intensives Aroma, also immer mitgaren und niemals über bereits gegarte Speisen streuen.

Gegrillte Lammspieße mit Kräutern der Provence & Ratatouille

FÜR 4 PERSONEN

2 EL frische Kräuter der Provence
3 Knoblauchzehen, zerdrückt
300 ml bestes Olivenöl
4 Lammsteaks aus der Hüfte, in 2,5 cm große Würfel geschnitten
16 frische Lorbeerblätter

RATATOUILLE

je 1 rote und grüne Paprikaschote, von Stielansatz, Samen und Trennwänden befreit
1 rote Zwiebel, geschält
2 Zucchini, geputzt
1 kleine Aubergine, geputzt
250 g Kirschtomaten, halbiert
300 ml bestes Olivenöl
Salz und frisch gemahlener schwarzer Pfeffer
1 große Handvoll Basilikumblätter
1 EL körniger Senf
2 TL Honig
50 ml Rotweinessig

Die Kräuter der Provence, den Knoblauch und das Olivenöl in einer Schüssel verrühren. Das Lammfleisch einlegen und über Nacht im Kühlschrank marinieren. Bei Verwendung von Holzspießen diese über Nacht in Wasser einlegen.

Eine Pfanne oder eine Bratplatte erhitzen. Sämtliches Gemüse für die Ratatouille in mundgerechte Würfel schneiden, mit Ausnahme der Kirschtomaten, dann in 150 ml des Olivenöls wenden und mit Salz und Pfeffer würzen. Das Gemüse bei mittlerer Temperatur 10–20 Minuten braten, bis es weich ist; dabei regelmäßig wenden. In eine Schüssel geben und mit den Tomaten und dem Basilikum mischen. In einer weiteren Schüssel den Senf, den Honig, den Essig und das restliche Olivenöl verrühren und würzen; beiseitestellen.

Die Spieße immer abwechselnd mit Lorbeerblättern und jeweils etwa 4 Fleischwürfeln bestücken und bei mittlerer Temperatur 10–15 Minuten für *medium* oder bis zum gewünschten Gargrad auf den vorgeheizten Grill legen oder in der Pfanne braten. Anschließend etwas ruhen lassen.

Die Hälfte des Senf-Honig-Dressings über die Ratatouille gießen, den Rest über das Fleisch ziehen und servieren.

Ein Land, das ich unbedingt einmal besuchen möchte, ist Griechenland mit seinen Inseln. Es muss wunderschön sein und ich brenne förmlich darauf, dort Oktopus oder Lammfleisch zu probieren. Als Vorgeschmack darauf habe ich mir dieses einfache Rezept ausgedacht, schnell in die Tat umgesetzt, mit Aromen, die ich besonders gern mag – Zucchini, Sardellen, Knoblauch und Schafskäse, ganz zu schweigen vom Lamm. Hier sind es Lammkoteletts, die dank ihres hohen Fettanteils ideal zum Grillen geeignet sind (das Fett können Sie anschließend abschneiden, wenn es Ihnen zu gehaltvoll ist). Außerdem kann man bei Koteletts sowieso kaum etwas falsch machen.

Lammkoteletts auf griechische Art & würziger Zucchinisalat

FÜR 4 PERSONEN

Den Knoblauch, 2 EL des Olivenöls und den getrockneten Oregano verrühren und mit Meersalz und zerstoßenem schwarzem Pfeffer würzen. Die Koteletts mit der Mischung einreiben und mindestens 30 Minuten marinieren.

Eine Pfanne oder einen Grill erhitzen und mit etwas Pflanzenöl einfetten. Die Koteletts bei hoher Temperatur von jeder Seite 2–3 Minuten oder bis zum gewünschten Gargrad braten oder grillen.

Die Zucchinischeiben mit etwas Öl bepinseln, mit Meersalz und zerstoßenem schwarzem Pfeffer würzen und von beiden Seiten goldbraun braten oder grillen. In eine Schüssel geben, die Sardellen, die Pinienkerne, den Schafskäse, den Chili, das restliche Olivenöl, den frischen Oregano, den Zitronensaft und die Oliven hinzufügen und sorgfältig mischen.

Die Lammkoteletts mit dem warmen Zucchinisalat servieren.

Anmerkung: Echter griechischer Oregano hat ein ganz besonders intensives Aroma. Falls Sie keinen bekommen, nehmen Sie herkömmlichen Oregano.

- 2 Knoblauchzehen, fein gehackt
- 6 EL bestes Olivenöl, plus Öl für die Zucchini
- 1 TL getrockneter griechischer Oregano (siehe Anmerkung)
- Meersalz und zerstoßener schwarzer Pfeffer
- 8 Lammkoteletts
- etwas Pflanzenöl
- 2 große Zucchini, in 5 mm dünne Scheiben geschnitten
- 3 Sardellen, in Stücke zerpflückt
- 1 EL Pinienkerne, geröstet
- 80 g Schafskäse, zerkrümelt
- 1 Prise Chiliflocken
- 1 kleine Handvoll frischer Oregano
- Saft von ½ Zitrone
- 40 g ligurische Oliven (Taggiasca-Oliven)

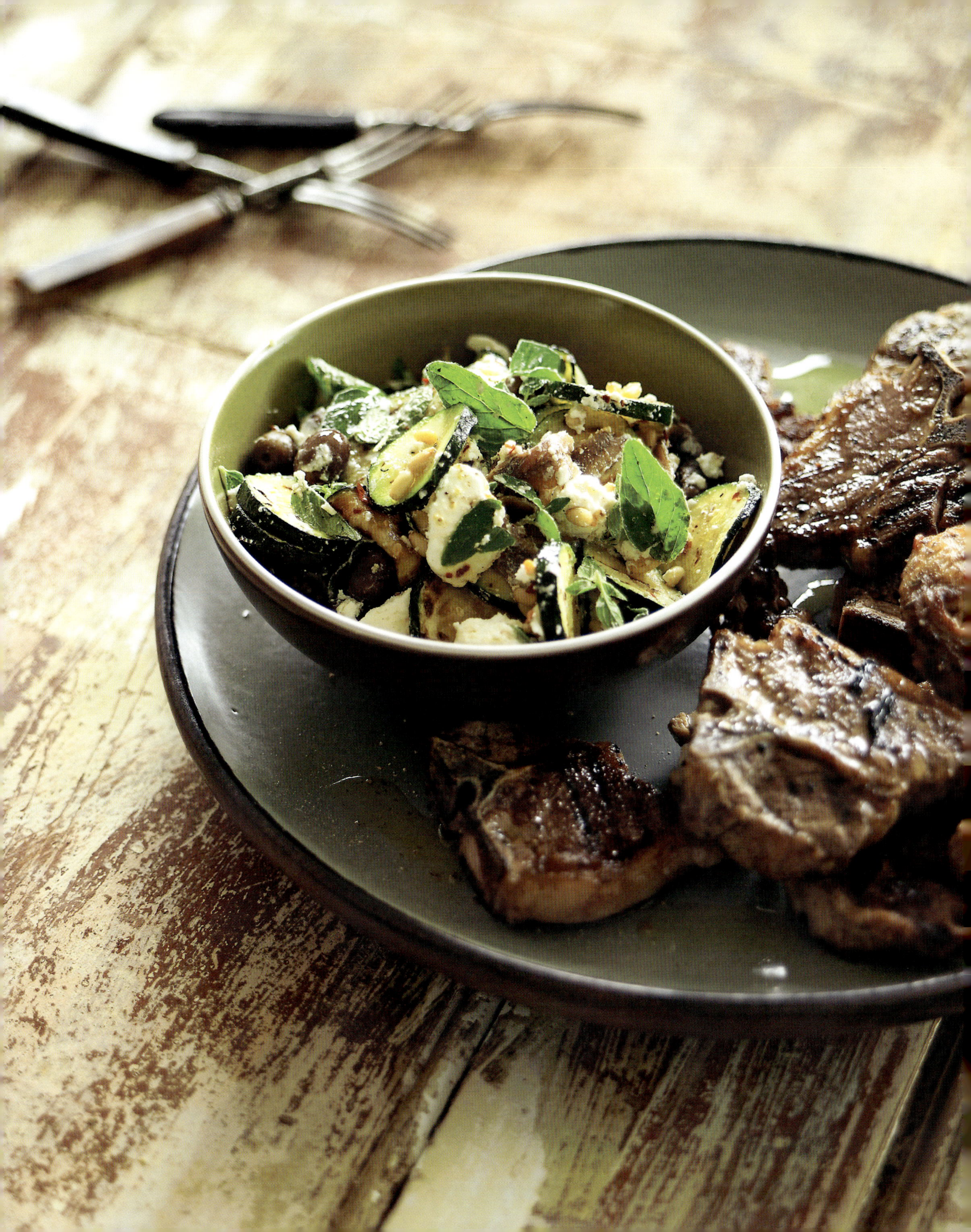

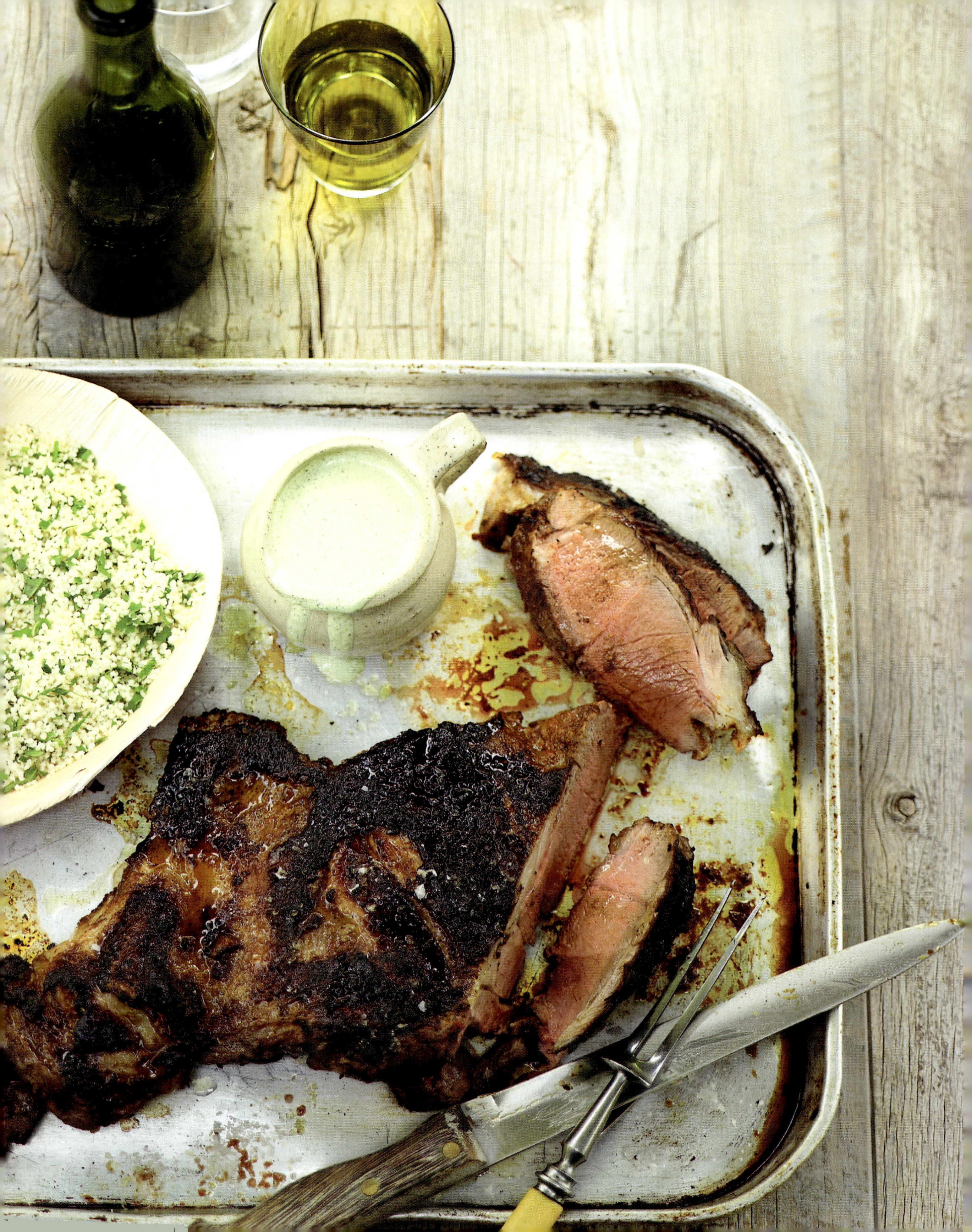

Als ich mit den Plänen für dieses Buch begann, fragte ich viele Leute, was sie denn gerne auf dem Grill zubereiten, und erstaunlich viele antworteten, sie mögen am liebsten gegrillte Lammkeule. Dabei hätte ich vermutet, dass Steaks oder Würste vorne liegen. Also beschloss ich, mein bestes Rezept für gegrillte Lammkeule mit aufzunehmen, und zwar mit Harissa mariniert. Ein Rezept für die pikante Würzpaste liefere ich mit, aber Sie können auch zu gekaufter Harissa greifen.

Gegrillte Lammkeule mit Harissa & Joghurtsauce mit Minze

FÜR 4 PERSONEN

1 ausgelöste Lammkeule von etwa 1,8 kg, an der dicksten Stelle aufgeschnitten und flach ausgebreitet (vom Metzger vorbereiten lassen)
Couscous mit Kräutern zum Servieren (nach Belieben)

HARISSA-PASTE
1 rote Paprikaschote
8 lange rote Chilischoten, von Samen und Trennwänden befreit
3 Knoblauchzehen, geschält
1 Bund Koriandergrün
1 TL Kümmelsamen, geröstet
2 TL Koriandersamen, geröstet
150 ml Olivenöl
Salz und frisch gemahlener schwarzer Pfeffer

DRESSING
250 ml Joghurt
1 Bund Minze, Blättchen abgezupft
1 Knoblauchzehe, geschält
Salz

Für die Harissa-Paste einen Grill anheizen oder einen Backofengrill auf 200 °C vorheizen. Die Paprikaschote für 15–20 Minuten rundherum grillen, bis die Haut schwarz wird und Blasen wirft. Abkühlen lassen und die Haut mit einem spitzen Messer vorsichtig abziehen. Die Schote halbieren, von Stielansatz und Samen befreien und grob hacken.

Die Chilischoten, den Knoblauch, das Koriandergrün, die Kümmel- und Koriandersamen und die Paprika im Mixer pürieren. Bei laufendem Gerät langsam das Olivenöl zugießen, bis eine dicke Paste entstanden ist. Die Harissa-Paste mit Salz und Pfeffer würzen und rundherum in das Lammfleisch einreiben.

Einen Grill anheizen. Die Lammkeule für »rosa« von jeder Seite 12–15 Minuten garen. Falls Sie das Fleisch etwas stärker durchgegart mögen, die Garzeit entsprechend verlängern. An einem warmen Ort 10–15 Minuten ruhen lassen.

Für das Dressing den Joghurt mit der Minze, dem Knoblauch und 1 Prise Salz im Mixer pürieren. Die Lammkeule in Scheiben schneiden und mit dem Dressing servieren. Nach Belieben einen Couscous mit Kräutern dazureichen.

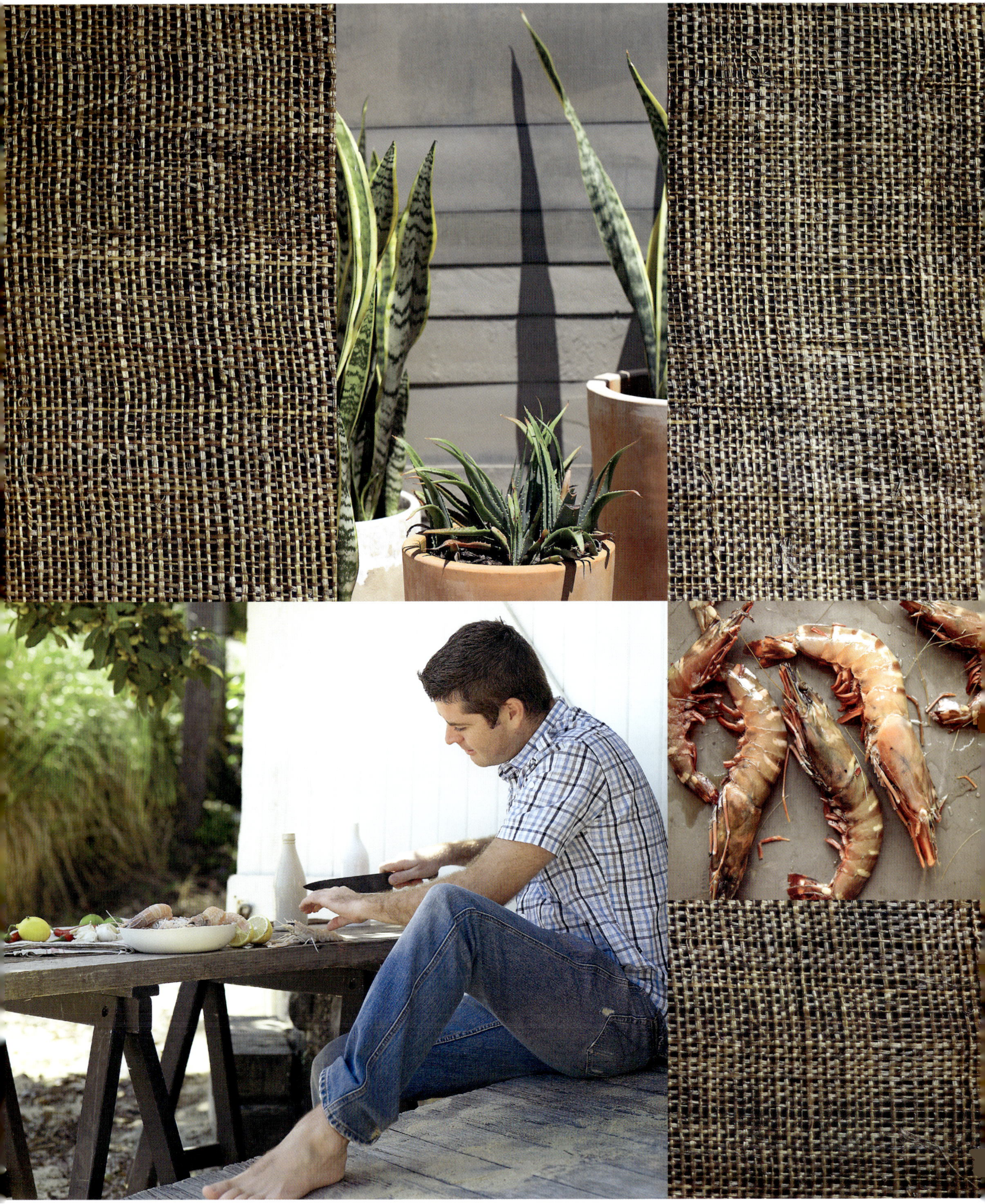

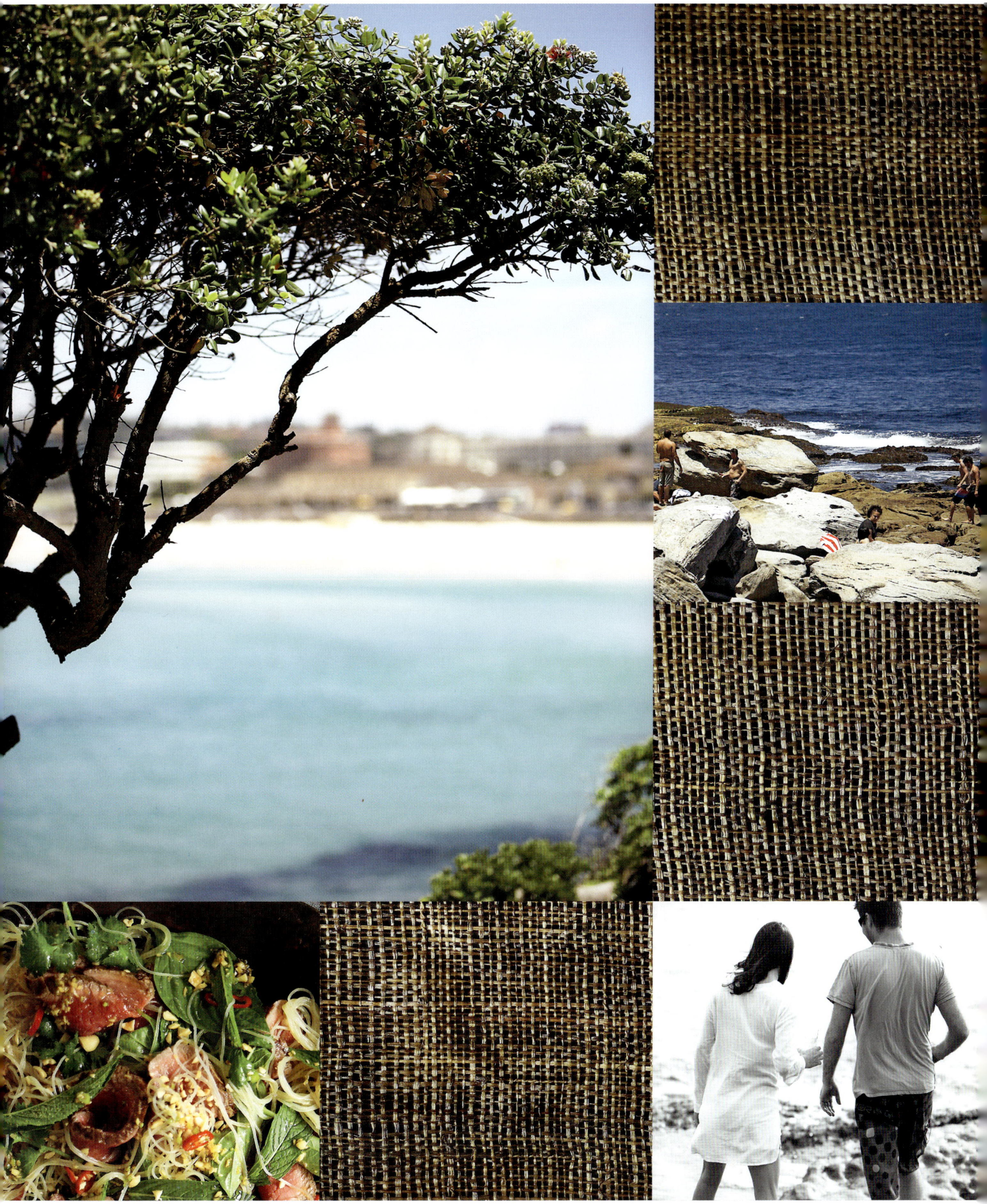

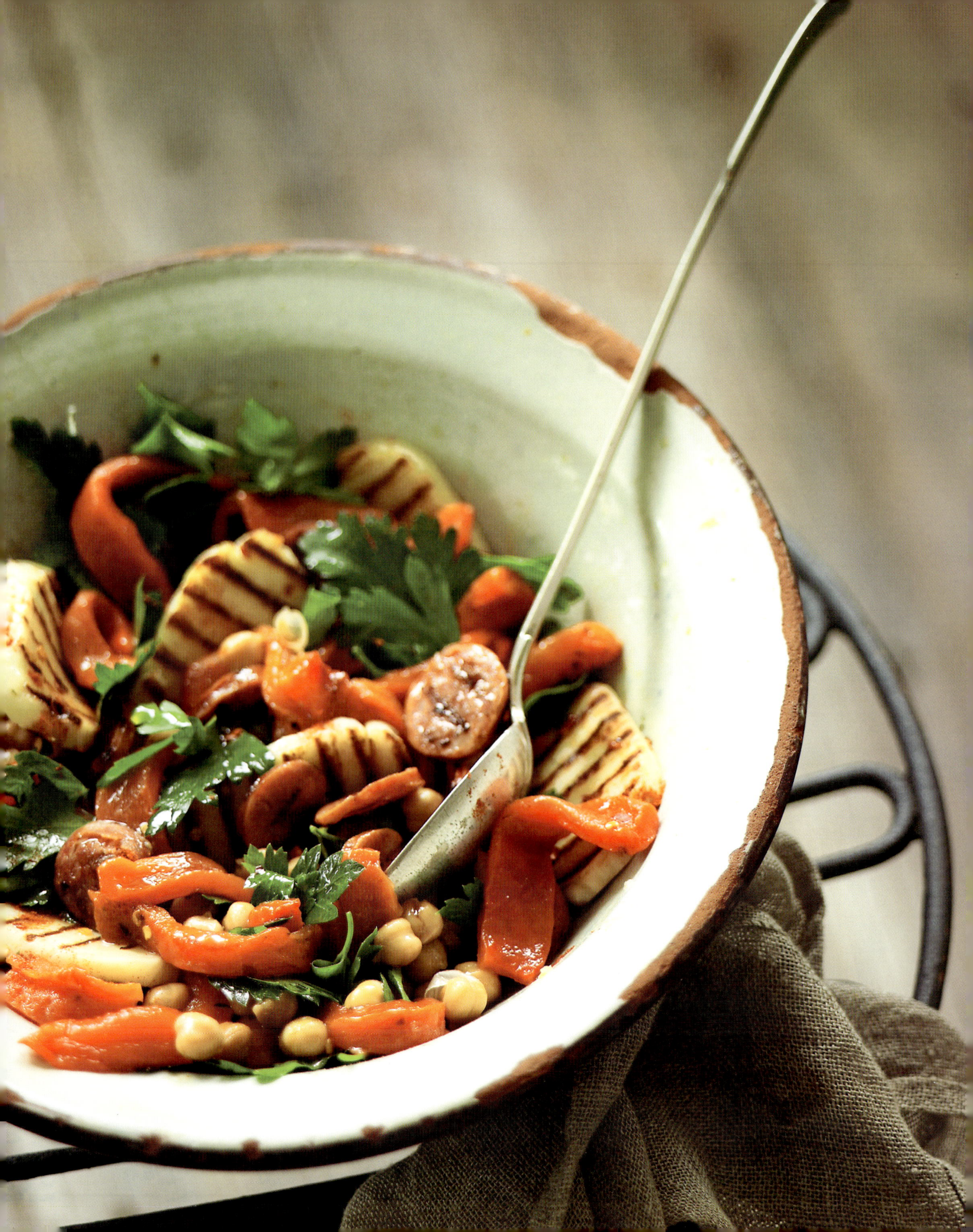

Ich war jahrelang Vegetarier. Mit 19 hatte ich das Bedürfnis, meine Lebensweise zu ändern, also besuchte ich eine Art dreitägigen Selbstfindungskurs und kam geläutert zurück – vier Jahre lang rührte ich weder Alkohol noch Fleisch an. Ich verlegte mich ganz und gar auf die vegetarische Küche und zauberte aus Gemüse, Früchten und Nüssen viele tolle Gerichte. Ich war mit ganzem Ernst dabei und in jener Zeit lernte ich viel über gesunde Ernährung und Wohlbefinden. Doch irgendwann überkam mich wieder der Appetit auf Fleisch und heute bemühe ich mich um eine vielseitige, ausgewogene Ernährung. Hier kommt eine meiner Lieblingszutaten für den Grill zum Einsatz – der zypriotische Ziegenkäse Halloumi. Die Chorizo sorgt für eine pikante Note, Sie können das Gericht aber auch ohne Wurst vegetarisch zubereiten – es schmeckt trotzdem gut.

Gegrillter Halloumi mit Paprika, Kichererbsen & Chorizo

FÜR 4 PERSONEN

4 rote Paprikaschoten
2 Chorizos (spanische Paprikawürste), in 5 mm dünne Scheiben geschnitten
1 Prise geräuchertes Paprikapulver (*Pimentón de la Vera*)
4 EL bestes Olivenöl
1 EL Sherry- oder Rotweinessig
1 Handvoll gehackte glatte Petersilie
1 Dose (400 g) Kichererbsen, abgespült und abgetropft
250 g Halloumi (zypriotischer Ziegenkäse) in 5 mm dünne Scheiben geschnitten
Olivenöl zum Garen
Meersalz
1 Prise Chiliflocken
Saft von 1 Zitrone

Einen Grill anheizen oder einen Backofengrill auf 200 °C vorheizen. Die Paprikaschoten für 15–20 Minuten rundherum grillen, bis die Haut schwarz wird und Blasen wirft. Abkühlen lassen und die Haut mit einem spitzen Messer vorsichtig abziehen. Die Schoten halbieren, von Stielansatz und Samen befreien und in Streifen schneiden.

Die Chorizoscheiben von beiden Seiten grillen, bis sie Farbe genommen haben. In einer Schüssel mit dem geräucherten Paprika, dem Olivenöl, dem Essig, der Petersilie, den Paprikastreifen und den Kichererbsen mischen.

Inzwischen die Halloumi-Scheiben mit Olivenöl bestreichen und 1–2 Minuten von beiden Seiten goldbraun grillen. Mit Meersalz, Chiliflocken und Zitronensaft würzen. Vorsichtig unter den Salat heben und servieren.

Merguez sind pikante Bratwürste, die ursprünglich aus Nordafrika stammen, mittlerweile jedoch auch in Frankreich, besonders im Süden, populär sind. Sie werden traditionell aus Lammfleisch zubereitet, das sich aber auch durch Rindfleisch ersetzen lässt. Dazu schmecken am besten selbstgemachtes Chutney, z. B. aus Datteln oder Tomaten, und Fladenbrot (oder anderes Brot Ihrer Wahl). Sie können die Hackmasse auch zu flachen Bratlingen oder Bällchen formen und mit Joghurtsauce überziehen – ganz einfach und superlecker.

Selbst gemachte Merguez-Würste

FÜR 4 PERSONEN

Das Lammhack, die Harissa-Paste, den Zimt, den Knoblauch, die Fenchelsamen, die Minze und das Salz in einer Schüssel mischen und 5 Minuten gründlich verkneten. Über Nacht in den Kühlschrank stellen.

Eine Pfanne oder eine Bratplatte erhitzen. Die Hackmasse zu Würstchen formen und bei mittlerer Temperatur 8–10 Minuten braten, bis sie durchgegart sind; gelegentlich wenden. Mit den Zwiebelspalten und den Tomatenstücken garnieren und servieren.

400 g fettes Lammhackfleisch
1 EL Harissa-Paste (siehe Rezept Seite 119; oder ein Fertigprodukt)
1 TL gemahlener Zimt
4 Knoblauchzehen, zerdrückt
¼ TL zerstoßene Fenchelsamen
1 TL getrocknete Minze
2 EL Meersalz
1 rote Zwiebel, in Spalten geschnitten
1 Tomate, in mundgerechte Stücke geschnitten

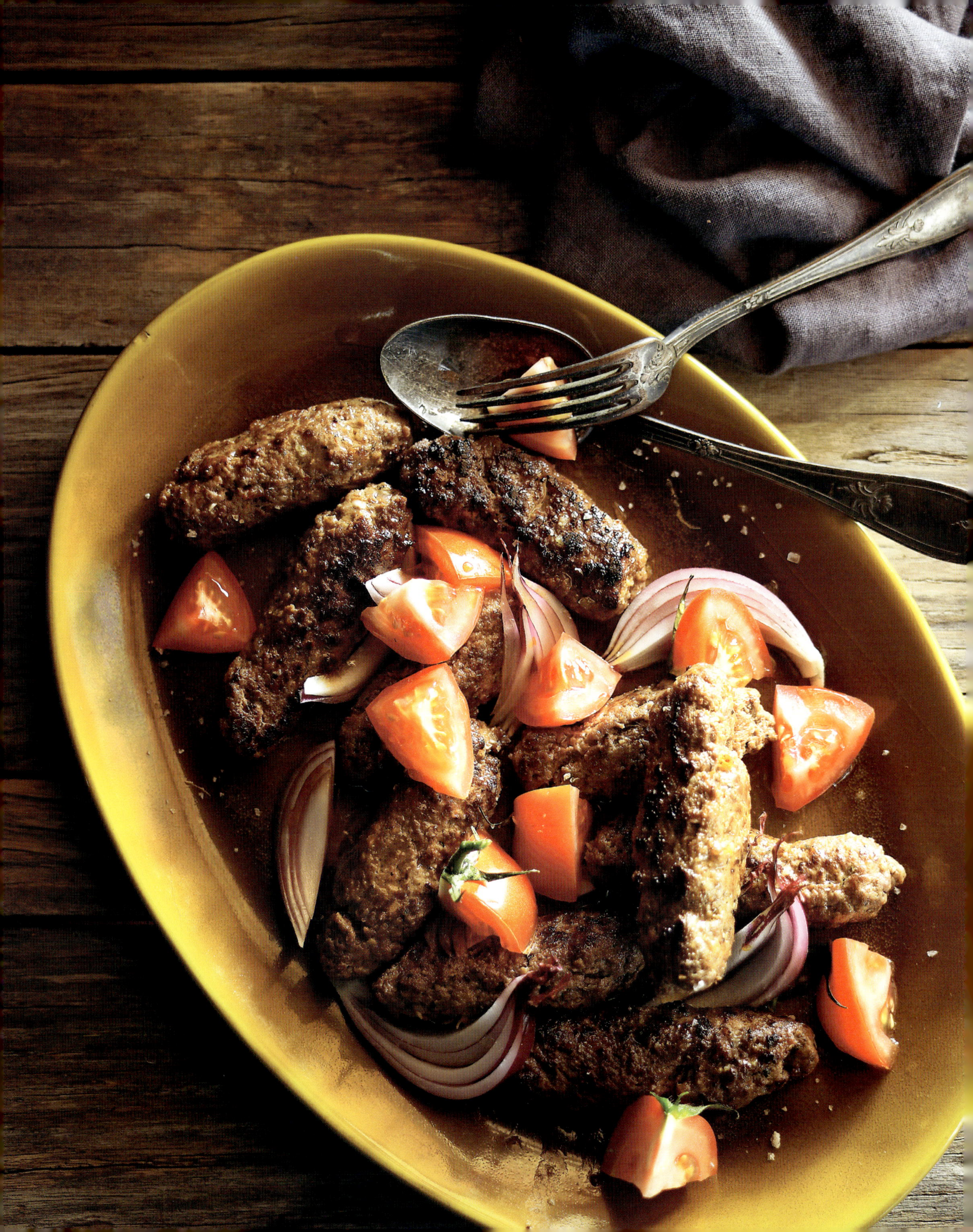

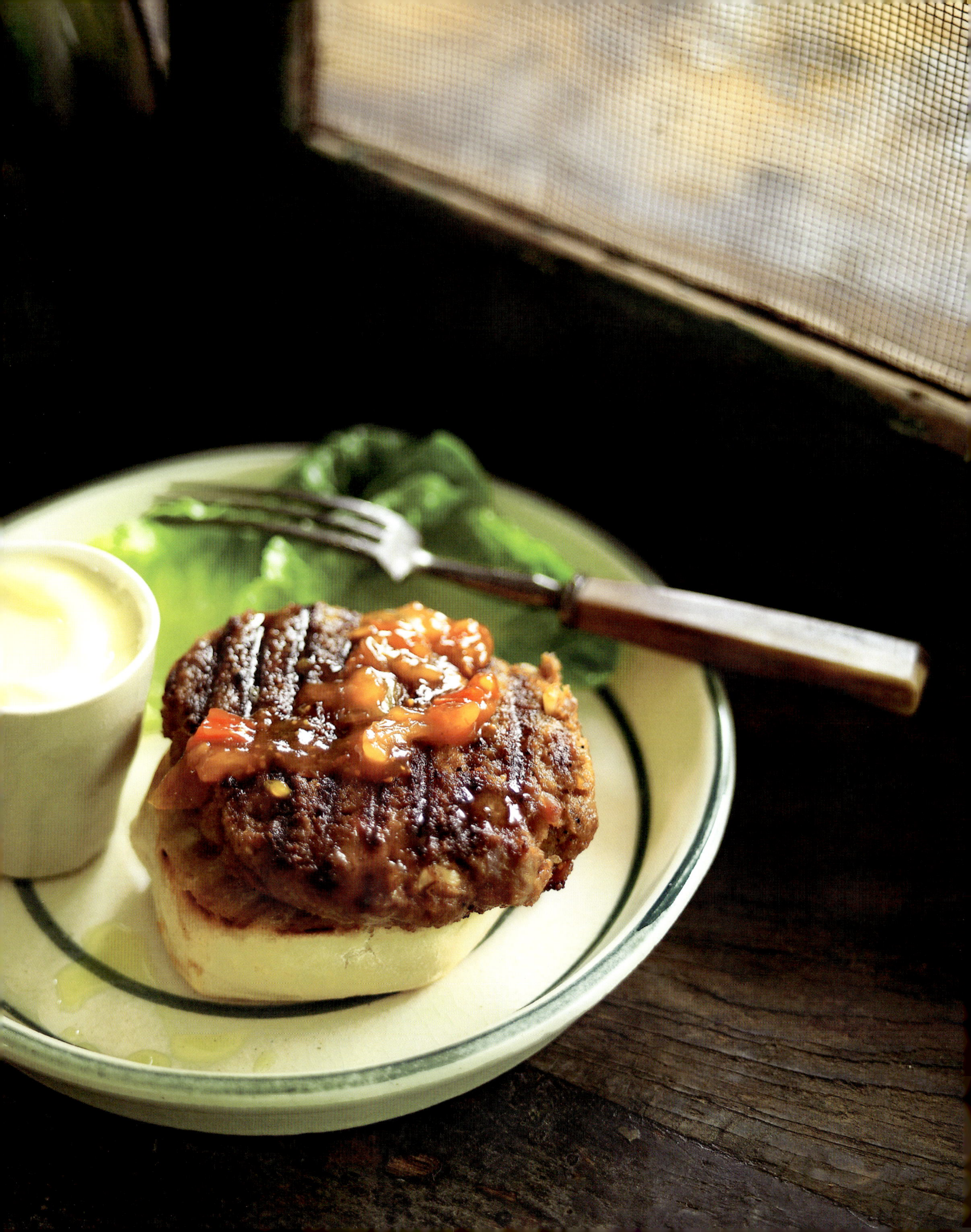

Vor einigen Jahren fuhr ich die portugiesische Küste entlang und war absolut begeistert. Es war das Ende einer fünfwöchigen Autoreise durch Europa mit meiner Partnerin Astrid, als wir noch keine Kinder hatten. Portugal war der perfekte Abschluss unserer Tour. Wir brauchten mal eine Auszeit von den vielen Leuten und den teuren Restaurants, also fuhren wir von Lissabon die Küste hinauf und verbrachten einige Nächte in kleinen Fischerorten abseits der Touristenpfade, wo noch nach uralten Methoden gefischt wird, und genossen die portugiesische Küche. Diese Hamburger sind zwar nicht authentisch, aber eine Hommage an jene entspannten Tage, die wir an Portugals traumhaften Küsten verbrachten. Sie schmecken am besten mit spanischen Brötchen, Aïoli und Salat.

Portugiesische Hamburger

FÜR 4 PERSONEN

- 2 EL mildes spanisches Paprikapulver
- 1 EL gemahlener Kreuzkümmel
- 1 EL gemahlener Koriander
- 150 ml Olivenöl
- 1 kg grobes Schweinehack aus der Schulter
- 1 TL Chilipulver
- 3 Knoblauchzehen, durchgepresst
- 2 EL Meersalz
- 1 EL gemahlener schwarzer Pfeffer
- 2 Eier
- 80 g frische Weißbrotbrösel
- Brötchen zum Servieren
- Tomaten-Chutney (Fertigprodukt) zum Servieren
- Romanasalatherzen zum Servieren
- Aïoli (Fertigprodukt; nach Belieben) zum Servieren

In einer Pfanne mit schwerem Boden den Paprika, den Kreuzkümmel und den Koriander in dem Öl bei mittlerer Hitze 1–2 Minuten rösten, bis die Mischung aromatisch duftet. Etwas abkühlen lassen, die Hackmasse, das Chilipulver, den Knoblauch, das Salz, den Pfeffer, die Eier und die Weißbrotbrösel zugeben und alles 2–3 Minuten verkneten, bis die Zutaten gut durchmischt sind.

Einen Grill anheizen oder eine Grillpfanne erhitzen. Die Hackmasse zu 4 Frikadellen formen und bei mittlerer Temperatur von jeder Seite 5 Minuten grillen oder braten, bis das Fleisch durchgegart ist.

Die Brötchen leicht rösten und mit den Hacksteaks belegen. Mit etwas Tomaten-Chutney und dem Salat garnieren und nach Belieben mit Aïoli servieren.

Ich erinnere mich noch an meine erste Reise nach Bali vor 20 Jahren. Es war das erste Mal, dass ich meinen Reisepass benötigte, seit mich meine Eltern im zarten Alter von einem Jahr mit auf eine Weltreise genommen hatten. Ich war ziemlich gespannt darauf, eine fremde Kultur und ihre Küche zu entdecken und entsinne mich noch an meine erste Bekanntschaft mit *gado gado* (Gemüse mit Erdnusssauce), *mi goreng* (Nudelsuppe) und Chicken-Satay von einem Straßenstand und an *nasi goreng* zum Frühstück. Doch am meisten beeindruckt hat mich der gegrillte Mais, den die Einheimischen in den kleinen Seitengassen auf ihren improvisierten Fahrradgrills zubereiteten. Es sind die einfachen Dinge im Leben ... gegrillter Mais mit Chilibutter und ein kaltes Bintang-Bier bei Sonnenuntergang.

Gegrillter Mais mit Chilibutter & Limetten

FÜR 4 PERSONEN

Die Maiskolben 10–20 Minuten in kaltem Wasser einweichen. Die Hüllblätter zurückziehen (aber nicht abtrennen), die seidigen Fäden von den Kolben entfernen und diese wieder mit den Hüllblättern umschließen.

Einen Grill anheizen oder den Backofen auf 160 °C vorheizen. Die Maiskolben 15–20 Minuten garen, bis die Hüllblätter trocken und braun sind; regelmäßig wenden.

Inzwischen die Butter mit den Chiliflocken, dem Koriandergrün, Tabasco nach Geschmack und Meersalz mischen.

Die Hüllblätter abziehen, die Maiskolben großzügig mit der Chilibutter bestreichen und für 1 weitere Minute bei 200 °C garen, bis sie stellenweise kräftig gebräunt sind. Mit der restlichen Butter bestreichen und mit den Limettenspalten servieren.

4 Maiskolben mit Hüllblättern
125 g weiche Butter
1 TL Chiliflocken
2 EL gehacktes Koriandergrün
Tabasco nach Geschmack (10–20 Tropfen)
Meersalz
Limettenspalten zum Servieren

Mojo-Sauce stammt ursprünglich von den Kanarischen Inseln, ist mittlerweile jedoch auch in der gesamten Karibik verbreitet. Sie lässt sich als Marinade ebenso verwenden wie als Dip oder wie in diesem Rezept als Sauce zu Schweinefleisch. Wenn Sie das Fleisch auf dem Grill zubereiten, achten Sie darauf, dass die Hitze nicht zu stark ist, da die Marinade ein gutes Quantum Zucker enthält und daher leicht verbrennt. Ein wenig karamellisieren darf sie allerdings schon, das passt gut zur Mojo mit Ananas, Limette und Ingwer.

Marinierte Schweinekoteletts mit Ananas-Ingwer-Mojo

FÜR 4 PERSONEN

4 Schweinekoteletts

MARINADE
4 cm frische Ingwerwurzel, gehackt
1 EL gemahlener Koriander
½ TL Chilipulver
2 Knoblauchzehen, geschält
4 EL Ketchup
2 EL Honig

ANANAS-INGWER-MOJO
¼ frische Ananas, gewürfelt
200 g kandierter Ingwer, fein gehackt
65 g Macadamia-Nüsse, grob gehackt
250 ml bestes Olivenöl
Saft von 4 Limetten
1 Bund Koriandergrün, gehackt
gemahlener Koriander nach Geschmack
Salz und frisch gemahlener schwarzer Pfeffer

Für die Marinade den Ingwer, den Koriander, das Chilipulver, den Knoblauch, den Ketchup und den Honig im Mixer zu einer Paste verarbeiten. Die Schweinekoteletts damit einreiben und bis zu 24 Stunden, mindestens aber 2 Stunden, im Kühlschrank marinieren.

Für die Mojo-Sauce die Ananas, den kandierten Ingwer und die Macadamia-Nüsse vermengen. Das Olivenöl, den Limettensaft und das gehackte Koriandergrün untermischen und mit gemahlenem Koriander sowie Salz und Pfeffer abschmecken.

Eine Pfanne oder eine Bratplatte erhitzen. Die marinierten Schweinekoteletts bei geringer bis mittlerer Temperatur von jeder Seite 3–4 Minuten braten, bis sie durchgegart sind. Zusammen mit der Sauce servieren. Dazu passt gegrillter Mais mit Chilibutter und Limetten (siehe Rezept Seite 128).

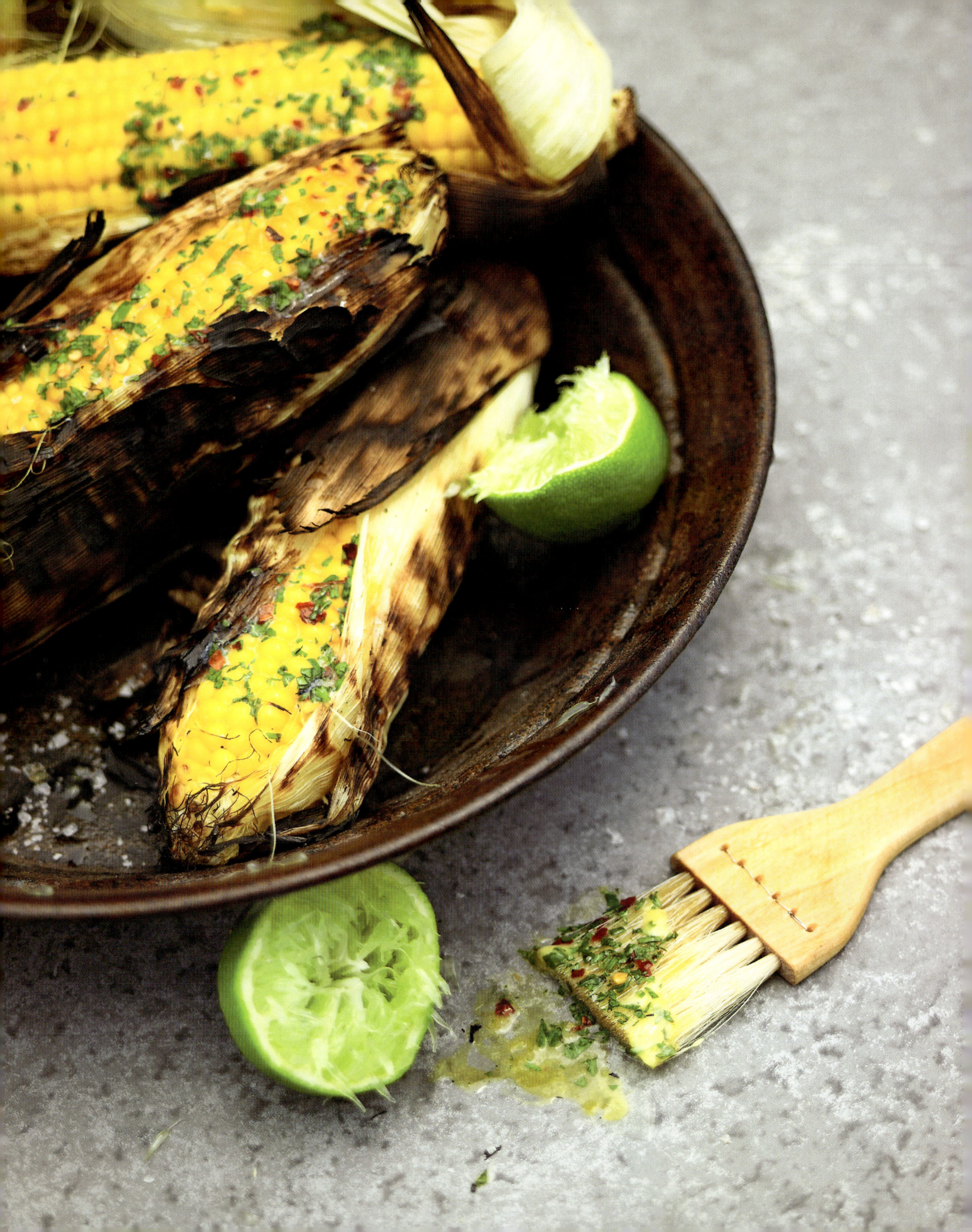

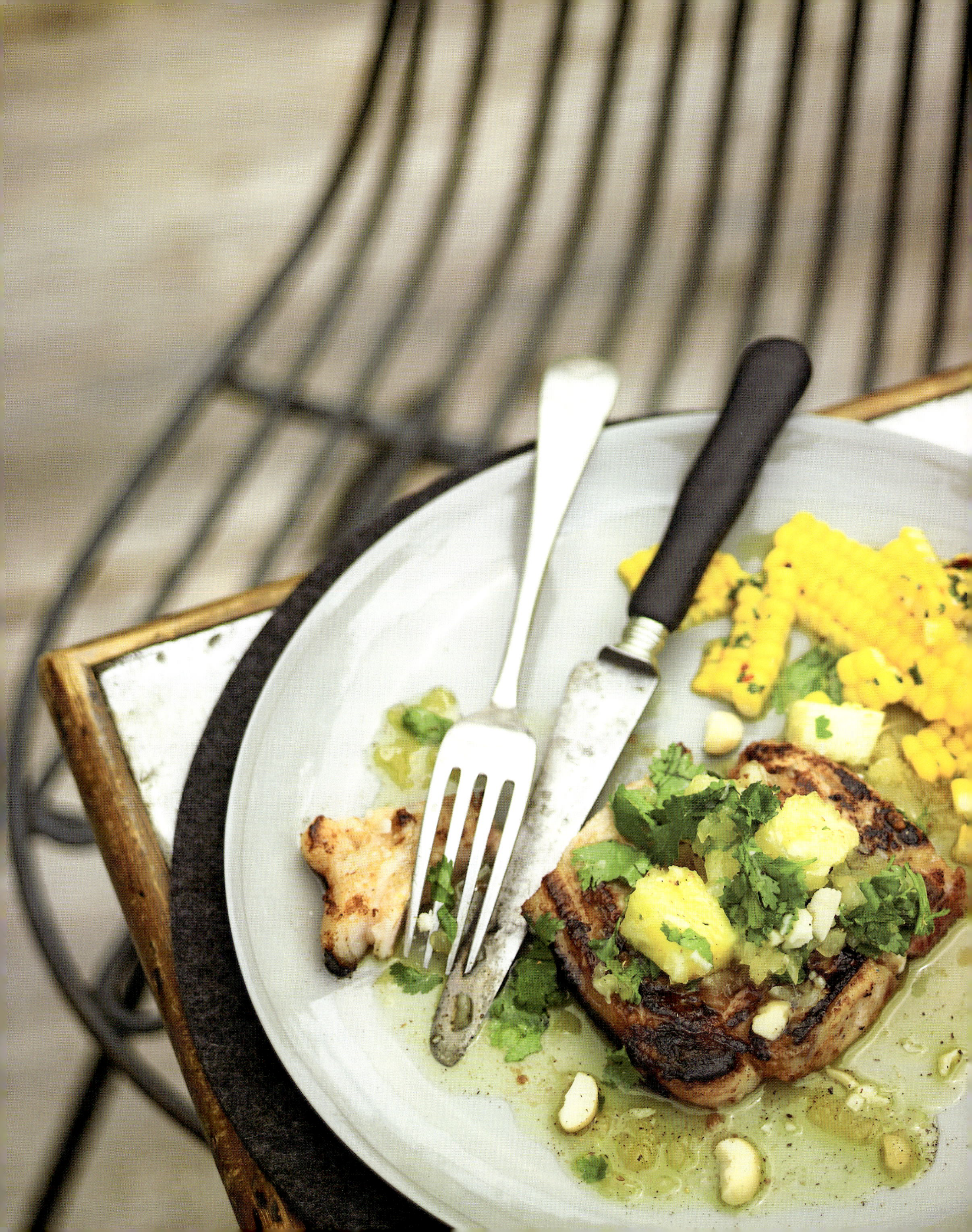

Es ist schwierig, beim Kochen jedermanns Geschmack zu treffen. Mein Bruder Dave mag zum Beispiel keinen Fenchel oder Fleisch, das auch nur ein wenig mit Fett durchwachsen ist (ich dagegen liebe es). Ich versuche gar nicht erst, ihn zu bekehren, er mag es eben nicht und damit basta. Wenn aber Ihr Bruder zugleich Ihr Geschäftspartner und schärfster Kritiker ist, kann es ein hartes Stück Arbeit sein, sich etwas auszudenken, was seine Zustimmung findet. Und so entstand dieses Rezept – Dave liebt Filet- und Rumpsteak (ohne Fett natürlich) –, ein schnörkelloses Gericht, das auch den Gästen und den Köchen gefällt. Wunderbar einfach zuzubereiten und ein echter Genuss in der warmen Jahreszeit.

Minutensteaks mit Olivendressing & Tomatensalat

FÜR 4 PERSONEN

Für den Salat die Tomaten in einer Schüssel mit dem Knoblauch, dem Basilikum, dem Mineralwasser und dem Olivenöl vermengen und mit Salz und zerstoßenem schwarzem Pfeffer würzen. Mit den Händen grob zerdrücken und 10 Minuten ziehen lassen.

Für das Dressing die Zwiebel in etwas Olivenöl 1 Minute anschwitzen und in einer Schüssel mit den Oliven, dem Zitronensaft, dem Sellerie, dem Olivenöl und der Petersilie verrühren; mit Meersalz und Pfeffer abschmecken.

Einen Grill anheizen oder eine Grillpfanne erhitzen. Die Steaks mit etwas Olivenöl einreiben, mit Salz und Pfeffer würzen und bei mittlerer Temperatur von jeder Seite 1–2 Minuten oder bis zum gewünschten Gargrad grillen.

Die Steaks auf Tellern anrichten, das Olivendressing darauf verteilen und zusammen mit dem Tomatensalat und nach Belieben mit Limettenspalten servieren.

4 Rump- oder Filetsteaks, je etwa 150 g, flach geklopft
etwas Olivenöl zum Garen
4 Limettenspalten zum Servieren (nach Belieben)

TOMATENSALAT
30 Kirschtomaten, geviertelt
2 Knoblauchzehen, in dünne Scheiben geschnitten
10 Basilikumblätter, zerpflückt
125 ml Mineralwasser mit Kohlensäure
4 EL bestes Olivenöl
Salz und zerstoßener schwarzer Pfeffer

OLIVENDRESSING
3 TL fein gehackte Zwiebel
125 ml Olivenöl
100 g grob gehackte grüne Oliven (vorzugsweise aus Sizilien)
3 EL Zitronensaft
½ Stange Staudensellerie, fein gehackt
3 EL gehackte Petersilie
Meersalz und frisch gemahlener schwarzer Pfeffer

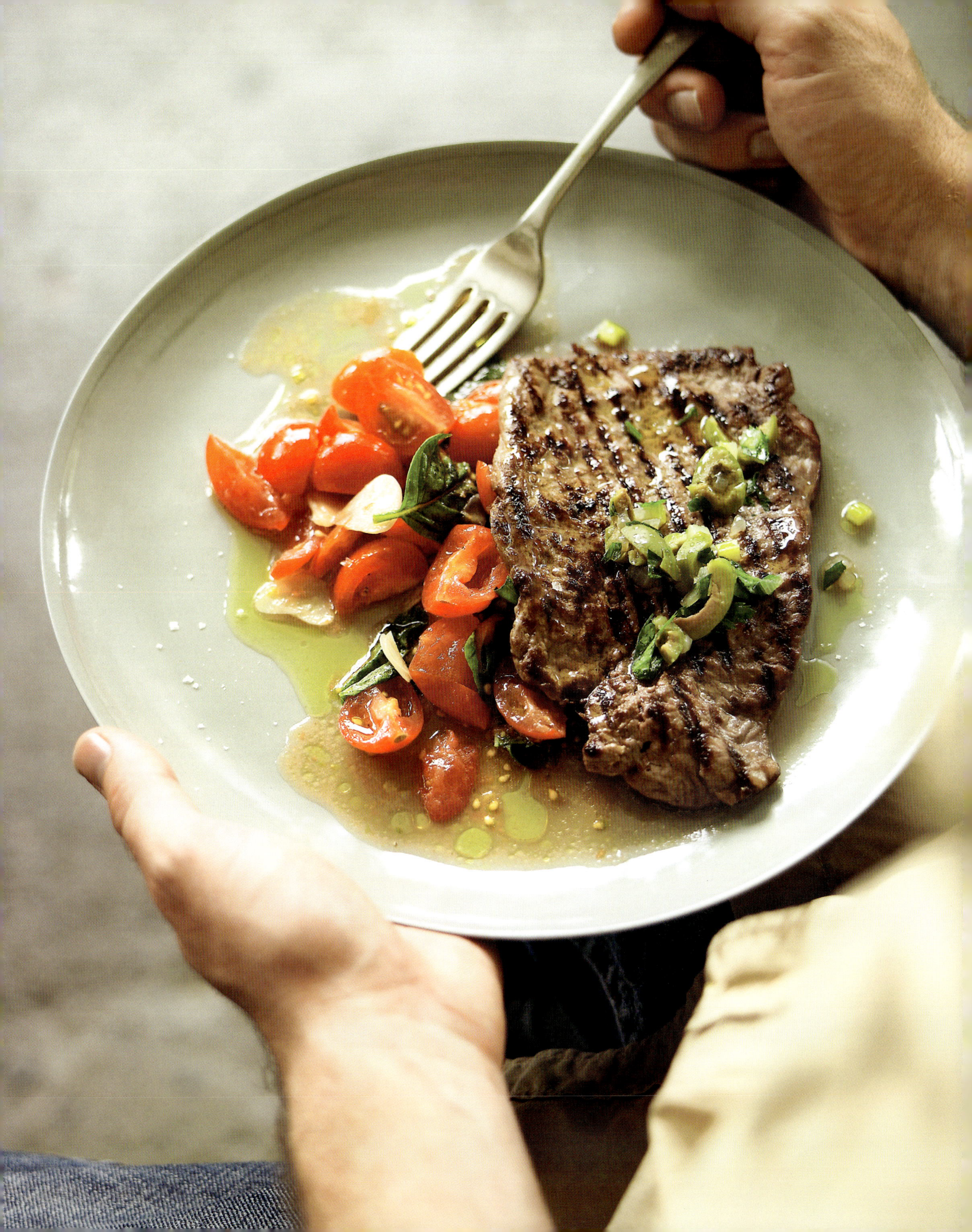

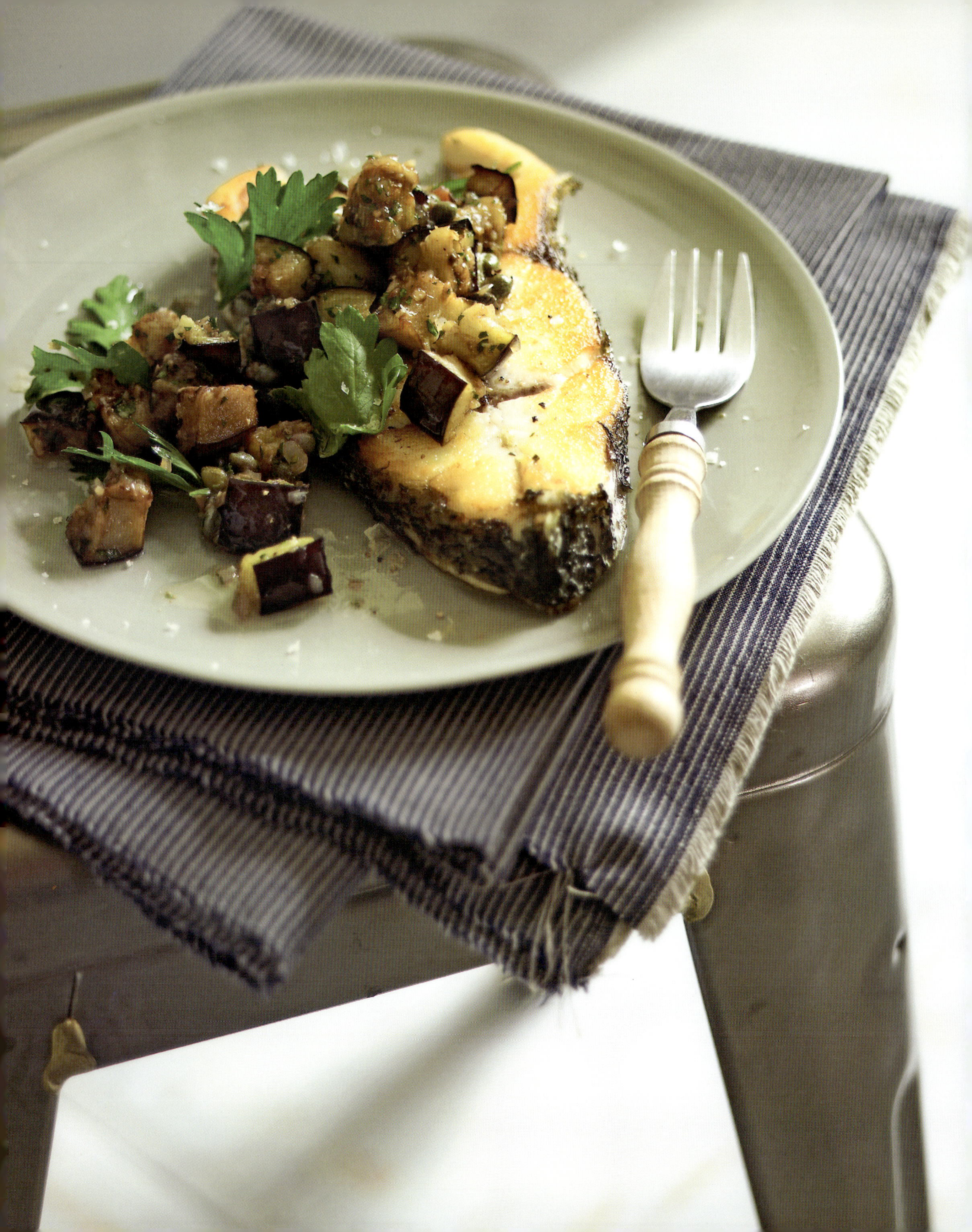

Ich habe irgendwo mal gehört: »Einen guten Koch zeichnet nicht aus, was er auf den Teller legt, sondern, was er weglässt.« John Pye, ein Freund aus alten Zeiten, als wir noch zusammen arbeiteten, hat ein sicheres Gespür dafür, wann bei Gerichten weniger einfach mehr ist. Was könnte einfacher sein als ein schönes Stück Fisch, serviert mit einer der leckersten Beilagen, die ich kenne? Genießen Sie dieses simple Relish, es passt unglaublich gut zu jeder Art von gebratenem oder gegrilltem Fisch oder Schwein, Lamm oder Huhn.

Fischkoteletts mit pikantem Auberginen-Relish

FÜR 4 PERSONEN

- 4 Fischkoteletts, je etwa 200 g (Adlerfisch, Lachs, Gelbschwanzmakrele)
- 4 EL bestes Olivenöl
- Meersalz und zerstoßener schwarzer Pfeffer
- 4 Limettenspalten zum Servieren (nach Belieben)

PIKANTES AUBERGINEN-RELISH
- 1 Aubergine, in 2 cm große Würfel geschnitten
- 4 EL Olivenöl
- 2 Knoblauchzehen, fein gewürfelt
- 2 Schalotten, gehackt
- 4 Sardellen
- 4 EL gehackte glatte Petersilie, plus ganze Blätter zum Garnieren
- 2 EL Kapern, abgespült
- 2 EL *chili jam* (oder eine andere Chilisauce; siehe Anmerkung)
- 2 EL Rotweinessig
- Salz und frisch gemahlener schwarzer Pfeffer

Für das Relish eine Pfanne oder eine Bratplatte erhitzen. Die Auberginenwürfel in der Hälfte des Olivenöls wenden und bei hoher Temperatur rundherum goldbraun braten. Auf Küchenpapier abtropfen.

Das restliche Olivenöl in einem Topf bei mittlerer Temperatur heiß werden lassen. Den Knoblauch und die Schalotten in 3–5 Minuten goldgelb anschwitzen, die Sardellen, die Petersilie, die Kapern, die *chili jam*, den Essig und die Auberginenwürfel zugeben und verrühren. Die Mischung weitere 5 Minuten bei schwacher Hitze garen, bis sich die Aromen gut vermischt haben; mit Salz und Pfeffer abschmecken.

Die Fischkoteletts mit dem Olivenöl einreiben, mit Meersalz und zerstoßenem schwarzem Pfeffer würzen und bei hoher Temperatur 2–3 Minuten von der einen Seite braten. Wenden und in weiteren 2–3 Minuten fertig garen. Mit dem Auberginen-Relish anrichten und nach Belieben mit Limettenspalten servieren.

Anmerkung: *Chili jam*, eine süß-scharfe Würzpaste, finden Sie im Asialaden. Ersatzweise können Sie eine andere Würzsauce auf Chilibasis verwenden, z. B. eine indonesische Sambal.

Peter Kuruvita ist eine echte Koryphäe in Sachen Fisch und Meeresfrüchte, und ich liebe seine Zubereitung von Schlammkrabbe mit Chili. Dieses Rezept ist davon inspiriert, allerdings habe ich Hummer genommen, weil er ein bisschen Unterstützung gebrauchen kann, um so gut zu schmecken wie Krabbe. (Sorry, aber ich bin ein großer Krabbenfan!)

Hummer aus dem Wok mit Chilisauce

FÜR 4 PERSONEN

Die Köpfe von den Hummern abdrehen, der Länge nach spalten und den senffarbenen Corail entfernen. Die Schwänze mit einem Küchenbeil oder einem schweren Küchenmesser in 2,5 cm dicke Medaillons schneiden, die Scheren mit einer Hummerzange aufbrechen und das Fleisch auslösen.

Die Chilischoten, den Ingwer, das Koriandergrün, die Sojasauce, den Reiswein, den Weißwein, das Sesamöl, die süße Chilisauce und den Knoblauch im Mixer fein zermahlen.

Einen Wok mäßig stark erhitzen. Die Hummerstücke zusammen mit der Würzmischung hineingeben und zugedeckt 5 Minuten garen, bis sie sich rosa färben und das Fleisch durchgegart ist. Mit den Frühlingszwiebeln und den frischen Kräutern bestreuen und mit Jasminreis und asiatischem Gemüse servieren.

- 2 frische Hummer, in sprudelnd kochendem Wasser getötet
- 2 lange rote Chilischoten, von Samen befreit und gehackt
- 8 cm frische Ingwerwurzel, geschält und gehackt
- ½ Bund Koriandergrün mit den Wurzeln, gehackt
- 200 ml helle Sojasauce
- 200 ml süßer Reiswein (*mirin*)
- 100 ml Weißwein
- 1 EL Sesamöl
- 150 ml süße Chilisauce
- 2 Knoblauchzehen, gehackt
- ½ Bund Frühlingszwiebeln, in Stücke geschnitten
- 1 große Handvoll gehackte gemischte exotische Kräuter (Minze, Koriandergrün, Thai-Basilikum, Vietnamesischer Koriander)
- gedämpfter Jasminreis zum Servieren
- Asiatisches Gemüse zum Servieren (Rezept siehe Seite 137)

Ich habe zu Hause einen Grill mit einem eingebauten Wok-Brenner an der Seite, eine praktische Sache (ein separater Brenner tut es natürlich auch). So kann man gleichzeitig eine Sauce zubereiten, während das Fleisch oder der Fisch auf dem Grill liegt. Oder noch besser: Wie wäre es mit einem asiatischen Gemüsegericht, zubereitet unter freiem Himmel? Dies ist eine meiner Lieblingsbeilagen, die auch zu jedem anderen Gericht aus Südostasien passt. Falls Sie keinen Wasserspinat finden, nehmen Sie einfach Pak-Choi (Chinesischen Senfkohl) oder Choisum (Blattkohl).

Asiatisches Gemüse aus dem Wok

FÜR 4 PERSONEN

- 1 großes Bund (etwa 1 kg) Wasserspinat oder ein anderes asiatisches Grüngemüse
- 1 EL braune Bohnensauce (*brown bean sauce*; aus dem Asialaden) oder Sojasauce
- 1 EL geriebener Palmzucker oder brauner Zucker
- 3 EL Erdnussöl
- 8 Knoblauchzehen, gehackt
- rote Chilischoten nach Geschmack und persönlicher Schmerzgrenze, von Samen und Trennwänden befreit und in Ringe geschnitten
- 2 EL Fischsauce (*nam pla*)

Den Wasserspinat in einem großen Sieb mehrmals waschen. Die Blattstiele von den holzigen Enden befreien und den Spinat in grobe Stücke schneiden.

Den Wasserspinat in einer Schüssel mit der braunen Bohnensauce oder Sojasauce, dem Zucker, dem Öl, dem Knoblauch und den Chilischoten gründlich mischen.

Einen Wok auf hohe Temperatur erhitzen, bis er raucht. Wenn Sie dieses Gericht im Haus zubereiten, sollten Sie über eine leistungsstarke Abzugshaube verfügen.

Sobald Sie sicher sind, dass Ihr Wok glühend heiß ist, etwas Abstand halten und den Inhalt der Schüssel hineingeben. Die Hitze wird sich in einer spektakulären Stichflamme entladen, also Vorsicht! Sobald sie erlöscht, etwa 1 Minute beständig pfannenrühren und dabei nach und nach die Fischsauce untermengen. Sobald das Gemüse in sich zusammengefallen ist, sofort servieren.

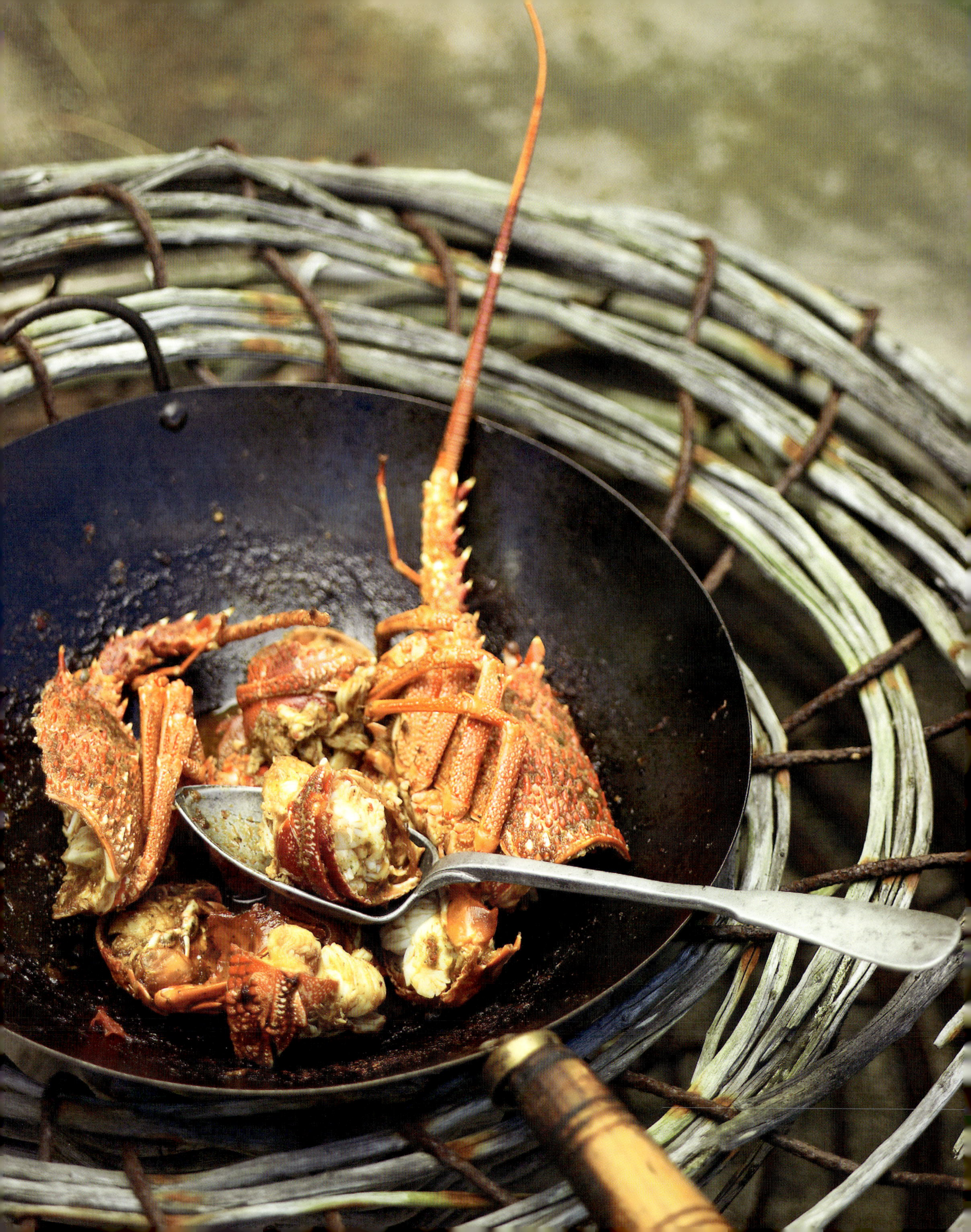

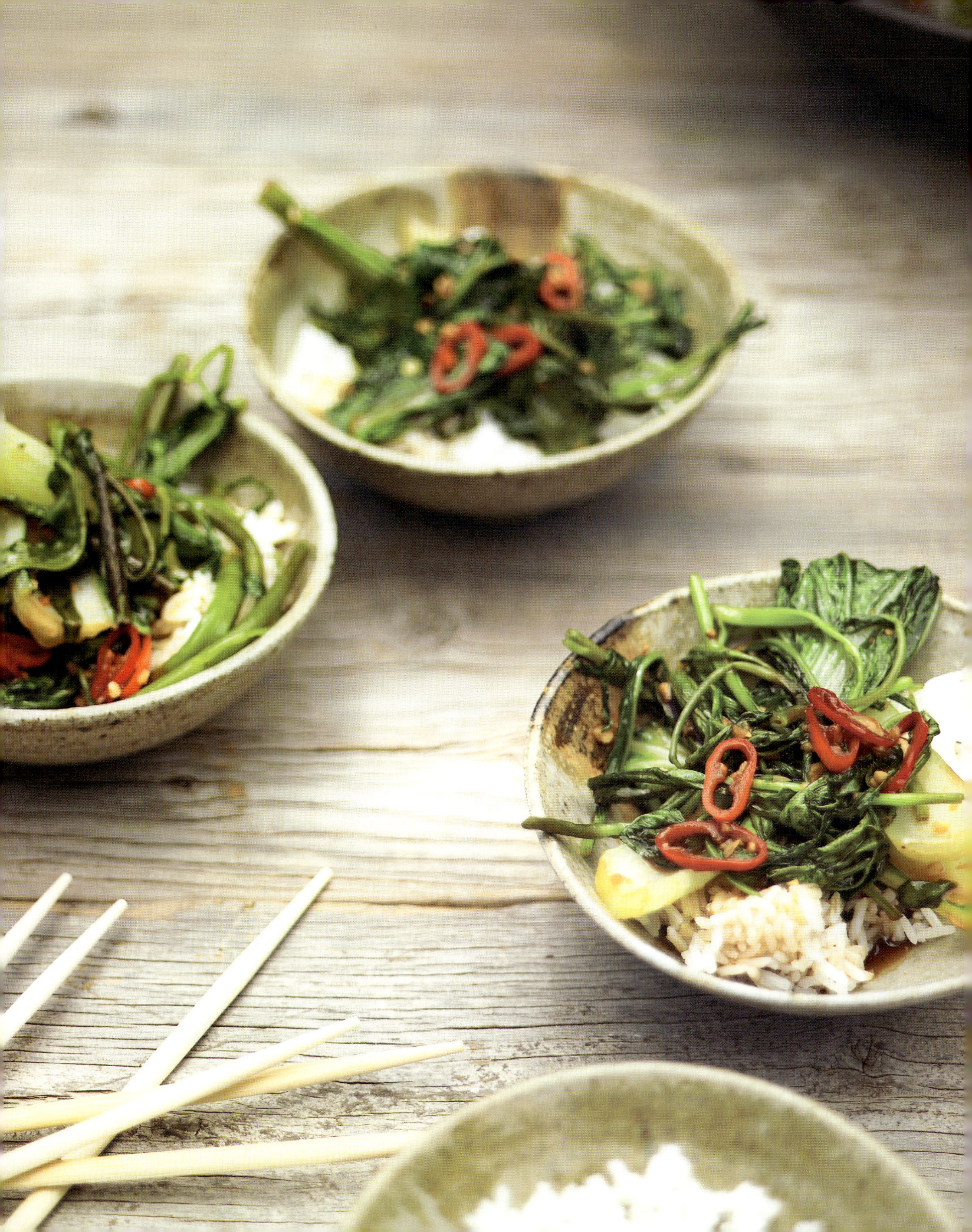

Dies ist meine Version von *char kway teow*, gebratenen Reisbandnudeln, die ich in Singapur und Malaysia zig Male auf den Märkten und an Straßenständen gegessen habe. Ich muss zugeben, dass sie dort noch besser schmecken als meine, weil sie oft in Schweineschmalz gebraten und mit Speck serviert werden, was sie unwiderstehlich macht. Ich habe mich für eine frischere Variante mit Erdnussöl entschieden und noch einige Garnelen zugegeben. Und wenn Sie das Ganze mit einem eiskalten asiatischen Bier hinunterspülen, am besten einem »Tiger«, sind Sie sicher auf der Sonnenseite.

Malaysische Reisnudeln

FÜR 4 PERSONEN

Die Reisnudeln in einer Schüssel mit etwas kochendem Wasser übergießen und 5–10 Minuten quellen lassen. Mit den Fingern vorsichtig voneinander trennen, abtropfen lassen und beiseite stellen.

Einen Wok stark erhitzen. Den Knoblauch, den Ingwer und das Sambal oelek oder die Chilischoten 1–2 Minuten pfannenrühren, bis die Mischung aromatisch duftet. Die Wurst und die Frühlingszwiebeln zugeben und 1 weitere Minute garen.

Die Garnelen untermengen, rühren, bis sie sich rosa färben, dann das Schweinefleisch zugeben und noch einmal 2 Minuten pfannenrühren.

Die Fischsauce und die süße Sojasauce gründlich verrühren, in den Wok gießen und sämig eindicken lassen. Die Reisnudeln, die Sprossen und den Schnittknoblauch hinzufügen, sorgfältig unterrühren und mit den gerösteten Erdnüssen bestreut sofort servieren.

Anmerkung: Sambal oelek ist eine indonesische Chilipaste, die Sie im Asialaden oder Supermarkt bekommen.

Die chinesischen Lap-cheong-Würste sind dünne getrocknete Dauerwürste aus gewürztem und gesüßtem Schweinefleisch, die gewöhnlich geräuchert werden. Man bekommt sie in manchen Asialäden; ersatzweise kann man eine dünne, luftgetrocknete Salami verwenden.

500 g frische Reisbandnudeln
2 EL Erdnussöl
4 Knoblauchzehen, gehackt
2 cm Ingwerwurzel, fein gerieben
2 TL Sambal oelek (siehe Anmerkung) oder 2 kleine rote Chilischoten, gehackt
2 chinesische Würste (*lap cheong*; siehe Anmerkung), in Scheiben geschnitten
4 Frühlingszwiebeln, in 5 cm lange Stücke geschnitten
20 kleine rohe Garnelen, bis auf die Schwanzfächer geschält, entdarmt
150 g Spareribs-Fleisch, in dünne Streifen geschnitten
2 EL Fischsauce (*nam pla*)
3 EL süße Sojasauce (*ketjap manis*)
200 g Sojabohnensprossen
1 Bund Schnittknoblauch, in 3 cm lange Stücke geschnitten
40 g geröstete Erdnüsse

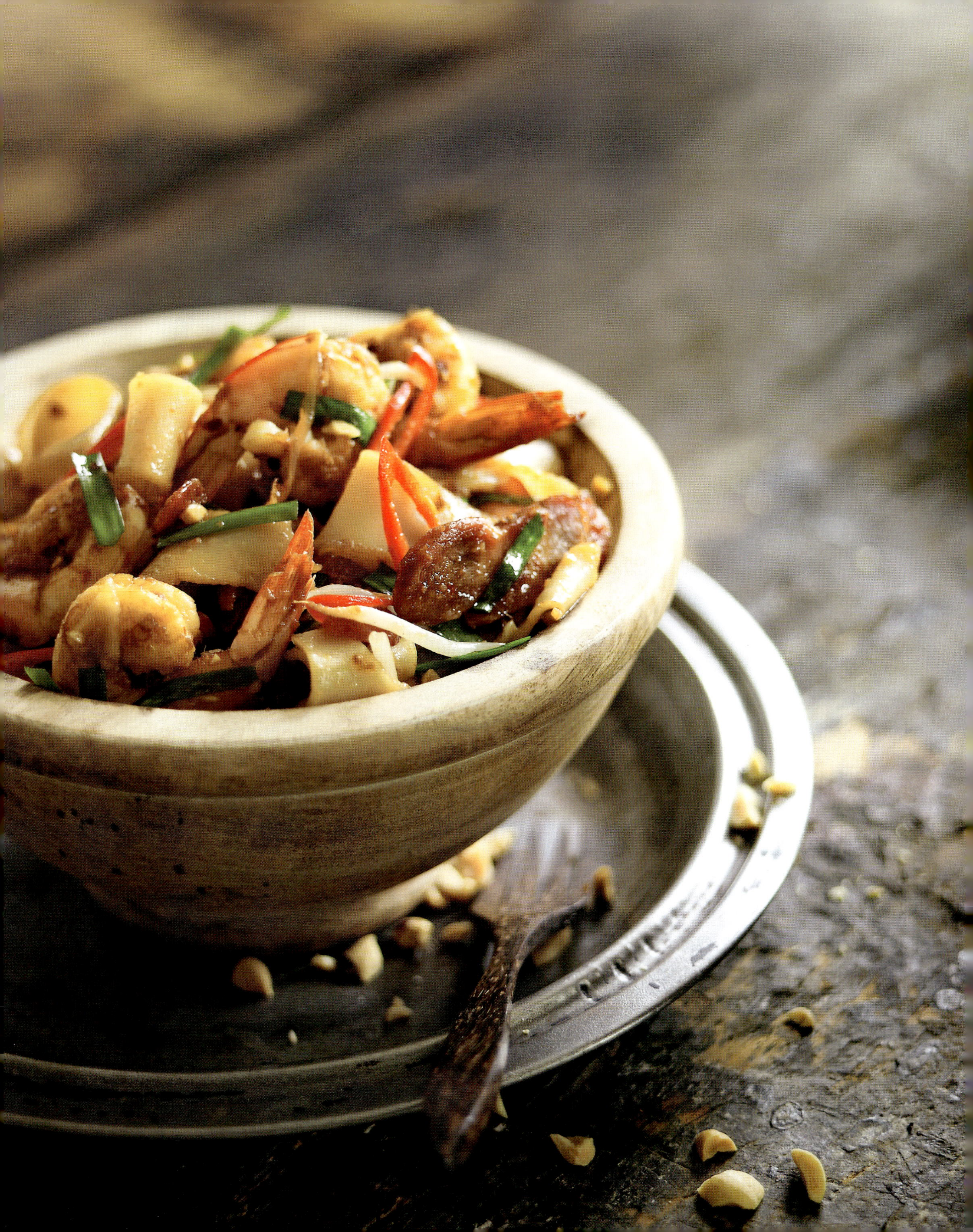

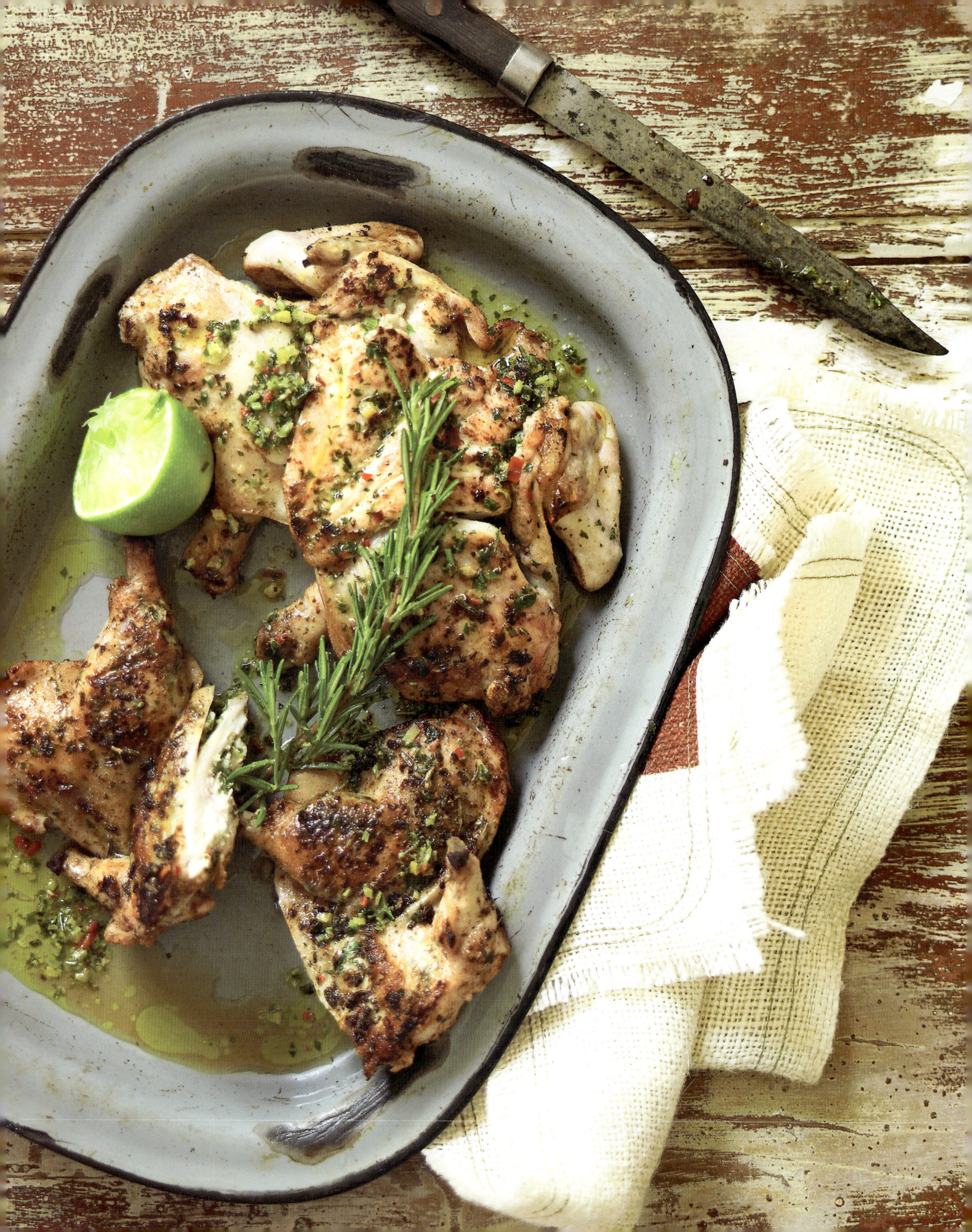

Bei dieser Zubereitungsmethode wird das Fleisch wunderbar würzig und bleibt doch saftig. Sie können anstelle von Stubenküken auch ein ganzes Brathähnchen nehmen. Eingelegte Zitronen sorgen für einen frischen Akzent. Sie finden sie im nordafrikanischen Lebensmittelhandel oder im Feinkostladen – verwendet wird aber nur die Schale.

Stubenküken mit Chili, Rosmarin & eingelegten Zitronen

FÜR 4 PERSONEN

- 2 lange rote Chilischoten, von Samen und Trennwänden befreit und gehackt
- 1 eingelegte Zitrone, abgespült, die Schale gewürfelt
- 1 Knoblauchzehe, durchgepresst
- 4 Zweige Rosmarin, Blätter fein gehackt, plus Rosmarinzweige zum Garnieren
- 200 g weiche Butter
- Saft von 1 Zitrone
- 1 große Handvoll Petersilie, gehackt
- 4 große Stubenküken, je etwa 500 g, Rückgrat herausgetrennt und aufgeklappt
- Limettenspalten zum Servieren

Die Chilischoten, die Zitronenschale, den Knoblauch, den Rosmarin, die Butter, den Zitronensaft und die Petersilie in einer Schüssel gründlich mischen. Die Würzbutter vorsichtig unter die Haut der Stubenküken schieben und das Geflügel kalt stellen, bis die Butter fest geworden ist.

Eine Pfanne oder eine Bratplatte erhitzen. Die Stubenküken bei mittlerer Temperatur zuerst von der Fleischseite 6 Minuten braten. Wenden und weitere 6 Minuten braten, bis das Fleisch durchgegart ist. Mit Limettenspalten und Rosmarinzweigen garnieren und servieren.

Die Makrele ist einer der besten Fische, die das Meer zu bieten hat – perfekt für Sashimi, aber auch gegrillt nicht zu verachten. Reichen Sie dazu einen leichten Salat oder wie hier geschmorten Fenchel mit Tomaten. Makrele verträgt kräftige Aromen, darum passt auch die Tapenade vorzüglich.

Makrele mit Tomaten, Fenchel & Kapernbeeren

FÜR 4 PERSONEN

Für die Tapenade die Oliven, die Petersilie, den Zitronensaft und das Olivenöl sorgfältig verrühren.

Die Hälfte des Olivenöls in einen großen Topf geben und den Fenchel und die Tomaten darin bei mittlerer bis hoher Temperatur anbraten. Den Fischfond, den Safran und den Knoblauch zugeben und bei mittlerer Hitze 15 Minuten schmoren, bis das Gemüse weich ist. Mit Salz und Pfeffer würzen und die Petersilie unterrühren.

Einen Grill anheizen oder eine Grillpfanne erhitzen. Die Makrelenfilets mit dem restlichen Olivenöl bepinseln und einige Minuten bei mittlerer Temperatur grillen, bis die untere Seite goldbraun ist. Wenden und von der anderen Seite weitere 1–2 Minuten grillen.

Das Fenchelgemüse auf Tellern verteilen und den Fisch darauf anrichten. Mit der Tapenade und den Kapernbeeren garnieren und servieren.

Anmerkung: Sollten Sie keine Spanischen Makrelen bekommen, können Sie für dieses Rezept auch eine andere Makrelenart verwenden. Auch Meerbrassen (z. B. Dorade Royal) sind geeignet.

3 EL Olivenöl
2 Fenchelknollen, grob gewürfelt
6 Rispentomaten, halbiert
125 ml Fischfond
1 Prise Safranfäden
2 Knoblauchzehen, gehackt
Salz und frisch gemahlener schwarzer Pfeffer
1 EL gehackte Petersilie
4 Spanische Makrelenfilets, je etwa 180 g (siehe Anmerkung)
12 Kapernbeeren

GRÜNE TAPENADE
175 g grüne Oliven, entsteint und fein gehackt
1 Handvoll glatte Petersilie, fein gehackt
2 EL Zitronensaft
3 EL Olivenöl

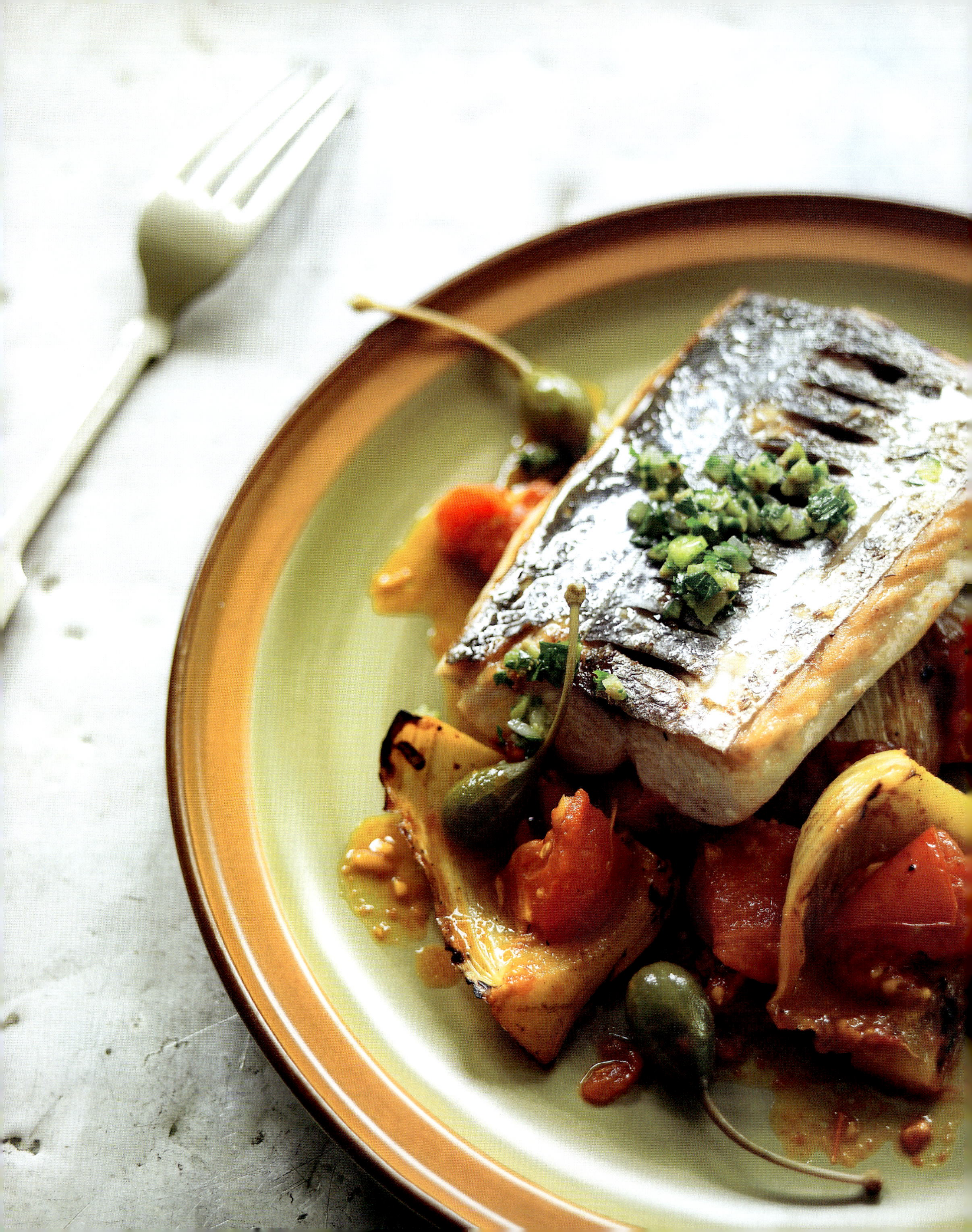

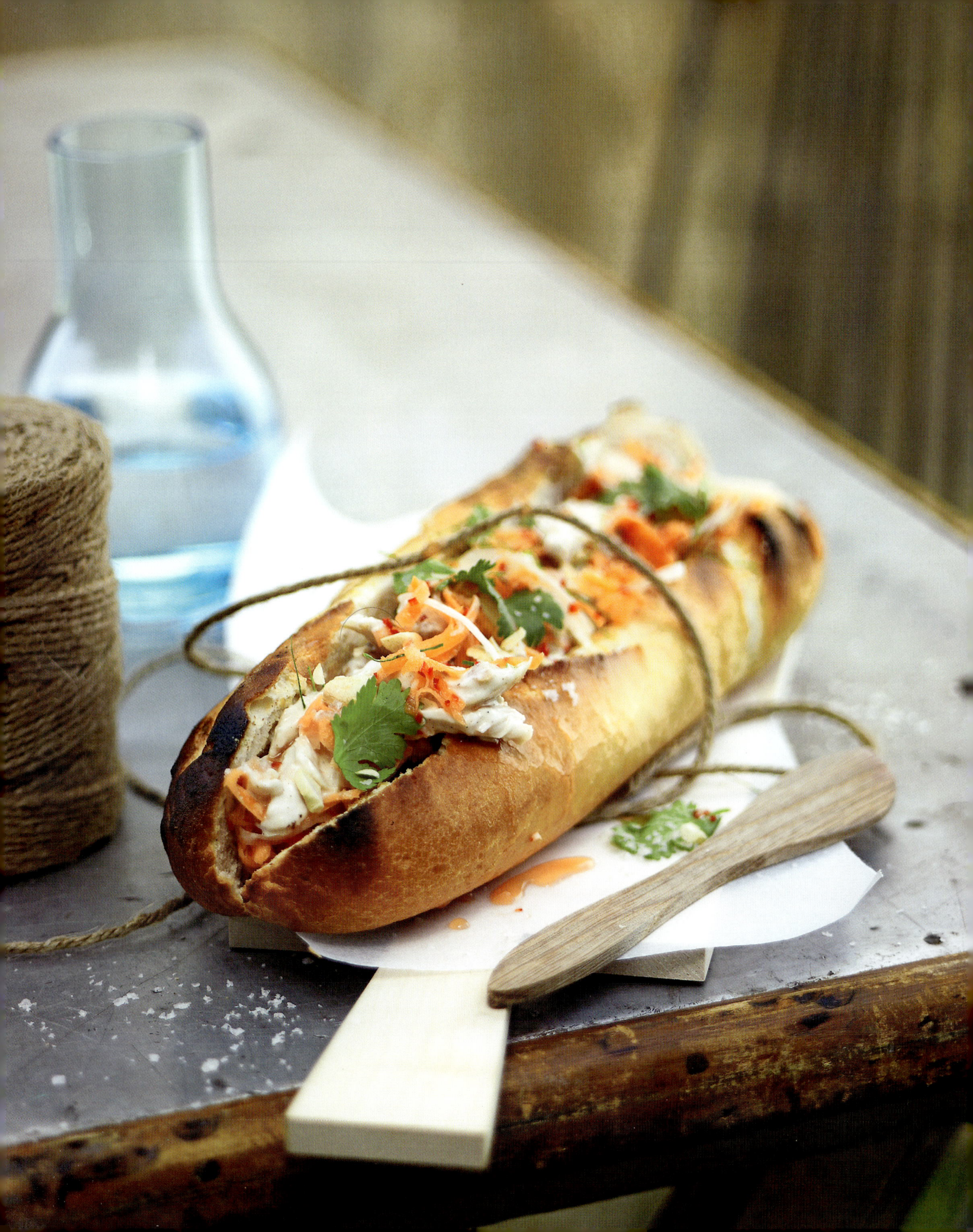

Dies ist eines der weltbesten Sandwiches – nicht einmal mein Garnelensandwich kann da mithalten. Man muss es probiert haben, um es zu glauben. Das Rezept kann auf dem Grill zubereitet werden, Sie können aber auch ein fertiges Brathähnchen kaufen oder zu den Resten vom Vortag greifen. Worauf es ankommt, sind der pikante Möhren-Zwiebel-Salat und die würzige Mayonnaise. Kaufen Sie Brötchen oder Baguette von bester Qualität.

Vietnamesisches Hähnchensandwich

FÜR 4 PERSONEN

2 EL weißer Essig
1 TL Zucker
½ TL Salz
1 Knoblauchzehe, zerdrückt
1 kleine rote Chilischote, fein gehackt, oder 1 TL Sambal oelek (siehe Anmerkung Seite 140)
1 große Möhre, geraspelt
1 weiße Zwiebel, in feine Streifen geschnitten
4 Hähnchenbrustfilets mit Haut (oder 1 gegartes Brathähnchen)
4 EL Mayonnaise
1 EL Limettensaft
½ TL Fünf-Gewürze-Pulver (Mischung aus Sichuanpfeffer, Zimt, Nelken, Fenchelsamen und Sternanis)
2 kleine Baguettes, quer halbiert und aufgeschnitten (nicht ganz durchschneiden) oder 4 längliche Brötchen
1 Handvoll Koriandergrün
4 EL geröstete und gehackte Cashewnüsse oder Erdnüsse
1 lange rote Chilischote, von Samen befreit und fein gehackt

Den Essig, den Zucker, das Salz, den Knoblauch und die Chili gründlich verrühren. Die Möhrenraspel und die Zwiebelstreifen zufügen, gut durchmischen und beiseitestellen.

Einen Grill anheizen oder eine Grillpfanne erhitzen. Die Hähnchenbrustfilets mit der Haut nach unten bei mittlerer bis hoher Temperatur 8 Minuten grillen, bis sie goldbraun sind. Wenden und in weiteren 5 Minuten fertig garen. (Alternativ ein ganzes gegartes Brathähnchen verwenden.) Das Fleisch abkühlen lassen und anschließend in feine Streifen schneiden.

Die Mayonnaise mit dem Limettensaft und dem Fünf-Gewürze-Pulver sorgfältig verrühren.

Die Baguettes oder Brötchen rösten. Die unteren Hälften mit Mayonnaise bestreichen und mit dem Hähnchenfleisch und dem Möhren-Zwiebel-Salat belegen. Mit dem Koriandergrün, den Nüssen und der Chili garnieren und servieren.

Ich denke mir schon seit vielen Jahren Pizzabeläge aus. Die einzige goldene Regel dabei lautet: Alles, was sich mit Pasta kombinieren lässt, passt auch auf die Pizza (obwohl ich mir Nudeln mit Kochschinken und Ananas dann doch nur schwer vorstellen kann – Ausnahmen bestätigen die Regel!). Dieser Pizzabelag besteht also aus einem klassischen Pastasaucen-Rezept mit durch und durch italienischen Aromen – Oliven, Kapern, Sardellen, Basilikum, Tomaten und Büffelmozzarella. Einfach lecker! Und für den letzten Schliff sorgen eine Spur Knoblauch und etwas Chili ... ach ja, und ein paar Tropfen gutes Olivenöl nach dem Backen nicht zu vergessen.

Pizza »Puttanesca«

FÜR 4 PERSONEN

Für den Teig die Hefe, den Zucker, das Salz, das Olivenöl und 250 ml lauwarmes Wasser in einer Schüssel behutsam verrühren. Den Vorteig 15 Minuten stehen lassen, bis er leicht schäumt. Nach und nach das Mehl einstreuen und 5 Minuten verkneten, bis ein geschmeidiger Teig entstanden ist. In eine leicht eingeölte Schüssel legen und zugedeckt an einem warmen Ort 30–60 Minuten gehen lassen, bis er sein Volumen verdoppelt hat. Den Teig abschlagen, in vier Kugeln teilen und erneut an einem warmen Ort zugedeckt gehen lassen, bis sie ihr Volumen noch etwas vergrößert haben.

Inzwischen für die Sauce die Tomaten mit den Pfefferkörnern, dem Oregano und etwas Salz im Mixer pürieren.

Einen Pizzabackstein in einem verschließbaren Grill gut vorheizen (oder den Backofen auf 200 °C vorheizen). Eine Arbeitsfläche mit etwas Mehl bestäuben, die Teigkugeln dünn zu Kreisen von etwa 30 cm Durchmesser ausrollen und mit einer Gabel mehrfach einstechen, damit sich beim Backen keine Blasen bilden.

Die Pizzaböden mit der Tomatensauce bestreichen und mit dem geraspelten Mozzarella, den Kirschtomaten, der Petersilie, den Oliven, den Sardellen, den Kapern, den Chiliflocken, dem Knoblauch und dem zerpflückten Büffelmozzarella belegen und mit Salz und Pfeffer würzen.

Die Pizzas im vorgeheizten Grill jeweils 5–10 Minuten (im Backofen etwa 30 Minuten) backen, bis sie goldbraun und knusprig sind. Mit etwas Olivenöl beträufeln, mit den Basilikumblättern garnieren und sofort servieren.

Anmerkung: Der Pizzateig ergibt vier Böden von 30 cm Durchmesser, die Tomatensauce reicht für die doppelte Menge, lässt sich aber problemlos einfrieren.

125 g Mozzarella, geraspelt
250 g Kirschtomaten, in Scheiben geschnitten
1 große Handvoll Petersilie, gehackt
24 Oliven, entsteint und halbiert
12 Sardellenfilets
2 EL Kapern, abgespült
1 Prise Chiliflocken
1 Knoblauchzehe, durchgepresst
1–2 Kugeln Büffelmozzarella à 125 g oder eine entsprechende Menge Bocconcini (Mozzarellabällchen), grob zerpflückt
Salz und frisch gemahlener schwarzer Pfeffer
natives Olivenöl extra zum Beträufeln
1 große Handvoll Basilikumblättchen

PIZZATEIG
3 TL Trockenhefe
3 TL Zucker
3 TL Salz
1 EL Olivenöl und etwas Olivenöl zum Fetten
425 g Mehl (vorzugsweise die italienische Type »00«; oder Type 405)
Mehl zum Bestäuben

TOMATENSAUCE
1 Dose (400 g) Tomaten
einige schwarze Pfefferkörner
1 Prise getrockneter Oregano
1 Prise Salz

Hier ist eine Abwandlung des Rezepts, mit dem mein Restaurant *The Pantry* im Jahre 2008 einen nationalen Pizza-Wettbewerb gewann. Sein besonderer Reiz liegt in seiner Schlichtheit – nur wenige erstklassige Zutaten verwandeln einen einfachen Pizzaboden in einen besonderen Genuss. Pizzasteine für den Grill erhalten Sie im Fachhandel, aber Sie können Ihre Pizza natürlich auch im Holzfeuerofen oder in einem ganz normalen Backofen backen. Die Böden einfach mit der Mascarpone-Mischung und Tomatensauce bestreichen, goldbraun und knusprig backen und anschließend mit dem Lachs und den Salatzutaten belegen – perfekt an einem heißen Sommertag mit einem kühlen Glas Weißwein.

Lachspizza mit Mascarpone & Kaviar

FÜR 4 PERSONEN

1 Rezeptmenge Pizzateig (siehe Rezept Seite 148)
220 g Mascarpone
80 g Ricotta
½ Rezeptmenge Tomatensauce (siehe Rezept Seite 148)
125 g Mozzarella, zerpflückt
1 große Handvoll Petersilie, gehackt
¼ rote Zwiebel, in feine Streifen geschnitten
Salz und frisch gemahlener schwarzer Pfeffer
3 EL Sahne
abgeriebene Schale von 1 Bio-Zitrone
12 Scheiben Räucherlachs
1 Handvoll Schnittlauchröllchen
1 Handvoll Brunnenkresse
2 EL Lachs- oder Forellenkaviar
natives Olivenöl extra zum Beträufeln
2 EL Kapern, abgespült
4 Zitronenspalten zum Servieren

Den Pizzateig wie im Rezept auf Seite 148 beschrieben zubereiten. Einen Pizzabackstein in einem verschließbaren Grill gut vorheizen (oder den Backofen auf 200 °C vorheizen). Eine Arbeitsfläche mit etwas Mehl bestäuben, die vier Teigkugeln dünn zu Kreisen von etwa 30 cm Durchmesser ausrollen und mit einer Gabel mehrfach einstechen, damit sich beim Backen keine Blasen bilden.

120 g Mascarpone mit dem Ricotta im Mixer pürieren. Die Masse auf den Teigböden verstreichen und dann die Tomatensauce vorsichtig darauf verstreichen. Den Mozzarella, die Petersilie und die Zwiebel darauf verteilen und mit Salz und Pfeffer würzen.

Den restlichen Mascarpone mit der Sahne und der Zitronenschale verrühren und beiseitestellen.

Die Pizzas im vorgeheizten Grill jeweils 5–10 Minuten (im Backofen etwa 30 Minuten) backen, bis sie goldbraun und knusprig sind. Mit dem Räucherlachs, der Mascarpone-Mischung, dem Schnittlauch, der Brunnenkresse und dem Kaviar garnieren und mit Olivenöl beträufeln. Mit Kapern bestreuen und mit Zitronenspalten sofort servieren.

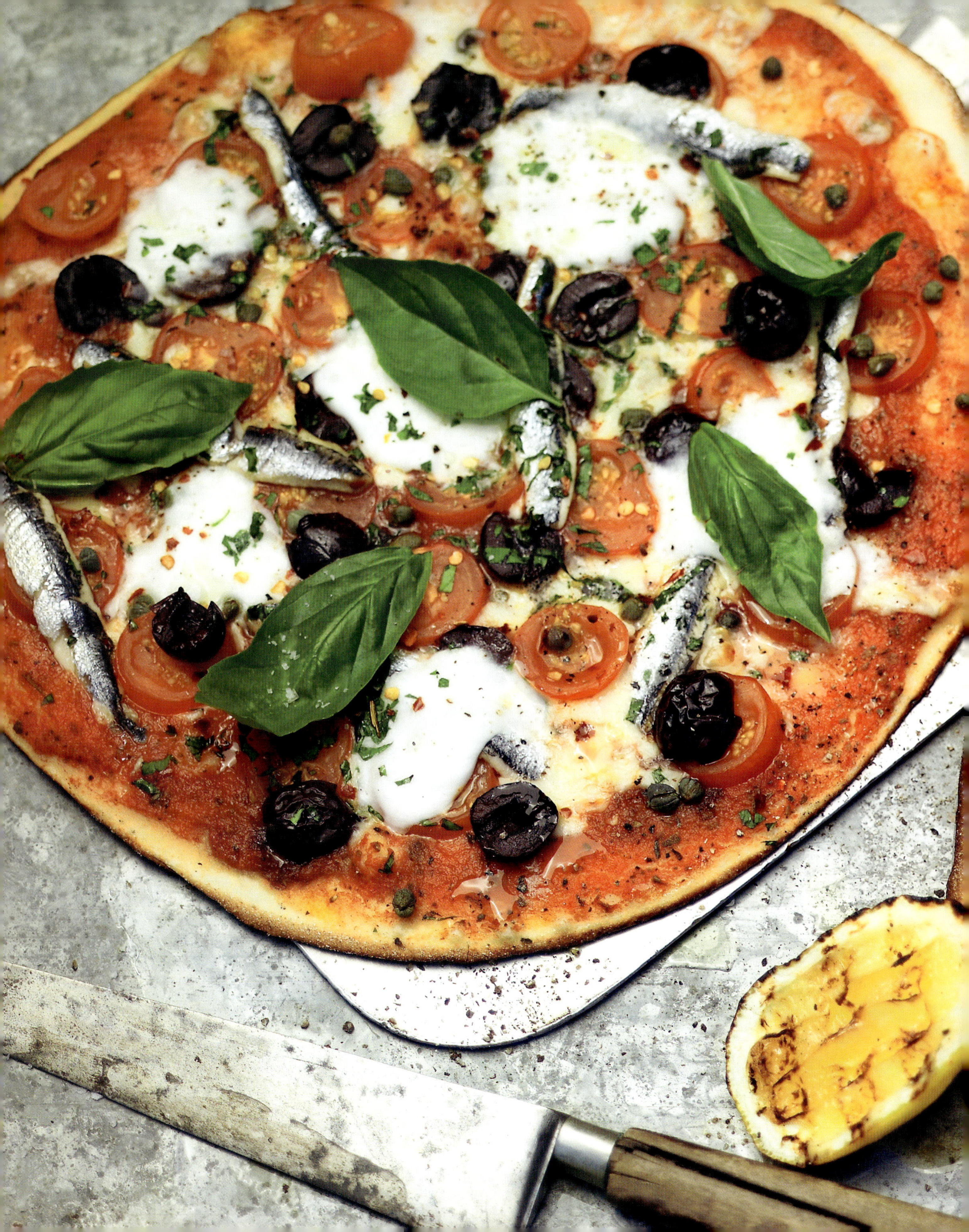

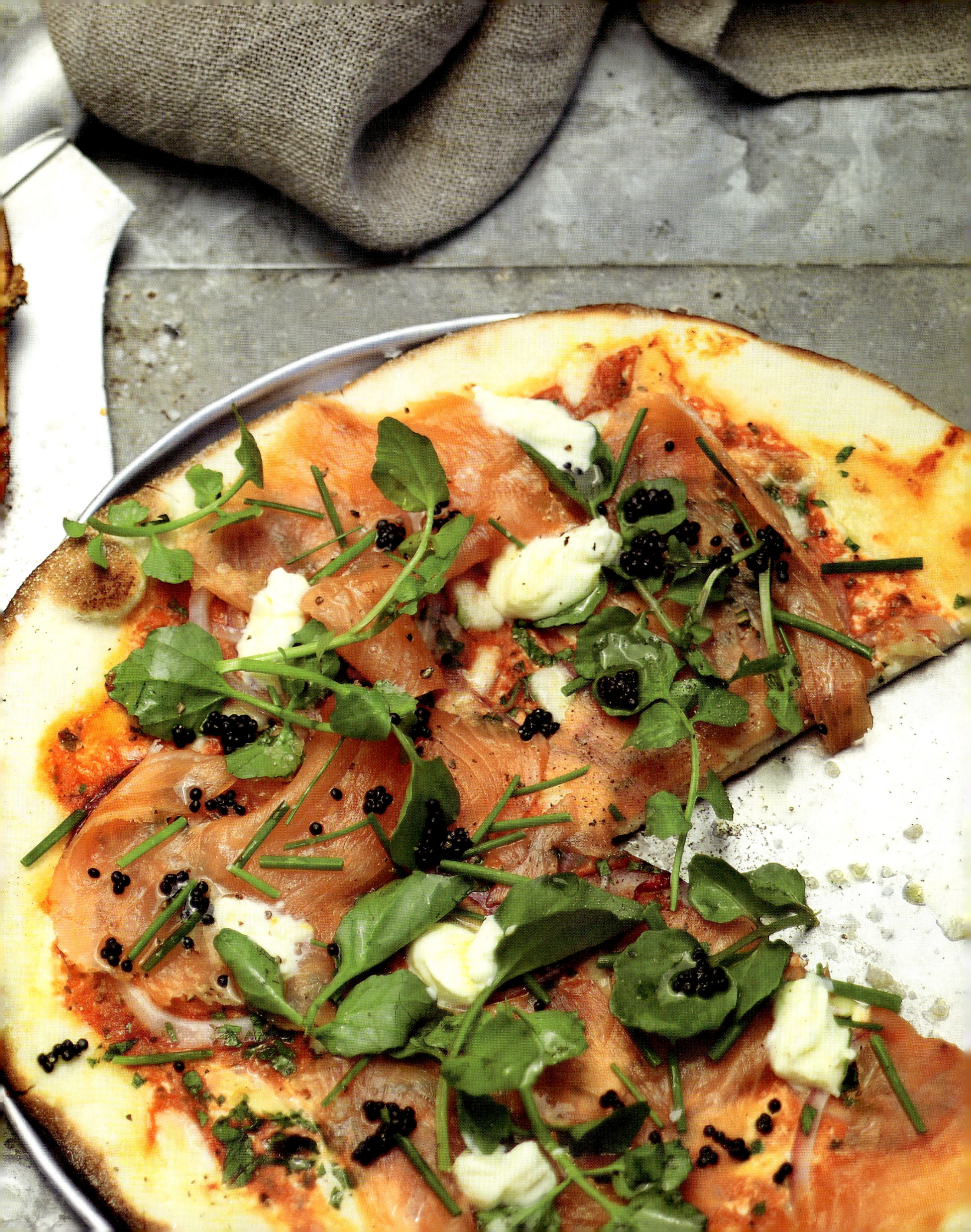

Als ich als Junge mit meiner Familie von Melbourne an die Gold Coast in Queensland zog, wo es das ganze Jahr über heiß und sonnig ist, lockte es mich immer häufiger nach draußen, besonders ans Meer. Und wo bekommt man mehr Appetit als an der frischen Luft? Fast jeden Tag ging ich vor und nach der Schule zum Wellenreiten und nach der jeweils halbstündigen Fahrt hin und zurück mit dem Rad freute ich mich auf etwas Anständiges zu essen – vor allem auf Mums Steaksandwich. Es war toll, nach Haus zu fahren und zu wissen, meine Mutter stand schon am Grill. Es gab nichts Außergewöhnliches: Steaks im Brot mit Zwiebeln, Käse und Eisbergsalat (die Rote Bete habe ich dem Rezept zugefügt, als Kind habe ich sie gehasst). Sie können das Rezept nach Ihrem Geschmack noch weiter aufpeppen, aber für mich ist diese Version die beste. Danke, Mum!

Mums Steaksandwich

FÜR 4 PERSONEN

Eine Pfanne oder eine Bratplatte erhitzen. Die Zwiebel mit dem Rosmarin und etwas Olivenöl in einer Schüssel mischen und bei hoher Temperatur in etwa 8 Minuten bräunen.

Die Steaks mit Salz und Pfeffer würzen, mit etwas Olivenöl bestreichen und für *medium-rare* (blutig bis rosa) von jeder Seite etwa 2 Minuten oder nach gewünschtem Gargrad braten. Die Steaks mit den Zwiebeln und dem Käse belegen.

Die Toastscheiben buttern und kurz rösten.

Vier Brotscheiben mit dem Salat, den Steaks, der roten Bete und den Tomatenscheiben belegen und mit einer Würzsauce nach Wahl garnieren. Die restlichen Brotscheiben als Deckel auflegen, die Sandwiches nach Belieben in zwei Hälften schneiden und servieren.

1 Zwiebel, in dicke Streifen geschnitten
1 Prise gehackter Rosmarin
Olivenöl zum Braten
4 Rumpsteaks, je etwa 100 g, flach geklopft
Salz und frisch gemahlener schwarzer Pfeffer
4 Scheiben würziger Käse (z. B. Emmentaler, Provolone oder Cheddar)
Butter für das Brot
8 Scheiben Sandwichtoast
4 große Blätter Eisbergsalat
4 Scheiben gegarte rote Bete
1 Rispentomate, in dünne Scheiben geschnitten
Tomatensauce, Barbecuesauce, Senf oder Mayonnaise zum Servieren.

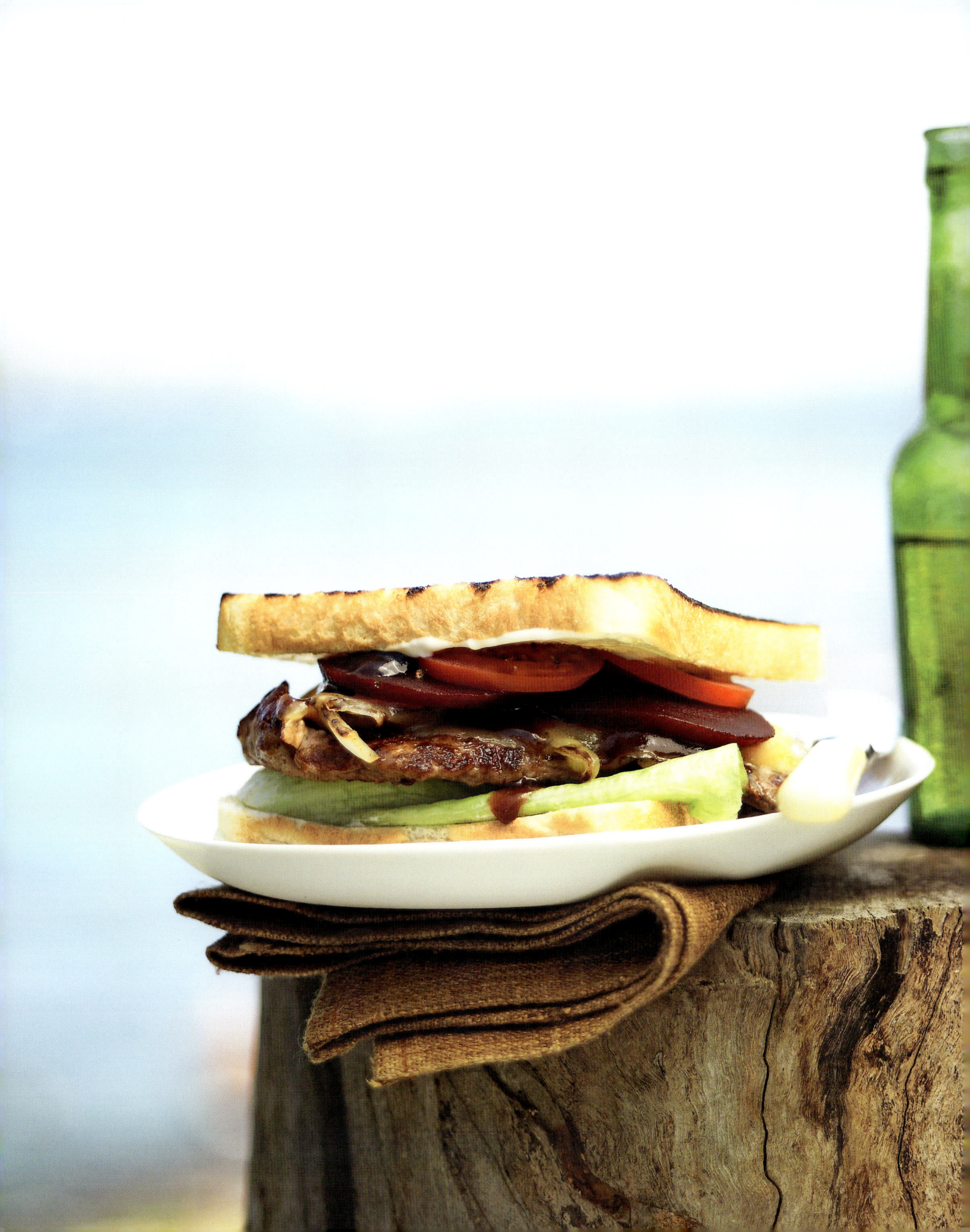

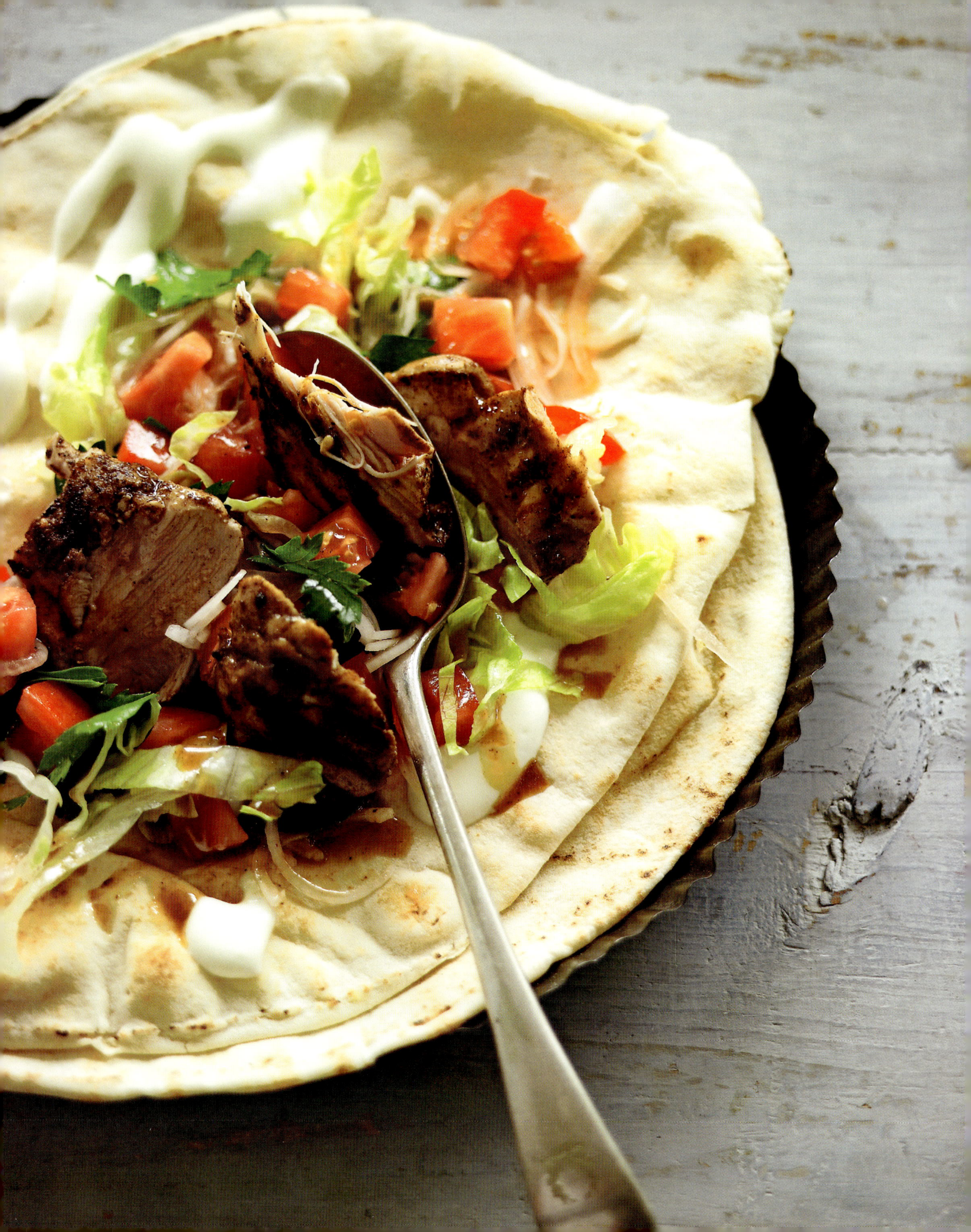

Dies ist ein wirklich einfaches Rezept, um eine Schar hungriger Gäste satt zu bekommen. Schawarma ist ein arabisches Fleischgericht vom Drehspieß, bei dem dünn geschnittenes, würziges Fleisch in Pita-Brote eingerollt wird. Dazu kommen noch gesunde Zutaten wie frische Kräuter, Salat und Joghurt. Weil das Gericht einfach zu köstlich schmeckt und die meisten von uns über keinen Drehspieß verfügen, habe ich mir ein Rezept für die Zubereitung am heimischen Herd ausgedacht.

Hähnchen-Schawarma mit Knoblauch-Joghurt-Sauce

FÜR 4 PERSONEN

- 3 EL Zitronensaft
- 2 EL Olivenöl
- 2 TL gemahlener Piment
- 1 EL gemahlener Koriander
- 1 Prise Salz
- 3 EL gehacktes Koriandergrün
- 1 kg entbeinte Hähnchenschenkel, Haut und Fett entfernt, oder Hähnchenbrustfilet
- 6 dünne, runde Pita-Brote
- 2 große Handvoll Eisbergsalat, in Streifen geschnitten

SCHNELLES TABOULEH
- 3 Handvoll glatte Petersilie, gehackt
- 1 Rispentomate, gewürfelt
- ¼ kleine Zwiebel, in feine Streifen geschnitten

KNOBLAUCH-JOGHURT-SAUCE
- 8 Knoblauchzehen, geschält
- 2 TL Salz
- 3 EL Zitronensaft
- 125 ml Sonnenblumenöl
- 180 ml Olivenöl
- 125 g Joghurt
- 2 TL Sumach (siehe Anmerkung)

Einen Grill anheizen oder eine Grillpfanne erhitzen. In einer großen Schüssel den Zitronensaft, das Olivenöl, die Gewürze und das Koriandergrün verrühren. Die Hähnchenschenkel hineinlegen und in der Mischung wenden, so dass sie überall von der Marinade bedeckt sind.

Das Fleisch bei mittlerer bis hoher Temperatur von jeder Seite 4–5 Minuten grillen, bis es durchgegart ist. Mit einem scharfen Messer in Streifen schneiden.

Für die Sauce den Knoblauch mit dem Salz und dem Zitronensaft im Mixer fein zermahlen. Bei laufendem Gerät nach und nach in einem dünnen steten Strahl beide Ölsorten zugießen, bis eine dicke Sauce entstanden ist. Den Joghurt und den Sumach unterziehen.

Für das Tabouleh die Petersilie, die Tomate und die Zwiebel mischen.

Die Pita-Brote kurz auf dem Grill (oder im vorgeheizten Backofen) erwärmen und mit der Knoblauch-Joghurt-Sauce bestreichen. Das Tabouleh, den Salat und das Fleisch darauf verteilen und zusammenrollen. Die Schawarmas nach Belieben in zwei Hälften schneiden und servieren.

Anmerkung: Sumach ist ein rötliches Gewürz mit leicht säuerlichem Aroma, das man im Libanon und in der Türkei gern über Gegrilltes streut. Gewonnen wird es aus den getrockneten Beeren des Gerbersumachs. Sie bekommen es beim türkischen Lebensmittelhändler.

Quesadilla ist eine getoastete Tortilla, die mit Käse gefüllt und dann zusammengefaltet wird (eine Art mexikanisches Toastsandwich). Ich habe die Füllung hier zwischen zwei Tortillas geschichtet statt in eine, so geht es einfacher. Für einen schnellen Snack füllen Sie die Tortillas einfach mit Käse und Jalapeño-Chilischoten. Oder wenn Sie es etwas gehaltvoller mögen, nehmen Sie erwärmtes Bohnenmus oder Chili con Carne, und schon kann die Party beginnen.

Quesadillas mit Chilibohnen

FÜR 4 PERSONEN

Das Öl in einer Pfanne erhitzen. Die Zwiebel, den Knoblauch und die grünen Chilischoten darin glasig schwitzen. Den Kreuzkümmel, das Paprika- und das Chilipulver zugeben und weitergaren, bis die Mischung aromatisch duftet. Die Tomaten und 125 ml Wasser zufügen, sorgfältig verrühren und 15 Minuten köcheln lassen, bis die Sauce eingedickt ist. Die Kidney-Bohnen untermengen und mit Salz und Pfeffer abschmecken.

Den Backofengrill auf 200 °C vorheizen oder den Grill anheizen. Die Hälfte der Tortillas oder Burritos mit den Chilibohnen bedecken, das Koriandergrün, die Jalapeño-Chilischoten und den Käse darüber verteilen und die restlichen Tortillas auflegen. Die gefüllten Tortillas mit etwas Öl bestreichen und einige Minuten grillen, bis eine Seite goldbraun ist. Wenden und von der anderen Seite ebenfalls grillen. In Stücke schneiden und mit Sauerrahm und Limettenspalten servieren.

- 2 EL Olivenöl
- 1 große Zwiebel, gehackt
- 2 Knoblauchzehen, zerstoßen
- 2 lange grüne Chilischoten, von Samen und Trennwänden befreit und gehackt
- 1 EL gemahlener Kreuzkümmel
- 1 EL Paprikapulver edelsüß
- 1 Prise Chilipulver
- 1 Dose (400 g) gehackte Tomaten
- 1 Dose (400 g) Kidney-Bohnen, abgespült und abgetropft
- Salz und frisch gemahlener schwarzer Pfeffer
- 8 Tortillas
- 3 EL gehacktes Koriandergrün
- 4 Jalapeño-Chilischoten, von Samen und Trennwänden befreit und in Streifen geschnitten
- etwas Öl zum Bestreichen
- 8 EL Sauerrahm
- Limettenspalten zum Servieren

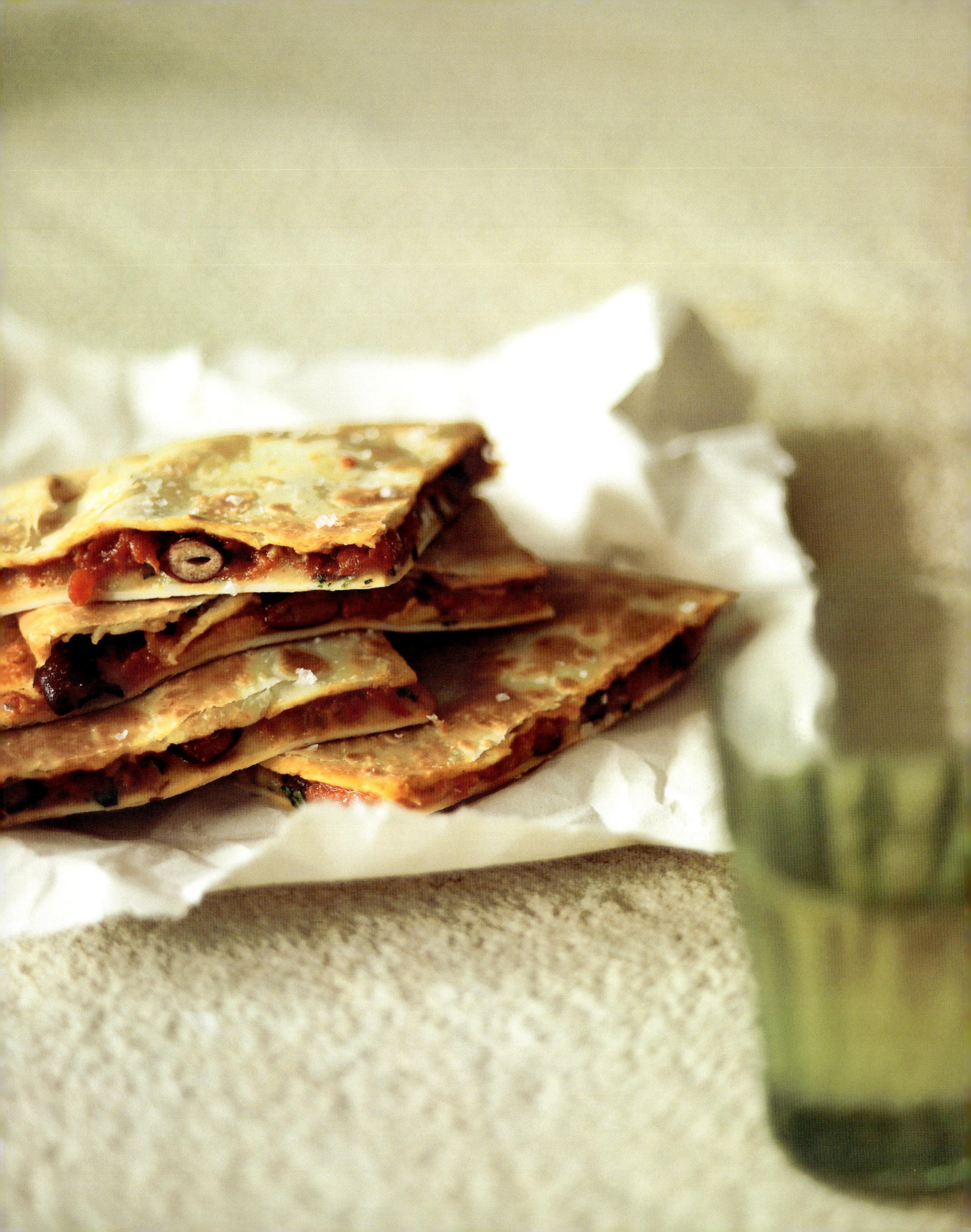

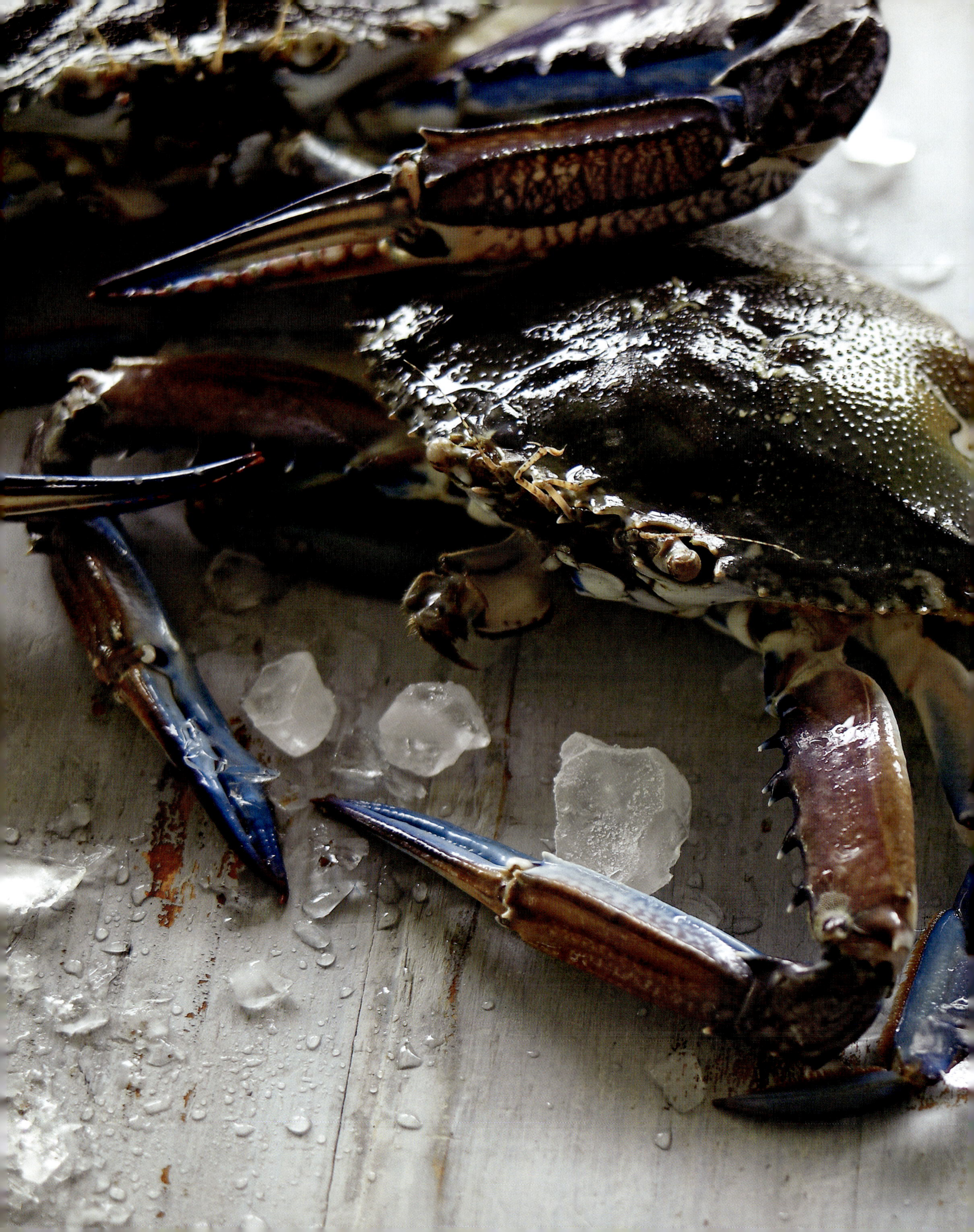

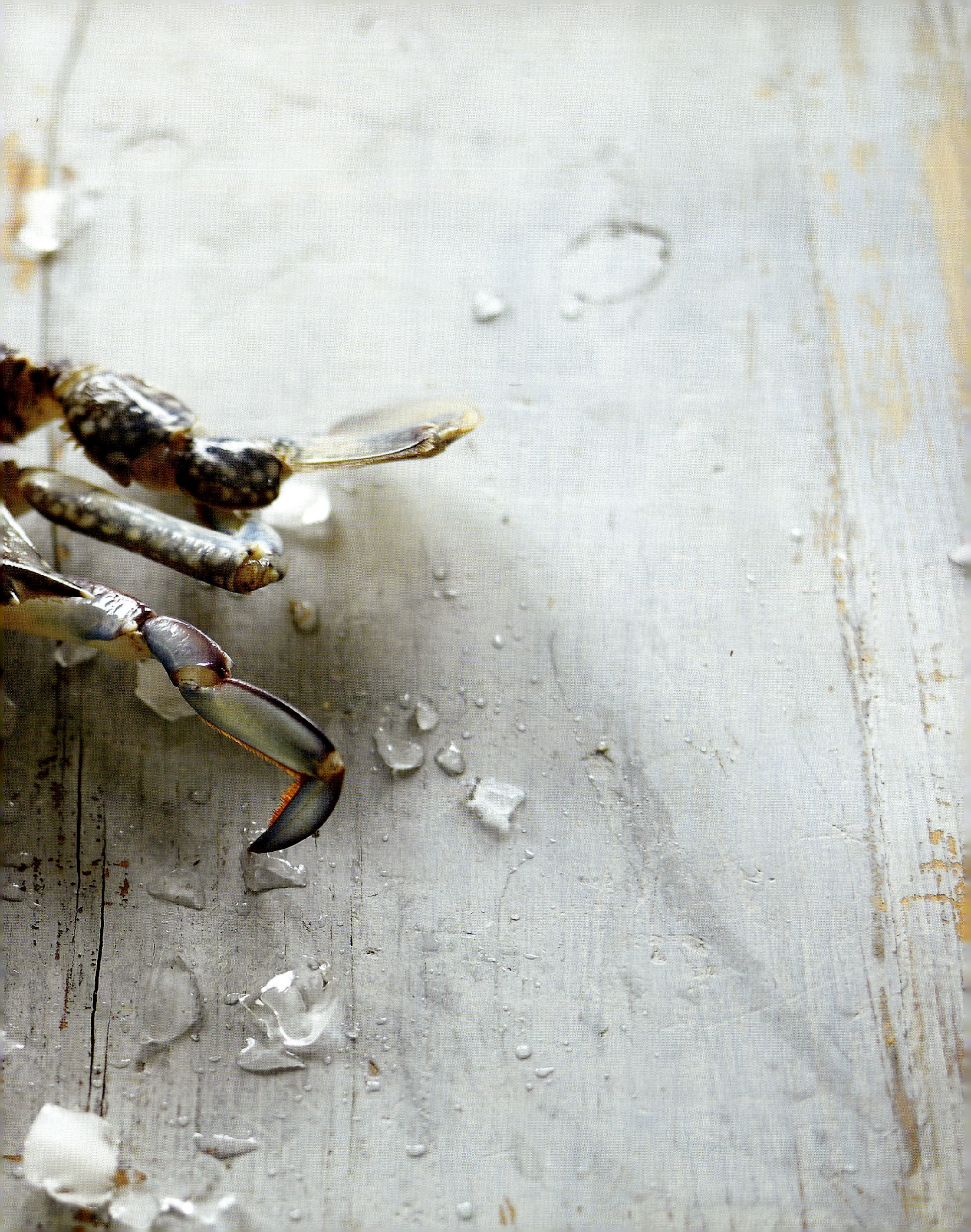

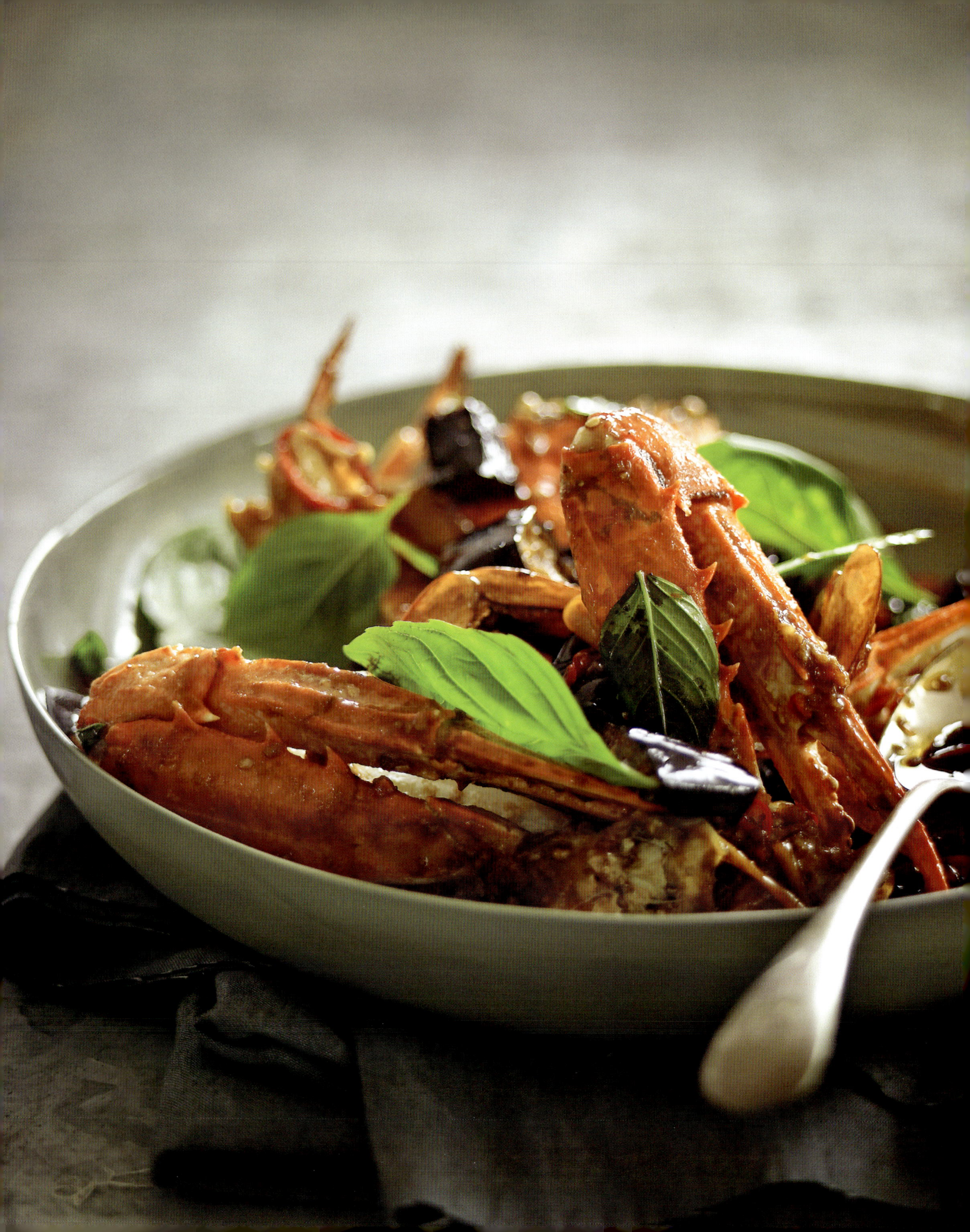

Ich koche sehr gern Krabben mit dem Wok, sie gehören zu meinen Lieblingsgerichten. Ganz gleich ob Mangrovenkrabben, Spannerkrabben, Schneekrabben oder Schwimmkrabben, sie alle schmecken hervorragend in einer asiatischen Sauce. Die Zubereitung ist ganz einfach: Sie frittieren das Krabbenfleisch zuerst portionsweise in Fett (wählen Sie eine bei Ihnen erhältliche Krabbenart wie Taschenkrebse), und garen sie dann in der Sauce fertig. Kaltes Bier passt immer dazu.

Krabben aus dem Wok mit Thai-Basilikum & Auberginen

FÜR 2 PERSONEN

3 frische Krabben (z. B. Taschenkrebse; vom Fischhändler töten lassen)
500 ml Pflanzenöl zum Frittieren
120 g Tapiokamehl
2 dünne Auberginen, in 5 cm große Würfel geschnitten
1 großer roter Chilischote, von Samen und Trennwänden befreit und in Streifen geschnitten
2 Knoblauchzehen, zerdrückt
2 EL Fischsauce (*nam pla*)
4 EL Austernsauce
4 EL süße Sojasauce (*ketjap manis*)
250 ml Gemüsebrühe
75 g Bambussprossen, in Scheiben geschnitten
1 große Handvoll Thai-Basilikum

Die Beine und Scheren der Krabben vom Körper abdrehen, mit einer Krabbenzange vorsichtig knacken und das Fleisch aus Scheren und Beinen herauslösen. Die Körper von der Unterseite mit einem Küchenbeil oder scharfem Messer aufschneiden. Die seitlich liegenden grauen Kiemen und den Magensack direkt hinter dem Mund entfernen, dabei die Krabben noch einmal kurz unter schwachem Wasserstrahl abspülen. Das weiße Fleisch aus dem Körper herauslösen. Das Fleisch in mundgerechte Stücke zupfen.

In einem Wok 400 ml des Öls erhitzen; die Krabbenstücke in einer großen Schüssel in dem Tapiokamehl wenden, sodass sie gleichmäßig bedeckt sind.

Die Krabben portionsweise in das heiße Öl gleiten lassen und 5 Minuten frittieren, herausheben und abtropfen.

Das restliche Öl in dem Wok erhitzen und die Auberginen pfannenrühren, bis sie goldgelb sind. Chili und Knoblauch zugeben, weitere 1–2 Minuten unter Rühren garen und die Krabbenstücke untermischen. Die Fischsauce, die Austernsauce, die süße Sojasauce, die Gemüsebrühe und die Bambussprossen zugeben und nach und nach unterrühren. Sobald die Sauce kocht, ist das Gericht servierfertig. Mit Thai-Basilikum bestreuen und sofort servieren.

Dieses Rezept aus Thailand ist genau das Richtige für einen geselligen Abend mit Freunden und Familie – es enthält Fleisch, frische Kräuter und Nudeln, ein wunderbar ausgewogener Salat, der jedermanns Geschmack trifft, ohne zu sehr zu sättigen.

Thai-Rindfleischsalat

FÜR 4 PERSONEN

Eine Pfanne oder eine Bratplatte erhitzen und mit etwas Olivenöl fetten. Salz und Pfeffer auf einer Arbeitsplatte mischen und das Filet rundherum gleichmäßig darin wenden. Das Fleisch bei hoher Temperatur von jeder Seite 4–5 Minuten braten, bis es rundherum gebräunt, im Kern aber noch blutig ist, je nach Geschmack können Sie es auch etwas stärker durchgaren. Vor dem Tranchieren 10 Minuten ruhen lassen.

Inzwischen die Nudeln in einer Schüssel mit kochendem Wasser übergießen und quellen lassen, bis sie weich sind. Abspülen und abtropfen lassen.

Für das Dressing den Ingwer, das Koriandergrün, den Knoblauch, die Chili, den Zucker, den Essig, die Sojasauce, das Zitronengras, das Sesamöl und das Olivenöl gründlich verrühren. Die Hälfte des Dressings über die Nudeln gießen.

Das Rinderfilet in dünne Scheiben schneiden. Die Nudeln auf eine Servierplatte geben, die Filetscheiben, die Frühlingszwiebeln und die Kräuter darauf verteilen und mit dem restlichen Dressing überziehen. Die Erdnüsse darüberstreuen, den Salat noch einmal durchheben und raumtemperiert oder gekühlt servieren.

Olivenöl zum Garen
3 EL Meersalz
3 EL schwarze Pfefferkörner, im Mörser zerstoßen
600 g Rinderfilet am Stück
100 g Reis-Vermicelli
3 Frühlingszwiebeln, schräg in feine Scheiben geschnitten
1 kleine Handvoll Thai-Basilikum
1 kleine Handvoll Minze
1 kleine Handvoll Koriandergrün
2 EL geröstete, gehackte Erdnüsse

DRESSING
2 EL fein gewürfelter Ingwer
2 EL fein gehacktes Koriandergrün
3 Knoblauchzehen, fein gehackt
1 große rote Chilischote, von Samen und Trennwänden befreit und fein gehackt
1 EL geriebener Palmzucker oder brauner Zucker
2 EL Reisessig
2 EL Sojasauce
1 EL fein gehacktes Zitronengras (nur das Weiße)
1 TL Sesamöl
3 EL bestes Olivenöl

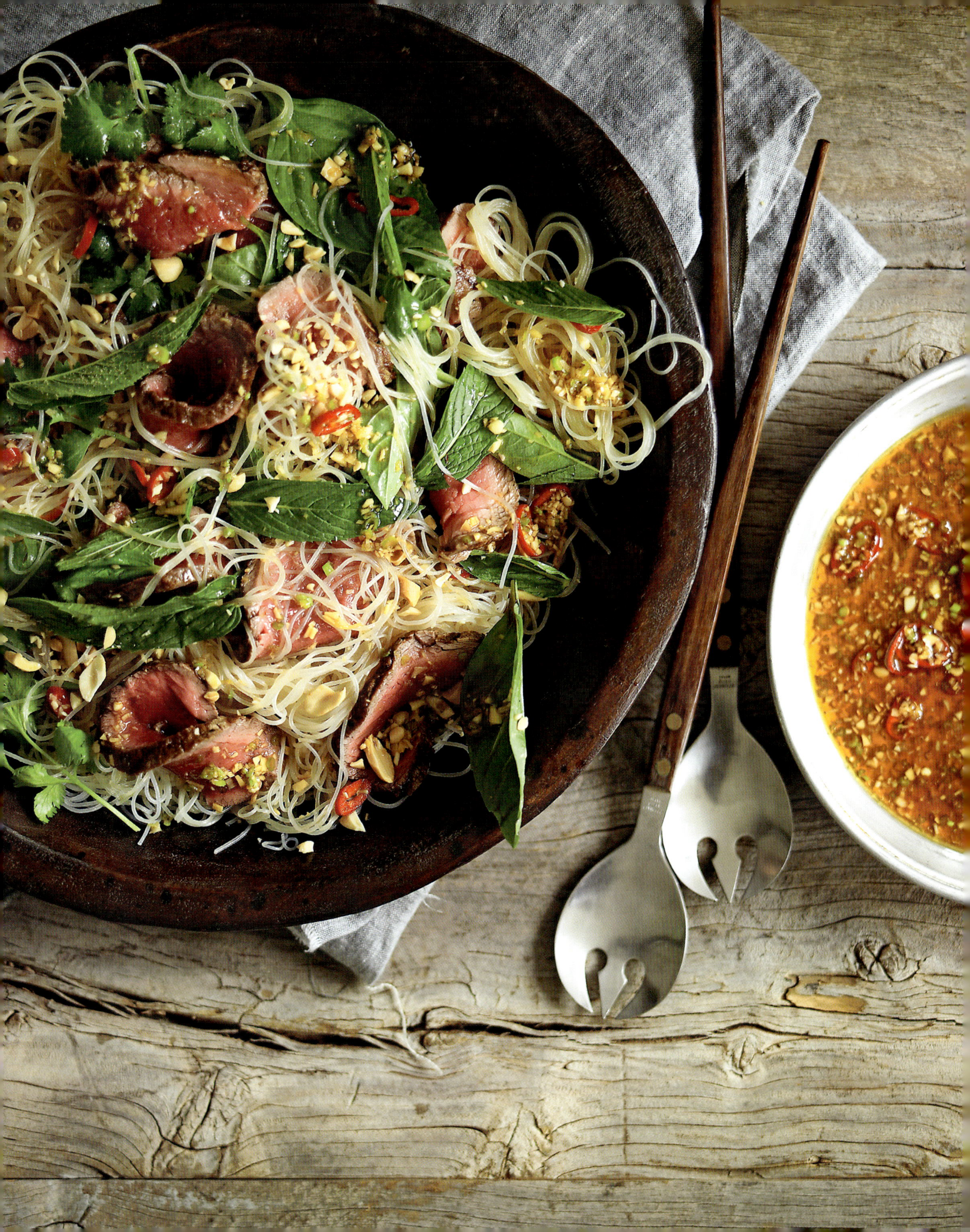

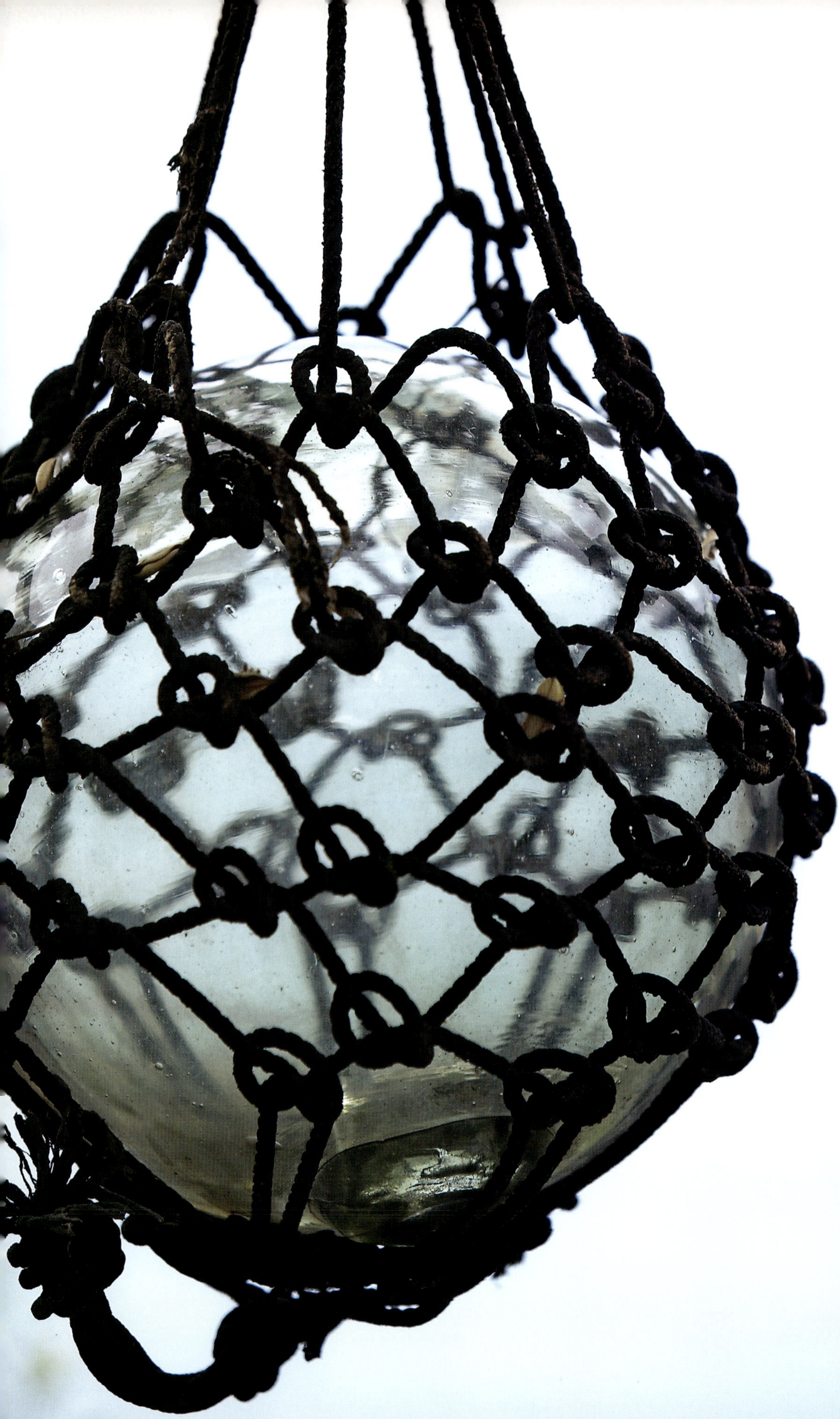

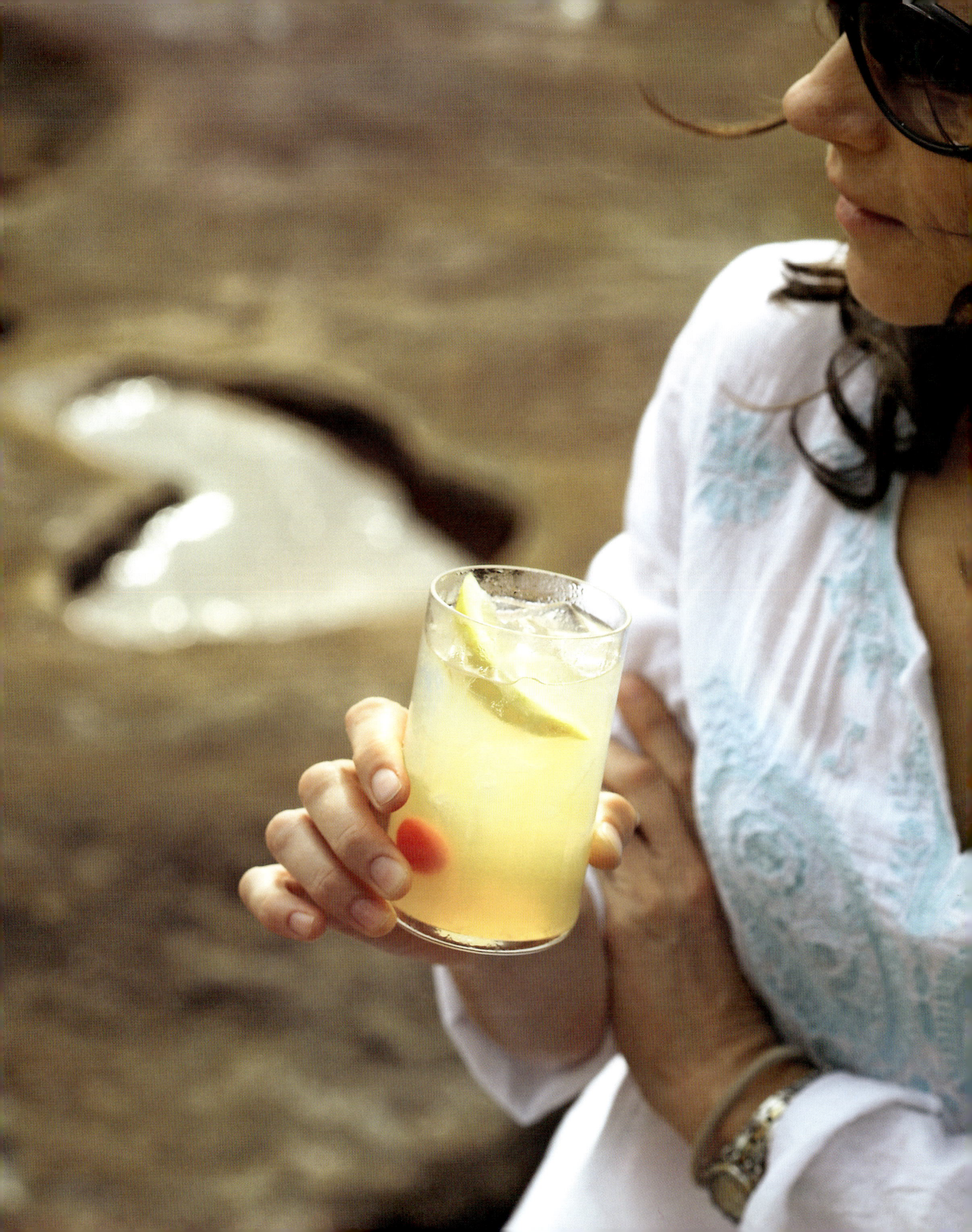

Die Bloody Mary ist ein Klassiker unter den Cocktails. Ob mit einem Hauch Meerrettich, Basilikum oder einer Extradosis Chili, es ist einer meiner Lieblingsdrinks – mit oder ohne Wodka. Außerdem ist die Bloody Mary eine wirksame Medizin gegen einen morgendlichen Kater oder als »Oyster Shot« – zusammen mit einer frischen Auster in einem Glas serviert – ein toller Auftakt für eine Party.

Bloody Mary
FÜR 4 PERSONEN

Für den Mary-Mix die Worcestersauce, den Tabasco, das Salz, den Pfeffer und den Meerrettich verrühren und ein Viertel der Mischung in einen Shaker geben. Je ein Viertel Wodka, Zitronen- und Tomatensaft hinzufügen, gut umrühren und über Eis in ein Glas füllen. Die restlichen Cocktails auf gleiche Weise zubereiten.

GLAS: Highball
GARNITUR: Den Rand der Gläser mit einer Limettenspalte befeuchten und dann in etwas zerstoßenen schwarzen Pfeffer und Steinsalz tauchen. Einen Stengel Staudensellerie oder Basilikumblätter hineingeben und servieren.

200 ml Wodka (Absolut Peppar – ein Wodka mit Chiliaroma – ist eine gute Wahl)
60 ml Zitronensaft
320 ml Tomatensaft

MARY-MIX
20 ml Worcestersauce
8 Tropfen Tabasco
3 Prisen Selleriesalz
2 Prisen Steinsalz
je 2 Prisen weißer und schwarzer Pfeffer
2 Prisen Cayennepfeffer
1½ TL frisch geriebener Meerrettich

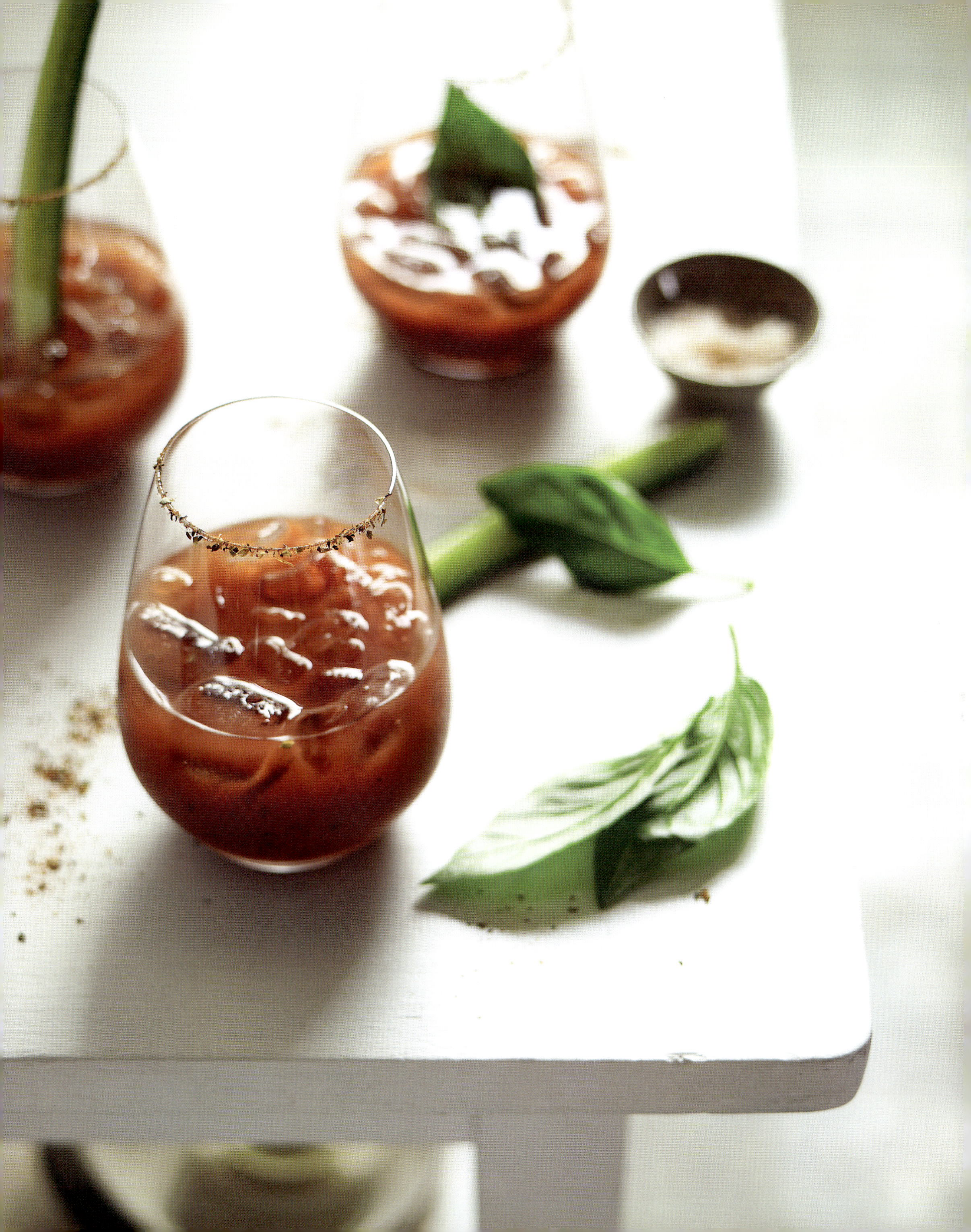

Ich bin sicher, jedes Kind auf dieser Welt liebt Himbeerlimonade – und manch Erwachsener ebenso. Und diese raffinierte Version mit Zitronensorbet und frischen Himbeeren wird auch den Rest überzeugen.

Himbeer-Zitronen-Mocktail

FÜR 4–6 PERSONEN

Das Zitroneneis, die Himbeeren, den Zitronensaft und den Zuckersirup im Mixer pürieren. In Gläser gießen, mit Sodawasser auffüllen und servieren.

GLAS: Rocks- oder Old-Fashioned-Tumbler
GARNITUR: Himbeeren

4 Kugeln Zitronensorbet
18 frische Himbeeren
80 ml Zitronensaft
40 ml Zuckersirup (siehe Anmerkung Seite 84)
40 ml Sodawasser

Sangria ist in Spanien ein Nationalgetränk. Traditionell wird sie aus Rotwein, Früchten, Orangensaft und einem Süßungsmittel zubereitet. Um ihr ein bisschen mehr Würze und Pfiff zu verpassen, haben wir dieser Sangria einen Schuss Cognac und ein paar Kräuter und Gewürze verordnet. Servieren Sie das Getränk auf Eis mit reichlich Früchten.

Sangria

FÜR 4–6 PERSONEN

Sämtliche Zutaten in einem Krug mischen, etwas durchziehen lassen und in Gläser füllen.

GLAS: Highball
GARNITUR: Frische Früchte, Zimtstangen, Sternanis und Minzezweige.

180 ml Rotwein
60 ml Cognac
60 ml Orangensaft
12 frische Himbeeren
12 Minzeblätter
2 Blutorangen, filetiert
1 rosa Grapefruit, filetiert
2 Zimtstangen
2 Sternanis

Für Bourbon-Fans ist dieser Drink genau der richtige Einstieg in die Welt der Cocktails. Sämtliche Zutaten gibt es im Supermarkt, und wenn Sie ihn mit Blutorangen oder Mandarinen noch ein wenig aufputzen, weiß auch der Nachbar, wer Chef im Ring ist.

Lynchburg Lemonade
FÜR 4–6 PERSONEN

180 ml Bourbon (z. B. Jack Daniel's)
60 ml Cointreau
40 ml Zitronensaft
40 ml Limettensaft
60 ml Zuckersirup (siehe Seite 84)
60 ml Sodawasser

Ein Viertel oder ein Sechstel der Zutaten, außer dem Wasser, in einen Boston-Shaker (zweiteiliger Shaker, bestehend aus Metallbecher und Mix-Glas) geben, Eis hinzufügen, kräftig schütteln und über Eis in ein Highball-Glas abseihen. Die restlichen Cocktails auf gleiche Weise zubereiten, mit Sodawasser auffüllen und servieren.

GLAS: Highball
GARNITUR: Limettenspalte und Maraschinokirsche

Egal, welche Zutaten Sie ins Glas füllen – Himbeeren machen sich ebenfalls sehr gut –, anschließend müssen Sie lediglich ein Stäbchen zum Verquirlen hineintauchen und zwischen den Händen drehen, damit sich die Zutaten vermischen.

Litschi-Swizzle
FÜR 4 PERSONEN

200 ml Wodka
40 ml Litschi-Likör
80 ml Litschisaft
60 ml Zitronensaft
20 ml Ingwersirup
   (siehe Anmerkung)

Ein Viertel der Zutaten in ein Glas füllen und zerstoßenes Eis zugeben. Zum Mixen einen Stängel Zitronengras eintauchen und zwischen den Handflächen hin und her drehen. Mit zerstoßenem Eis auffüllen, das Zitronengras darin lassen. Die restlichen Cocktails auf gleiche Weise zubereiten.

GLAS: Highball
GARNITUR: Zitronengras und halb geschälte Litschis
ANMERKUNG: Für den Ingwersirup 110 g Zucker mit 125 ml Wasser und 4 cm frisch geriebener Ingwerwurzel aufkochen und 5 Minuten garen. Durch ein Sieb abseihen und abkühlen lassen.

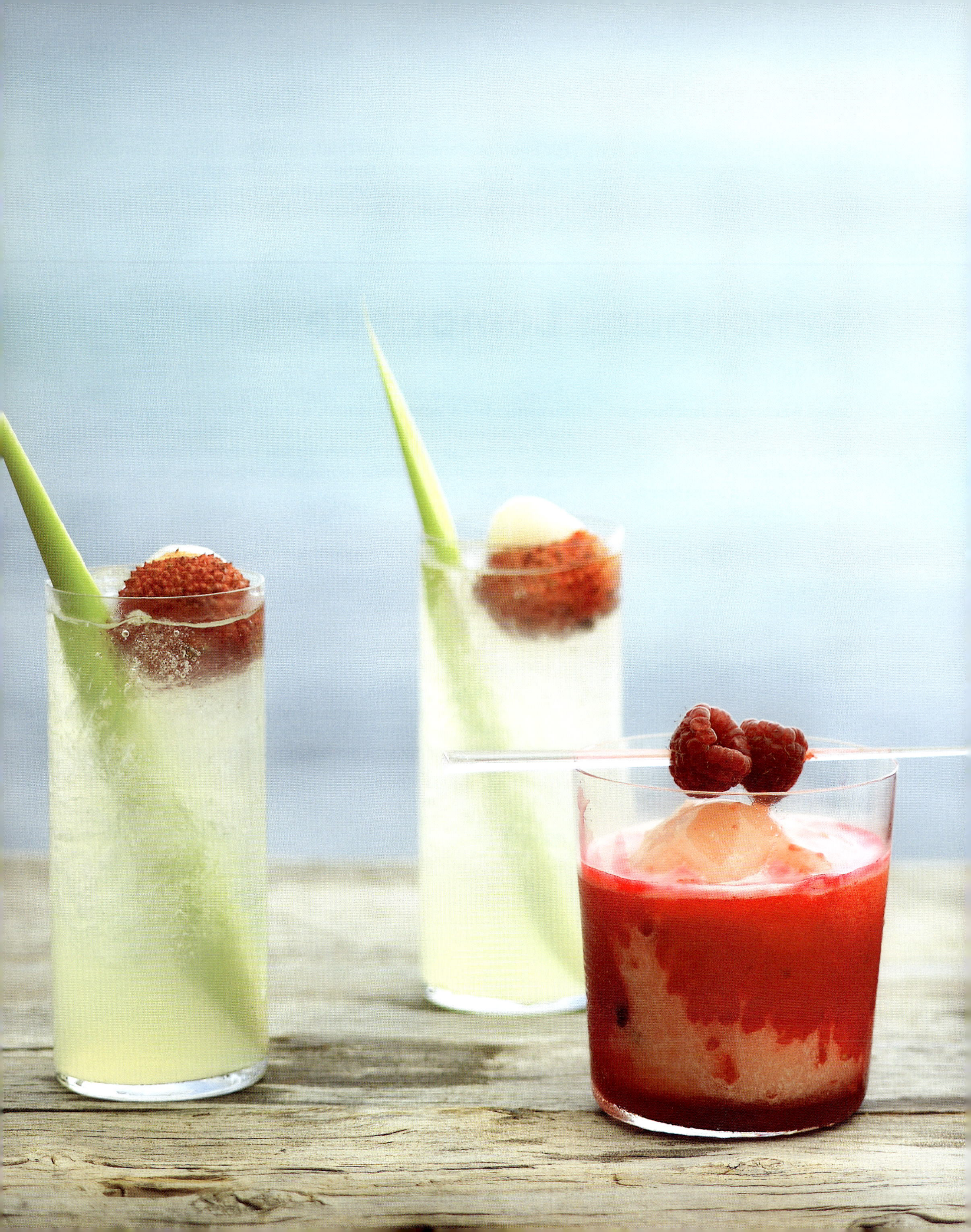

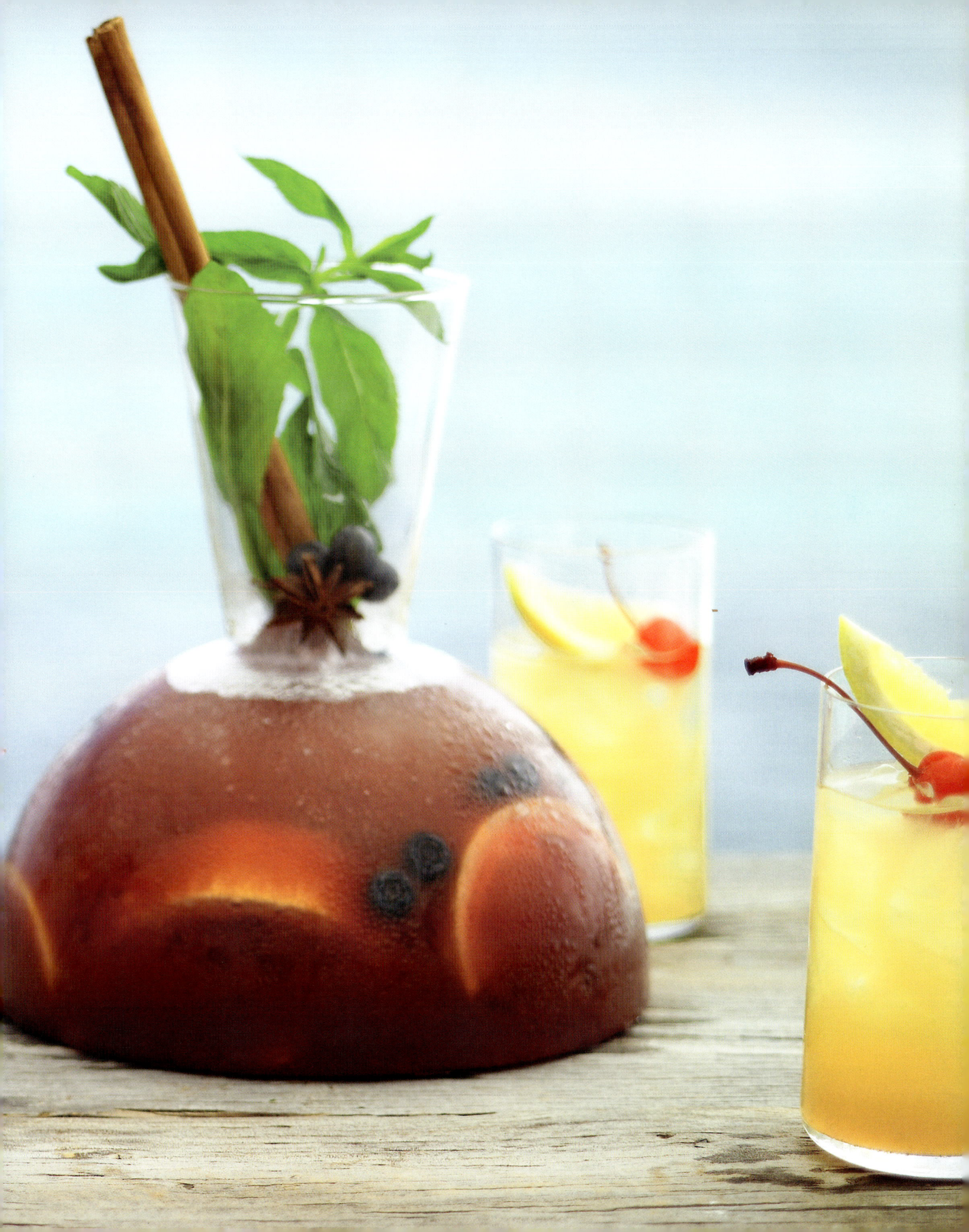

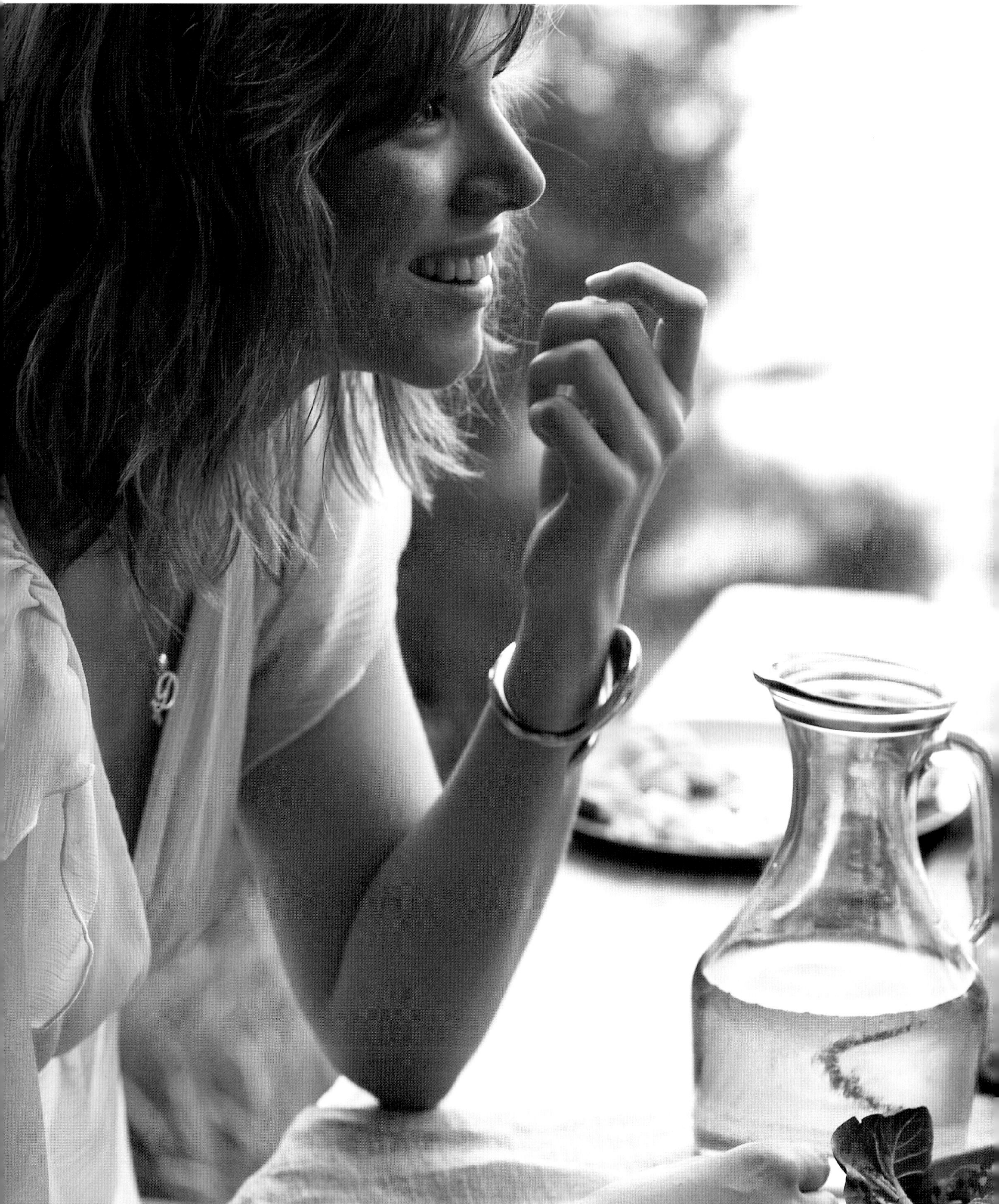

Am Abend

Wenn ich Leuten die Atmosphäre in meinem Restaurant *Hugos* am Bondi Beach beschreiben soll, spreche ich immer von »zwangloser Eleganz«. Und genau das war meine Absicht mit diesem Kapitel – einer entspannten Party einen Hauch von Raffinesse zu verleihen, mit Rezepten, die genauso mühelos realisierbar sind wie die der vorigen Kapitel. Okay, ein paar Gerichte für den ambitionierten Hobbykoch, der die Herausforderung liebt, sind natürlich auch dabei. Genießen Sie dazu einen meiner Cocktails oder eine gute Flasche Wein, und wenn sich der Abend dann neigt, werden Sie in rundum zufriedene Gesichter Ihrer Gäste blicken.

Ich habe erst kürzlich gelernt, wie man Austern fachgerecht öffnet – hätte ich es nur schon viel früher getan, denn, ob selbst geöffnet oder servierfertig gekauft, ist ein himmelweiter Unterschied, zumal eine geschlossene Auster noch lebt. Wenn Sie die Auster aufbrechen, sollte das Fleisch vollständig mit Flüssigkeit bedeckt sein, ein wunderbar aromatischer Saft. Bereits geöffnete Austern wurden in der Regel ausgespült, um Sand zu entfernen, und damit verschwindet natürlich auch dieser köstliche Saft. Lassen Sie sich also bei Gelegenheit einmal zeigen, wie man die Schalentiere aufbricht – am einfachsten geht es mit einem speziellen Austernmesser.

Austern mit Grapefruit, Minze & Chili

FÜR 4 PERSONEN

Die Schale von der Grapefruit mitsamt der weißen Haut abschneiden und die Filets aus den Trennwänden herausschneiden. Die Fruchtfilets in kleine Stücke schneiden, dabei austretenden Saft auffangen und beides in eine Schüssel geben.

Den Essig in einem kleinen Topf erwärmen und den Zucker unter Rühren darin auflösen; mit Salz und Pfeffer würzen. Vom Herd nehmen, das Olivenöl und die Grapefruitstücke mit ihrem Saft einrühren und abkühlen lassen. Die Minze und die Chili untermischen.

Die Austern mit je einem Löffel des Dressings überziehen, auf Eis anrichten und servieren.

1 rosa Grapefruit
3 EL Rotweinessig
1 EL Zucker
Salz und frisch gemahlener schwarzer Pfeffer
8 EL bestes Olivenöl
1 große Handvoll Minze, in ganz feine Streifen geschnitten
1 lange rote Chilischote, von Samen und Trennwänden befreit und fein gehackt
24 Austern, frisch geöffnet

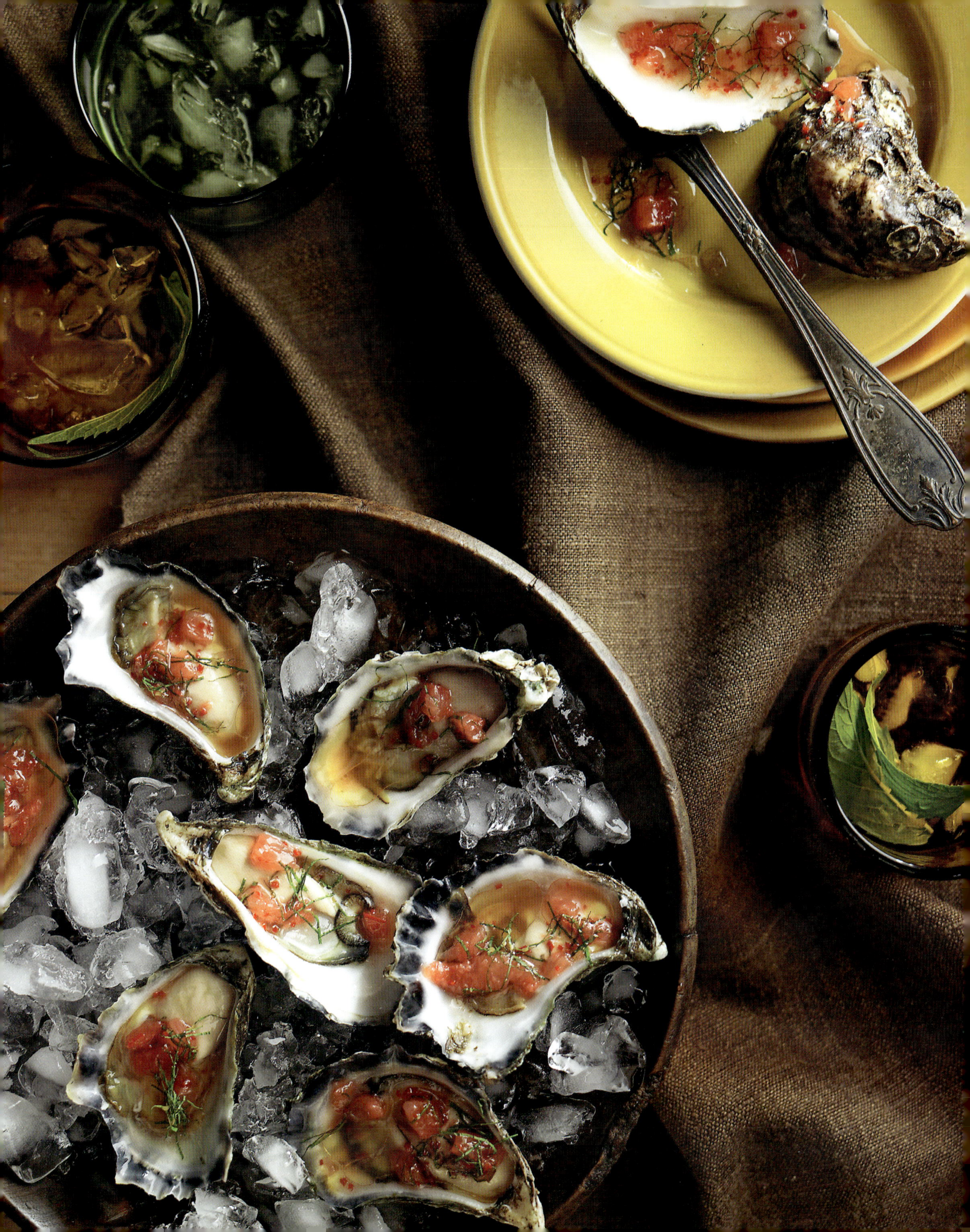

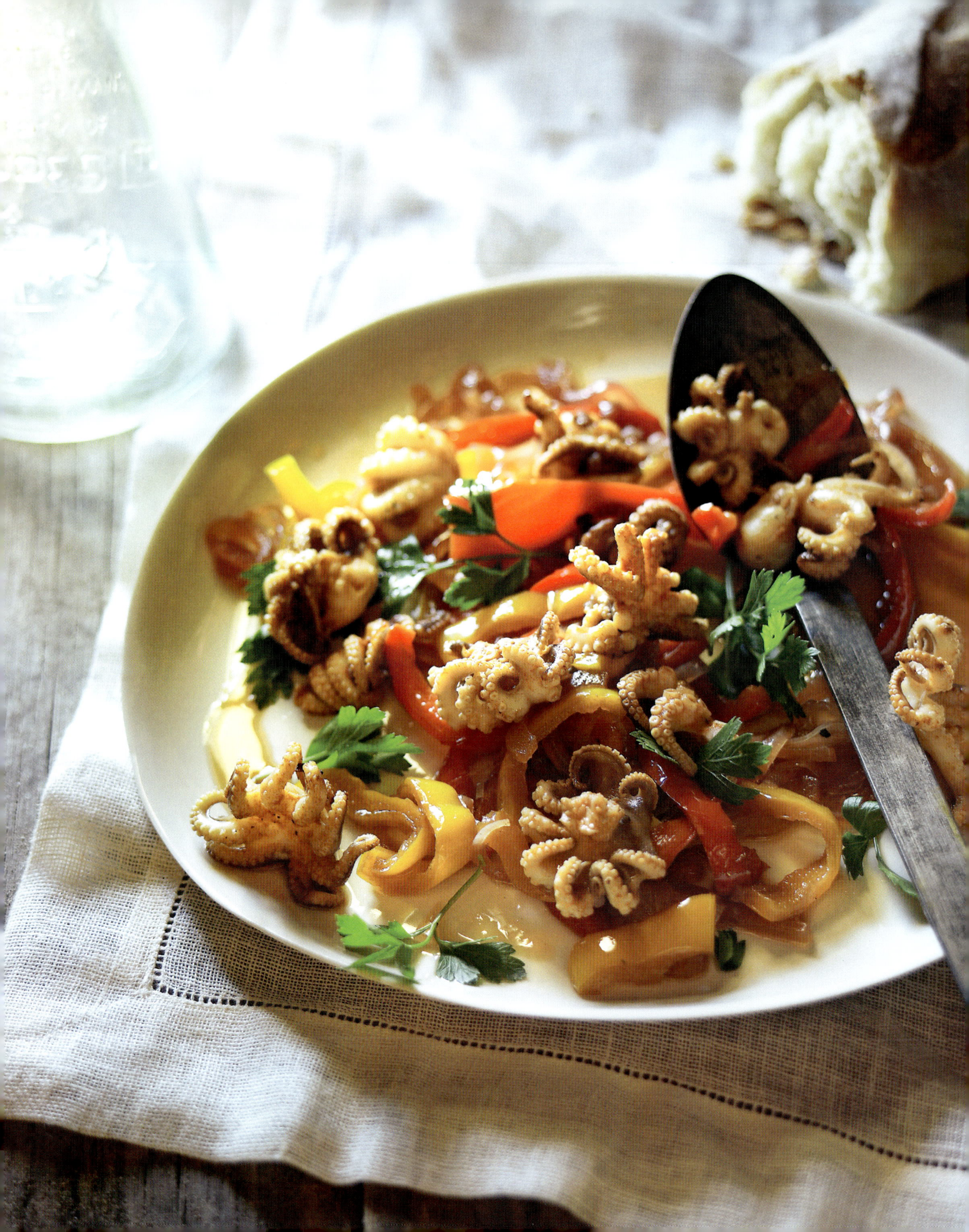

Dies ist eine typisch spanische Tapa, die Sie aber auch als Vorspeise oder eigenständige leichte Mahlzeit servieren können. Falls Sie keine Baby-Kraken essen möchten, nehmen Sie Sardinen oder Fisch oder Meeresfrüchte nach Vorliebe. Dazu empfehle ich Ihnen eine Aïoli und knuspriges Brot – und vergessen Sie den Sherry nicht.

Baby-Krake mit süßsauer eingelegter Paprika

FÜR 4 PERSONEN

600 g gesäuberte Baby-Kraken
125 ml bestes Olivenöl
1 EL geräuchertes Paprikapulver
  (*Pimentón de la Vera*)
Salz und frisch gemahlener schwarzer Pfeffer
Aïoli (Fertigprodukt) zum Servieren
knuspriges Brot zum Servieren

SÜSSSAUER EINGELEGTE PAPRIKA
125 ml bestes Olivenöl
2 rote Paprikaschoten, in Streifen geschnitten
2 gelbe Paprikaschoten, in Streifen geschnitten
1 rote Zwiebel, in Streifen geschnitten
100 ml Sherryessig
100 g brauner Zucker
1 Lorbeerblatt
1 große Handvoll glatte Petersilie

Die Kraken in einer Schüssel mit dem Olivenöl und dem geräucherten Paprika mischen und beiseitestellen.

Eine Pfanne mit schwerem Boden oder eine Bratplatte erhitzen. Für die eingelegten Paprika das Olivenöl in der Pfanne (wahlweise auf dem Grill oder auf dem Herd) stark erhitzen. Die Paprikaschoten mit der Zwiebel darin anbraten. Den Essig, den Zucker und das Lorbeerblatt zugeben und 20 Minuten behutsam schmoren. Die Mischung in einer Schüssel abkühlen lassen und die Petersilie untermischen.

Die Baby-Kraken etwas abtropfen lassen und bei starker Hitze von jeder Seite 1 Minute braten. Die Kraken mit Salz und Pfeffer würzen, mit dem süßsauren Paprikagemüse anrichten und mit Aïoli und knusprigem Brot servieren.

Ein Gericht, eingehüllt in ein Bananen- oder Bambusblatt, hat etwas ungemein Verlockendes. Es ist ein bisschen wie Weihnachten, wenn man in heller Vorfreude ein hübsch verpacktes Geschenk öffnet. Bambusblätter gibt es getrocknet oder frisch und vakuumverpackt im asiatischen Lebensmittelhandel. Die frischen sind für dieses Gericht besser geeignet, als Beilage bieten sich Reis und ein knackiger Salat an. Barramundi ist bei uns in Australien sehr populär. Falls Sie ihn auch tiefgekühlt nicht bekommen, können Sie stattdessen Kabeljau, Schwertfisch, Schnapper oder auch Rotbarsch nehmen.

Barramundifilet im Bambusblatt mit schwarzen Bohnen & Chili-Sambal

FÜR 4 PERSONEN

Die Bambus- oder Bananenblätter über Nacht wässern, damit sie nicht verbrennen.

Das Sambal oelek, die schwarzen Bohnen und die Austernsauce mischen. Je 2 Bambus- oder Bananenblätter über Kreuz legen, ein Stück Fisch in die Mitte setzen und mit der Sauce überziehen. Die vier Blattenden über der Füllung zusammenführen und mit einem Zahnstocher verschließen.

Den Backofen auf 160 °C vorheizen oder einen verschließbaren Grill anheizen. Die insgesamt acht Paketchen zugedeckt bei mittlerer bis hoher Temperatur etwa 5 Minuten garen, je nach Dicke der Filets auch etwas kürzer oder länger.

Anmerkung: Sollten Sie weder Bambus- noch Bananenblätter finden können, benutzen Sie stattdessen Pergamentpapier oder Alufolie.

- 16 Bambus- oder Bananenblätter
- 2 EL Sambal oelek (siehe Anmerkung Seite 140)
- 90 g gesalzene schwarze Bohnen aus der Dose (aus dem Asialaden), abgespült
- 4 EL Austernsauce
- 4 Barramundifilets ohne Haut, je etwa 200 g, halbiert

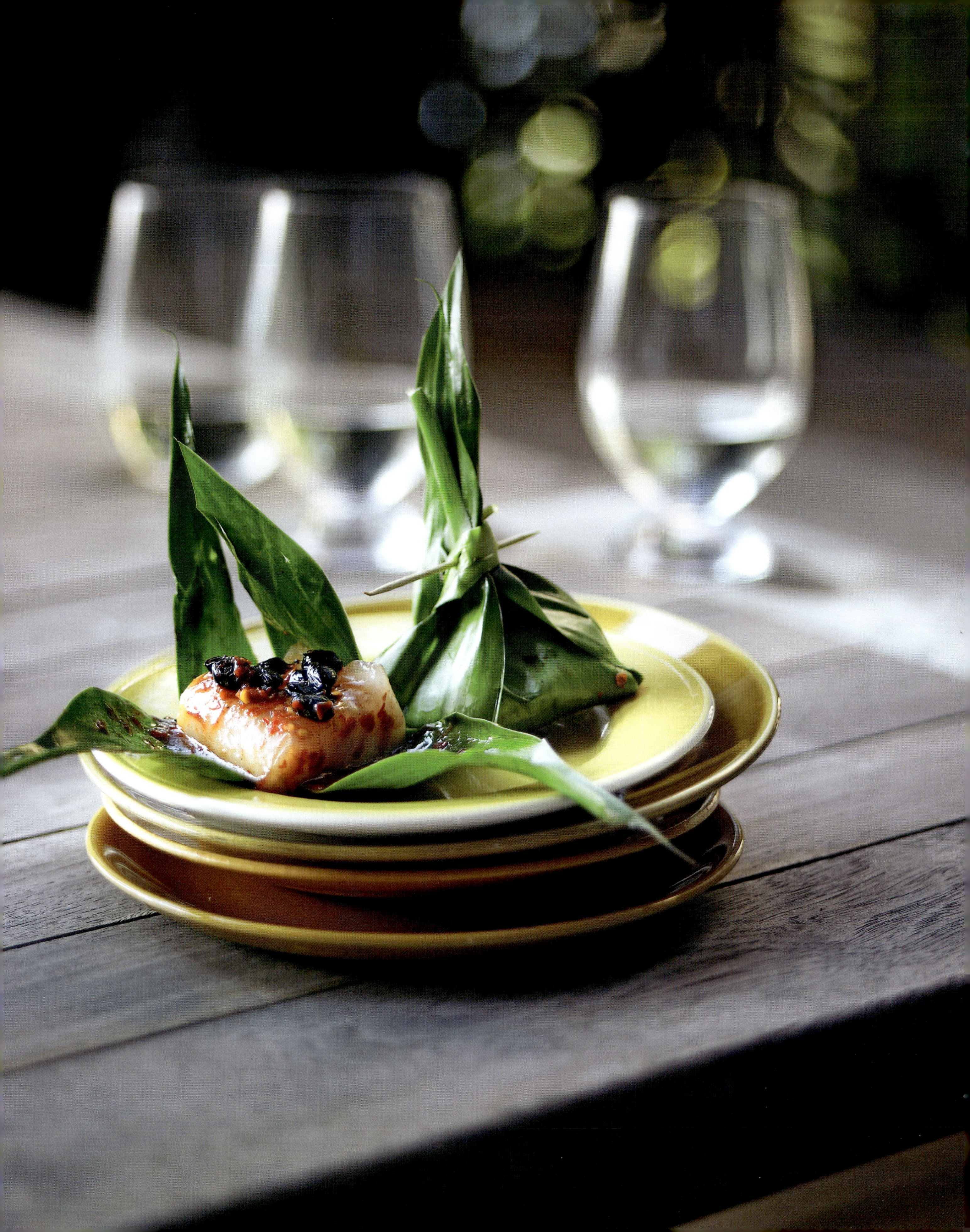

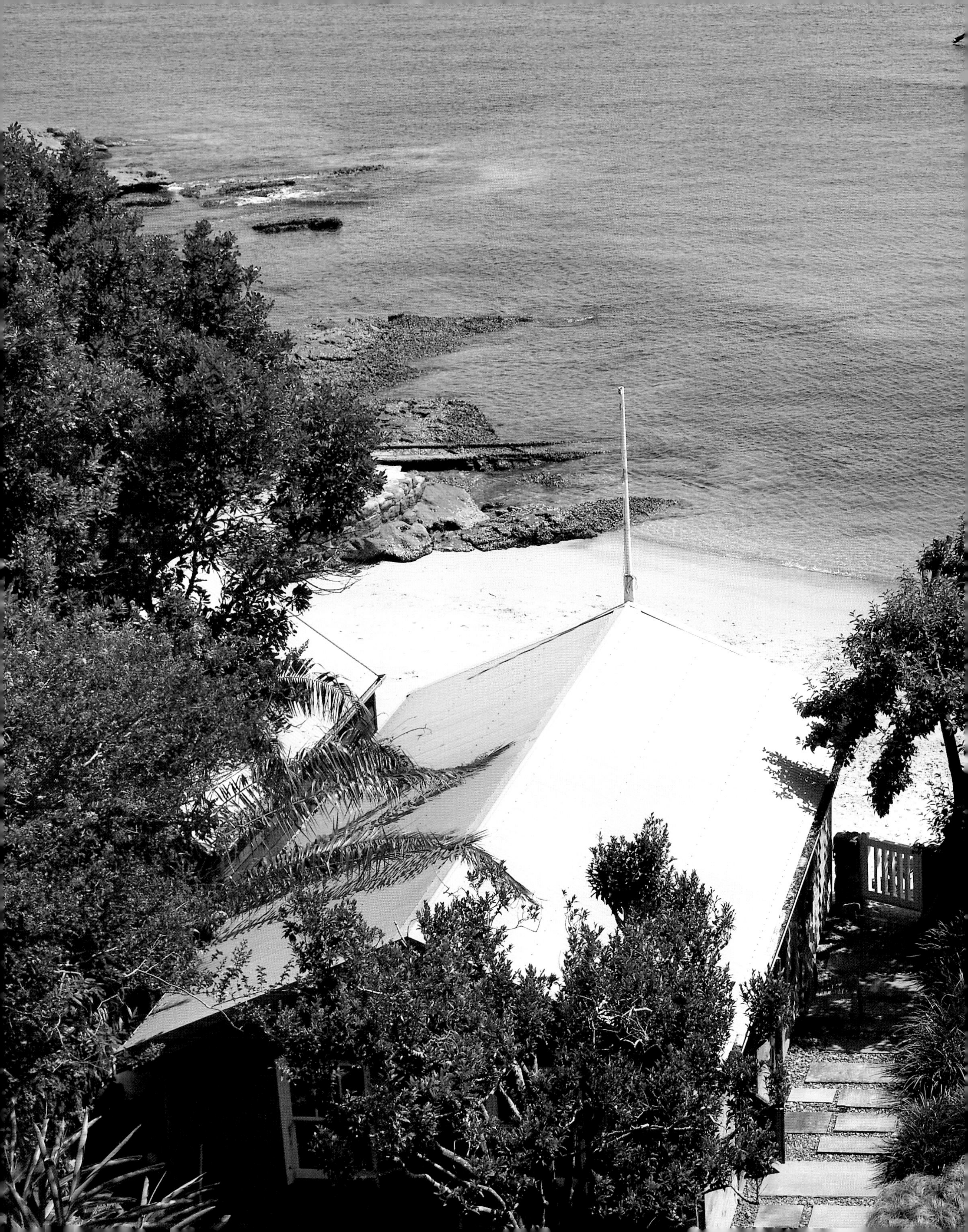

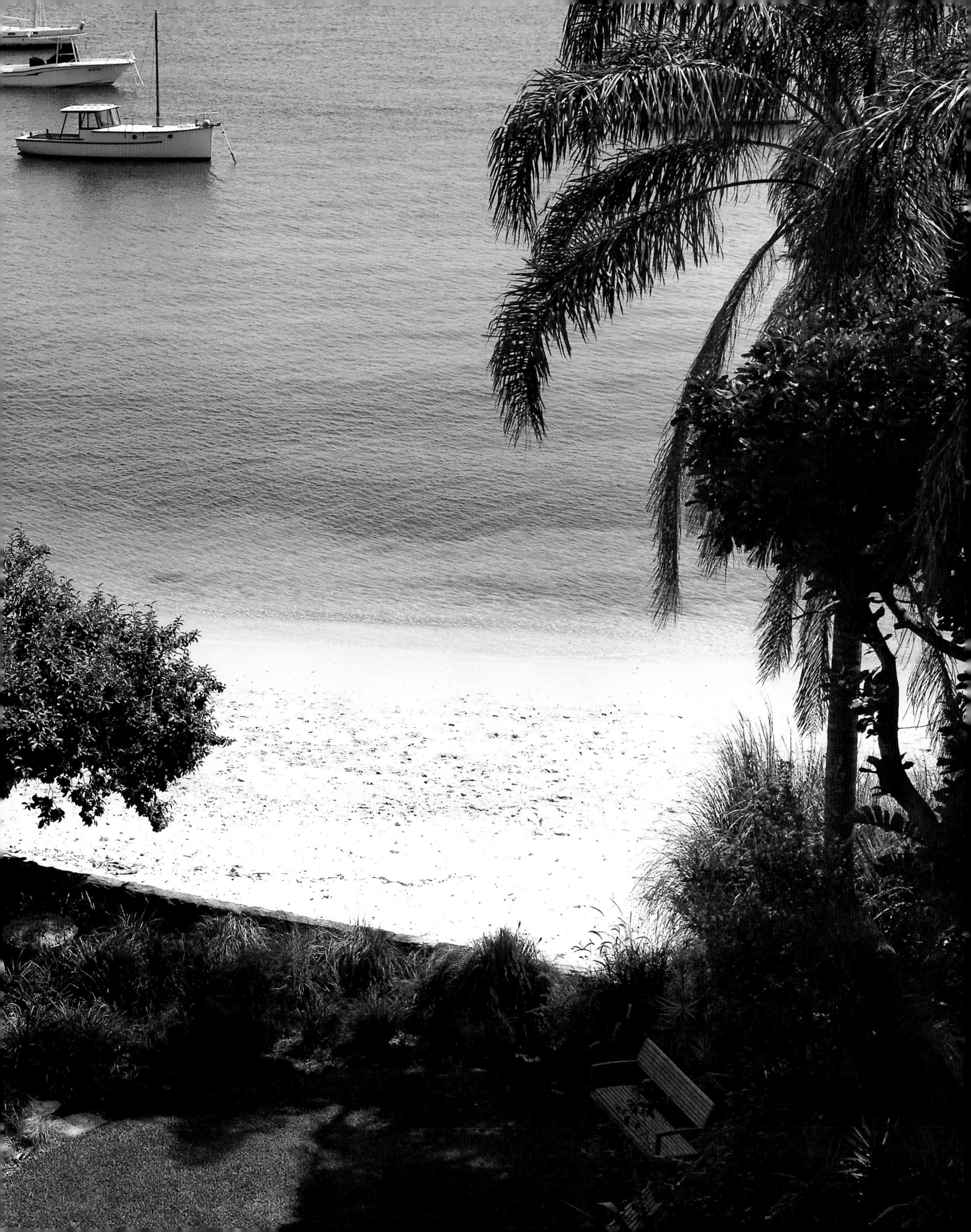

Ein bisschen Abwechslung vom Alltäglichen macht Spaß, vor allem, wenn das so einfach geht wie hier. Verwenden Sie nach Möglichkeit Koteletts von der Gelbschwanzmakrele, so bekommen Sie auch ein bisschen vom Bauchlappen ab – für mich das beste Stück dieses edlen Fischs, der in Japan unter dem Namen *hiramasa* erste Wahl für Sashimi ist. Alternativ können Sie auch Lachs nehmen und als weitere Variante können Sie die Koteletts unzerteilt servieren, statt sie zu zerpflücken. Für ein angenehm knuspriges Element sorgen der Knoblauch und die Mandeln.

Salat von Gelbschwanzmakrele mit Knoblauch und Mandeln

FÜR 4 PERSONEN

Sämtliche Zutaten für das japanische Dressing in einer nichtmetallenen Schüssel verrühren und beiseitestellen.

In einer Pfanne etwas Erdnussöl auf mittlere Temperatur erhitzen und den Knoblauch darin in einigen Minuten goldbraun und knusprig braten. Auf Küchenpapier abtropfen lassen.

Einen Grill anheizen oder eine Grillpfanne erhitzen. Die Fischkoteletts oder -filets mit dem restlichen Erdnussöl bestreichen, mit Salz und Pfeffer würzen und einige Minuten bei mittlerer Temperatur grillen (Filets zuerst mit der Haut nach unten), bis die eine Seite goldbraun ist. Wenden und in 1–2 Minuten von der anderen Seite fertig grillen, bis der Fisch auf den Punkt durchgegart ist.

Die Blattsalate mit der Minze, dem Koriandergrün, dem Lauch und der Chili in einer Schüssel vermengen. Das Dressing dazugießen und unterheben.

Den gegrillten Fisch zerpflücken, von den Gräten befreien, falls Koteletts verwendet werden, und auf dem Salat verteilen. Mit dem Knoblauch und den Mandeln bestreuen und servieren.

Anmerkung: Mizuna-Salat erhalten Sie bei manchen gut sortierten Gemüsehändlern oder in asiatischen Lebensmittelgeschäften. Er ähnelt im Geschmack dem Rucola, schmeckt aber milder. Sie können ihn durch junge Löwenzahnblätter ersetzen, oder Sie nehmen für dieses Rezept einfach etwas mehr Rucola und Frisée.

1 EL Erdnussöl
6 Knoblauchzehen, in dünne Scheiben geschnitten
4 Koteletts oder Filets von der Gelbschwanzmakrele oder vom Lachs, je etwa 200 g
Salz und frisch gemahlener schwarzer Pfeffer
2 große Handvoll junger Rucola
2 große Handvoll *mizuna* (japanischer Salat; siehe Anmerkung)
2 große Handvoll Frisée-Salat
1 kleine Handvoll Minze
1 Handvoll Koriandergrün
3 EL feine Lauchstreifen
1 milde gelbe Chilischote, von Samen und Trennwänden befreit und in dünne Streifen geschnitten
4 EL geröstete Mandelblättchen

JAPANISCHES SALATDRESSING
125 ml Traubenkernöl
90 ml japanischer Reisessig
2 TL Frühlingszwiebelröllchen (nur das Weiße)
2 TL Senf
2 TL helle Sojasauce
2 TL süßer Reiswein (*mirin*)
einige Tropfen Fischsauce (*nam pla*)
1 Prise Chilipulver

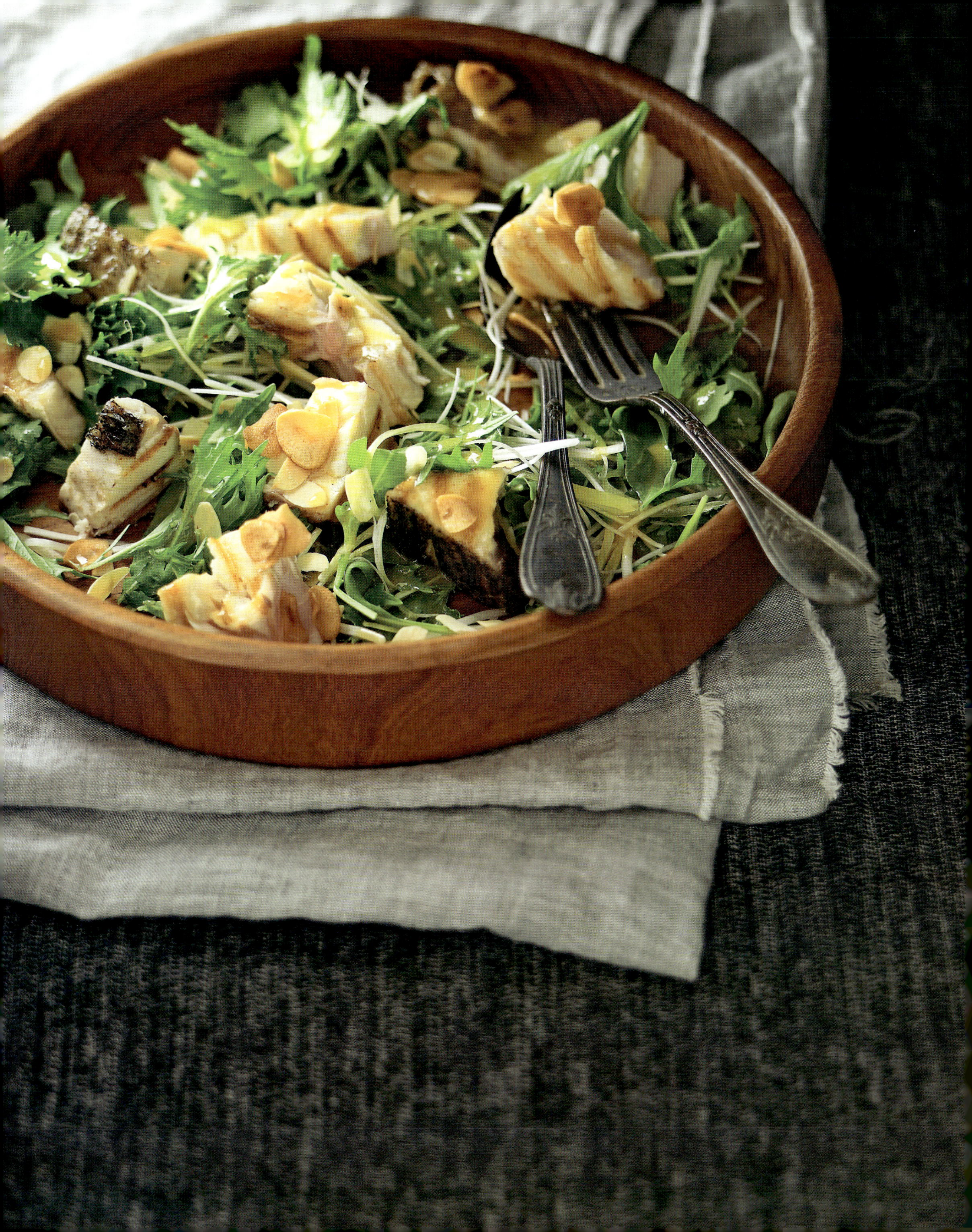

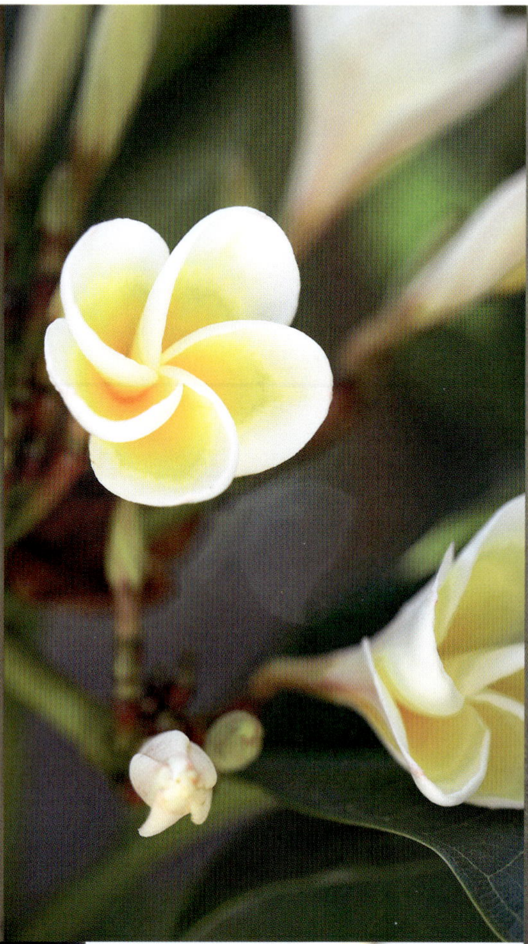
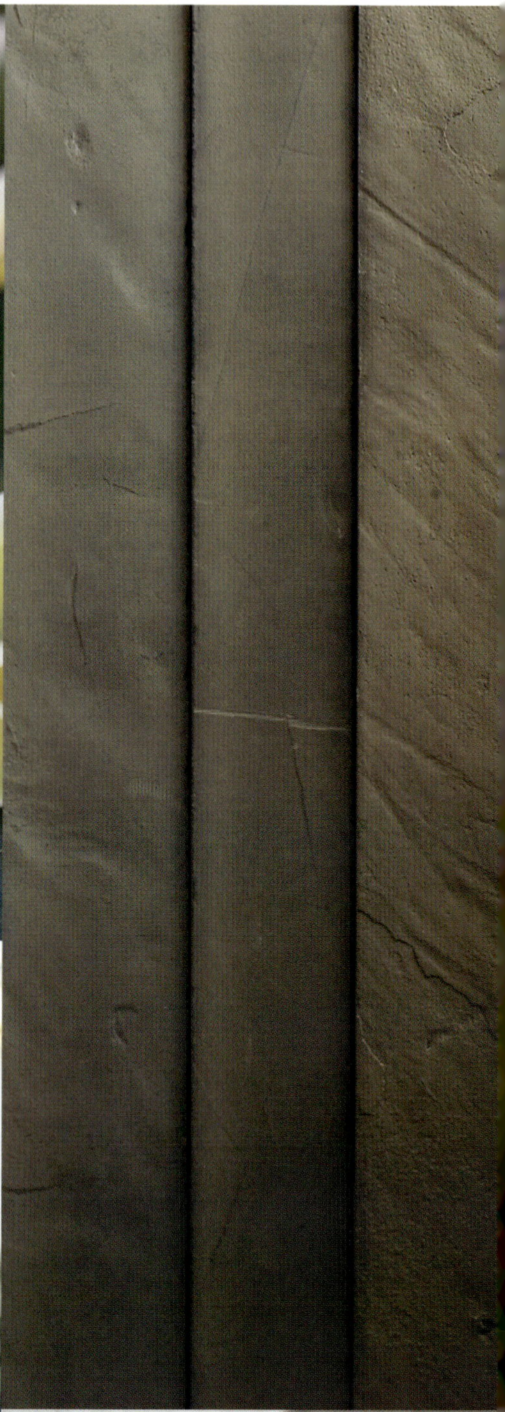
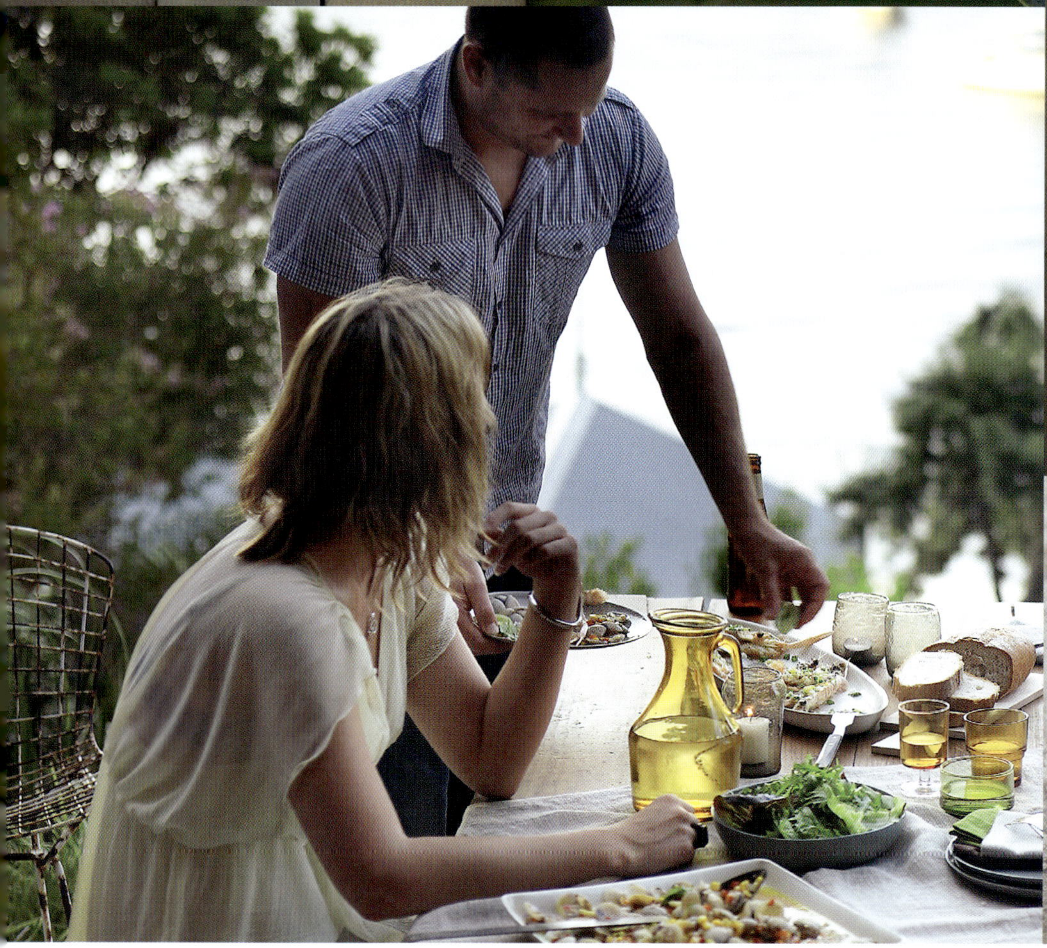
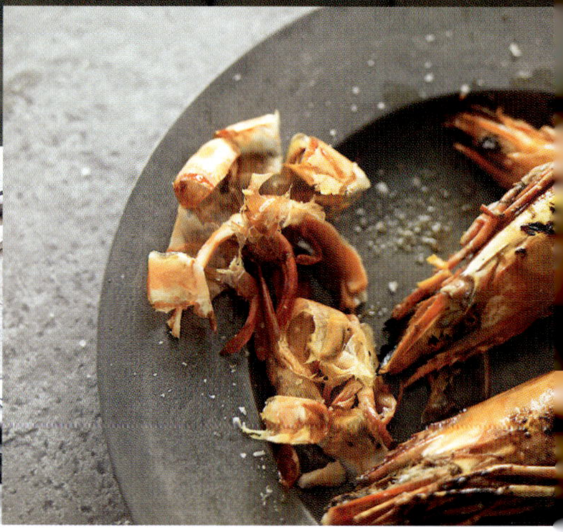

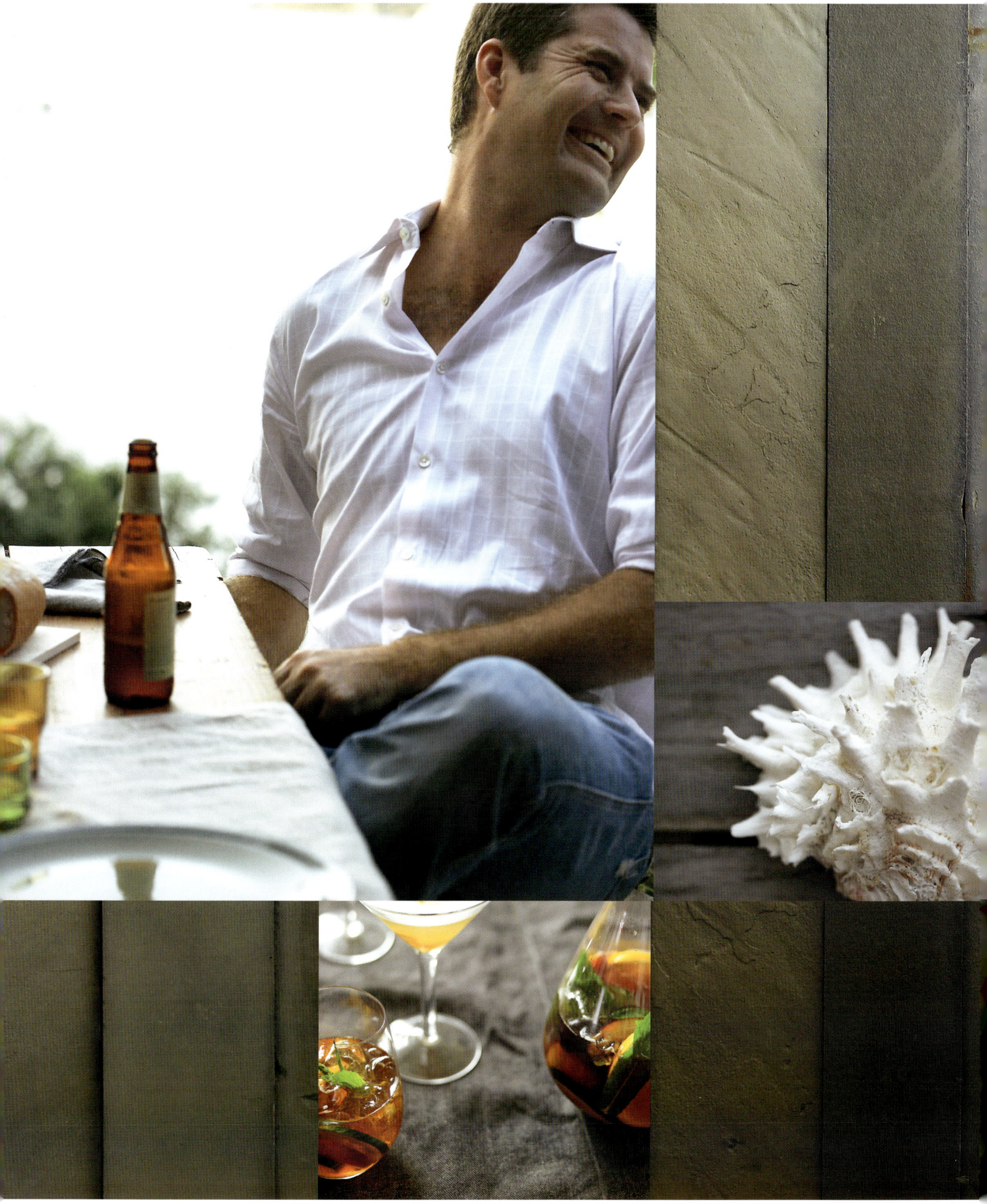

In die Sauce zu diesem Gericht könnte ich mich reinlegen. Sie passt zu jeder Art von Meeresfrüchten, doch ich mag sie am liebsten zum zarten Fleisch von Flusskrebsen. Eigentlich geht für mich nichts über Olivenöl, doch hier ist es die Butter, die die Sauce perfekt macht.

Flusskrebse mit Thymian-Orangen-Butter

FÜR 4 PERSONEN

Für die Thymian-Orangen-Butter den Orangensaft in einem Topf bei mäßig starker Hitze einkochen, bis nur noch etwa 2½ EL Flüssigkeit verblieben sind. Vollständig abkühlen lassen. Die Butter, die Orangenschale, den Zitronensaft, den Thymian, den Kerbel, den Fenchel und den Sambuca zugeben und unter Rühren nur leicht erwärmen, bis die Butter geschmolzen ist. Die Mischung im Mixer pürieren und mit Salz und Pfeffer würzen. Die Butter in Frischhaltefolie wickeln, zu einer dicken Wurst formen und im Kühlschrank fest werden lassen.

Die Flusskrebse mit einem schweren, scharfen Messer längs spalten und die Eingeweide aus dem Kopfteil herauslösen, die Krebse abspülen.

Eine Pfanne oder eine Bratplatte erhitzen. Die Flusskrebse mit der Fleischseite nach unten einige Minuten braten, bis sie gerade durchgegart sind. Gleichzeitig die Zitronenspalten erwärmen.

Die Krebsschwänze auf einer Platte anrichten, mit der Thymian-Orangen-Butter bestreichen und mit den Zitronenspalten servieren.

12–16 frische Flusskrebse (je nach Größe; vom Fischhändler töten lassen)
1 Zitrone, in Spalten geschnitten

THYMIAN-ORANGEN-BUTTER
500 ml Orangensaft
250 g Butter, gewürfelt
fein abgeriebene Schale von 1 Bio-Orange
Saft von 2 Zitronen
½ Bund Zitronenthymian, gehackt
1 Bund Kerbel, gehackt
1 TL gemahlene Fenchelsamen
45 ml Sambuca (italienischer Anisschnaps)
Salz und frisch gemahlener schwarzer Pfeffer

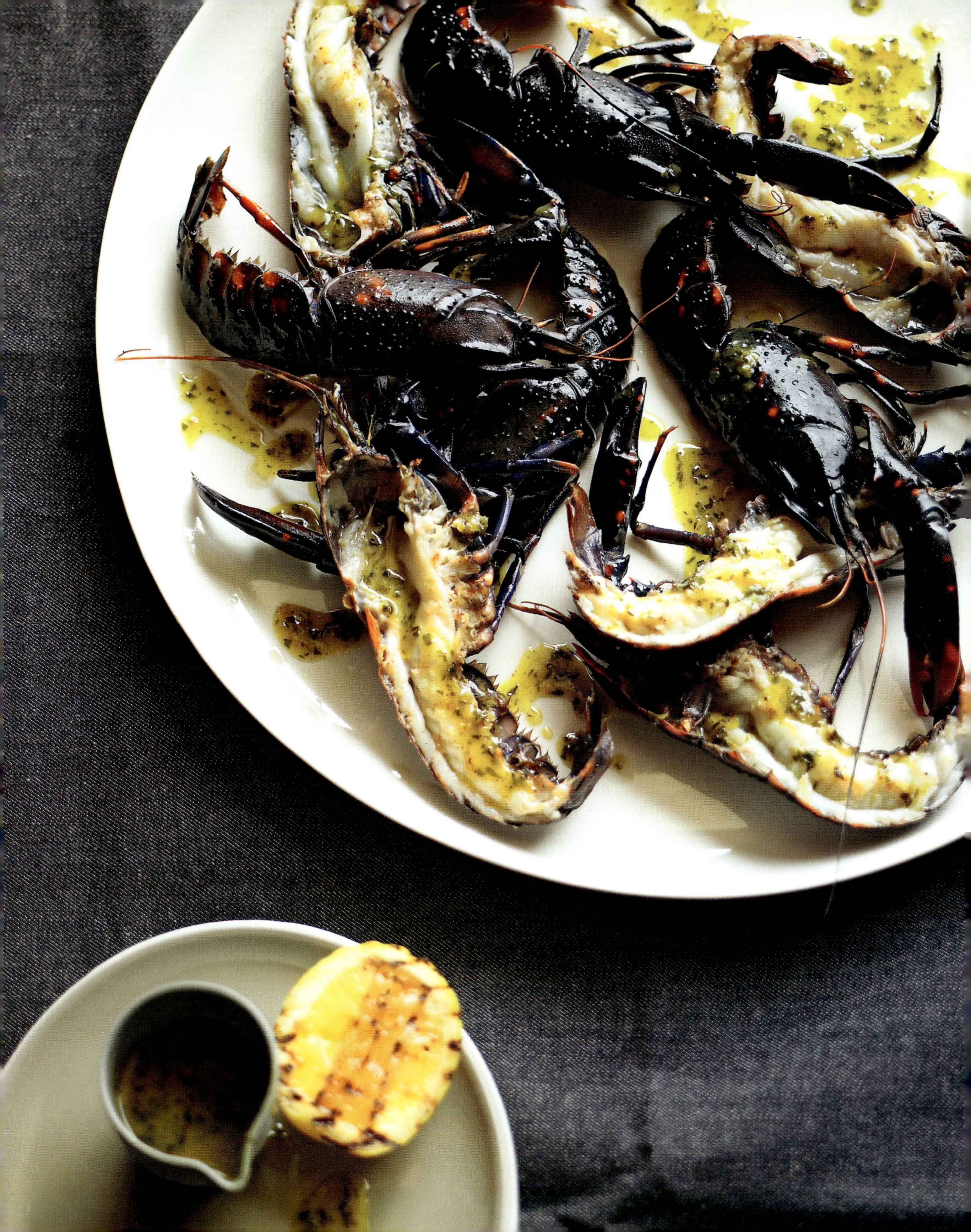

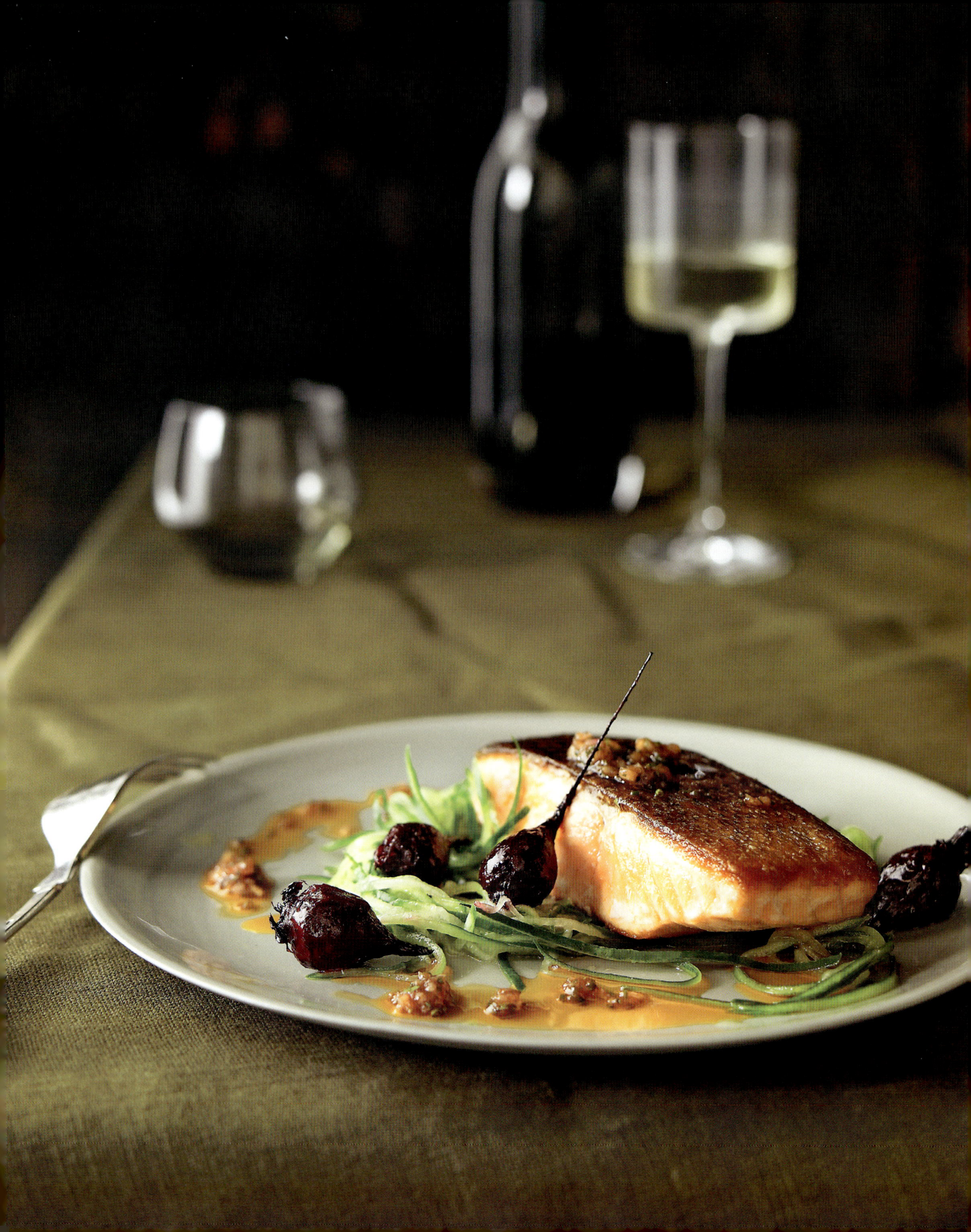

Vor etlichen Jahren hatten wir dieses Gericht als Spezialität auf der Karte. Mein damaliger Chefkoch Simon Fawcett kreierte dieses Rezept – mit Ketchup. Ich hielt das zuerst für einen Scherz, immerhin waren wir ein preisgekröntes Restaurant! Doch als ich überrascht feststellte, wie gut es mit dem Fisch und dem Salat harmonierte, änderte ich meine Meinung. Ich kombiniere die Sauce mit allem Möglichen, von Seafood bis zu Würsten.

Lachs mit Gurkenspaghetti und Tomatendressing

FÜR 4 PERSONEN

16 kleine rote Beten
2 Salatgurken, gewaschen und mit dem Kartoffelschäler in feine, lange Streifen geschnitten
250 ml Orangensaft
60 ml Pernod
4 Lachsfilets mit Haut, je etwa 180 g
Olivenöl zum Garen

TOMATENDRESSING
2 Schalotten, fein gewürfelt
2 EL feine Schnittlauchröllchen
1 EL fein gehackter Kerbel
2 EL gehackte Petersilie
250 ml bestes Olivenöl
50 ml Rotweinessig
100 ml Ketchup
einige Tropfen Tabasco
1 Spritzer Worcestersauce
Salz und frisch gemahlener schwarzer Pfeffer

Den Backofen auf 180 °C vorheizen. Die roten Beten einzeln in Alufolie wickeln und 30–40 Minuten garen, bis sie weich sind. Abkühlen lassen und schälen.

Für die Gurkenspaghetti die Gurkenstreifen in einer Schüssel mit dem Orangensaft, dem Pernod und 1 Prise Salz mischen und 20 Minuten marinieren. Abtropfen lassen.

Für das Dressing die Schalotten, die Kräuter, das Olivenöl, den Essig, den Ketchup, den Tabasco und die Worcestersauce verrühren und mit Salz und Pfeffer abschmecken.

Die Lachsfilets mit etwas Olivenöl bestreichen und mit der Haut nach unten 4 Minuten in einer vorgeheizten Grillpfanne (oder einer normalen Bratpfanne) braten, bis sie goldbraun und knusprig sind. Wenden und weitere 3 Minuten garen, sodass sie im Kern noch leicht roh sind. Auf einen Teller legen und einige Minuten ruhen lassen.

Die roten Beten mit etwas Öl beträufeln und 1–2 Minuten braten.

Die Gurkenspaghetti auf der Mitte von vier Tellern verteilen und mit dem Dressing umträufeln. Die Lachsfilets darauf platzieren, mit der roten Bete garnieren und servieren.

Wenn Sie die Zutaten erst einmal beisammen haben, ist dieses Gericht im Handumdrehen fertig. Chipotle-Chilischoten in Adobo-Sauce bekommen Sie im Internethandel oder in Feinkostläden mit Tex-Mex-Produkten. Sie sind höllisch scharf und haben ein rauchiges Aroma – also vorsichtig sein und ausreichend Bier kalt stellen!

Jakobsmuscheln in der Schale mit Chipotle-Koriander-Butter

FÜR 4 PERSONEN ALS VORSPEISE

Vergewissern Sie sich, dass die Jakobsmuscheln frei von Sand sind und der seitlich rund um das weiße Nüsschen verlaufende Muskel entfernt wurde.

Die Butter cremig rühren, das Koriandergrün, den Limettensaft, den Knoblauch und die Chili zugeben und gründlich verrühren. Auf jede Jakobsmuschel 2 Teelöffel der Butter geben und mit Salz und Pfeffer würzen.

Eine Pfanne oder eine Bratplatte erhitzen. Die Muscheln in der Schale bei hoher Temperatur zugedeckt 4–5 Minuten garen, bis die Butter schäumt und das Muschelfleisch gerade durchgegart ist.

20 Jakobsmuscheln in der Unterschale, gesäubert
200 g weiche Butter
1 große Handvoll Koriandergrün, fein gehackt
Saft von 4 Limetten
2 Knoblauchzehen, zerstoßen
1 EL Chipotle-Chilischoten in Adobo-Sauce, fein gehackt
Salz und frisch gemahlener schwarzer Pfeffer

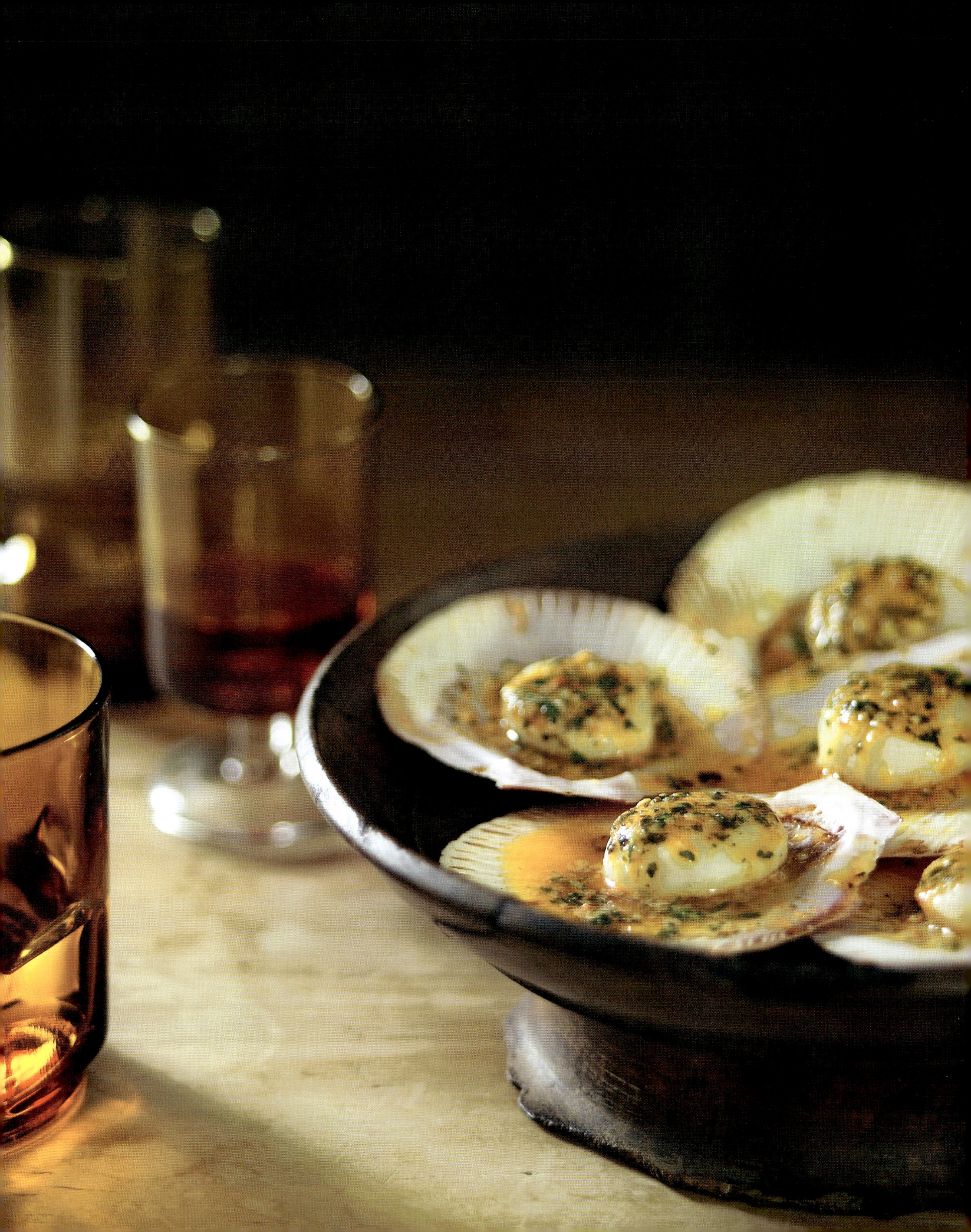

Ob Venusmuscheln, Miesmuscheln, Herzmuscheln oder Clams, sie alle schmecken hervorragend und sind nicht einmal teuer – das ideale Fingerfood auf einer zwanglosen Party und dennoch etwas Besonderes, das es nicht alle Tage gibt. Das Tolle daran ist, dass sie die Salsa vorbereiten können und nach dem Eintreffen der Gäste nur noch im Topf garen müssen.

Venusmuscheln mit Mais-Chili-Salsa

FÜR 4 PERSONEN

Die Venusmuscheln in einer Schüssel mit kaltem Wasser bedecken und über Nacht in den Kühlschrank stellen, damit sie ihren Sand abgeben.

Eine Pfanne erhitzen und den Backofen auf 200 °C vorheizen. Für die Salsa den Mais mit etwas Öl bestreichen und bei mittlerer Temperatur 5–10 Minuten braten, regelmäßig wenden. Die Maiskörner mit einem Messer von den Kolben lösen.

Inzwischen die Paprikaschote im Backofen rundherum 15–20 Minuten rösten, bis sich die Haut schwarz färbt. Die Schote etwas abkühlen lassen, enthäuten und halbieren. Das Fruchtfleisch von Samen und Stielansatz befreien und fein würfeln.

Die Maiskörner, die Paprikawürfel, die Zwiebeln, die Chilischoten und das Koriandergrün in einer Schüssel mischen. Den Limettensaft, den Tequila und das Olivenöl zugeben und mit Salz und Pfeffer würzen.

Die Venusmuscheln in ein Sieb geben und gut mit kaltem Wasser abspülen und zusammen mit der Salsa in einen großen Topf geben. Die Muscheln bei mittlerer Temperatur etwa 10 Minuten garen, bis sich die Muscheln geöffnet haben. Muscheln, die sich nicht öffnen, wegwerfen. Mit knusprigem Brot zum Auftunken der leckeren Sauce servieren.

2 kg Venusmuscheln
4 Maiskolben, etwa 20 Minuten in Salzwasser vorgekocht
Pflanzenöl zum Bestreichen
1 rote Paprikaschote
1 rote Zwiebel, fein gehackt
2 Jalapeño-Chilischoten
1 große Handvoll Koriandergrün
Saft von 8 Limetten
100 ml Tequila
250 ml bestes Olivenöl
Salz und frisch gemahlener schwarzer Pfeffer
knuspriges Brot zum Servieren

Wenn Sie einmal richtig Eindruck schinden wollen, liegen Sie mit den Scampi – auch Kaisergranat genannt – goldrichtig. Sollten Sie keine Scampi finden, können Sie auch Riesengarnelen, Hummer oder Languste nehmen. Am besten schmecken die Krustentiere schlicht gebraten und mit Knoblauch-Kräuter-Butter serviert, doch wenn es mal etwas mehr hermachen soll, versuchen Sie es mit diesem einfachen Dressing aus jungen Kokosnüssen, Mangos und Limettensaft.

Gebratene Scampi mit Mango-Kokos-Dressing

FÜR 4 PERSONEN

2 junge Kokosnüsse (beim Gemüsehändler vorbestellen)
2 Mangos
200 ml Kokoscreme (*creamed coconut*; aus dem Asialaden)
1 lange grüne Chilischote, von Samen und Trennwänden befreit und fein gehackt
Saft von 4 Limetten
1 EL Fischsauce (*nam pla*)
6 Frühlingszwiebeln, in Scheiben geschnitten
20 Scampi
Salz und frisch gemahlener schwarzer Pfeffer

Die Kokosnüsse mit einem Küchenbeil öffnen – die noch jungen Nüsse sind etwas widerspenstiger als die ausgereiften Früchte, also lassen Sie Vorsicht walten oder bitten Sie Ihren Händler, die Nüsse für Sie zu öffnen. Das zarte Fruchtfleisch herauslöffeln und fein würfeln.

Die Mangos schälen, fein würfeln und in eine große Schüssel geben. Das Kokosfleisch, die Kokoscreme, die Chili, den Limettensaft, die Fischsauce und die Frühlingszwiebeln untermischen.

Eine Pfanne oder eine Bratplatte erhitzen. Die Scampi längs spalten und den längs des Rückens verlaufenden schwarzen Darm herausziehen. Mit Salz und Pfeffer würzen und bei mittlerer Temperatur einige Minuten braten, bis das Fleisch nicht mehr durchscheinend und auf den Punkt gar ist. Mit dem Mango-Kokos-Dressing beträufeln und sofort servieren.

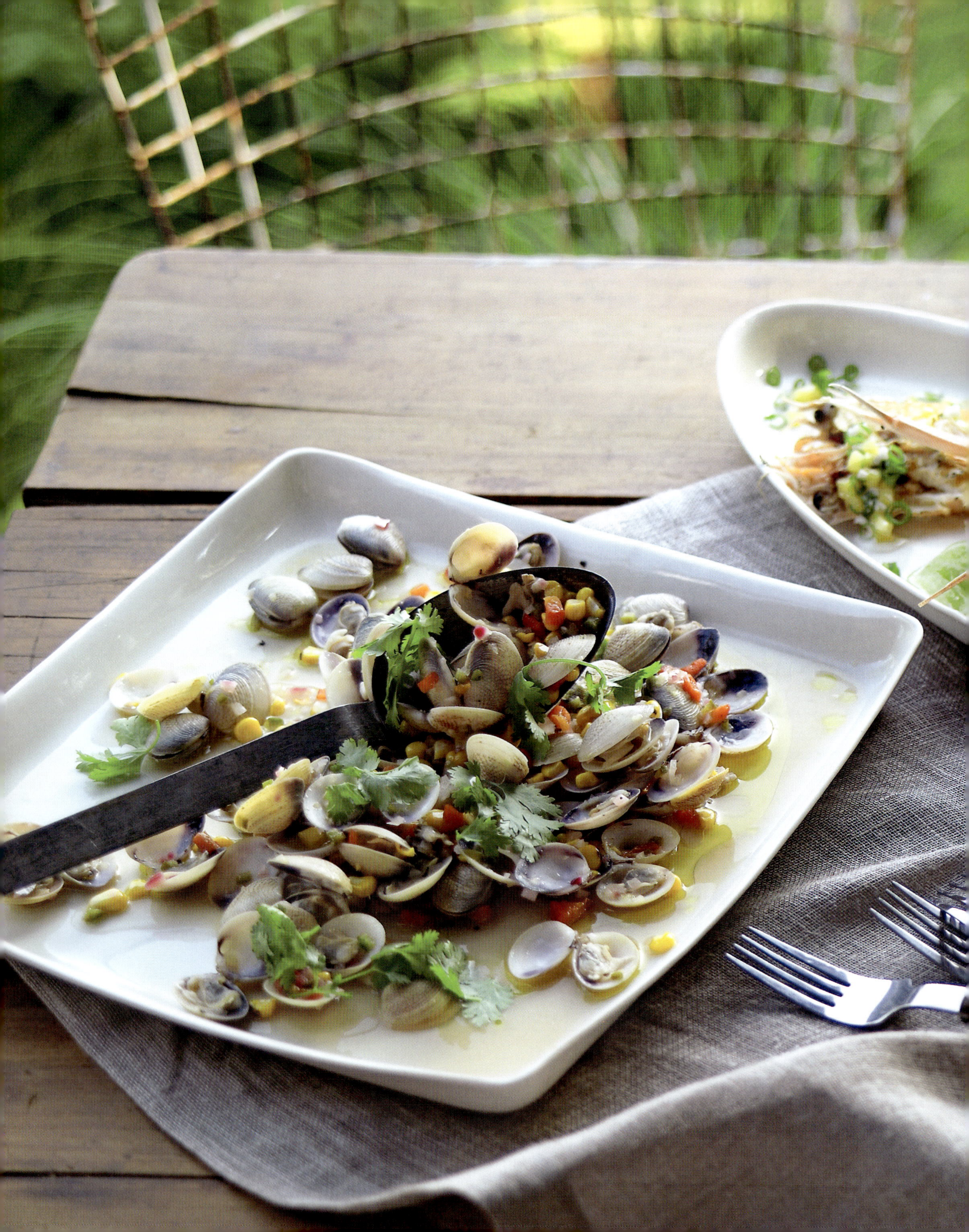

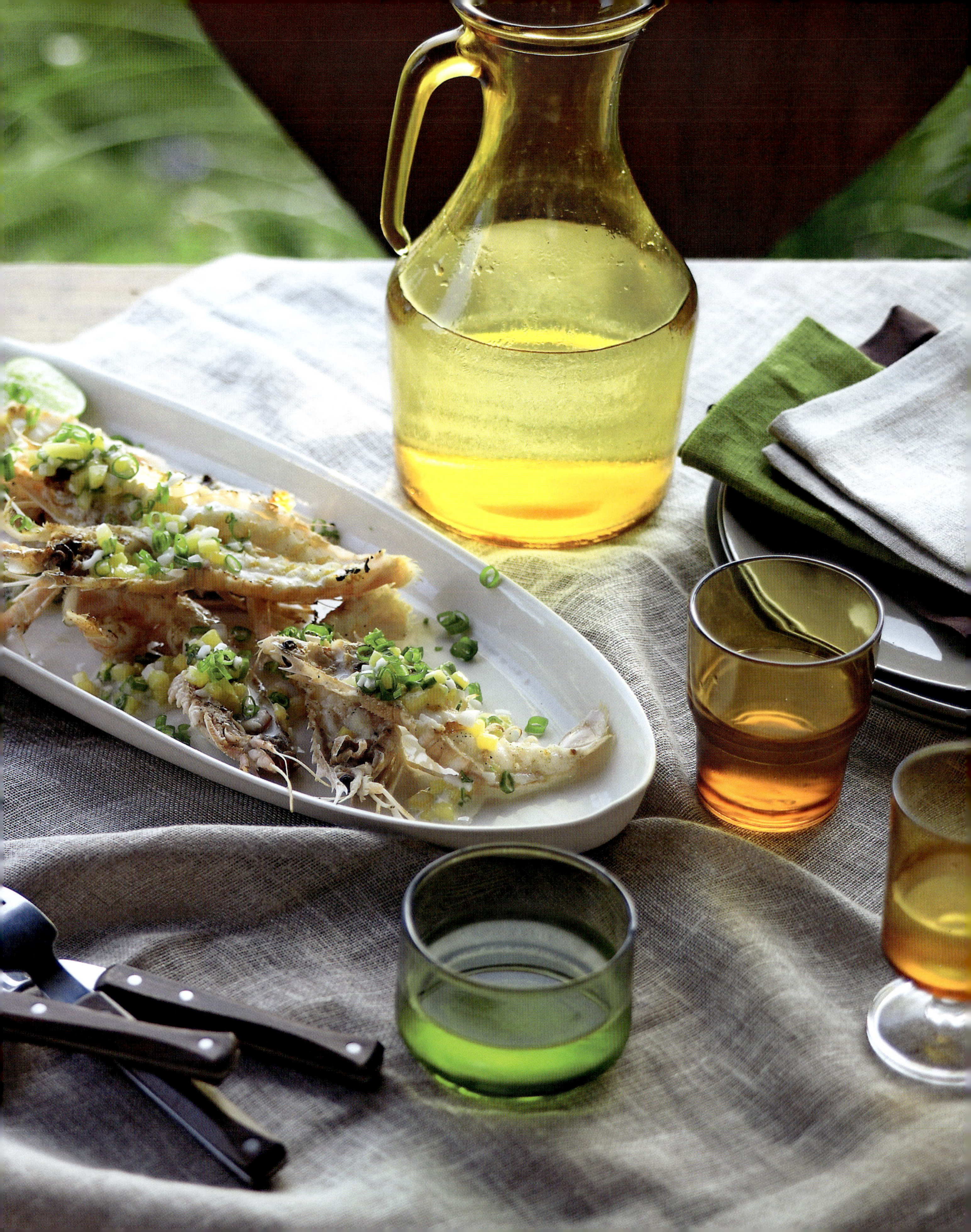

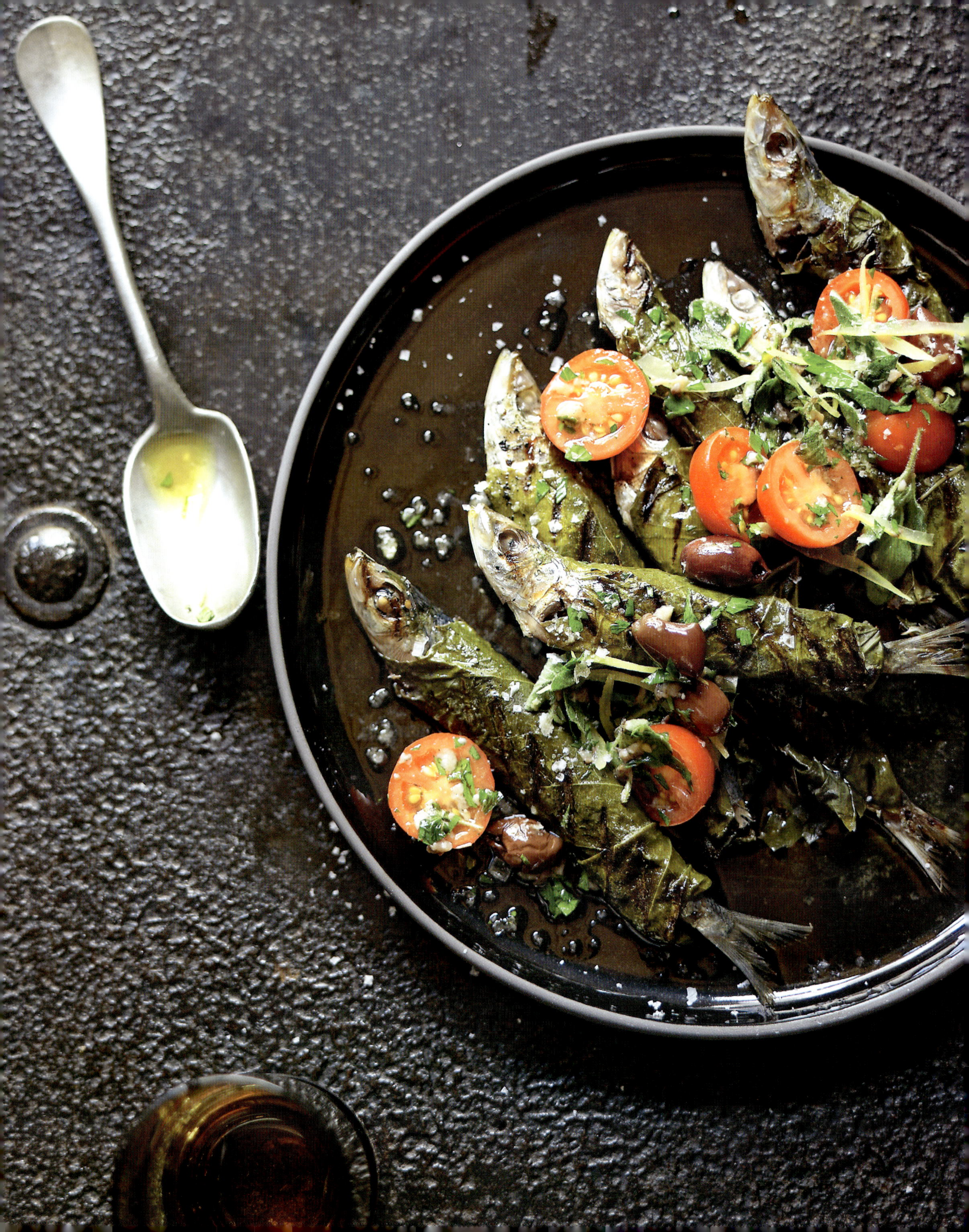

Dies ist der Geschmack der griechischen Inseln. Wenn Sie noch nie frische Sardinen gegessen haben, können Sie sich auf ein neues Geschmackserlebnis gefasst machen – frische sind um Klassen besser als die aus der Dose und noch dazu preiswert.

Sardinen in Weinblättern mit Kirschtomaten & Oliven

FÜR 4 PERSONEN

1 Bund Oregano
12 Sardinen
12 eingelegte Weinblätter, abgespült
Salz und frisch gemahlener schwarzer Pfeffer
2 Sardellen, abgespült
1 Knoblauchzehe, zerdrückt
1 EL in feine Streifen geschnittene eingelegte Zitronenschale (siehe Anmerkung Seite 41)
1 Handvoll glatte Petersilie, gehackt
200 g Kirschtomaten, halbiert
75 g Kalamata-Oliven, entsteint
Saft von 2 Zitronen
150 ml bestes Olivenöl
Olivenöl zum Garen

Eine Pfanne oder eine Bratplatte erhitzen. Je 1 Zweig Oregano in die Bauchhöhle der Sardinen stecken, die Fische in die Weinblätter einwickeln und mit Salz und Pfeffer würzen.

Für das Dressing die Sardellen in einer Schüssel mit einer Gabel zerdrücken. Den restlichen Oregano hacken, zusammen mit dem Knoblauch, der Zitronenschale, der Petersilie, den Tomaten, den Oliven, dem Zitronensaft und dem Olivenöl in die Schüssel geben und alles verrühren.

Die Sardinen mit etwas Öl bestreichen und bei mittlerer Temperatur von jeder Seite etwa 4 Minuten braten. Pro Person 3 Sardinen auf einem Teller anrichten, das Dressing darüber verteilen und servieren.

Dies ist die Art von Gericht, wie ich sie besonders gern koche und esse: ein schönes Stück fangfrischer Fisch, kombiniert mit einer leichten, würzigen Salsa, die nur ein paar Minuten in Anspruch nimmt. Und das Beste daran: Es schmeckt nicht nur lecker, es ist auch noch gesund. Ihre Gäste werden es Ihnen danken.

Gebratener Fisch mit Artischocken-Tomaten-Salsa

FÜR 4 PERSONEN

Für die Salsa die Tomaten vierteln, entkernen und fein würfeln. Die Artischocken ebenfalls in feine Würfel schneiden und beides in einer Schüssel vermengen. Die Oliven, die Petersilie und die Pinienkerne untermischen, das Olivenöl und den Zitronensaft zugeben und unterrühren und mit Salz und Pfeffer würzen.

Eine Pfanne oder eine Bratplatte erhitzen. Die Fischfilets mit etwas Öl bestreichen und je nach Dicke von jeder Seite bei hoher Temperatur einige Minuten braten, bis sie durchgegart sind. Die Fischfilets auf Tellern mit der Salsa anrichten und servieren.

4 Rispentomaten
150 g eingelegte Artischockenherzen, abgetropft
100 g entsteinte Kalamata-Oliven
1 Handvoll glatte Petersilie, gehackt
30 g geröstete Pinienkerne
150 ml bestes Olivenöl
Saft von 1 Zitrone
Salz und frisch gemahlener schwarzer Pfeffer
4 Fischfilets, je etwa 180 g, z. B. Schnapper, Meerbrasse, Gelbschwanzmakrele oder Schwertfisch
Olivenöl zum Garen

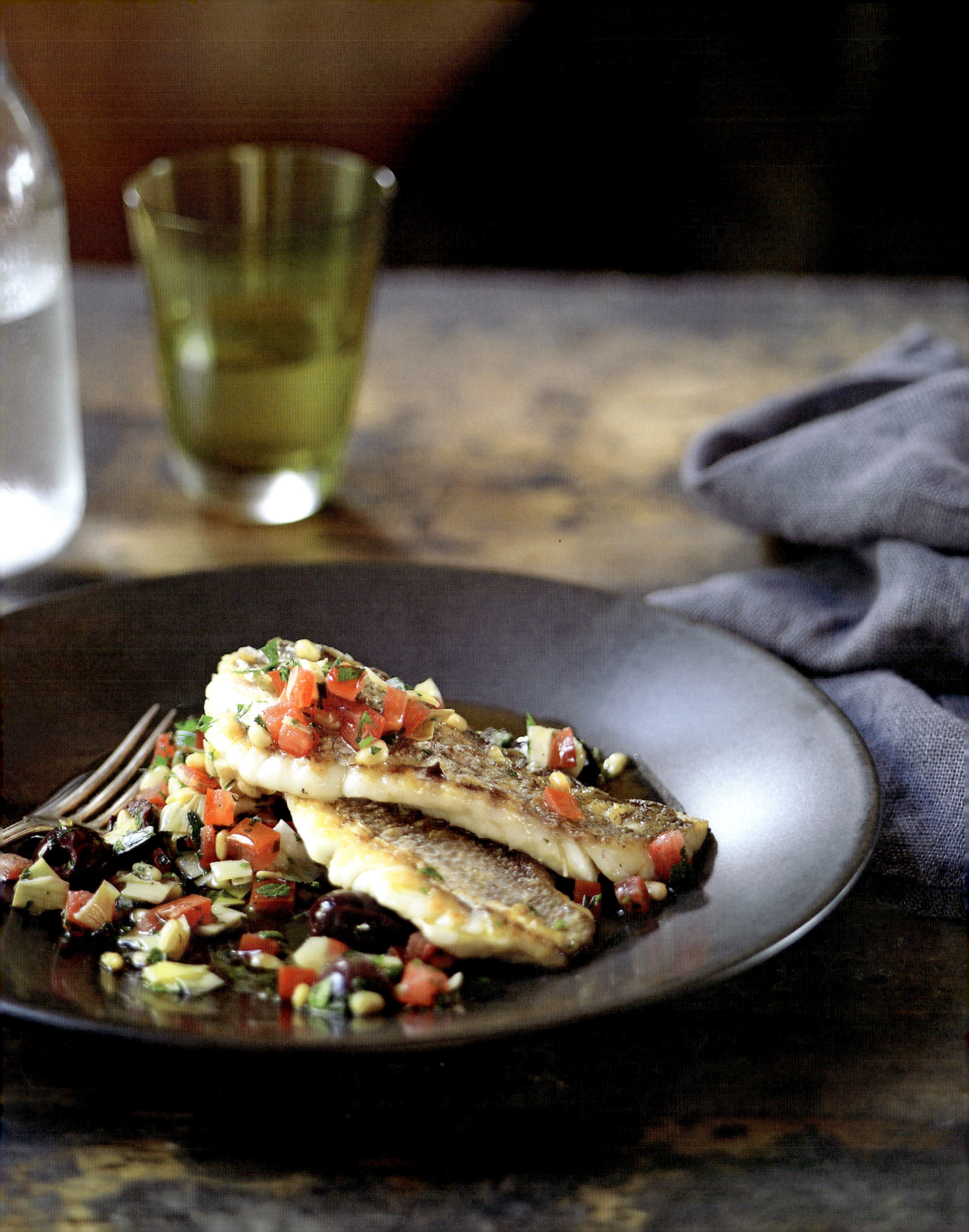

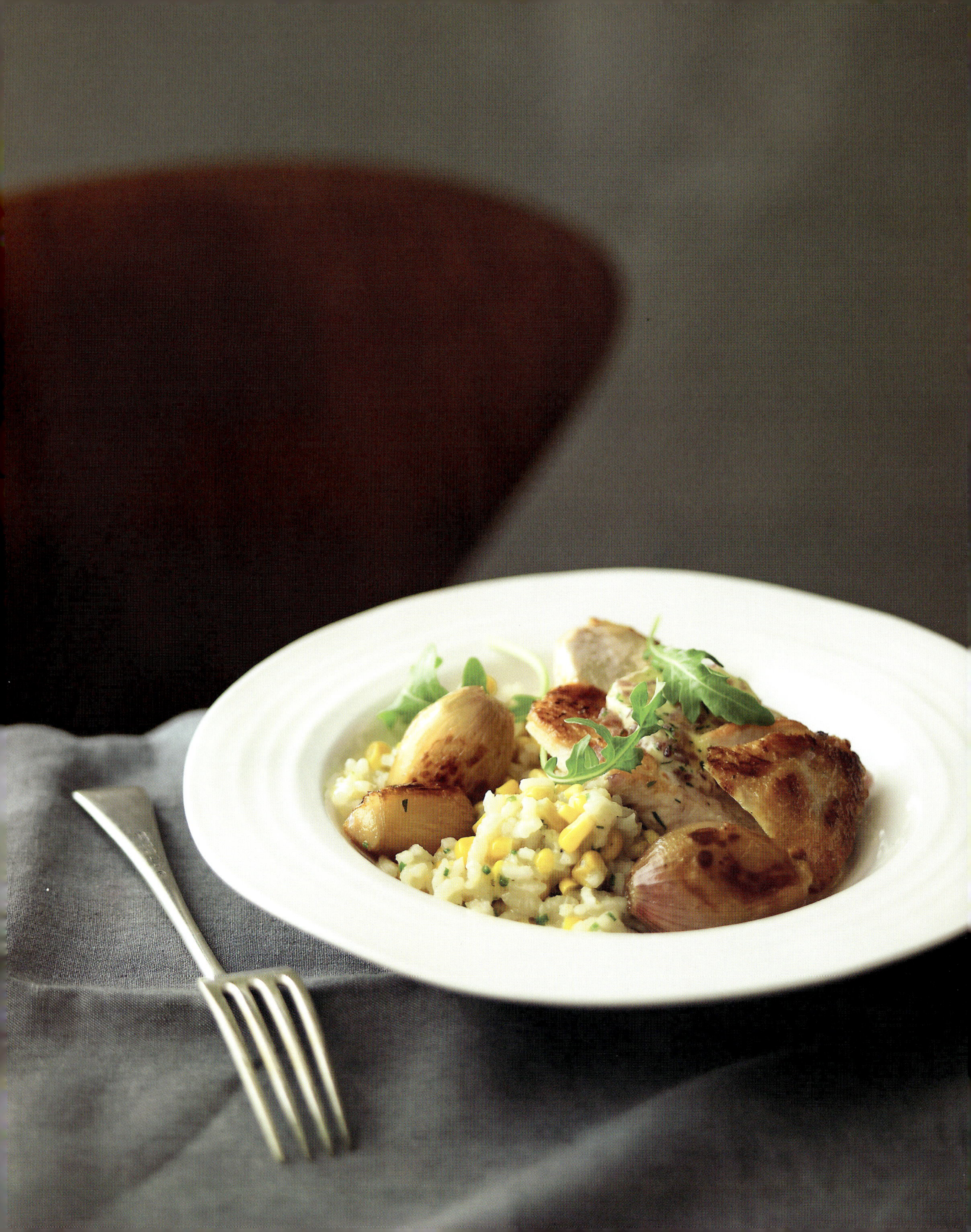

Huhn und Mais scheinen wie füreinander geschaffen – denken Sie nur an Rezeptklassiker wie Hähnchenbrust mit Maisfüllung. Und darin liegt der Reiz dieses Rezeptes, es vereint beide Zutaten auf besondere Weise. Man könnte das Hähnchen natürlich auch zerkleinern und unter den Risotto mischen, doch am Stück gebraten und auf dem Risotto serviert, gewinnt das Gericht sowohl geschmacklich als auch optisch enorm. Es ist genau das Richtige an einem etwas kühleren Tag.

Hähnchenbrust mit Mais-Schalotten-Risotto

FÜR 4 PERSONEN

8 Schalotten
4 Hähnchenbrustfilets mit Haut
2 EL Olivenöl
junger Rucola zum Servieren

SÜSSE ZWIEBELBUTTER
1 rote Zwiebel, fein gehackt
Olivenöl zum Garen
1 EL brauner Zucker
200 g weiche Butter
2 EL Schnittlauchröllchen
Salz und frisch gemahlener schwarzer Pfeffer

RISOTTO
2 Knoblauchzehen, zerdrückt
1 EL Olivenöl
2 TL Thymianblätter
200 g Maiskörner (frisch vom Kolben oder aus der Dose)
160 g Risottoreis (z. B. Arborio)
125 ml Weißwein
350 ml heißer Geflügelfond

Für die süße Zwiebelbutter die Zwiebel in einem Schuss Öl glasig schwitzen. Den Zucker einstreuen und karamellisieren lassen. Die Butter mit dem Schnittlauch zugeben und rühren, bis sie geschmolzen ist. Mit Salz und Pfeffer würzen und beiseitestellen.

Den Backofen auf 200 °C vorheizen. Die Schalotten in Alufolie wickeln und bei mittlerer Temperatur etwa 30 Minuten garen, bis sie weich sind. Aus der Folie nehmen und beiseitestellen.

Die Hähnchenbrüste mit etwas Olivenöl einreiben und zuerst mit der Haut nach unten bei mittlerer Temperatur 7 Minuten in einer Pfanne braten, bis die Haut goldbraun ist. Wenden und weitere 4–5 Minuten garen. Das Fleisch 5 Minuten ruhen lassen und in dicke Scheiben schneiden.

Inzwischen für den Risotto den Knoblauch in einer großen Pfanne in Öl behutsam anschwitzen. Den Thymian und den Mais zugeben, nach 1 weiteren Minute den Reis einstreuen und noch einmal 1 Minute anschwitzen, bis die Reiskörner glasig sind. Mit dem Wein ablöschen, unter Rühren 1 Minute aufkochen und den Fond zugießen. Einmal umrühren und zugedeckt auf kleiner Flamme etwa 12 Minuten garen. Ist der Risotto noch etwas fest oder zu trocken, weiteren Fond oder heißes Wasser zugeben und fertig garen.

Den Risotto mit den Schalotten und dem Hähnchen anrichten, mit der Zwiebelbutter beträufeln und mit Rucola garniert servieren.

Man kann die Garzeit etwas abkürzen, indem man das Fleisch wie ein Schmetterlingssteak aufschneidet, ohne es ganz zu durchtrennen, so gart es in der Hälfte der Zeit. Doch empfiehlt sich diese Technik nicht in jedem Fall, denn sie erfordert ein gutes Timing und verzeiht keine Irrtümer – je dicker das Fleisch nämlich ist, desto einfacher ist die Kontrolle über den Gargrad. Hier ist die Schmetterlingsmethode jedoch goldrichtig – sie ist nicht nur superschnell, sondern macht sich auch hervorragend mit dem einfachen Rucolasalat.

Lammrückenfilets mit Rucolasalat

FÜR 4 PERSONEN

Den Knoblauch, den Chili, den Rosmarin und die Hälfte des Olivenöls auf einem großen Küchenbrett mischen und mit Meersalz und zerstoßenem schwarzem Pfeffer würzen. Das Lammfleisch von allen Seiten in der Mischung wenden.

Eine Pfanne oder eine Bratplatte erhitzen. Das Fleisch bei hoher Temperatur von beiden Seiten einige Minuten braten, sodass es im Kern noch rosa ist. Wenn Sie es stärker durchgegart mögen, die Garzeit entsprechend verlängern. Einige Minuten ruhen lassen.

Den Rucola mit dem Essig, dem restlichen Olivenöl sowie etwas Meersalz und zerstoßenem schwarzem Pfeffer anmachen und den Ricotta darüber verteilen. Das Lammfleisch mit dem Rucolasalat und Zitronenspalten anrichten und servieren.

2 Knoblauchzehen, fein gehackt
1 scharfe rote Chilischote (z. B. Bird's Eye), fein gehackt
1 EL gehackter Rosmarin
3 EL bestes Olivenöl
Meersalz und zerstoßener schwarzer Pfeffer
4 Lammrückenfilets, je etwa 180 g, wie Schmetterlingssteaks längs aufgeschnitten und aufgeklappt
150 g junger Rucola
2 EL alter Balsamico-Essig
4 EL Ricotta
Zitronenspalten zum Servieren

Anthony Ross, Küchenchef im Langham Hotel in Melbourne, nahm mich einmal mit auf einen Rundgang durch seine Küche. Ich war sehr beeindruckt von den Speisen und so bat ich Anthony um sein Rezept für Schweinebauch Tandoori, das mir von allem am besten gefiel. Ich habe hier den Schweinebauch durch Filet oder Lende ersetzt, weil sie schneller gar werden. Es spricht übrigens nichts dagegen, die Spieße einfach auf den Grillrost zu legen statt in die Pfanne oder auf die Bratplatte.

Tandoori-Schweinespieße

FÜR 4 PERSONEN

400 g Schweinelende oder -filet
Naan-Brot (indisches Fladenbrot) zum Servieren
Joghurt zum Servieren
1 Salatgurke, in feine Streifen geschnitten, zum Servieren

MARINADE
2 x 10 cm Ingwerwurzel, geschält und fein gehackt
12 Knoblauchzehen, fein gehackt
1 EL gemahlener Kreuzkümmel
1 EL gemahlener Koriander
1 EL gemahlenes Paprikapulver edelsüß
2½ TL Garam Masala (indische Würzmischung; siehe Anmerkung)
1 TL gemahlener Bockshornklee
2 TL indische Chilipaste (siehe Anmerkung)
100 ml Zitronensaft
75 ml Senföl (siehe Anmerkung)

Acht Holzspieße über Nacht in Wasser einweichen, damit sie beim Grillen nicht verbrennen.

Sämtliche Zutaten für die Marinade in einer nichtmetallenen Schüssel verrühren.

Das Schweinefleisch in 2,5 cm große Würfel schneiden, in die Marinade einlegen und mindestens 3 Stunden im Kühlschrank marinieren.

Eine Pfanne oder eine Bratplatte erhitzen. Das Fleisch auf die gewässerten Spieße stecken (tragen Sie Handschuhe, damit sich Ihre Hände nicht färben) und bei hoher Temperatur von jeder Seite 5 Minuten braten, bis es durchgegart ist. Das Naan-Brot kurz erwärmen. Die Spieße zusammen mit dem Joghurt und den Gurkenstreifen servieren und das Brot dazu reichen.

Anmerkung: Garam Masala, indische Chilipaste und Senföl finden Sie im indischen Lebensmittelhandel oder in großen Asialäden.

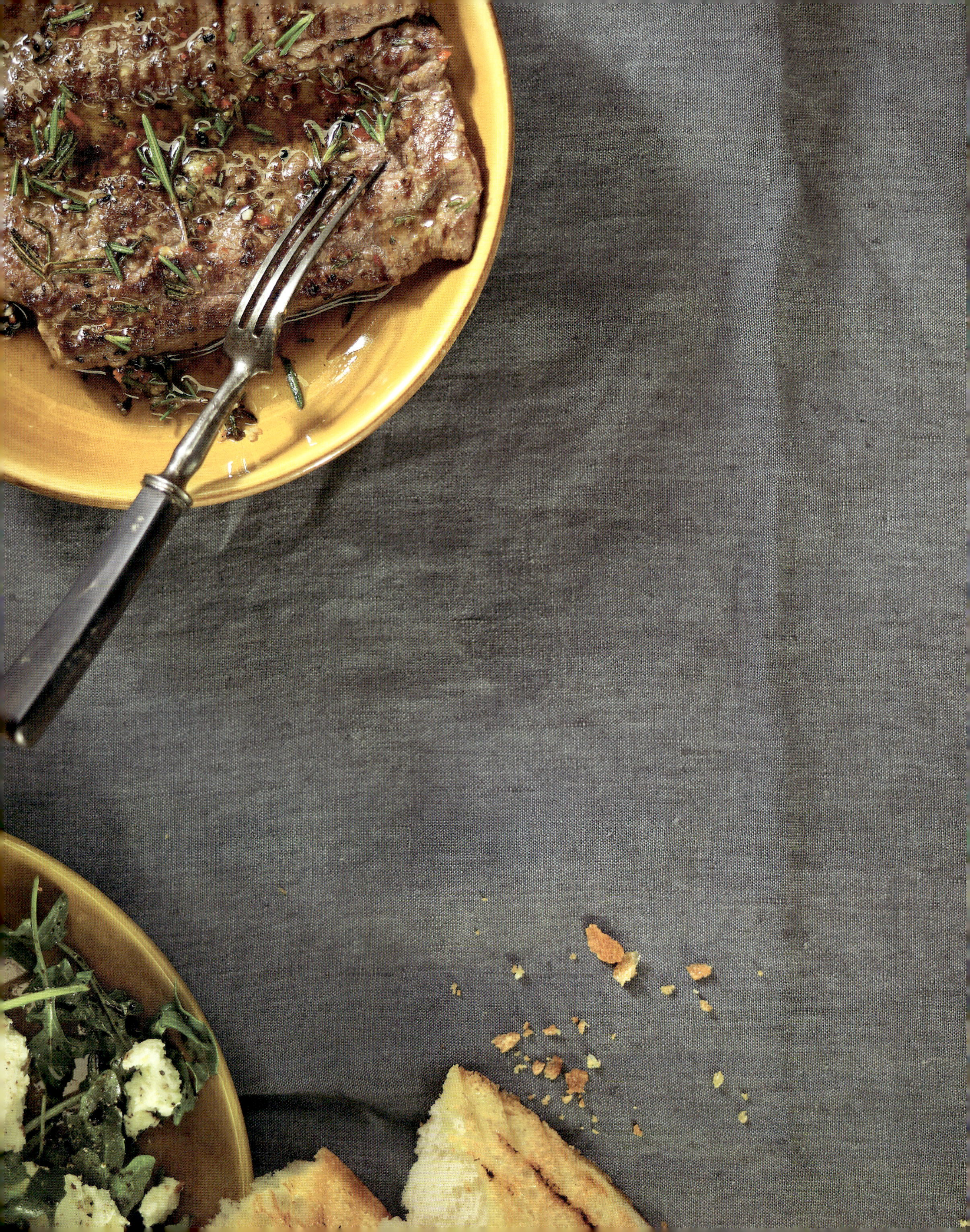

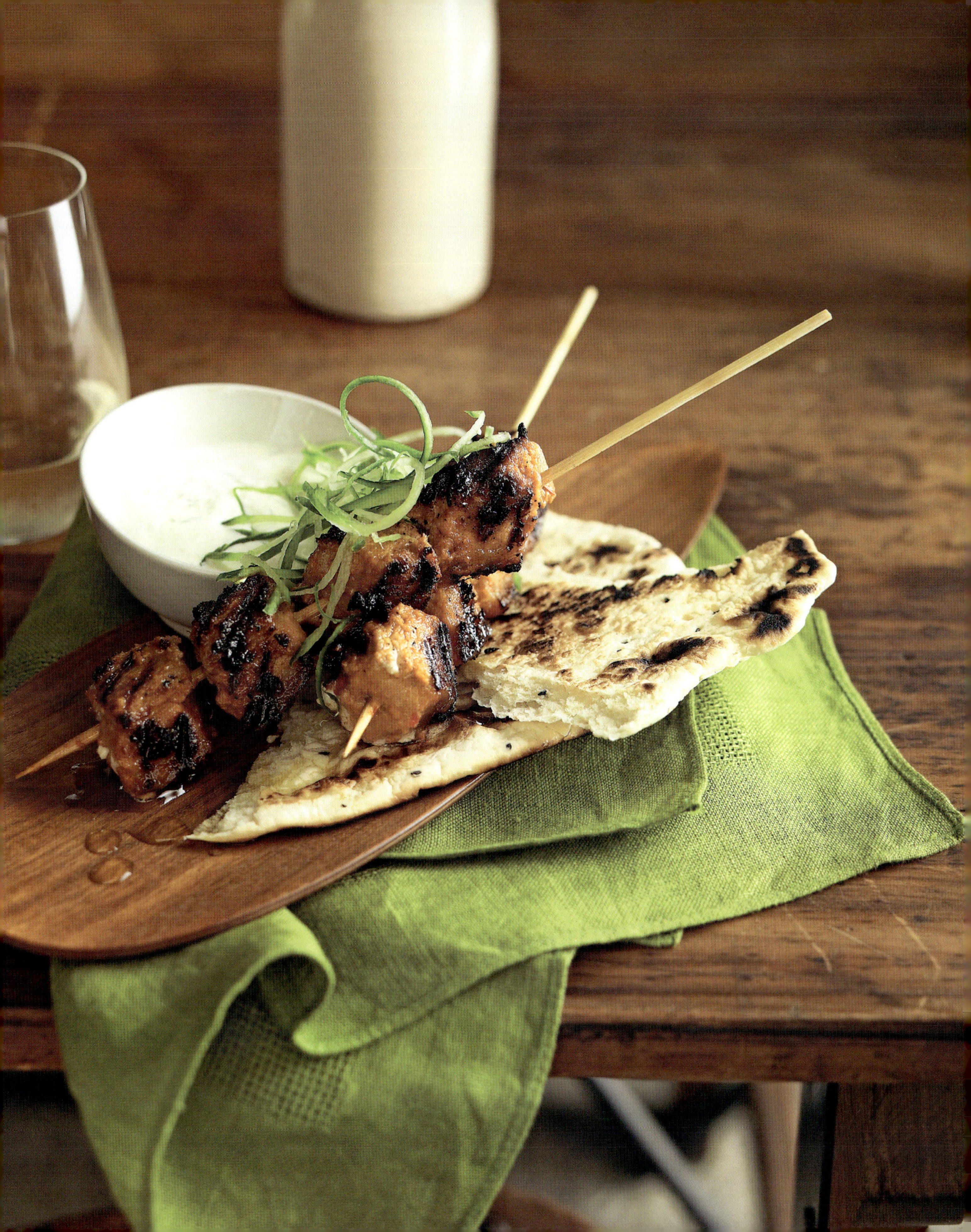

Als ich meinen ersten Job beim Fernsehen antrat, diskutierte ich mit den Bossen, welche Art von Show ihnen vorschwebte. Ich war etwas nervös, was sie sich wohl so vorstellten, schließlich war ich selbst noch dabei, meinen eigenen Kochstil zu finden. Doch alle Sorgen erwiesen sich als überflüssig, denn man gewährte mir fünf Jahre lang freie Hand. Bis auf eine Bedingung: »Pete, du kannst machen, was du willst, nur keine Salate mit blutig gegartem Thunfisch.« Ich versprach es und hielt Wort. Heute, viele Jahre später, denke ich, es ist endlich an der Zeit für eben jenen, von mir geschätzten Salat.

Gebratener Thunfisch mit Wakame-Ponzu-Salat

FÜR 4 PERSONEN

In einer kleinen Pfanne den Sichuanpfeffer, den schwarzen Pfeffer und das Salz einige Minuten rösten, bis die Mischung aromatisch duftet. Im Mörser fein zermahlen.

Die Salatgurke mit einem Kartoffelschäler längs in feine Streifen schneiden. Die Gurkenstreifen in einem Sieb ausdrücken und den Saft dabei auffangen.

Für das Dressing die Eigelbe, das Ei und die Ponzu-Sauce mit dem elektrischen Handrührgerät verschlagen. Bei laufendem Gerät nach und nach das Öl zugießen, bis sich eine dicke Mayonnaise gebildet hat. Den Gurkensaft und den Limettensaft unterrühren und mit Salz und Pfeffer abschmecken.

Die Algen, die Gurkenstreifen, den Rettich und die Chili mischen und etwas Dressing unterheben.

Eine Pfanne oder eine Bratplatte erhitzen. Die Thunfischfilets in der Würzmischung wenden und bei hoher Temperatur von jeder Seite 2 Minuten braten, sodass sie innen noch blutig sind. In Scheiben schneiden und mit dem Salat und dem Fliegenfischkaviar garnieren. Das restliche Dressing separat dazu reichen.

Anmerkungen: Wakame-Algen erhält man in japanischen Lebensmittelgeschäften, im Naturkosthandel oder im Internethandel. Getrocknete Algen wässert man vor der Verwendung. Außerdem gibt es noch frische, in Salz eingelegte Algen, die man vor der Verarbeitung abspülen sollte.

Ponzu-Sauce ist eine japanische Würzsauce aus Soja, Zitronensaft und Essig. Erhältlich ist sie in Asialäden und im japanischen Feinkosthandel.

1 EL Sichuanpfefferkörner
1 EL schwarze Pfefferkörner
1 EL Meersalz
1 Salatgurke
8 EL Wakame-Algen (siehe Anmerkung), grob zerschnitten
90 g Daikon-Rettich, in feine Streifen geschnitten (aus dem japanischen Feinkosthandel)
1 lange rote Chilischote, von Samen befreit und in feine Streifen geschnitten
4 Thunfischfilets, je etwa 120 g (Weißer oder Gelbflossenthun)
1 EL Fliegenfischkaviar (aus dem japanischen Feinkosthandel; ersatzweise Keta-Kaviar)

PIKANTES PONZU-DRESSING
2 Eigelb
1 Ei
100 ml Ponzu-Sauce (siehe Anmerkung)
400 ml Pflanzenöl
Gurkensaft (von der Salatgurke)
Saft von 1 Limette
Salz und frisch gemahlener schwarzer Pfeffer

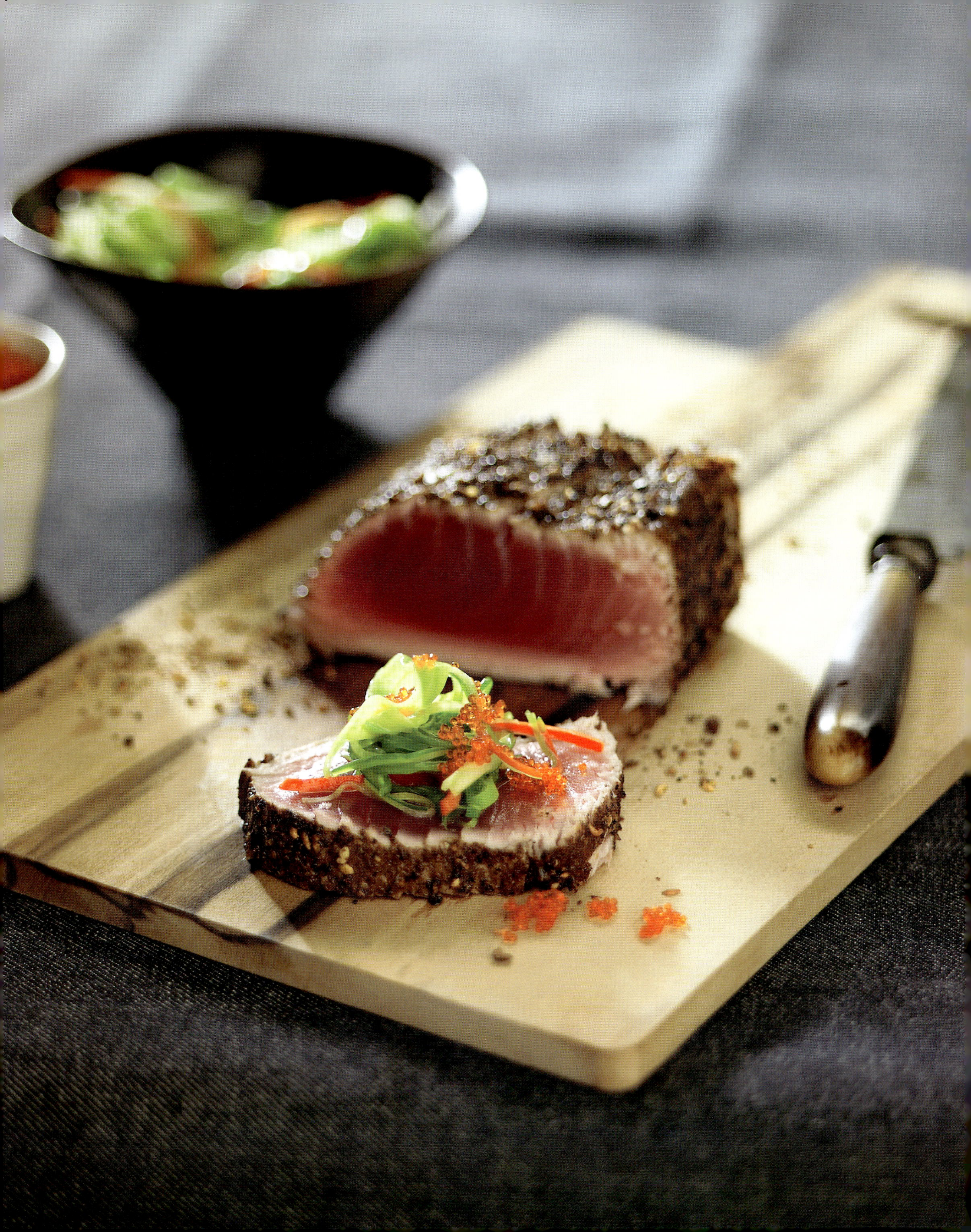

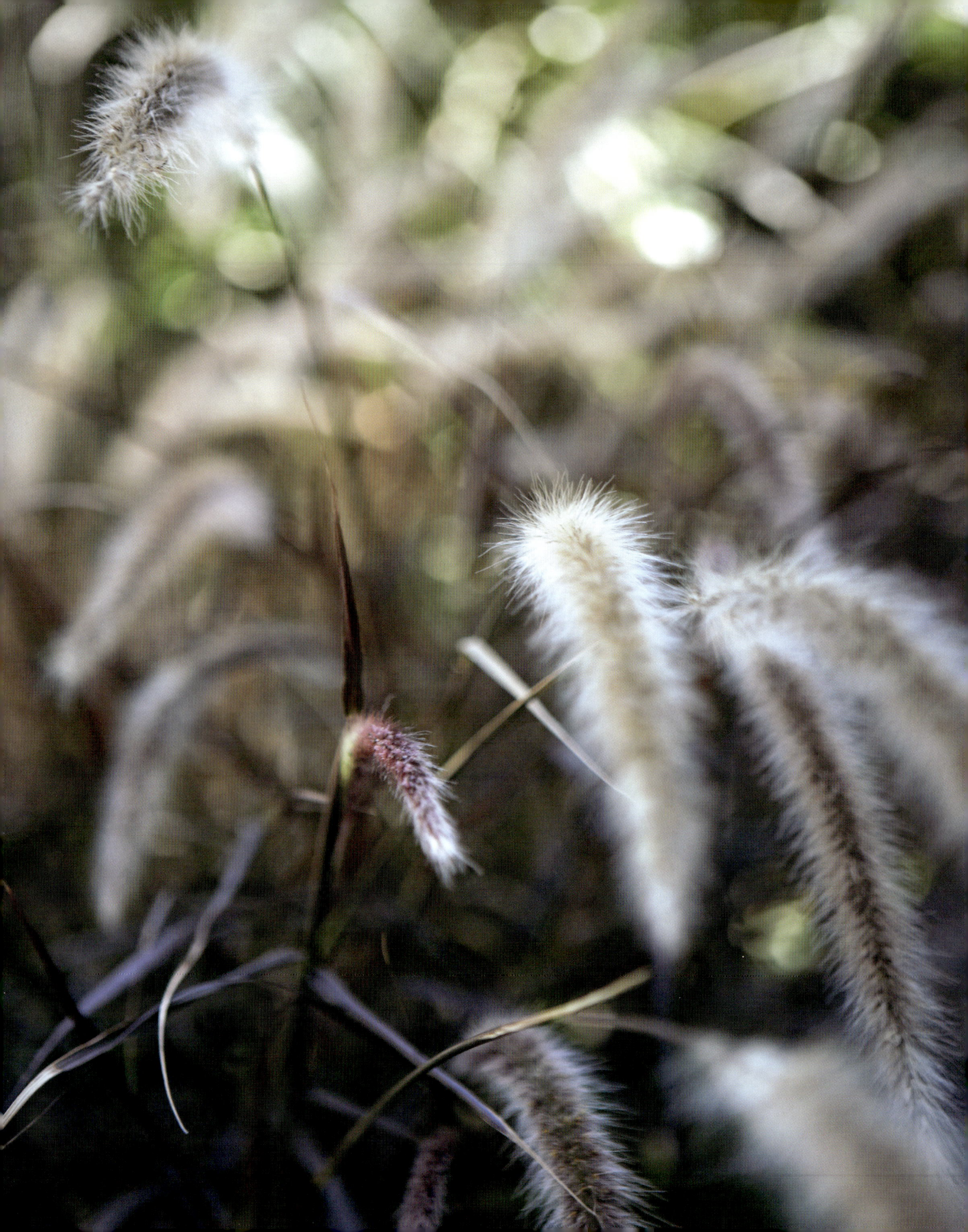

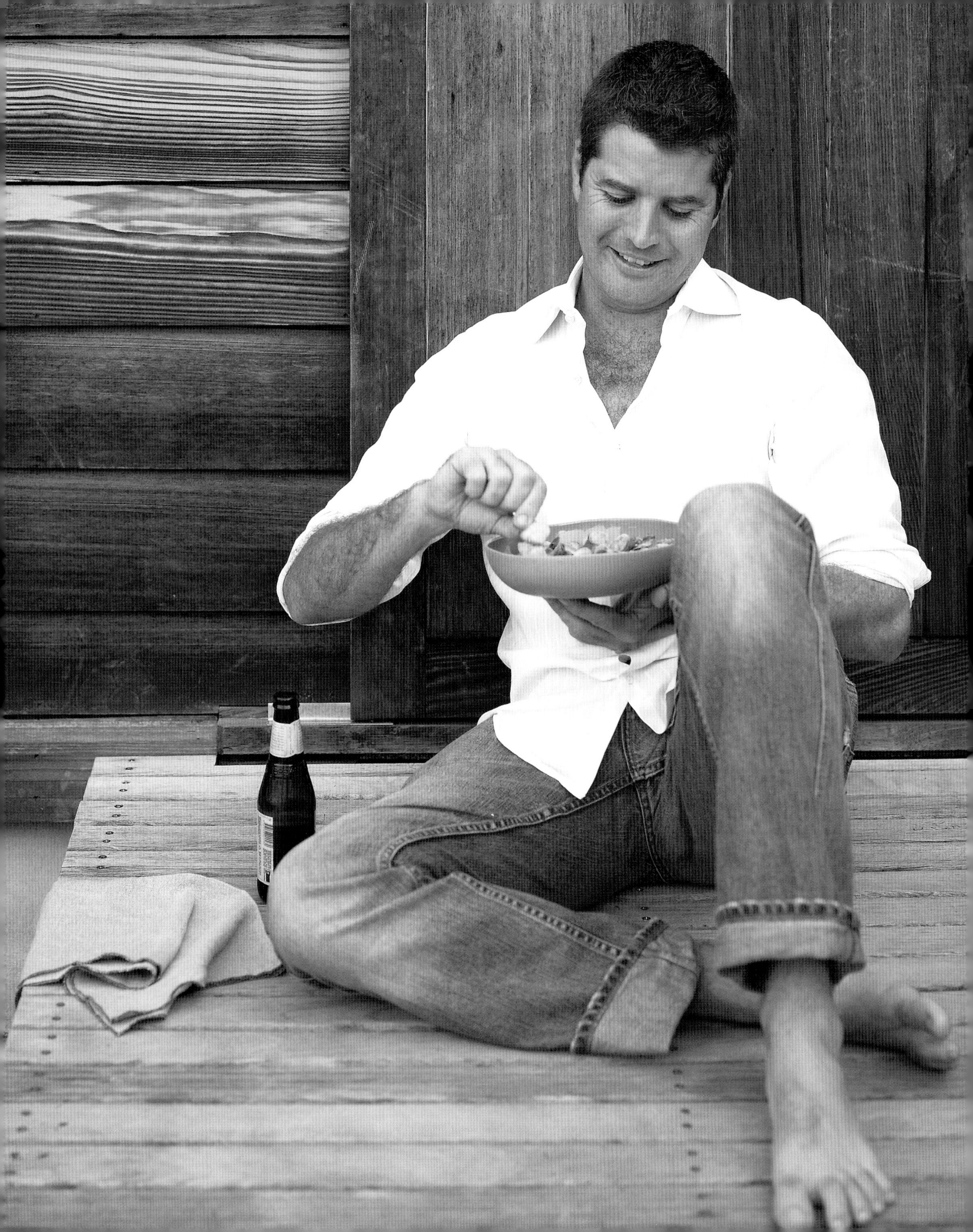

Dies ist ein fabelhaftes Rezept für gegrillte Kalbsleber, hier kombiniert mit einem delikaten Salat mit Feigen. Ich bevorzuge Leber ganz dünn geschnitten, so gart sie schneller und schmeckt noch besser. Leber hat ein intensives Aroma, doch der Essig rundet das wunderbar harmonisch ab. Je länger Sie die Zwiebeln im Salatdressing liegen lassen, desto besser, es färbt sie mit der Zeit nämlich leuchtend rosa – ein optisch besonders reizvoller Effekt.

Gegrillte Kalbsleber und Feigensalat mit Sherry-Vinaigrette

FÜR 4 PERSONEN

Eine Grillpfanne, eine Pfanne oder eine Bratplatte erhitzen. Den Frisée vom Strunk und den dunklen äußeren Blättern befreien (verwendet wird nur der helle innere Teil). Die hellen Blätter ablösen, waschen und abtropfen lassen.

Die Speckscheiben goldbraun und knusprig braten und auf Küchenpapier abtropfen lassen.

Für das Dressing die Zwiebel in einer kleinen Pfanne in etwas Öl bei schwacher Hitze 5 Minuten anschwitzen, bis sie weich ist. Den Essig zugießen, abkühlen lassen und in eine Schüssel geben. Den Senf und beide Ölsorten unterrühren.

Die Kalbsleber rosa braten, dann mit Salz und Pfeffer würzen. Den Frisée, den Speck und die Walnüsse in einer großen Schüssel mischen und mit etwas Dressing anmachen. Die Leber zusammen mit den Feigen und etwas Salat auf Tellern anrichten und die Leber mit dem restlichen Dressing beträufeln.

1 Kopf Friséesalat
200 g dünne Scheiben durchwachsener Speck
4 Scheiben Kalbsleber, je etwa 150 g
Salz und frisch gemahlener schwarzer Pfeffer
100 g geröstete Walnusskerne
6 Feigen, geviertelt

SHERRY-VINAIGRETTE
1 rote Zwiebel, gehackt
Olivenöl zum Garen
100 ml Sherryessig
1 EL Dijonsenf
100 ml Walnussöl
200 ml Erdnussöl

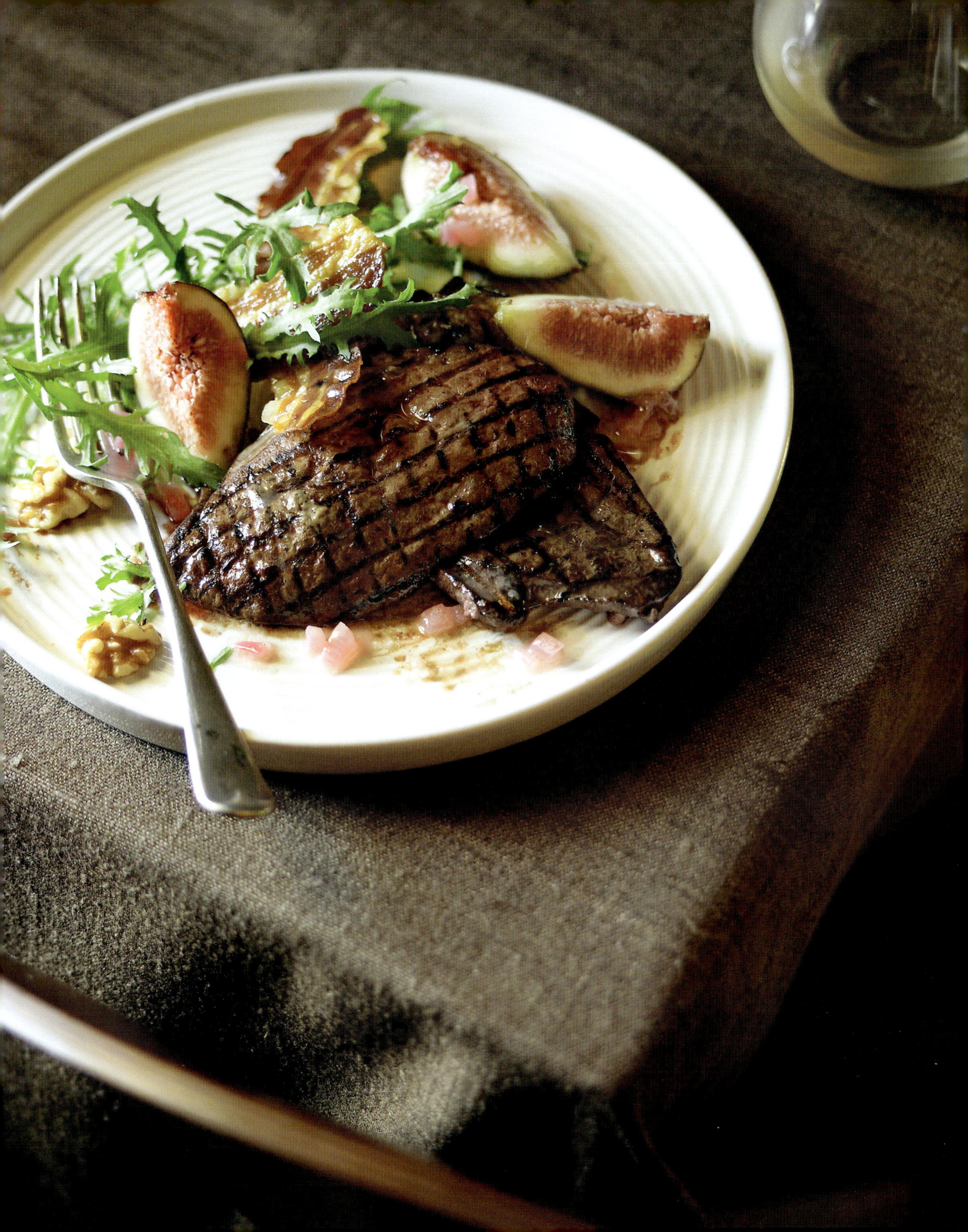

Dieses Gericht servierten wir zur Eröffnung eines meiner Restaurants. Es stammt von meinem Chefkoch Leandro Panza, er hat es von seiner Mutter abgeschaut. Das Beste daran sind die Auberginen, sie passen hervorragend zu dem gegrillten Fisch. Wir hatten zwar einige einfache und ansprechende Fischgerichte auf der Karte, aber ich wollte eines mit »Wow-Effekt« – hier ist es, ganz einfach und ohne Stress nachzukochen.

Gelbschwanzmakrele mit eingelegten Auberginen & Trüffeldressing

FÜR 4 PERSONEN

Den Stielansatz der Auberginen abschneiden, die Auberginen längs halbieren und in je drei Stücke schneiden. Salzen, in den Locheinsatz eines Dämpftopfs legen und zugedeckt etwa 15 Minuten im Dampf garen, bis sie weich sind.

Den Oregano, das Olivenöl und den Rotweinessig in einer nichtmetallenen Schüssel verrühren. Die Auberginen darin einlegen, nach 5 Minuten wenden und beiseitestellen.

Die Kartoffeln in einem Topf mit kaltem Wasser bedecken, mit 1 Prise Salz zum Kochen bringen und garen, bis sie weich sind. Abgießen, abkühlen lassen und in dem Basilikumöl oder Pesto wenden.

Für das Trüffeldressing den Balsamico und den Zitronensaft verrühren und mit Salz und Pfeffer würzen. Die Öle und das Eigelb zugeben und glatt rühren.

Einen Grill anheizen oder eine Grillpfanne erhitzen. Den Fisch salzen, pfeffern und mit etwas Olivenöl bestreichen. Den Fisch bei mittlerer bis hoher Temperatur einige Minuten von jeder Seite oder bis zum gewünschtem Gargrad grillen.

Den Fisch mit den eingelegten Auberginen und den Kartoffeln auf Tellern anrichten und mit dem Trüffeldressing beträufeln. Mit Schnittlauch bestreuen und servieren.

2 Auberginen
Salz
10 g getrockneter Oregano
100 ml bestes Olivenöl
50 ml alter Rotweinessig
2 Kartoffeln, geschält und in 1 cm große Würfel geschnitten
1 EL Basilikumöl oder Pesto (siehe Seite 219)
4 Koteletts von der Gelbschwanzmakrele, je etwa 200 g (ersatzweise Thunfisch, Makrele, Schwertfisch oder Meerbrasse)
frisch gemahlener schwarzer Pfeffer
etwas Olivenöl zum Garen
3 EL feine Schnittlauchröllchen

TRÜFFELDRESSING
50 ml weißer Balsamico-Essig
1 TL Zitronensaft
Salz und frisch gemahlener schwarzer Pfeffer
100 ml Pflanzenöl
2 TL Trüffelöl
1 EL bestes Olivenöl
1 Eigelb

Als Kind hasste ich alles, was mit Innereien zu tun hatte. Ich hielt es für einen schlechten Scherz, als mir mein Vater das erste Mal gebratene Lamminnereien vorsetzte. Bei dem grässlichen Gestank, der aus der Küche kam, konnte ich mir nicht vorstellen, dass jemand bei klarem Verstand das essen würde. Das Thema hatte sich für mich erledigt, bis ich eines Tages Pâté aus Geflügelleber probierte. Ich war begeistert (und bin es noch immer). So kam ich auf die Idee für dieses Gericht, das den puren Geschmack der Leber zur Geltung bringt, einfach in der Pfanne gebraten mit einer leckeren Sauce.

Hähnchenlebern in Madeira & Kartoffelplätzchen mit Speck

FÜR 4 PERSONEN

- 2 große Kartoffeln (vorzugsweise Desiree), geschält und in hauchdünne Scheiben geschnitten
- 4 EL geklärte Butter (siehe Anmerkung Seite 17) oder Butterschmalz
- Meersalz
- 2 Schalotten, gehackt
- 60 g durchwachsener Räucherspeck, in Streifen geschnitten
- 1 EL Olivenöl
- 200 g Hähnchenlebern
- 4 EL Rotweinessig
- 4 EL Madeira
- 125 ml Kalbsglace (siehe Anmerkung)
- 1 Handvoll Estragon
- 20 g Butter
- 1 Handvoll Radicchio, zerpflückt

Für die Kartoffelplätzchen mit einem runden Teigausstecher (6 cm Durchmesser) aus den Kartoffelscheiben Kreise ausschneiden und diese leicht überlappend so aneinanderlegen, dass etwa 10 cm große Ringe entstehen. Die Kartoffelringe mit geklärter Butter bestreichen.

Eine große Pfanne erhitzen und 2 Teelöffel geklärte Butter hineingeben. Die Kartoffelringe von beiden Seiten bei mittlerer Temperatur braten und mit Meersalz würzen, anschließend abgedeckt warm stellen.

In einer weiteren Pfanne die Schalotten und den Speck in Olivenöl anschwitzen. Die Lebern dazugeben und von der einen Seite goldbraun braten. Wenden, mit dem Rotweinessig ablöschen und weitere 10 Sekunden garen. Den Madeira zugießen, nach 1 weiteren Minute die Kalbsglace, den Estragon und die Butter zufügen und abschmecken. Noch 1 Minute unter Rühren weitergaren, dann den Radicchio untermengen.

Die Lebern mit ihrer Sauce auf Tellern anrichten, mit den Kartoffelplätzchen garnieren und servieren.

Anmerkung: Kalbsglace ist ein reduzierter Kalbsfond, der in Feinkostläden erhältlich ist (häufig unter der Bezeichnung »Extrakt«). Auch mancher Schlachter hat Fleischglace vorrätig. Ersatzweise nehmen Sie 250 ml kräftigen Kalbs- oder Rinderfond und kochen ihn um die Hälfte ein.

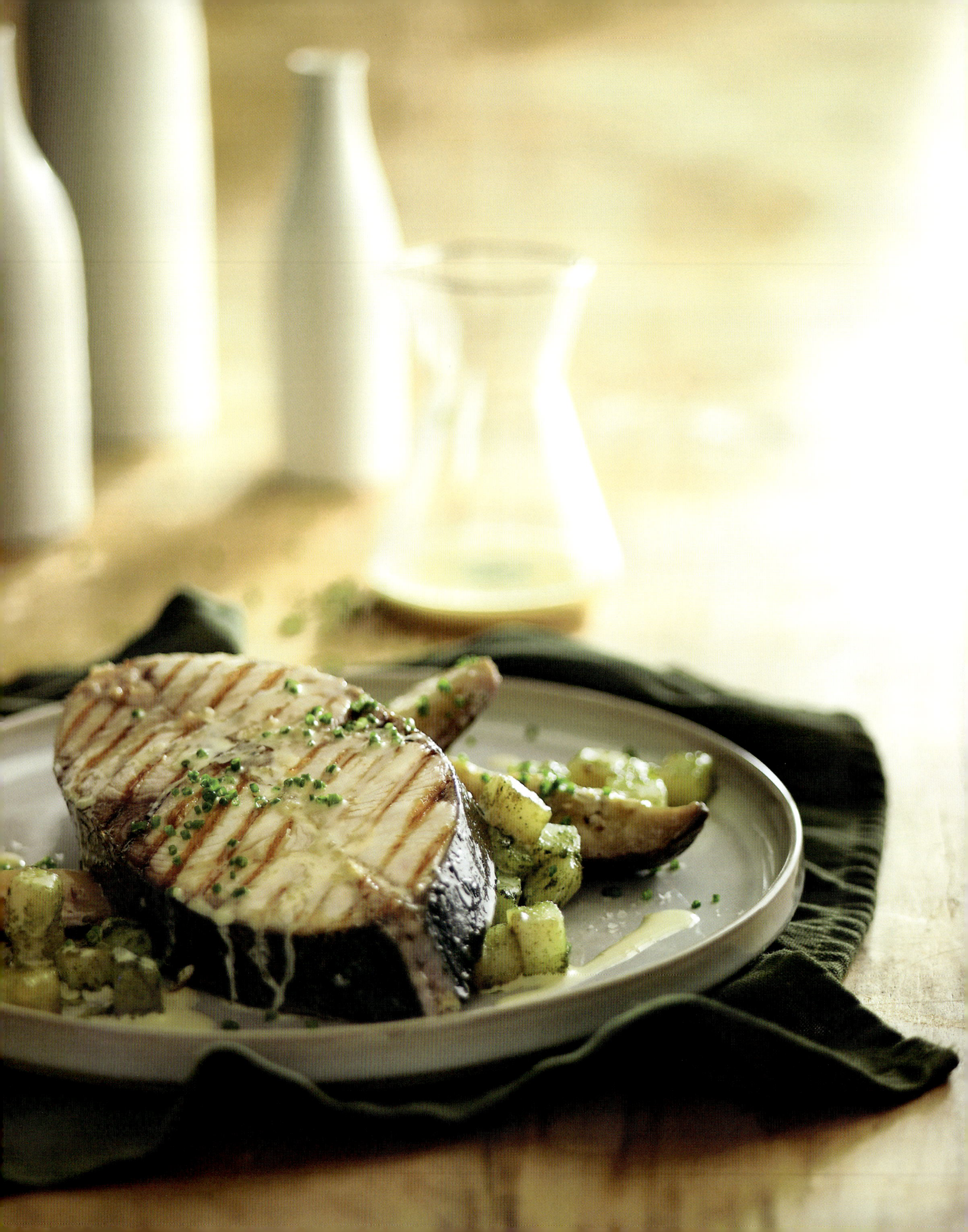

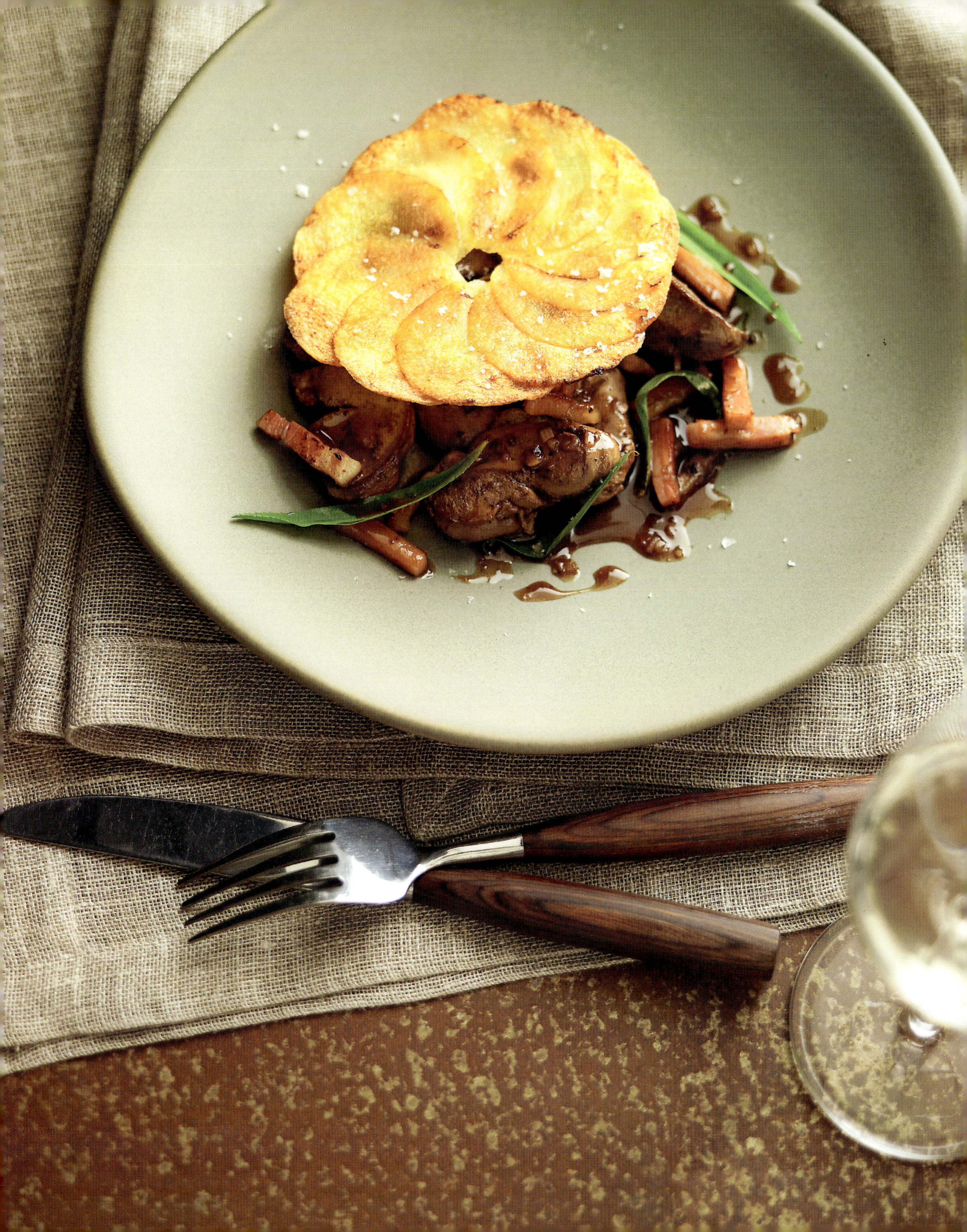

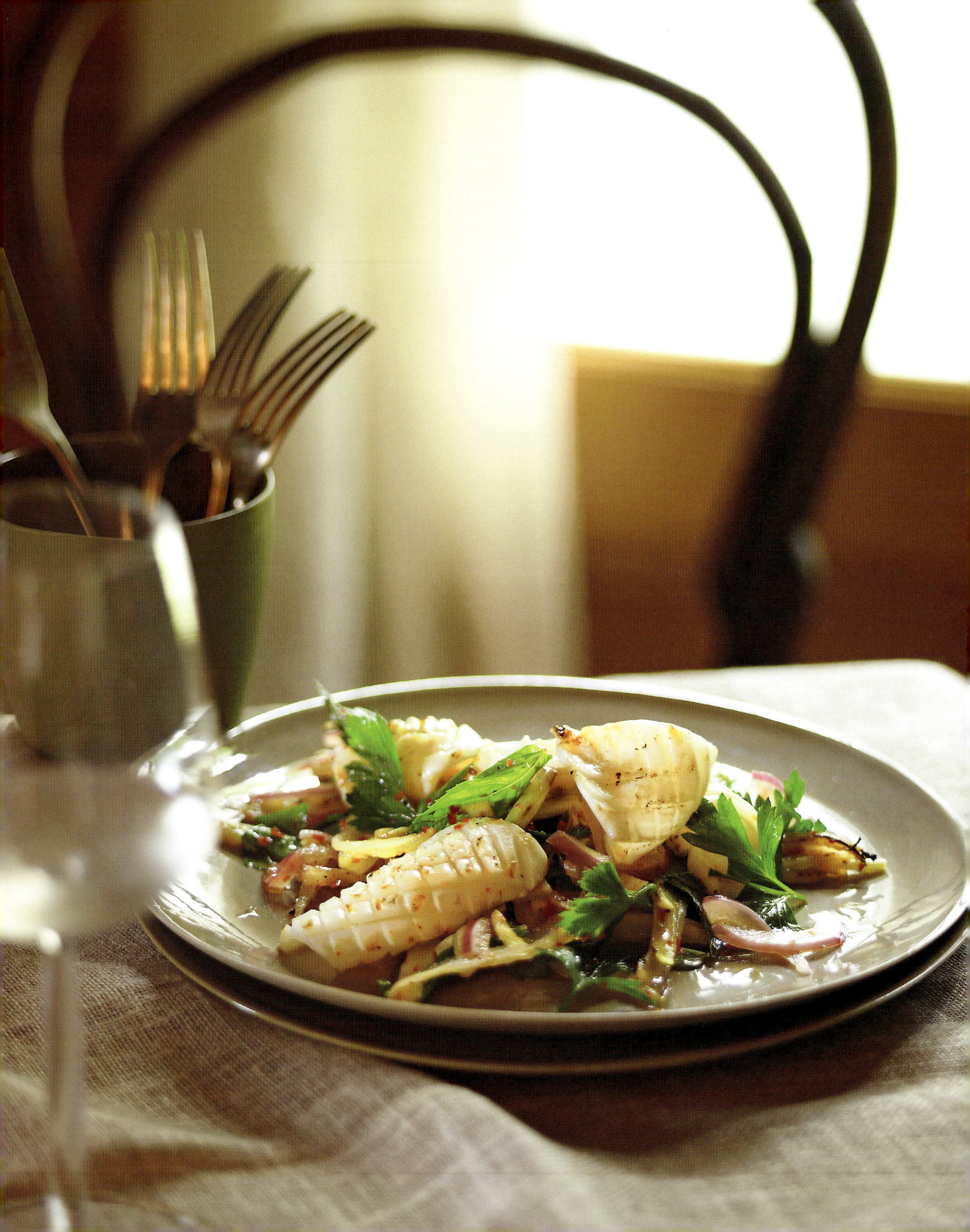

Dieses Gericht ist ein absoluter Hit – easy zu kochen, wirklich ansprechend, nicht teuer und was für ein Vergnügen, es zuzubereiten und zu essen. Perfekt für eine zwanglose Einladung!

Salat mit Tintenfisch, Fenchel & Zitronendressing

FÜR 4 PERSONEN

600 g frische kleine Kalmare, gesäubert, Tuben halbiert und von der Innenseite eingeritzt (Anleitung siehe Seite 106, oder bitten Sie Ihren Fischhändler um Hilfe)

SALAT
1 große Fenchelknolle, in dünne Scheiben geschnitten
100 ml Olivenöl
2 Bio-Zitronen
2 lange rote Chilischoten, von Samen befreit und fein gehackt
2 rote Zwiebeln, in feine Streifen geschnitten
1 Handvoll Minze
1 Handvoll glatte Petersilie
200 ml bestes Olivenöl mit Zitronenaroma
Salz und frisch gemahlener schwarzer Pfeffer

Eine Pfanne oder Bratplatte erhitzen. Für den Salat den Fenchel in dem Olivenöl wenden und bei mittlerer bis hoher Temperatur in etwa 4 Minuten rundherum goldbraun braten und in eine große Schüssel geben.

Die Schale der Zitronen in dünnen Streifen ohne die weiße Haut abschälen (am besten mit einem Zestenreißer) und mit den Chilischoten, den Zwiebeln und den Kräutern unter den Fenchel heben. Die Zitronen halbieren und mit dem Fruchtfleisch nach unten für 5 Minuten erhitzen. Den Saft über dem Salat auspressen, das Olivenöl mit Zitronenaroma zugeben und den Salat mit etwas Salz und Pfeffer würzen.

Die Kalmare bei hoher Temperatur von jeder Seite etwa 1 Minute braten, unter den Salat heben und sofort servieren.

Ich habe zwei große kulinarische Leidenschaften: die japanische Küche und Barbecues, und ich sehe keinen Grund, warum nicht beides Hand in Hand gehen sollte. Dieses Rezept basiert auf einem Gericht, das ich schon viele Male in japanischen Restaurants gegessen habe und von dem ich nie genug bekomme. Tataki ist ein Stück Fleisch oder Fisch, das nur ganz kurz angebraten, dann in Scheiben geschnitten und mit einer delikaten Sauce serviert wird. Hier machen knusprige Knoblauchchips den Unterschied. Für mich zeichnet sich ein wirklich gelungenes Gericht durch drei Dinge aus – den Geschmack, die optische Wirkung und die Textur, für die in diesem Fall der knusprige Knoblauch sorgt.

Japanisches Rindfleisch-Tataki

FÜR 4 PERSONEN

Eine gusseiserne Pfanne oder einen Grill erhitzen. Das Rinderfilet mit etwas Olivenöl bestreichen und mit Salz und Pfeffer würzen. Ein Eiswasserbad zum Abschrecken vorbereiten. Das Fleisch rundherum scharf anbraten oder grillen. Sobald es von allen Seiten gut gebräunt ist, in das Eiswasser tauchen und darin 3–4 Minuten abkühlen lassen. Das Filet sorgfältig abtrocknen, in dünne Scheiben schneiden und auf einer Platte anrichten.

Für die Ponzu-Sauce und das Tataki-Dressing jeweils sämtliche Zutaten in einer Schüssel verrühren.

Die Frühlingszwiebeln in hauchdünne Scheibchen schneiden und einige Minuten unter fließendem kaltem Wasser abspülen. Abtropfen lassen und in den Kühlschrank stellen.

Die Knoblauchzehen schälen und in feine Scheiben schneiden. In einem kleinen Topf 2 cm hoch Öl einfüllen und auf mittlerer bis hoher Stufe erhitzen. Den Knoblauch hineingeben und frittieren, bis er goldbraun und knusprig ist. Mit einem Schaumlöffel herausheben und auf Küchenpapier abtropfen lassen.

Das Zwiebel-Ponzu über das Fleisch ziehen und mit etwas Tataki-Dressing beträufeln. Die Frühlingszwiebeln, den Schnittlauch und die Knoblauchchips darüberstreuen und servieren.

300 g Rinderfilet, von Fett befreit
etwa 100 ml Olivenöl zum Garen
Salz und frisch gemahlener schwarzer Pfeffer
2 Frühlingszwiebeln
4 Knoblauchzehen
1 EL feine Schnittlauchröllchen

ZWIEBEL-PONZU

1 weiße Zwiebel, so fein wie möglich gewürfelt
¼ TL ganz fein gehackter Knoblauch
3 EL Traubenkernöl
1 EL Zitronensaft
1 EL Reisessig
1 EL dunkle Sojasauce
¼ TL fein gehackter Ingwer

TATAKI-DRESSING

5 EL Sojasauce
8 EL Reisessig
1 Prise Bonitoflocken (*katsuo-bushi*; aus dem Asialaden) nach Belieben

Dies ist eines der einfachsten und zugleich leckersten Gerichte, das ich kenne. Ich hatte es zehn Jahre lange auf der Karte meines Restaurants *Hugos Bondi*, und es war das beliebteste von allen – bei den Gästen und den Köchen, denn es war auch am einfachsten zuzubereiten. Achten Sie aber darauf, dass die Avocados wirklich reif und die Garnelen frisch sind. Und wenn Ihnen das immer noch nicht einfach genug ist, kaufen Sie bereits gegarte Garnelen, schälen sie und drapieren sie auf den Avocadosalat.

Garnelen-Avocado-Türmchen

FÜR 4 PERSONEN

1 rote Paprikaschote
2 Avocados, gewürfelt
1 Eiertomate, von Samen befreit und gewürfelt
1 scharfe rote Chilischote (z. B. Bird's Eye), fein gehackt
1 EL Zitronensaft
1 EL gehacktes Koriandergrün
1 EL bestes Olivenöl
2 TL gewürfelte rote Zwiebel
Meersalz und zerstoßener schwarzer Pfeffer
4 TL Chiliöl
16 rohe Garnelen, bis auf das Schwanzsegment geschält und vom schwarzen Darm befreit
2 Knoblauchzehen, gehackt
2 EL Olivenöl
etwas Zitronensaft

BASILIKUMÖL
1 Handvoll Basilikumblätter
125 ml Olivenöl

Für das Basilikumöl das Basilikum kurz in kochendem Wasser blanchieren und in Eiswasser kalt abschrecken. Das Basilikum in einem sauberen Küchentuch in ein Sieb geben, sorgfältig ausdrücken und zusammen mit dem Öl im Mixer pürieren.

Einen Grill anheizen oder den Backofengrill auf 200 °C vorheizen. Die Paprikaschote für 15–20 Minuten rundherum grillen, bis die Haut schwarz wird und Blasen wirft, dabei gelegentlich umdrehen. Abkühlen lassen und die Haut mit einem spitzen Messer vorsichtig abziehen. Die Schote halbieren, von Stielansatz und Samen befreien und das Fruchtfleisch fein würfeln.

Die Avocados, die Tomaten, die Paprika, die Chili, den Zitronensaft, das Koriandergrün, das Olivenöl und die Zwiebel in einer Schüssel mischen und mit Meersalz und zerstoßenem schwarzem Pfeffer würzen. Vier Teller bereitstellen, auf den ersten Teller einen großen Ausstechring setzen und ein Viertel des Avocadosalats einfüllen. Den Ring vorsichtig abziehen und das Türmchen mit etwas Basilikum- und Chiliöl umträufeln. Die anderen Teller in gleicher Weise anrichten.

Eine Pfanne oder eine Bratplatte erhitzen. Die Garnelen mit Meersalz und schwarzem Pfeffer würzen und von beiden Seiten goldgelb braten, bis sie fast durchgegart sind. Den Knoblauch und das Olivenöl zugeben und mit etwas Zitronensaft beträufeln. Die Garnelen auf den Avocadotürmchen anrichten und sofort servieren.

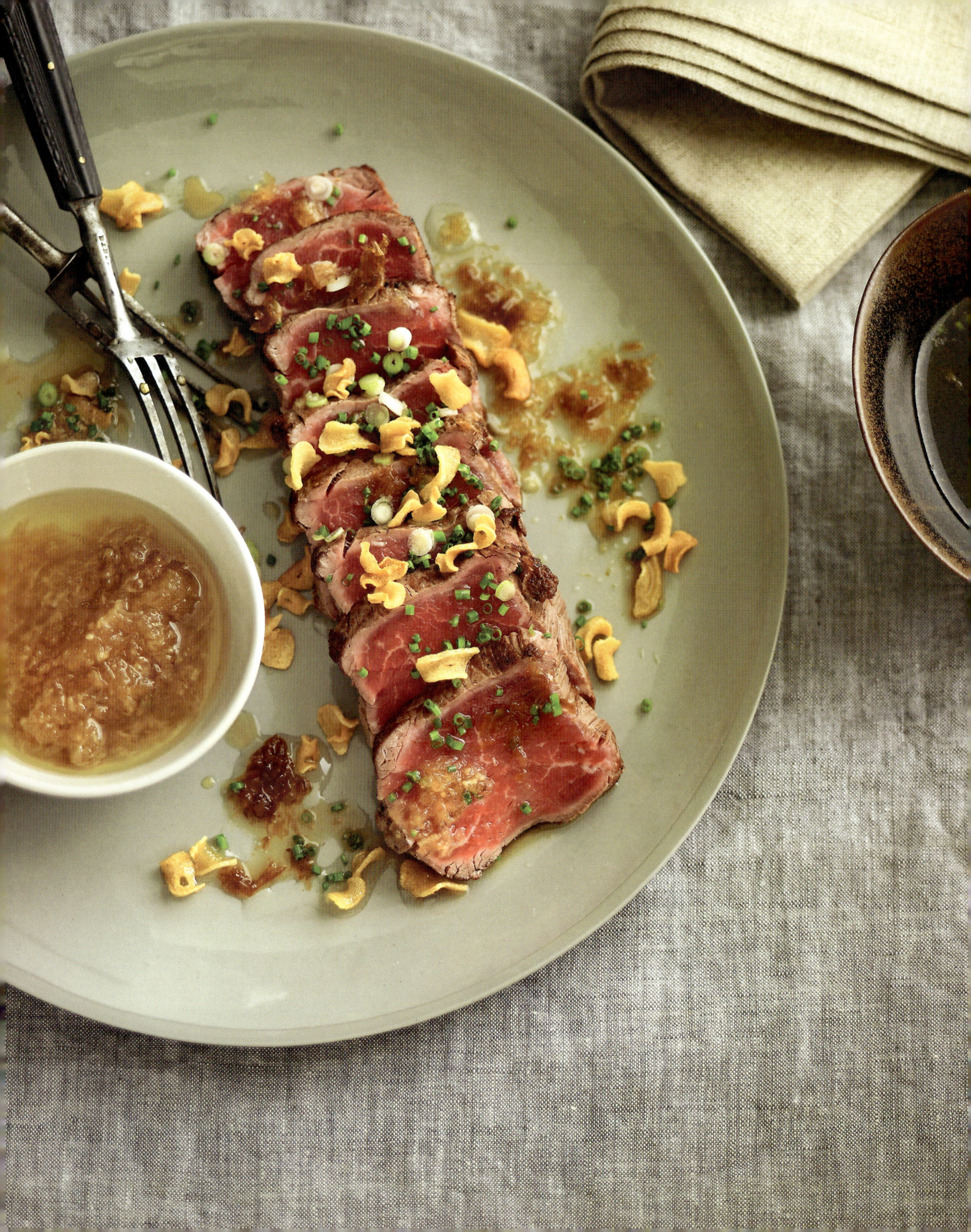

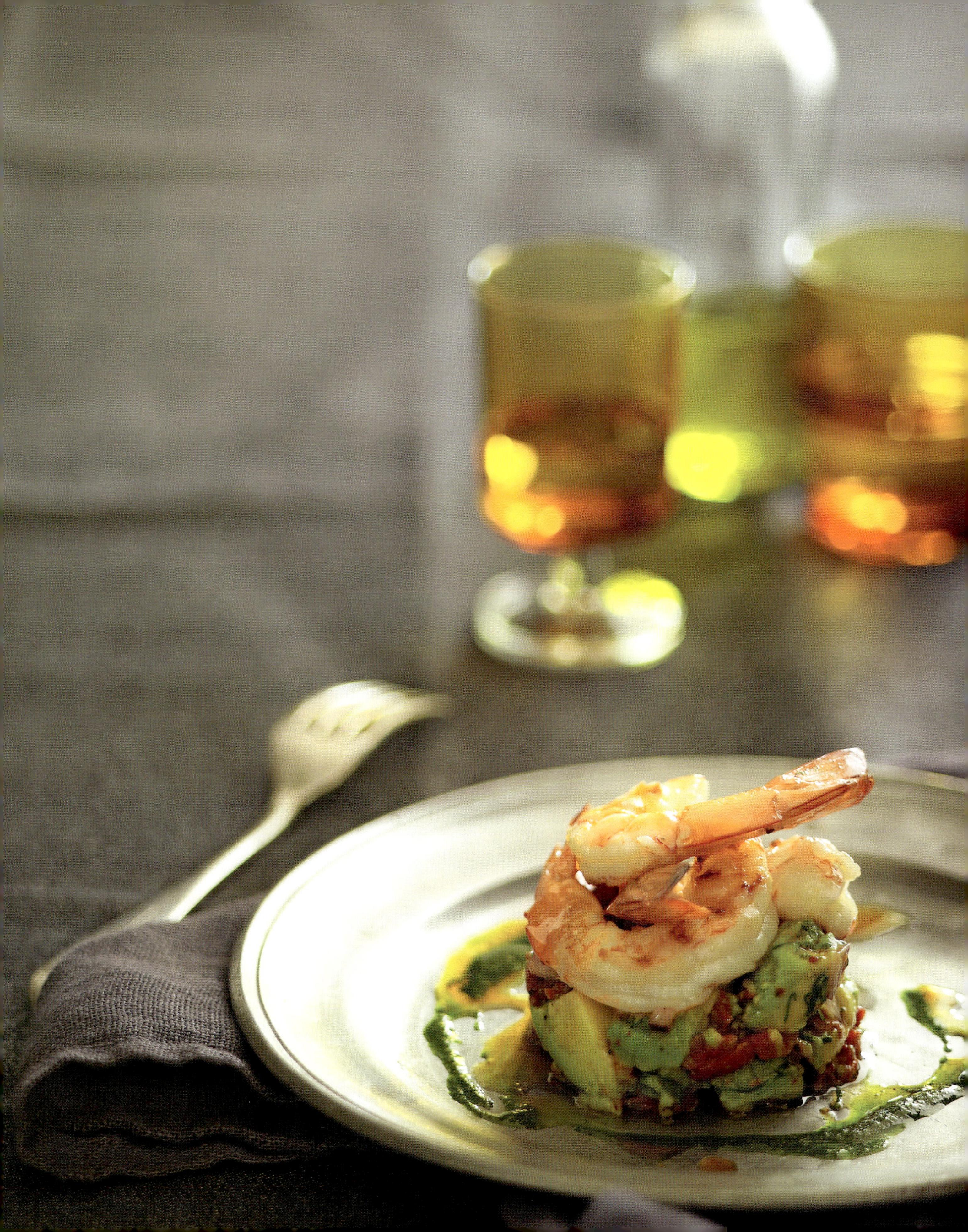

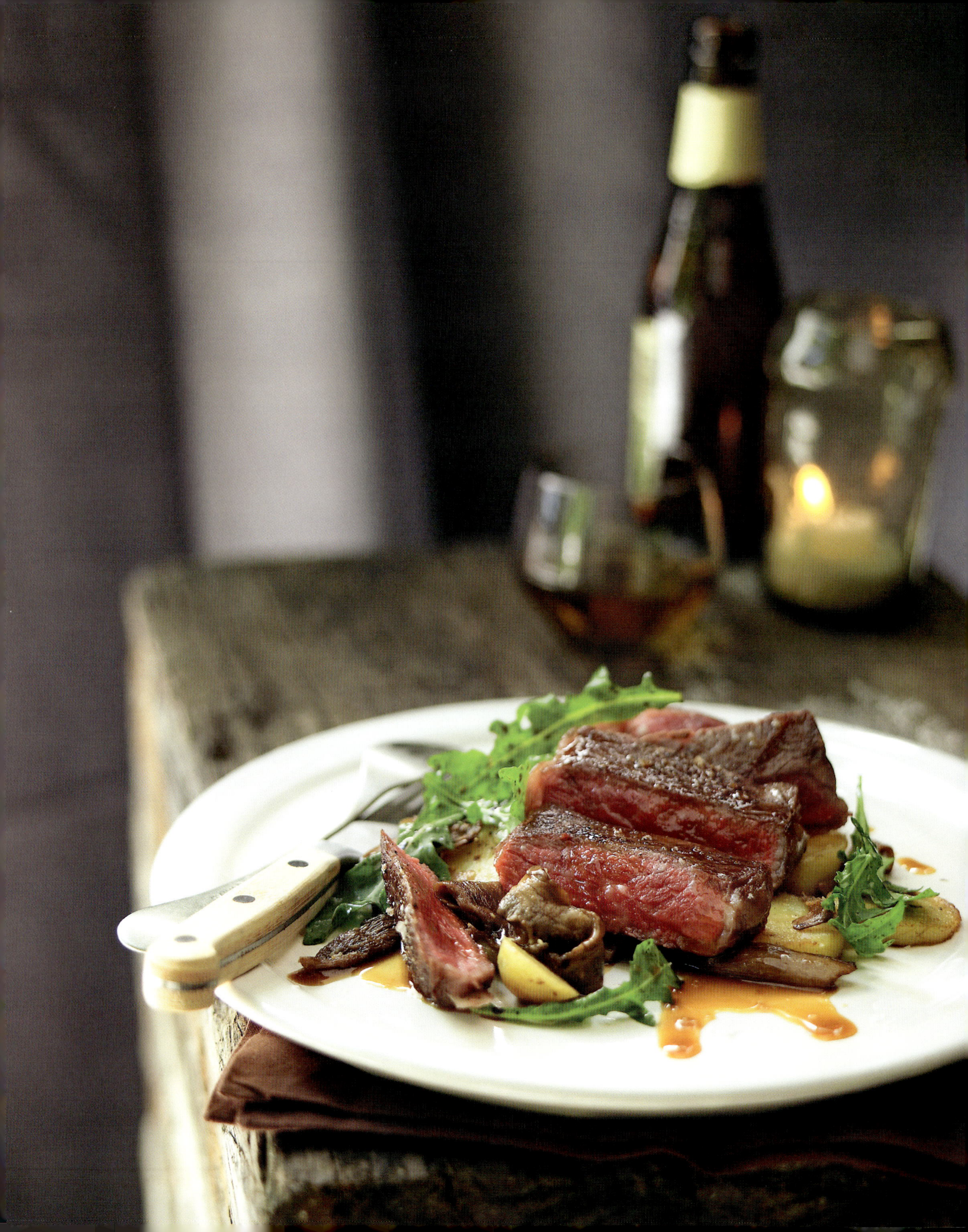

Das Besondere am Fleisch vom japanischen Kobe-Rind ist, dass es stärker und viel feiner marmoriert ist als das Fleisch herkömmlicher Rinderrassen, und das bringt eine ganz neue geschmackliche Dimension mit sich. Kobe-Rindfleisch ist sehr teuer, ein Luxusartikel, den ich mir höchstens ein bis zwei Mal pro Jahr zu besonderen Anlässen gönne. Die restliche Zeit begnüge ich mich mit gut abgehangenem Fleisch vom Weiderind.

Steak vom Kobe-Rind mit Steinpilzen, Kartoffeln & Schalotten

FÜR 4 PERSONEN

4 Schalotten, geschält
4 Steaks vom Kobe-Rind aus dem flachen Roastbeef, je etwa 250 g
Salz und frisch gemahlener schwarzer Pfeffer
etwas Pflanzenöl zum Einfetten
60 g Steinpilze (oder andere Pilze), in Scheiben geschnitten
400 g kleine festkochende Kartoffeln (vorzugsweise Kipfler oder La Ratte), weich gekocht, geschält und in Scheiben geschnitten
1 Knoblauchzehe, durchgepresst
170 ml Kalbsglace (siehe Anmerkung Seite 213)
3 EL bestes Olivenöl
1 EL Balsamico-Essig
2 große Handvoll Rucola

Den Backofen auf 180 °C vorheizen. Die Schalotten in Alufolie wickeln und 30 Minuten garen, bis sie weich sind. Etwas abkühlen lassen und vierteln.

Die Steaks mit Salz und Pfeffer würzen und das Fleisch bei starker Hitze von einer Seite 5 Minuten in einer gut vorgeheizten Grillpfanne grillen. Wenden, weitere 4 Minuten garen und an einem warmen Ort 5 Minuten ruhen lassen.

Inzwischen die Pilze und die Kartoffeln in etwas Öl von beiden Seiten bräunen und mit Salz und Pfeffer würzen. Den Knoblauch zugeben und noch 1 Minute weitergaren. Die Kalbsglace in einem kleinen Topf erhitzen.

Die Kartoffeln, Pilze und Schalotten auf Tellern anrichten. Die Steaks in Scheiben schneiden, auf dem Gemüse arrangieren und mit der Kalbsglace überziehen.

Das Olivenöl mit dem Balsamico verrühren. Den Rucola in der Vinaigrette wenden, neben dem Fleisch anrichten und servieren.

Chimichurri ist so etwas wie die südamerikanische Antwort auf Pesto, nur besser. Die Sauce ganz simpel herzustellen – doch garantiert eine der besten Saucen zu Rindfleisch, die es gibt.

T-Bone-Steak mit Chimichurri
FÜR 4 PERSONEN

Für die Sauce den Knoblauch mit etwas Salz im Mörser zerstoßen oder im Mixer zerkleinern. Die Chili, die Petersilie und das Koriandergrün zugeben und alles zu einer Paste verarbeiten. Den Essig, den Kreuzkümmel und zuletzt das Olivenöl unterrühren und mit Meersalz und zerstoßenem schwarzem Pfeffer abschmecken.

Eine Pfanne, eine Grillpfanne oder eine Bratplatte erhitzen und mit etwas Öl einfetten. Die Steaks mit Salz und Pfeffer würzen und bei mittlerer bis hoher Temperatur von jeder Seite 6–7 Minuten oder bis zum gewünschten Gargrad braten. Auf eine Platte legen und an einem warmen Ort 5 Minuten ruhen lassen. Die Chimichurri-Sauce über die Steaks ziehen oder separat dazu servieren.

etwas Pflanzenöl
4 T-Bone-Steaks, je etwa 400 g
Salz und frisch gemahlener schwarzer Pfeffer

CHIMICHURRI
3 Knoblauchzehen, geschält
Meersalz
1 Jalapeño-Chilischote, von Samen befreit und gehackt
1 große Handvoll glatte Petersilie
1 große Handvoll Koriandergrün
100 ml Weiß- oder Rotweinessig
1 Prise gemahlener Kreuzkümmel
300 ml bestes Olivenöl
zerstoßener schwarzer Pfeffer

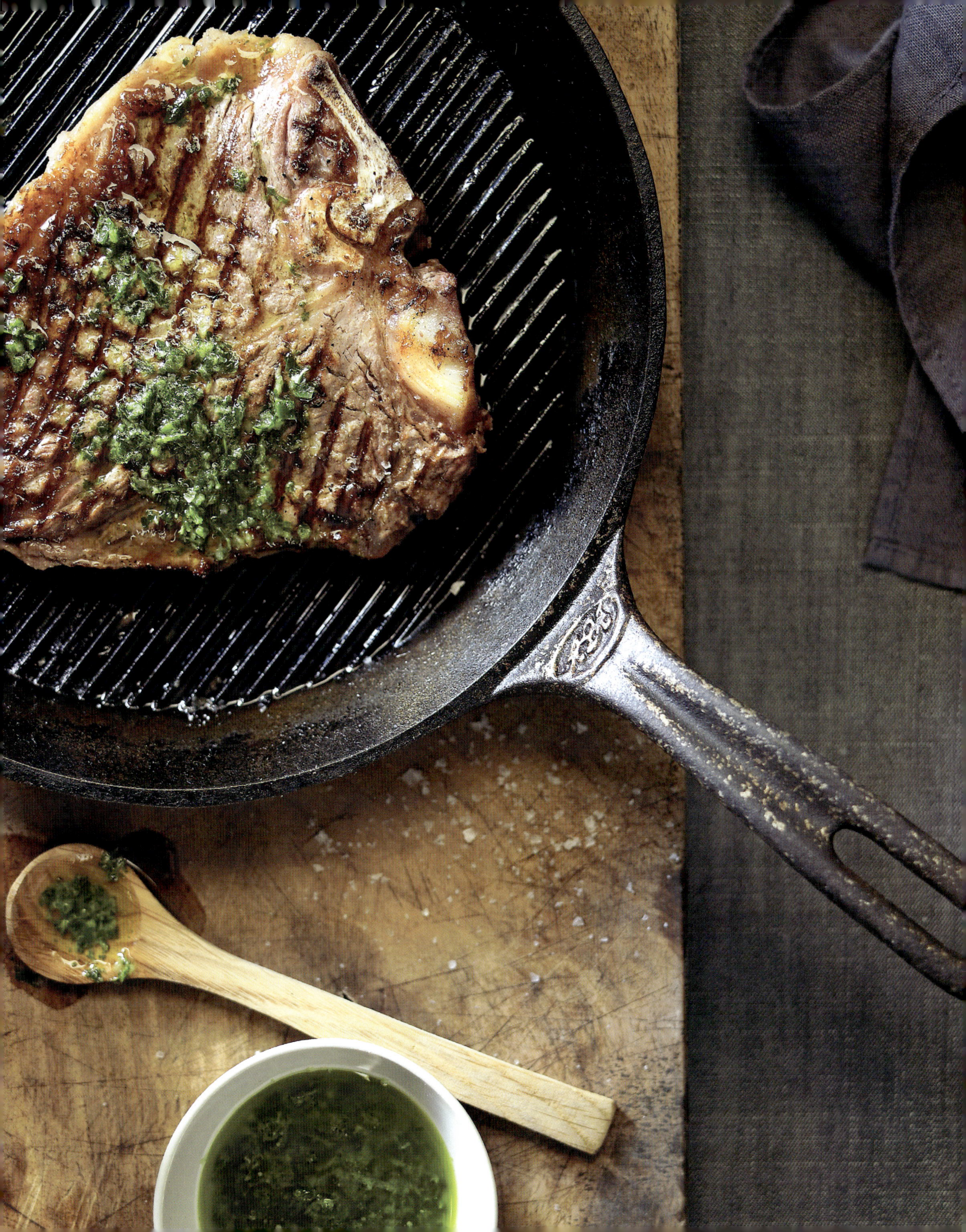

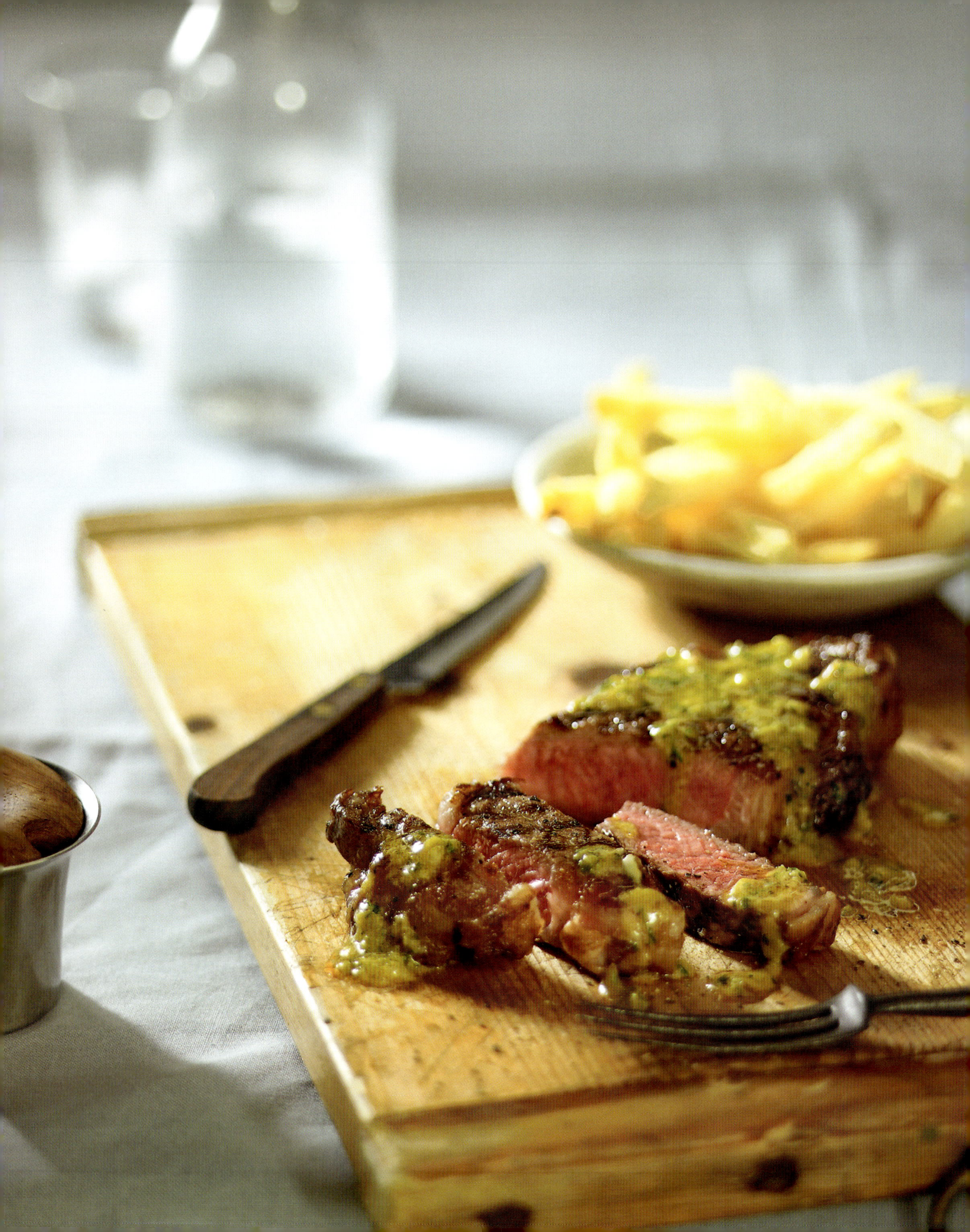

Buttermischungen sind eine fabelhafte Beigabe zu Steaks. Und das Beste: Sie sind völlig unkompliziert und können auch auf Vorrat zubereitet werden. Die Café-de-Paris-Butter strotzt nur so vor würzigen Zutaten und wenn man sie auf einem Steak langsam zerlässt, entfaltet sie die ganze Bandbreite ihrer köstlichen Aromen. Das Restaurant Café de Paris in Genf ist berühmt für sein Steak mit Café-de-Paris-Sauce. Woraus sie besteht, ist Betriebsgeheimnis, aber angeblich sind auf jeden Fall Thymian, Hähnchenleber, Dijon-Senf und Sahne dabei. Diese Butter ist eine Variation des Themas und für mich zu Steak kaum zu toppen.

Steak mit Café-de-Paris-Butter

FÜR 4 PERSONEN

4 Steaks aus dem flachen Roastbeef, je etwa 250 g
etwas Pflanzenöl
Salz und frisch gemahlener schwarzer Pfeffer

CAFÉ-DE-PARIS-BUTTER
1 EL Ketchup
1 TL Dijon-Senf
1 TL kleine Kapern (*nonpareilles*), abgespült
2 EL fein gehackte Schalotten
2 TL fein gehackte Petersilie
2 TL feine Schnittlauchröllchen
je 1 TL gehackter Dill, Thymian und Oregano
5 Estragonblätter, gehackt
1 Knoblauchzehe, fein gehackt
3 Sardellen
2 TL Cognac oder Weinbrand
2 TL Madeira
1 TL Worcestersauce
je 1 Prise Paprikapulver edelsüß, Currypulver und Cayennepfeffer
4 weiße Pfefferkörner, zerstoßen
2 TL Meersalz
1 EL Zitronensaft
abgeriebene Schale von ½ Bio-Zitrone
abgeriebene Schale von ½ Bio-Orange
500 g weiche Butter

Für die Café-de-Paris-Butter Ketchup, Senf, Kapern, Schalotten, Kräuter, Knoblauch, Sardellen, Cognac oder Weinbrand, Madeira, Worcestersauce, Gewürze sowie Zitronensaft und Schale der Zitrusfrüchte miteinander verrühren. Die Butter mit einem Schneebesen hellgelb und cremig rühren. Die Würzzutaten sorgfältig einarbeiten, die Butter in Frischhaltefolie wickeln und zu einer dicken Wurst formen. Bis zur Verwendung in den Kühlschrank legen oder einfrieren.

Eine Pfanne oder eine Bratplatte erhitzen. Die Steaks auf Raumtemperatur bringen und mit etwas Öl einreiben, salzen und pfeffern. Bei starker Hitze von jeder Seite 6–7 Minuten braten. Die Steaks auf eine Platte legen, mit Scheibchen der Würzbutter bedeckt kurz ruhen lassen und mit Pommes frites und einem einfachen Salat servieren.

Anmerkung: Die verbliebene Café-de-Paris-Butter können Sie in Alufolie verpackt einige Tage im Kühlschrank aufbewahren oder bis zu einem Monat einfrieren.

Mein Lieblingsfleisch neben Schwein, Ente, Huhn, Rind, Känguru, Wachtel, Kaninchen, Wild ... ist Lamm – zugegeben, ich mag sie alle. Für mich als Koch ist es die sprichwörtliche Qual der Wahl. Aber Lammfleisch liebe ich tatsächlich in all seinen Formen, vom zarten Kotelettstück über die aromatische Schulter bis zum saftigen Keulenbraten. Hier zeige ich Ihnen eines meiner besten Lammrezepten der letzten Jahre. Lammhack ist vielleicht nicht ganz billig, aber dafür etwas Besonderes.

Pikante Lammspieße mit Granatapfelsauce

FÜR 4 PERSONEN

Acht Bambus- oder Holzspieße über Nacht in Wasser legen, damit sie beim Garen nicht verbrennen – oder Metallspieße verwenden.

Sämtliche Zutaten für die türkische Würzmischung mischen und bis zum Gebrauch luftdicht verschlossen aufbewahren.

Das Lammhack mit dem Knoblauch, den Tomaten, dem Granatapfelsirup und 1 EL der Würzmischung sorgfältig vermengen und mit Meersalz und Pfeffer würzen. Das Fleisch in Würstchenform um die Spieße herum andrücken und vor der Zubereitung 30 Minuten kalt stellen.

Den Joghurt mit dem Granatapfelsirup, der Minze und dem Sumach verrühren.

Eine Pfanne oder eine Bratplatte erhitzen. Die Lammspieße bei mittlerer Hitze von jeder Seite 3 Minuten braten, bis sie goldbraun und durchgegart sind.

Die Spieße mit der Joghurtsauce und den Granatapfelkernen und der Minze garniert servieren. Wenn Sie mögen, können Sie das Fleisch nach dem Grillen zusätzlich mit etwas Granatapfelsirup beträufeln.

Anmerkung: Die restliche Würzmischung können Sie luftdicht verschlossen bis zu einem Monat aufbewahren.

400 g mageres Lammhackfleisch
1 Knoblauchzehe, fein gehackt
1 Tomate, von Samen befreit und fein gewürfelt
1 TL Granatapfelsirup, plus etwas zum Servieren
Meersalz und zerstoßener schwarzer Pfeffer
Granatapfelkerne von 1 Frucht zum Servieren
frische Minze zum Servieren

TÜRKISCHE WÜRZMISCHUNG
35 g gemahlener Kreuzkümmel
3 EL getrocknete Minze
3 EL getrockneter Oregano
2 EL Paprikapulver edelsüß
2 EL zerstoßener schwarzer Pfeffer
2 TL rosenscharfes Paprikapulver

GRANATAPFELJOGHURT
125 g Joghurt
2 EL Granatapfelsirup
1 kleine Handvoll Minze, gehackt
1 TL Sumach (siehe Anmerkung Seite 155)

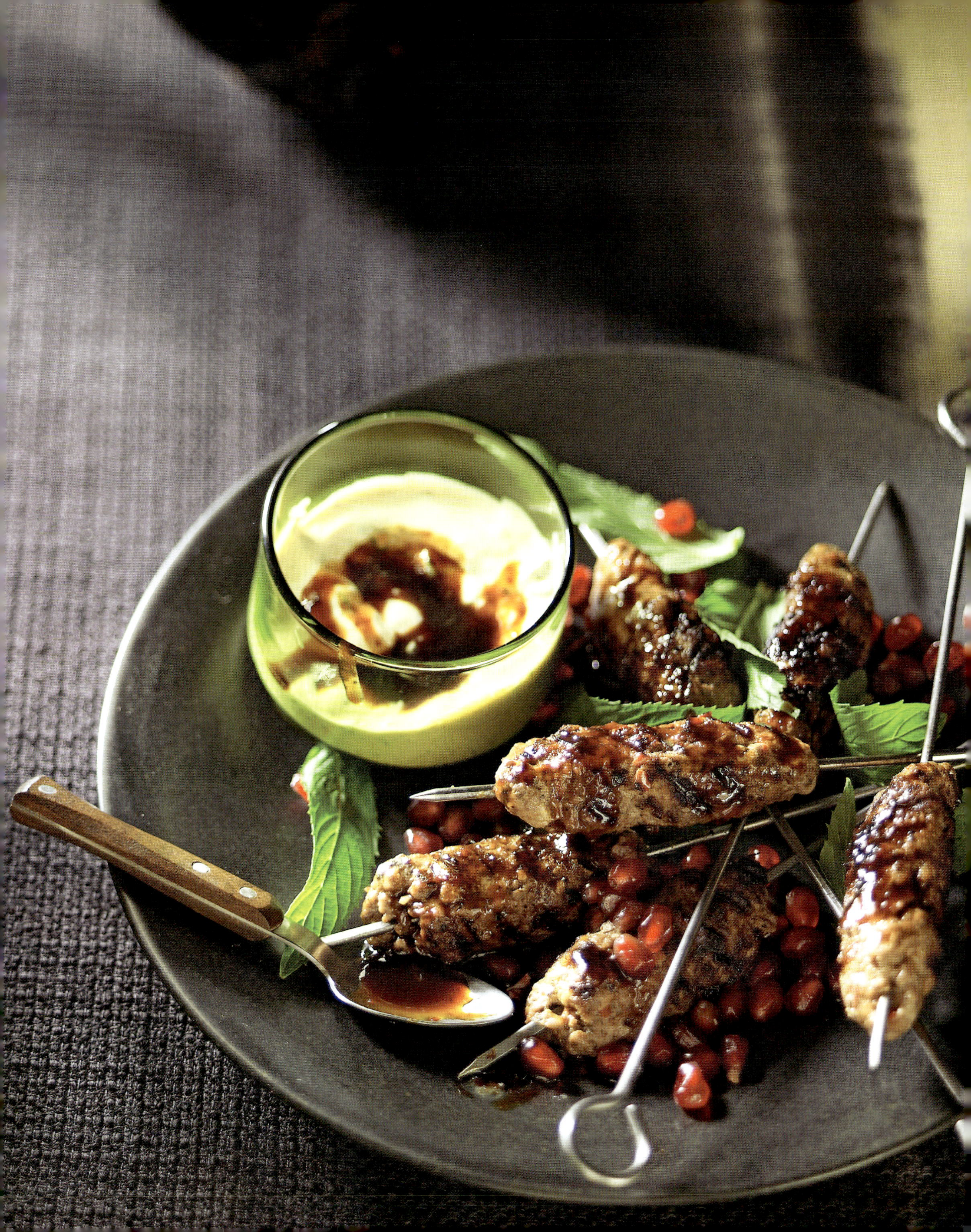

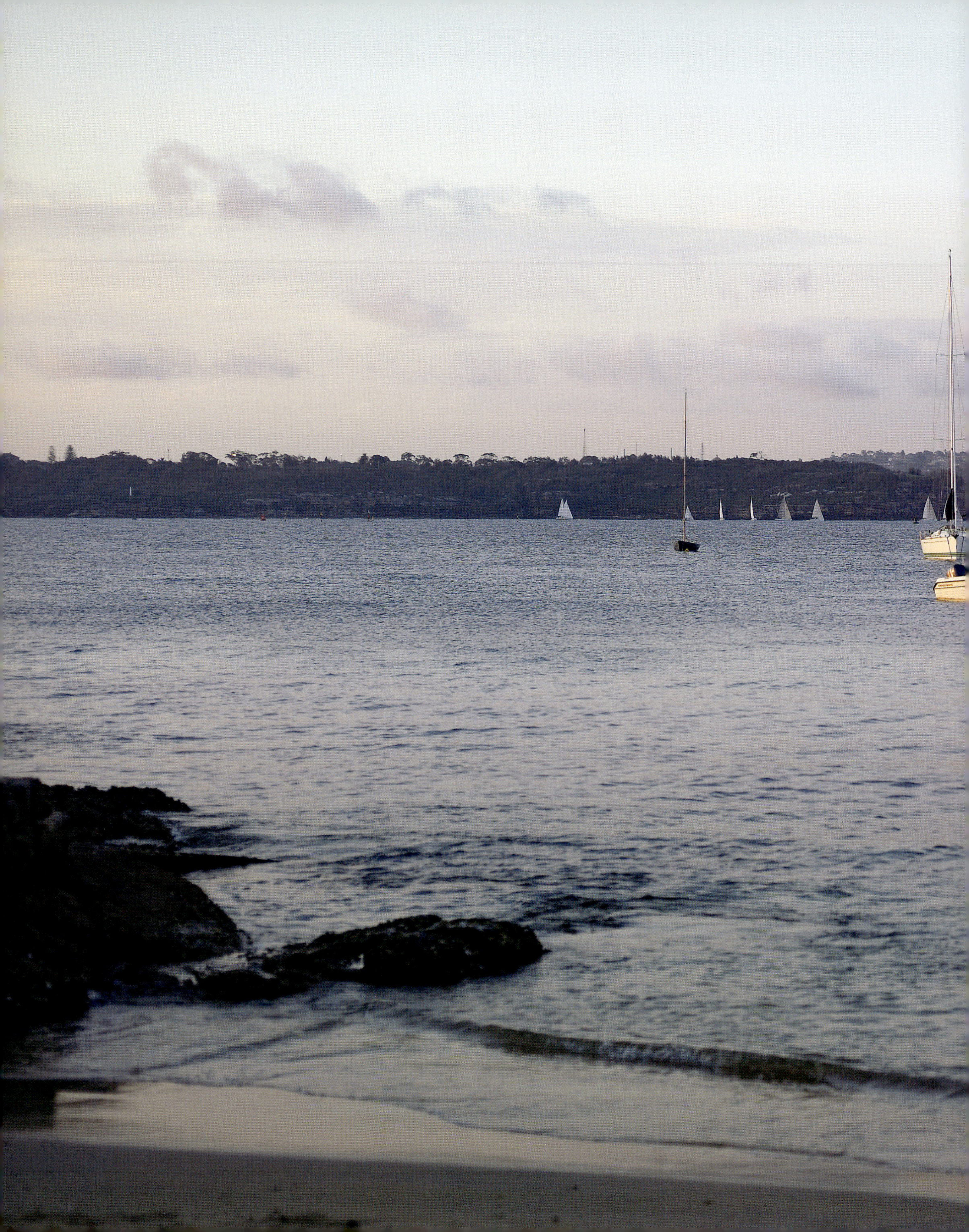

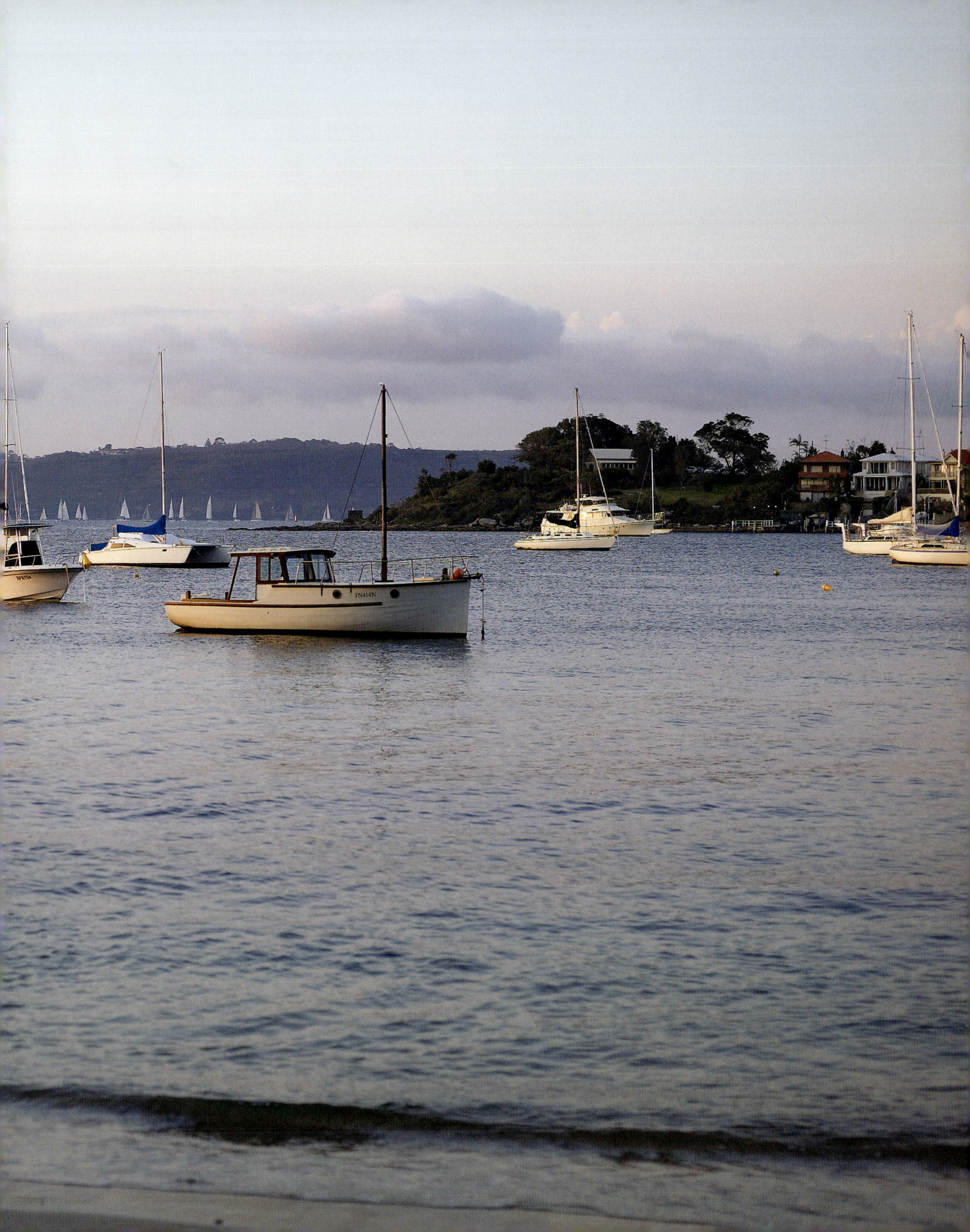

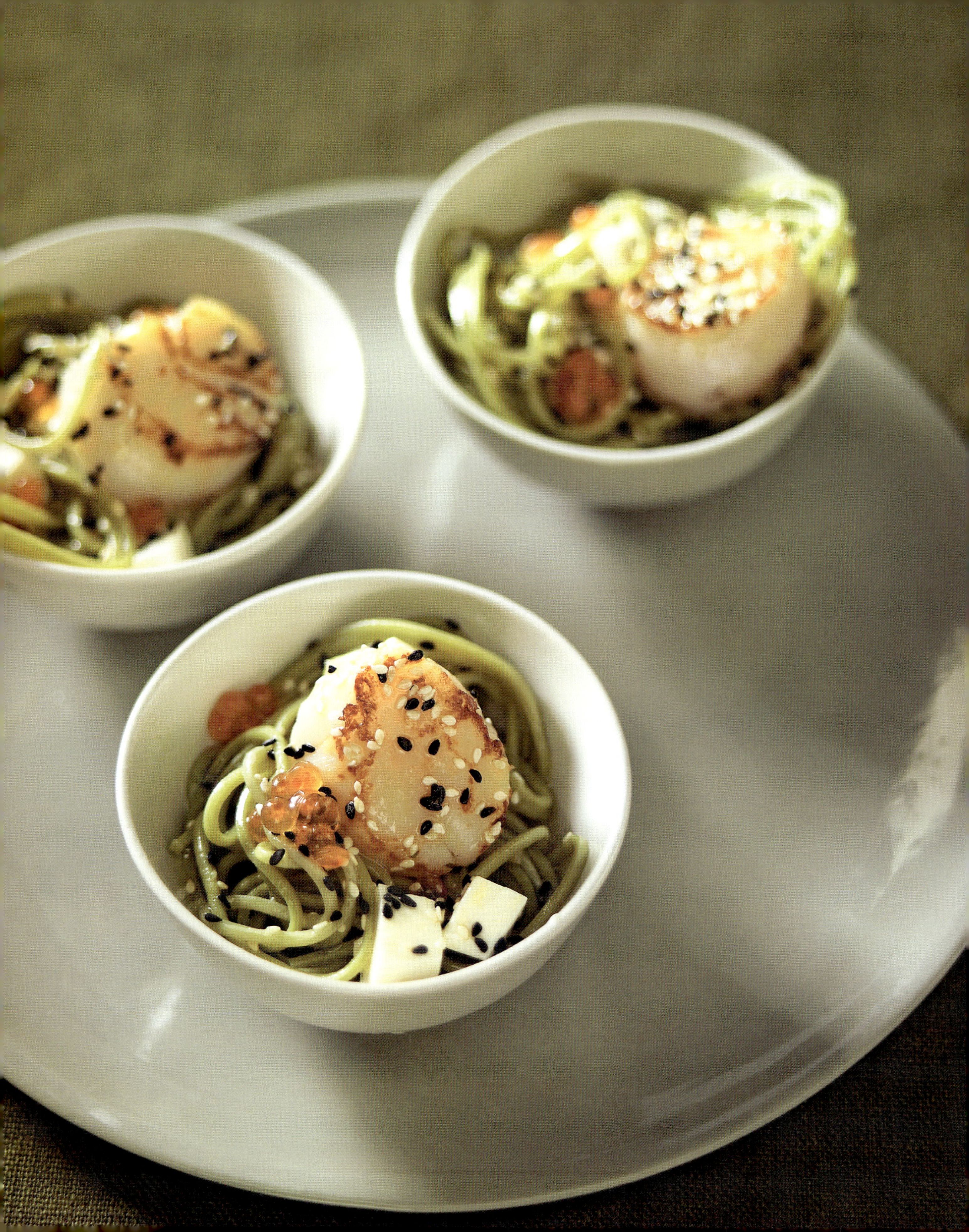

Ich finde es faszinierend, wie ein gutes Essen oder sogar ein einzelner Geschmack in unserem Gedächtnis haften bleibt. Es gibt bestimmte Gerichte und Aromen, die ich aus der Erinnerung augenblicklich aufrufen kann. Denken Sie an frische Austern, eine reife, saftige Mango oder an hauchdünn geschnittenen iberischen Schinken. Das Gleiche gilt für Saucen – braune Butter mit Salbei über Gnocchi, grüner Pfeffer zu Steak oder Satay-Sauce zu gegrillten Hähnchenspießen. Eine meiner Lieblingssaucen hat zwar keinen Namen, sie ist nur eine Mischung aus wenigen Zutaten, doch mit Grüntee- oder anderen Soba-Nudeln hinterlässt sie am Gaumen einen bleibenden Eindruck.

Jakobsmuscheln mit Grünteenudeln

FÜR 4 PERSONEN

16 Jakobsmuscheln, gesäubert
Meersalz und zerstoßener schwarzer Pfeffer
etwas Pflanzenöl
200 g japanische Grünteenudeln (*cha soba*)
3 EL Reisessig
2 EL Sojasauce
4 EL süßer Reiswein (*mirin*)
3 EL Sesampaste (*tahin*)
1 EL Sake
2 EL Sesamöl
125 ml Olivenöl, plus Öl zum Garen
einige Tropfen Chiliöl (nach Geschmack)
100 g Seidentofu, in kleine Würfel geschnitten
1 EL geröstete Sesamsamen (weiß und schwarz)
2 EL Keta-Kaviar

Die Jakobsmuscheln mit Salz und zerstoßenem schwarzem Pfeffer würzen und mit etwas Öl bestreichen.

Die Nudeln nach der Packungsanleitung garen, unter fließendem kaltem Wasser abschrecken und abtropfen lassen.

Für das Dressing den Reisessig, die Sojasauce, den Reiswein, die Sesampaste, den Sake sowie das Sesam-, das Oliven- und das Chiliöl in einer Schüssel gründlich verrühren, bis die Mischung glatt ist (schneller geht es im Mixer). Je nach Geschmack mit weiterem Chiliöl abschmecken.

Die Nudeln mit etwas Dressing würzen und vorsichtig den Tofu und die Sesamsamen unterheben.

Eine Pfanne oder eine Bratplatte erhitzen. Die Nudeln in Schalen anrichten und mit weiterem Dressing überziehen.

Die Jakobsmuscheln bei starker Hitze von jeder Seite 1 Minute braten, bis sie goldbraun und gar sind. Auf den Nudeln anrichten, mit Keta-Kaviar garnieren und servieren.

Anmerkung: Grünteenudeln, japanischen Reiswein und Sesampaste bekommen Sie im Asialaden oder über den Internethandel.

Dieses Gericht servierte ich in meiner Zeit im *Hugos* am Bondi Beach. Sie können es etwas vereinfachen, indem Sie die Wachteleier weglassen. Das Marinieren über Nacht setzt eine Art Garprozess in Gang, vor allem aber verleiht es dem Fisch ein herrliches Aroma. Das ebenso einfache wie leckere Gurken-Relish macht auch für sich allein eine gute Figur. Das Geheimnis liegt in der richtigen Balance zwischen sauer, süß, salzig und scharf.

Regenbogenforelle mit Gurken-Relish

FÜR 4 PERSONEN

Die Sojasauce und die Fischsauce in einer nichtmetallenen Schüssel verrühren. Die Forellenfilets darin einlegen und bis zu 24 Stunden, mindestens aber 4 Stunden, marinieren (je länger, desto besser).

Für die Tamarindensauce die Chili, den Knoblauch und die Korianderwurzeln in einem kleinen Topf in etwas Öl anbraten, bis die Mischung aromatisch duftet. Das Tamarindenmark und 2 EL Wasser zugeben und 5 Minuten behutsam garen. Die Fischsauce und den Palmzucker unterrühren und im Mixer pürieren, bis die Sauce glatt ist.

Für das Gurken-Relish den Essig, den Zucker und etwas Salz in einem kleinen Topf mit 170 ml Wasser vermengen und unter Rühren langsam zum Kochen bringen. Die Gurken, die Schalotten, den Ingwer, die Chili und das Koriandergrün unterrühren und beiseitestellen.

Die Wachteleier in Wasser mit einem Schuss Essig 2½ Minuten garen. Kalt abschrecken, schälen und abtrocknen.

In einem kleinen Topf einige Zentimeter hoch Öl einfüllen und auf mittlere bis hohe Temperatur erhitzen. Die Wachteleier darin goldbraun und knusprig frittieren. Auf Küchenpapier abtropfen, halbieren und mit der Fischsauce, der Chili und dem Koriandergrün vermengen.

Eine Pfanne erhitzen. Die Forellenfilets mit Erdnussöl bestreichen und bei hoher Temperatur zuerst von der Hautseite goldbraun und knusprig braten. Wenden und bis zum gewünschten Gargrad fertigstellen.

Das Gurken-Relish abtropfen lassen und jeweils etwas Relish in der Tellermitte aufhäufen. Die Forellenfilets darauf anrichten und mit der Tamarindensauce umgießen. Mit den Wachteleiern und nach Belieben mit Keta-Kaviar garnieren und servieren.

250 ml Sojasauce
3 EL Fischsauce (*nam pla*)
4 Regenbogenforellenfilets mit Haut, je etwa 160 g
1 EL Erdnussöl
1 EL Keta-Kaviar (nach Belieben)

TAMARINDENSAUCE
1 rote Chilischote, von Samen befreit und fein gehackt
1 Knoblauchzehe, fein gehackt
2 Korianderwurzeln, gehackt
250 ml Tamarindenmark
2 TL Fischsauce
2 TL geriebener Palmzucker

GURKEN-RELISH
6 EL Weißweinessig
6 EL Zucker
Salz
2 Salatgurken, längs halbiert, entkernt und in Scheiben geschnitten
3 Schalotten, in feine Ringe geschnitten
1 EL geriebener Ingwer
1 lange rote Chilischote, von Samen befreit und in feine Ringe geschnitten
1 Handvoll Koriandergrün

WACHTELEIER
6 Wachteleier
etwas Essig zum Garen
etwa 500 ml Pflanzenöl zum Frittieren
1 EL Fischsauce
1 rote Chilischote, fein gehackt
1 TL fein gehacktes Koriandergrün

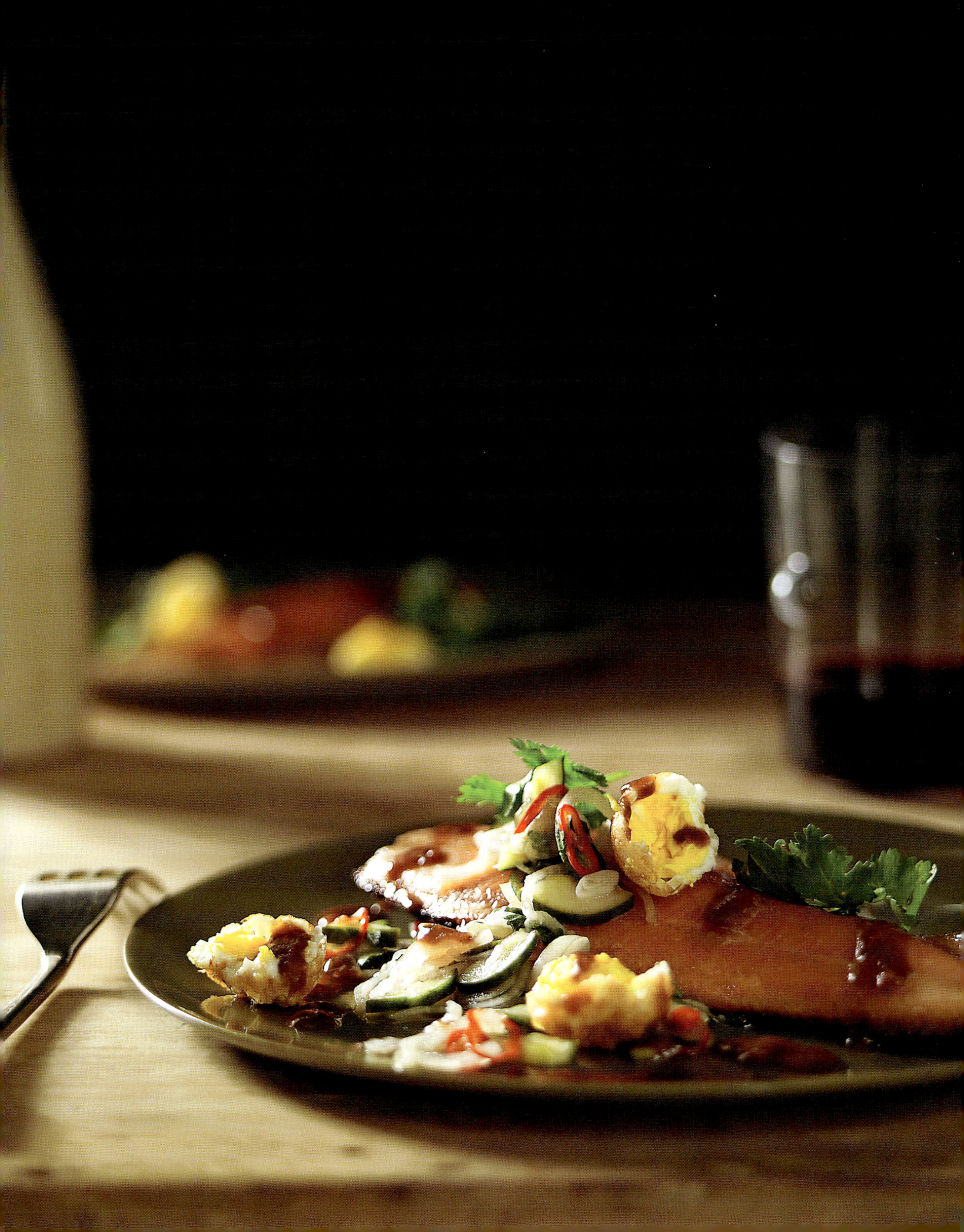

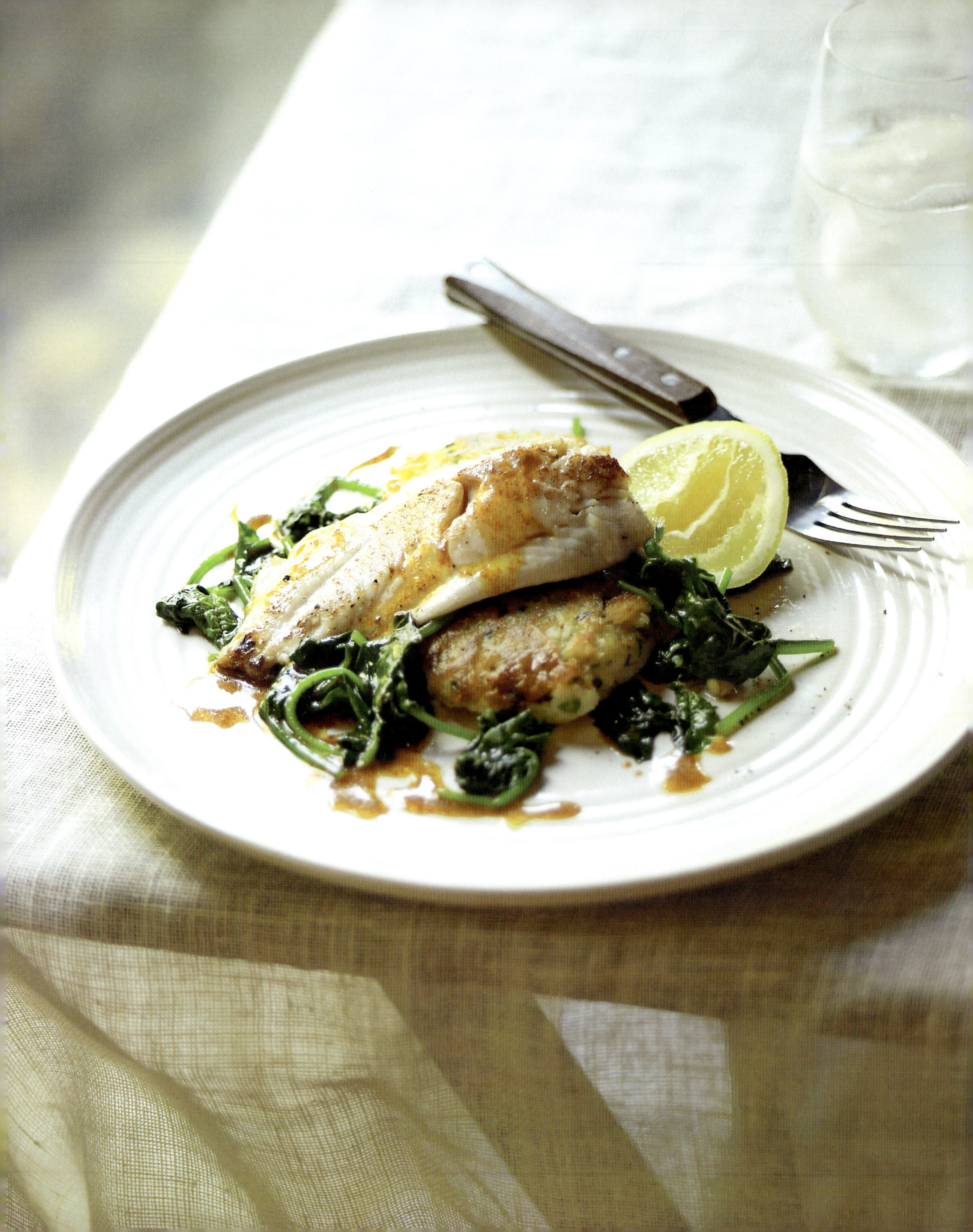

Vor Jahren hatte ich das Vergnügen mit zwei Neuseeländern, Phil Davenport und Hamish Lindsay, zusammenzuarbeiten. Das war eine sehr kreative Zeit – jeden Tag dachten wir Jungs darüber nach, was man noch alles ausprobieren könnte ... wir waren eine blutjunge Crew und alles war möglich. Die Idee zu diesem Rezept hatten wir eines Nachts beim Feierabendbier. Am nächsten Tag probierten wir es aus und es schmeckte fantastisch. Das Krabbenfleisch in den Röstis können Sie auch weglassen.

Schnapperfilets mit Kartoffel-Krabben-Rösti, Spinat & Möhrensauce

FÜR 4 PERSONEN

4 Schnapperfilets, je etwa 160 g
etwas Olivenöl zum Braten
Salz und frisch gemahlener schwarzer Pfeffer
2 Knoblauchzehen, fein gewürfelt
1 scharfe rote Chilischote (z. B. Bird's Eye), von Samen befreit und fein gewürfelt
1 EL fein gewürfelter Ingwer
200 g Spinat
Saft von ½ Zitrone
Zitronenspalten zum Servieren

MÖHRENSAUCE
1 l Möhrensaft
4 Kardamomkapseln, leicht geröstet und zerstoßen
100 g Butter, gewürfelt
Saft von 1 Limette
Salz und frisch gemahlener schwarzer Pfeffer

KARTOFFEL-KRABBEN-RÖSTI
2 EL Olivenöl
4 große Kartoffeln, geschält und geraspelt
400 g Krabbenfleisch
4 Eigelb
4 TL gehackte Petersilie
2 EL geklärte Butter (siehe Anmerkung Seite 17) oder Butterschmalz

Für die Sauce den Möhrensaft mit dem Kardamom in einem Topf bei mittlerer Hitze 30–40 Minuten einkochen, bis noch 125 ml verbleiben. Vom Herd nehmen, stückweise die Butter unterschlagen, bis die Sauce sämig ist, und durch ein Sieb passieren. Den Limettensaft unterrühren – er nimmt der Sauce die buttrige Fülle – und mit Salz und Pfeffer abschmecken.

Eine Pfanne erhitzen und mit etwas Öl einfetten. Für die Rösti die geraspelten Kartoffeln in einem Sieb gründlich ausdrücken und mit sämtlichen anderen Zutaten – außer Öl und Butter – vermengen. Die Masse esslöffelweise in die Pfanne geben und bei mittlerer bis hoher Temperatur 3 Minuten goldbraun braten. Wenden, mit geklärter Butter bestreichen und auch die andere Seite goldbraun braten. Die Rösti warm stellen.

Inzwischen den Fisch mit etwas Olivenöl bestreichen, mit Salz und Pfeffer würzen und bei starker Hitze zuerst mit der Haut nach unten 3 Minuten braten. Wenden und von der anderen Seite ebenfalls 3 Minuten garen, bis die Filets von beiden Seiten goldbraun sind.

Den Knoblauch, die Chili und den Ingwer mit etwas Öl in einen Topf geben. Den Spinat zufügen und 1 Minute zusammenfallen lassen. Mit Salz, Pfeffer und dem Zitronensaft würzen und abtropfen lassen.

Einen Spiegel von Möhrensauce auf die Mitte von vier Tellern gießen. Die Rösti und den Fisch darauf anrichten und mit dem Spinat garnieren. Mit Zitronenspalten servieren.

Vor etwa 15 Jahren zog ich von Melbourne nach Sydney. Es war der Beginn meiner Laufbahn als Koch und ich wollte so viel wie möglich lernen. Glücklicherweise gibt es in Sydney eine ganze Reihe hervorragender Kochschulen, wo ich begann, meinen eigenen Stil zu entwickeln. Ich schaute den besten Köchen über die Schulter und, noch wichtiger, lernte ihre Philosophie kennen – Neil Perrys Begeisterung für einheimische Produkte, David Thompson, dessen große Liebe dem Reis gilt, und Christine Manfield, der ich zusah, wie sie Ente mit Tee räucherte. Die Aromen waren so fremd und neu, ich war sprachlos. Zurück im *Hugos* begann ich gleich zu experimentieren – und hier ist eines der Ergebnisse.

Mit Tee geräucherte Entenbrust & Ravioli mit Foie gras

FÜR 4 PERSONEN

Einen Wok mit Alufolie auslegen, die Hälfte der Räuchermischung hineingeben und auf mittlere Temperatur erhitzen. Sobald es zu rauchen beginnt, die Entenbrüste auf ein Wokgitter oder einen passgenauen Rost (z. B. ein rundes Kuchengitter) legen, in den Wok einsetzen und den Wok mit einem passenden Deckel verschließen. Zugedeckt 7 Minuten räuchern, anschließend von der Hitzequelle nehmen.

Für die Sauce den Zucker in einem Topf langsam erhitzen, bis er sich aufgelöst hat. Den Essig zugießen, glatt rühren, dann den Orangensaft zufügen und die Mischung auf die Hälfte einkochen. Den Geflügelfond zugeben und erneut um die Hälfte reduzieren. Die Orangenschale und die Butter unterrühren, die Sauce im Mixer aufschäumen und abschmecken.

Für die Ravioli die Entenstopfleber mit den Wasserkastanien, der Birne und 1 Prise Salz im Mixer pürieren. Vier Teigblätter auf eine Arbeitsfläche legen und mit Wasser benetzen. Die Farce in die Mitte geben, mit den restlichen Teigblättern bedecken und an den Rändern fest zusammendrücken. Die vier Ravioli 1 Minute in kochendem Salzwasser garen, abtropfen lassen und beiseitestellen.

Die geräucherten Entenbrüste bei mittlerer bis starker Hitze in einer gusseisernen Pfanne zuerst von der Hautseite goldbraun und knusprig braten. Wenden und von der Fleischseite 1 weitere Minute braten; einige Minuten ruhen lassen. Die Ravioli mit etwas Öl bestreichen und in der Pfanne rundherum bräunen.

Den Spinat in einem Topf zusammenfallen lassen und mit Meersalz und Pfeffer würzen. Das Gemüse abtropfen lassen, überschüssiges Wasser gut ausdrücken.

Die Orangensauce wieder erhitzen und den Spinat auf Tellern verteilen. Die Entenbrüste tranchieren und mit den Ravioli darauf anrichten. Die Ravioli und das Fleisch mit etwas Sauce überziehen, nach Belieben mit frittiertem Ingwer bestreuen und servieren.

Anmerkung: Die andere Hälfte der Räuchermischung können Sie luftdicht verschlossen bis zu einem Monat aufbewahren.

4 Entenbrüste, je etwa 250 g
100 g Entenstopfleber (*foie gras de canard*)
50 g Wasserkastanien (Konserve; aus dem Asialaden)
50 g Birne, gewürfelt
Salz
8 Teigblätter (*gow gee* oder *dim sum*; aus dem Asialaden)
etwas Pflanzenöl zum Braten
250 g junger Spinat
Meersalz und frisch gemahlener schwarzer Pfeffer
knusprig frittierter Ingwer zum Servieren (nach Belieben)

ORANGENSAUCE

60 g Zucker
3 EL Rotweinessig
500 ml Blutorangensaft
250 ml Geflügelfond
abgeriebene Schale von ¼ Bio-Orange
50 g Butter, gewürfelt
Salz und frisch gemahlener schwarzer Pfeffer

TEE-RÄUCHERMISCHUNG

30 g Oolong-Tee
30 g Jasmintee
Zesten von 3 unbehandelten Orangen
4 Streifen getrocknete Orangenschale
200 g Jasminreis
180 g brauner Zucker
5 Sternanis
1 EL Sichuanpfefferkörner
6 Stück Kassiarinde (Zimtkassie)

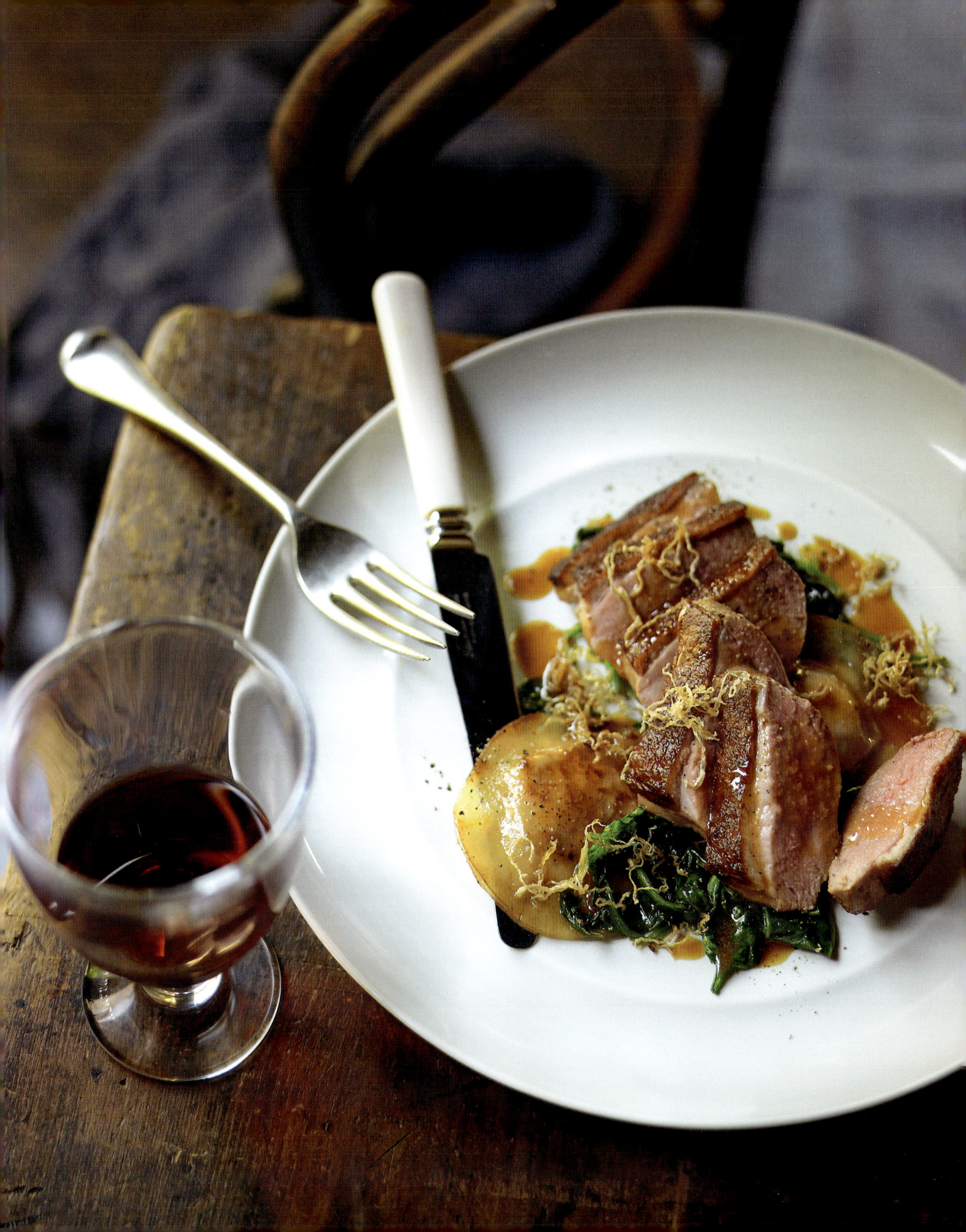

Die beiden folgenden Rezepte sind unkomplizierte, sommerliche Dessertideen, die prima zu den Gerichten in diesem Buch passen. Sie lassen sich auch gut auf dem Grill zubereiten, aber reinigen Sie ihn bitte zuerst gründlich, bevor Sie Früchte darauflegen, sonst schmecken sie nach der Steakmarinade oder nach gegrilltem Tintenfisch und das leckere Dessert ist dahin.

Gebratene Feigen mit Mascarpone und Honig

FÜR 4 PERSONEN

Den Mascarpone, die Orangenschale, den Grand Marnier und die Sahne verrühren, bis die Mischung glatt ist – nicht zu lange rühren, sonst kann die Sahne gerinnen.

Eine Pfanne oder Bratplatte erhitzen. Die Feigen mit der aufgeschnittenen Seite in den Zucker tauchen und mit dieser Seite nach unten auf die Garfläche legen. Mit etwas Honig beträufeln und 2–3 Minuten bei mittlerer Hitze braten, bis sie nur eben heiß sind und weich zu werden beginnen. Die Früchte auf Tellern anrichten und mit weiterem Honig beträufeln. Die Mascarpone-Creme mit den Mandelblättchen bestreuen und dazu reichen.

200 g Mascarpone
abgeriebene Schale von
  1 Bio-Orange
30 ml Grand Marnier (französischer
  Orangenlikör)
200 g Sahne
8 Feigen, halbiert
3 EL Zucker
4 EL Honig
50 g Mandelblättchen, geröstet

Gebratene Pfirsiche mit Amaretto

FÜR 4 PERSONEN

450 g Zucker
2 Streifen (je 5 cm) Schale von einer Bio-Orange
125 ml frisch gepresster Orangensaft
125 ml Amaretto
1 Vanilleschote, längs aufgeschlitzt und das Mark herausgekratzt
6 feste Pfirsiche, halbiert und entsteint
etwas Pflanzenöl
80 g geschälte Mandeln, geröstet und grob gehackt

MANDEL-AMARETTO-CREME
300 g Schlagsahne
3 EL Puderzucker
250 g Mascarpone
2 EL Amaretto
100 g Mandelkekse (Amaretti), grob zerbröckelt

Für die Mandel-Amaretto-Creme die Sahne mit 1 EL Puderzucker steif schlagen, bis sich weiche Spitzen bilden. Den Mascarpone mit dem restlichen Puderzucker, dem Amaretto und den zerbröselten Mandelkeksen verrühren, sodass die Zutaten nur leicht vermengt sind. Vorsichtig die Sahne unterziehen und vor dem Servieren mindestens 4 Stunden kalt stellen.

In einem großen Topf den Zucker, die Orangenschale, den Orangensaft, den Amaretto, das Vanillemark und 250 ml Wasser verrühren. Den Zucker bei schwacher Hitze unter Rühren auflösen, die Mischung aufkochen und lauwarm abkühlen lassen. Die Pfirsiche in eine große Backform legen, mit dem Sirup übergießen und abkühlen lassen.

Eine Pfanne oder Bratplatte erhitzen. Die Pfirsiche abtropfen lassen, den Sirup zurückbehalten, und die Früchte mit etwas Öl bei mittlerer bis starker Hitze in 5 Minuten goldbraun braten.

Die Früchte auf einer Servierplatte anrichten und mit etwas Sirup überziehen. Die gerösteten Mandeln darüberstreuen und mit der Mandel-Amaretto-Creme servieren.

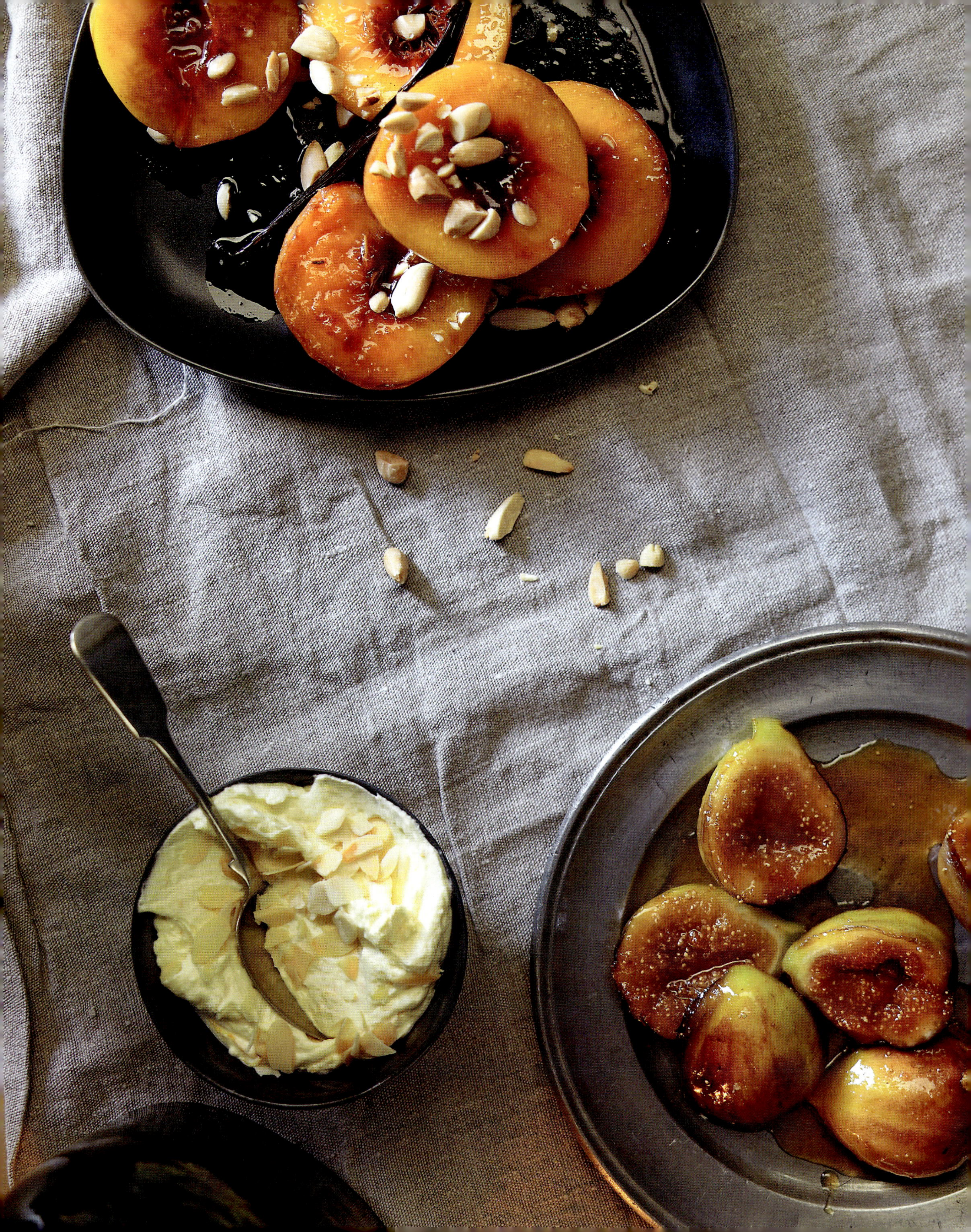

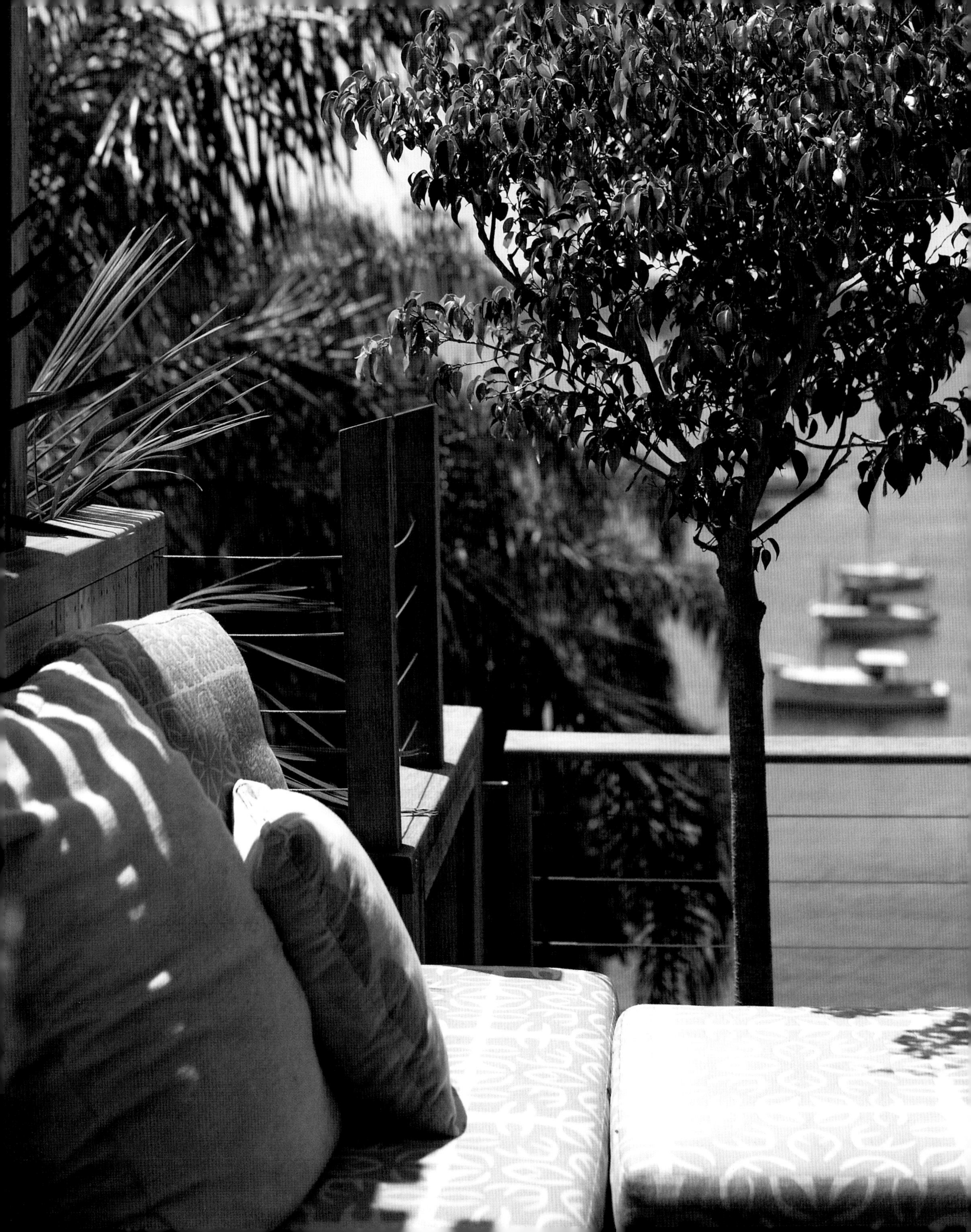

Im Prinzip können Sie für diesen alkoholfreien Cocktail jede Fruchtsorte verwenden. Wir haben unsere Version mit Kaffir-Limettenblättern als Basis etwas aufpoliert und mit einem Schuss Holunderblütensirup abgerundet. Den Sirup findet man in Naturkostläden, man kann ihn auch aus gesammelten Blüten selbst herstellen.

Floral Delight
FÜR 4–6 PERSONEN

Die Melonenstücke und die Kaffir-Limettenblätter in einem Krug verrühren. Die restlichen Zutaten und etwas Eis zugeben, gut umrühren und in Gläser füllen. Mit Sodawasser auffüllen und servieren.

GLAS: Highball
GARNITUR: Kaffir-Limettenblatt

- 12 große Stücke Wassermelone
- 8 Kaffir-Limettenblätter (aus dem Asialaden)
- 60 ml Zitronensaft
- 30 ml Holunderblütensirup
- 120 ml Apfelsaft
- 60 ml Sodawasser

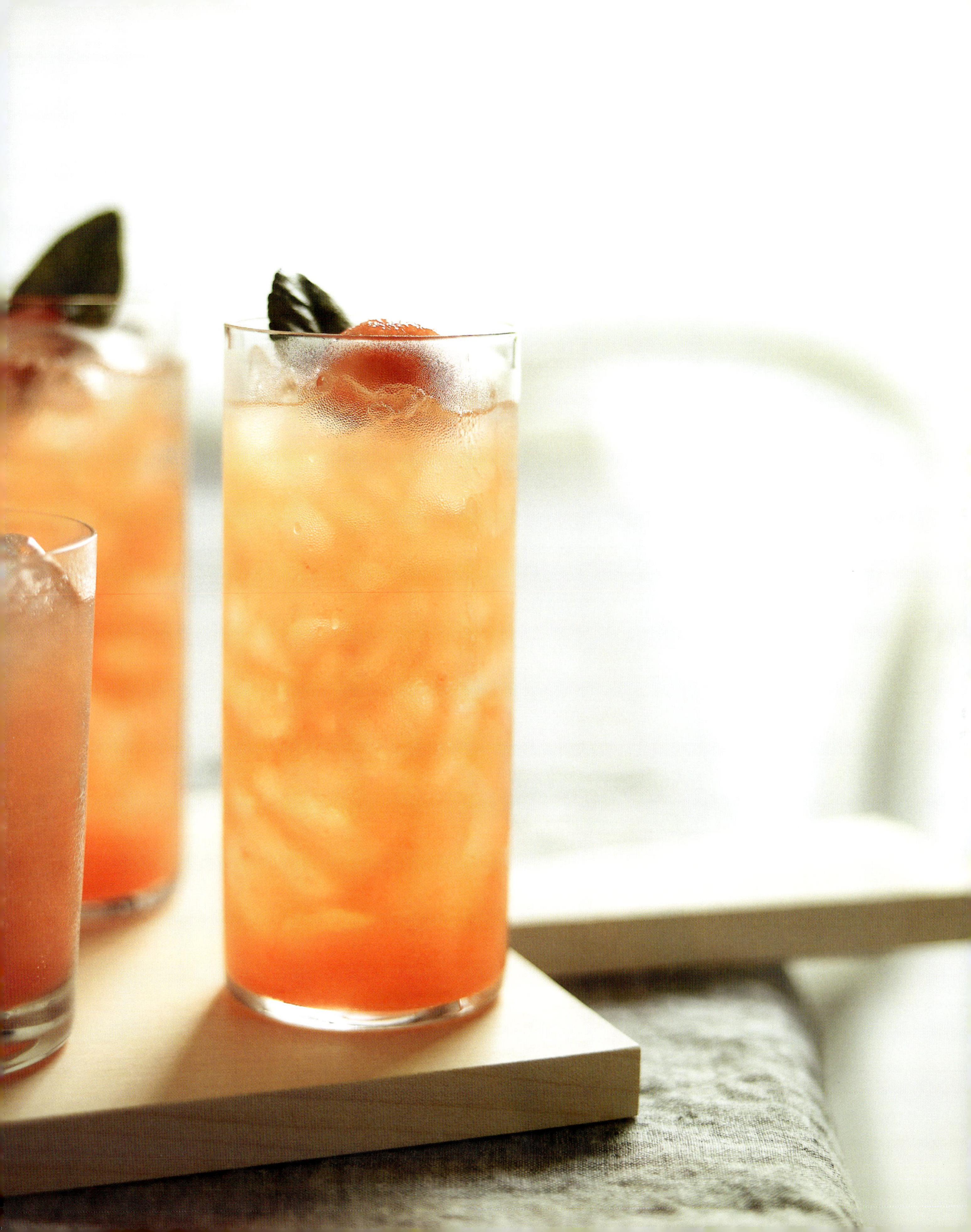

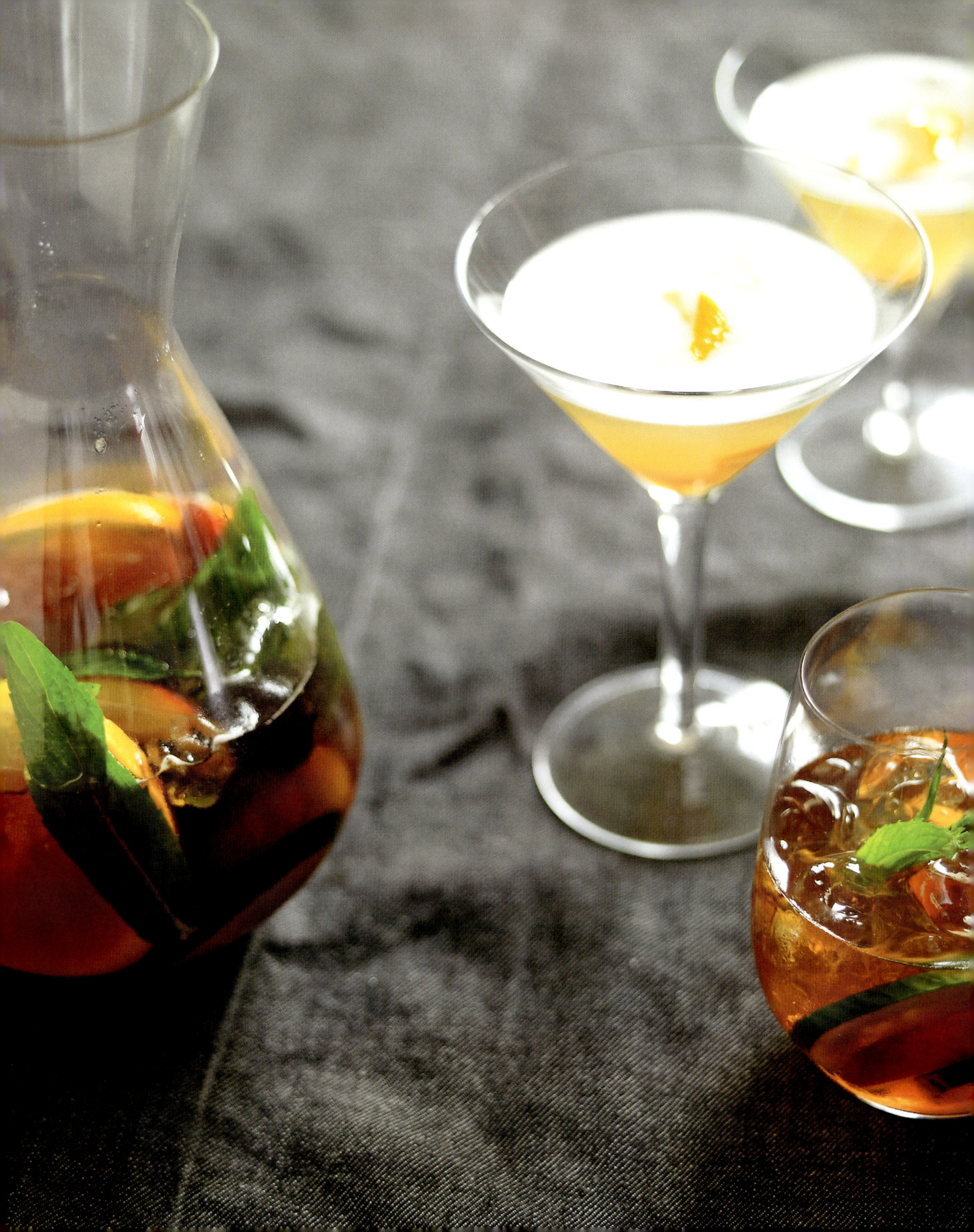

Den Frühstücksmartini hat der berühmte Barmann Salvatore Calabrese in London erfunden, ein herrlich einfacher Drink aus ganz alltäglichen Zutaten. Und mit etwas Fantasie können Sie ihm Ihren eigenen Stempel aufdrücken – probieren Sie das Rezept beispielsweise mit etwas Himbeerkonfitüre statt mit Orangenmarmelade.

Frühstücksmartini

FÜR 4 PERSONEN

180 ml Gin
60 ml Cointreau
120 ml Zitronensaft
20 ml Zitronensirup
8 Barlöffel bittere Orangenmarmelade

Pro Drink jeweils ein Viertel der Zutaten mit etwas Eis in den Shaker geben, gut schütteln und in gekühlte Gläser abseihen.

GLAS: Martiniglas
GARNITUR: Orangenstreifen

Wie Sie Ihren Pimm's servieren, liegt ganz bei Ihnen, solange ausreichend Früchte, etwas Minze und auch ein Scheibchen Gurke darin sind. Sie können den Pimm's auch zusammen mit Apfelsaft erwärmen, wenn es draußen kühler wird.

Pimm's Cup

FÜR 4–6 PERSONEN

240 ml Pimm's No. 1 Cup
120 ml Zitronensaft
80 ml Zuckersirup (siehe Seite 84)
1 Gurke, in Scheiben geschnitten
1 Bio-Orange, in Scheiben geschnitten
¼ Honigmelone, gewürfelt
2 Minzezweige
50 g kernlose Weintrauben
475 ml Sodawasser

Sämtliche Zutaten mit etwas Eis in eine Karaffe geben und gut umrühren. In Gläser füllen und servieren.

GLAS: Highball
GARNITUR: Orangenscheibe, Gurkenscheibe und Minzezweig

Der italienische Sgropino wird traditionell aus Sorbet, Limoncello (Zitronenlikör) und Prosecco gemacht, doch diese Version mit Apfelsorbet und einer Spur Apfellikör ist ein ganz besonderer Genuss. Sie können den Drink auch mit Mangosorbet und einem Hauch Minze probieren und dann mit Prosecco auffüllen.

Apfel-Sgropino
FÜR 4–6 PERSONEN

Den Gin, den Apfellikör, den Limettensaft, den Zuckersirup und das Apfelsorbet im Mixer pürieren. In Gläser füllen, mit dem Prosecco auffüllen, kurz durchrühren und servieren.

GLAS: Champagnerflöte
GARNITUR: kandierte Apfelscheibe
ANMERKUNG: Den Apfel in Scheiben schneiden, in Zucker wenden und im 120 °C heißen Backofen backen, bis der Zucker karamellisiert ist.

- 80 ml Gin
- 40 ml Apfellikör
- 20 ml Limettensaft
- 20 ml Zuckersirup (siehe Anmerkung Seite 84)
- 4 große Kugeln Apfelsorbet
- 250 ml Prosecco
- kandierte Äpfel zum Garnieren (siehe Anmerkung)

Der Original-Daiquiri stammt aus dem Jahre 1896 und wurde mit weißem Rum, Limetten und Zuckersirup zubereitet. Der Campari verleiht ihm hier eine leicht bittere Note und die Passionsfrucht gleicht sie mit ihrer natürlichen Süße wieder aus.

Dry Daiquiri
FÜR 4–6 PERSONEN

Pro Drink ein Viertel oder Sechstel der Zutaten in den Shaker geben, Eis zufügen und kräftig schütteln. In gekühlte Gläser abseihen und servieren.

GLASS: Martiniglas
GARNITUR: großer Teelöffel Passionsfruchtmark
ANMERKUNG: Passionsfruchtmark, die mit kleinen Kernen durchsetzte Fruchtpulpe, ist auch als Konserve in gut sortierten Supermärkten erhältlich, falls Sie keine frischen Früchte bekommen.

- 200 ml weißer Rum
- 80 ml Limettensaft
- 40 ml Zuckersirup (siehe Anmerkung Seite 84)
- 20 ml Campari
- 8 Barlöffel Passionsfruchtmark (siehe Anmerkung)

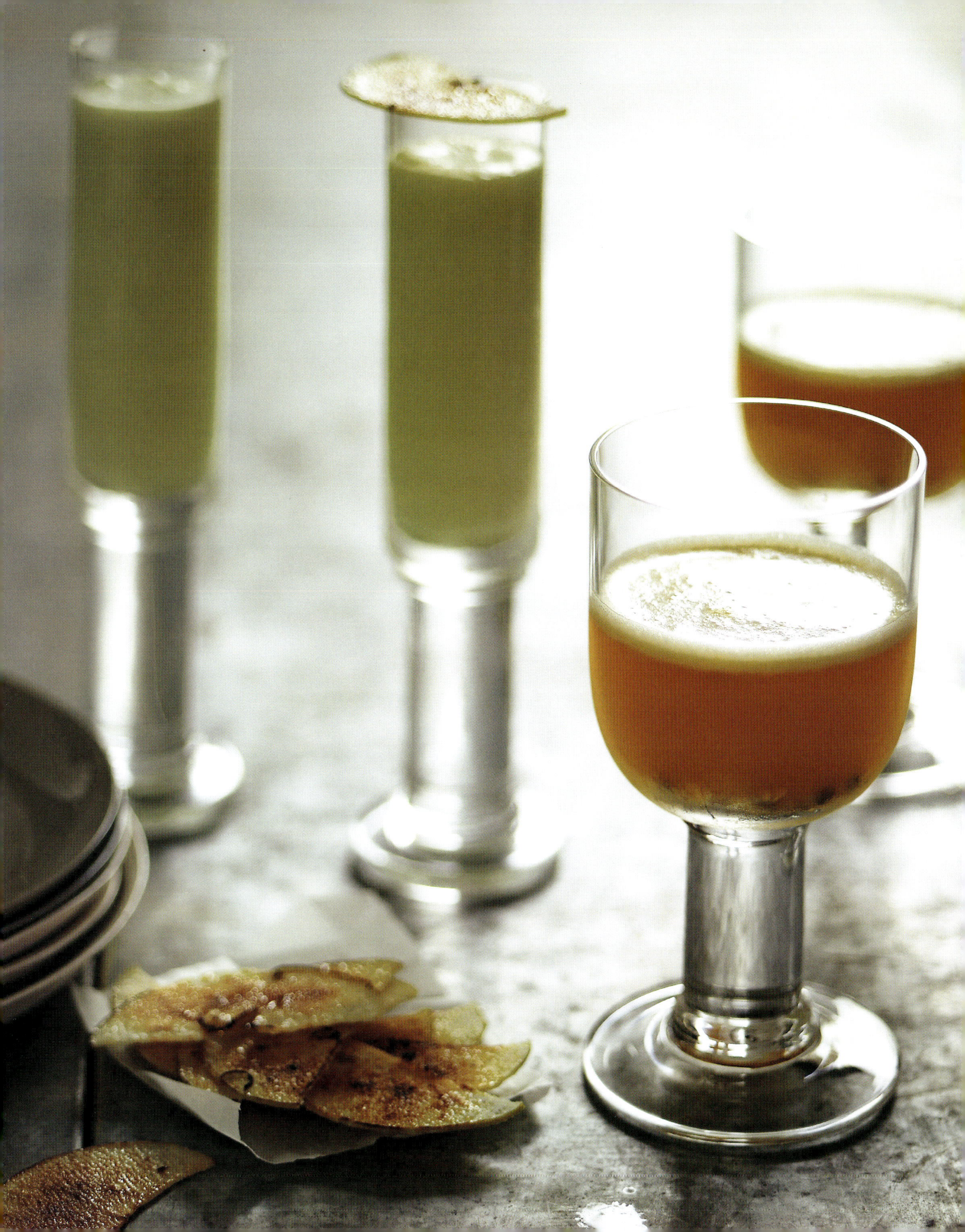

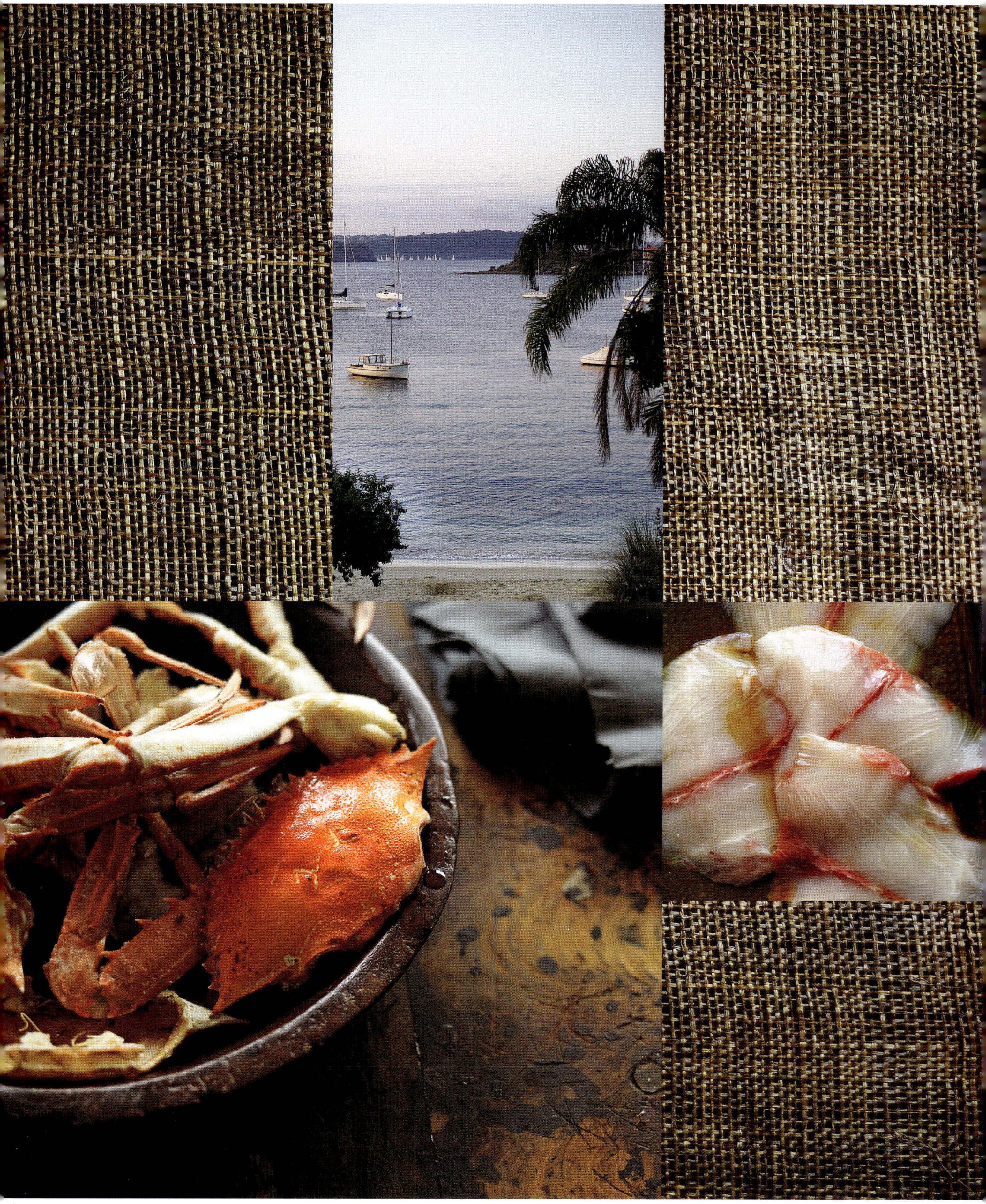

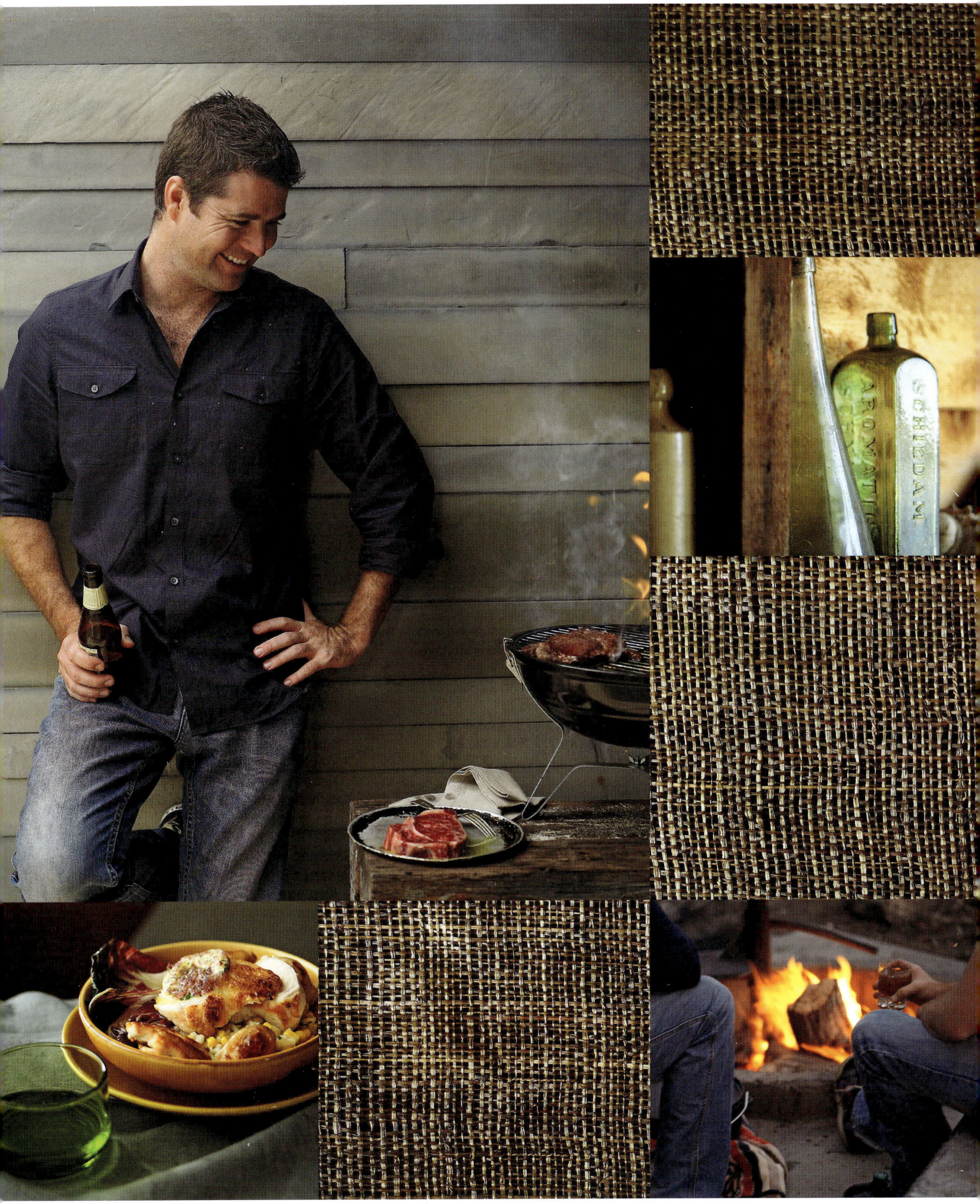
AROMATIC
SCHIEDAM

Register

A
Apfel-Sgropino 248
Auberginen
    Fischkoteletts mit pikantem Auberginen-Relish 135
    Gelbschwanzmakrele mit eingelegten Auberginen & Trüffeldressing 212
    Krabben aus dem Wok mit Thai-Basilikum & Auberginen 161
    Schweinebauch, geschmorter, mit Chilisauce 44
Austern mit Grapefruit, Minze & Chili 174

B
Baby-Krake mit süßsauer eingelegter Paprika 177
Barramundifilet im Bambusblatt mit schwarzen Bohnen & Chili-Sambal 178
Barrys Mixed-Spieße mit Bierbrot 68
Bloody Mary 166
Bohnen
    Quesadillas mit Chilibohnen 156
    Steak-Wraps mit Chilibohnen 103
Burger
    Chicken-Burger mit Piri-Piri-Sauce 79
    Hamburger, portugiesische 127
    Petes Burger 61

C
Chicken-Burger mit Piri-Piri-Sauce 79
Cola-Rum-Rippchen 56

D
Donnies sagenhafte Tomaten-Salsa 107
Drinks
    Apfel-Sgropino 248
    Bloody Mary 166
    Dry Daiquiri 248
    Fish House Punch 84
    Floral Delight 244
    Frühstücksmartini 247
    Himbeer-Zitronen-Mocktail 168
    Litschi-Swizzle 169
    Lynchburg Lemonade 169
    Paloma 84
    Pimm's Cup 247
    Sangria 168
    Treacle 83
    Whiskey Mac 83
Dry Daiquiri 248

E
Eiergerichte
    Eier mit Chorizo 13
    French Toast mit Feigen 14
    Pfannkuchen, japanische, mit Jakobsmuscheln & Shiitake-Pilzen 91
    Pfannkuchen mit Zimtbananen 17
Eier mit Chorizo 13
Entenbrust, mit Tee geräucherte, & Ravioli mit Foie gras 238

F
Feigen
    Feigen, gebratene, mit Mascarpone und Honig 240
    French Toast mit Feigen 14
    Kalbsleber, gegrillte, und Feigensalat mit Sherry-Vinaigrette 210
Fisch
    Barramundifilet im Bambusblatt mit schwarzen Bohnen & Chili-Sambal 178
    Fisch, gebratener, mit Artischocken-Tomaten-Salsa 198
    Fisch, gegrillter, mit Kokos-Chutney im Bananenblatt 55
    Fisch, gegrillter, mit Zitronendressing 62
    Fisch, in Miso marinierter, auf japanische Art 112
    Fischkoteletts mit pikantem Auberginen-Relish 135
    Flunder mit warmem Knoblauch-Petersilien-Dressing 33
    Forelle im Schinkenmantel mit Matsutake-Pilzen 30
    Gelbschwanzmakrele, gegrillte, mit Hoisin-Glasur 24
    Gelbschwanzmakrele mit eingelegten Auberginen & Trüffeldressing 212
    Lachs mit Curry-Kokos-Marinade 52
    Lachs, gebratener, mit grünem Mangosalat 104
    Lachs & Pak-Choi in der Folie mit Ingwer-Soja-Sauce 90
    Lachs mit Gurkenspaghetti und Tomatendressing 189
    Lachspizza mit Mascarpone & Kaviar 149
    Makrele mit Tomaten, Fenchel & Kapernbeeren 144
    Petersfisch mit Zitronen-Petersilien-Butter 27
    Regenbogenforelle mit Gurken-Relish 234
    Salat von Gelbschwanzmakrele mit Knoblauch und Mandeln 182
    Sardinen auf Toast 95
    Sardinen in Weinblättern mit Kirschtomaten & Oliven 197
    Schnapperfilets mit Kartoffel-Krabben-Rösti, Spinat & Möhrensauce 237
    Thunfisch, gebratener, mit Wakame-Ponzu-Salat 206
    Thunfisch mit Rosinen, Pinienkernen & Radicchio di Treviso 111
    Udos Fisch in der Folie mit Tamarinden-Kokos-Würzpaste 67
Fish House Punch 84
Fladenbrote, gefüllte (Gözleme) 89
Floral Delight 244
Flunder mit warmem Knoblauch-Petersilien-Dressing 33

Flusskrebse mit Thymian-Orangen-Butter 186
Forelle im Schinkenmantel mit Matsutake-Pilzen 30
French Toast mit Feigen 14
Frühstücksmartini 247

G
Garnelen-Avocado-Türmchen 219
Garnelen mit Chili, Oregano & Olivenöl 36
Garnelen mit Romesco-Sauce 96
Geflügel
    Chicken-Burger mit Piri-Piri-Sauce 79
    Entenbrust, mit Tee geräucherte, & Ravioli mit Foie gras 238
    Hähnchenbrust mit Mais-Schalotten-Risotto 201
    Hähnchensandwich, vietnamesisches 147
    Hähnchen-Schawarma mit Knoblauch-Joghurt-Sauce 155
    Stubenküken in Chermoula-Marinade mit Joghurt-Minze-Sauce 34
    Stubenküken mit Chili, Rosmarin & eingelegten Zitronen 143
Gelbschwanzmakrele, gegrillte, mit Hoisin-Glasur 24
Gelbschwanzmakrele mit eingelegten Auberginen & Trüffeldressing 212
Gemüse, asiatisches, aus dem Wok 137
Gözleme (Gefüllte Fladenbrote) 89

H
Hähnchenbrust mit Mais-Schalotten-Risotto 201
Hähnchenlebern in Madeira & Kartoffelplätzchen mit Speck 213
Hähnchensandwich, vietnamesisches 147

Hähnchen-Schawarma mit Knoblauch-Joghurt-Sauce 155
Halloumi, gegrillter, mit Paprika, Kichererbsen & Chorizo 123
Hamburger, portugiesische 127
Herbies Lamm-Tagine 47
Himbeer-Zitronen-Mocktail 168
Hummer aus dem Wok mit Chilisauce 136

J
Jakobsmuscheln in der Schale mit Chipotle-Koriander-Butter 190
Jakobsmuscheln mit Grünteenudeln 233

K
Kalbsleber, gegrillte, und Feigensalat mit Sherry-Vinaigrette 210
Kaninchen, geschmortes, mit Zimt, getrockneten Aprikosen & Pistazien 48
Krabben aus dem Wok mit Thai-Basilikum & Auberginen 161
Krabben-Mais-Küchlein 99
Kürbispüree, pikantes 73

L
Lachs, gebratener, mit grünem Mangosalat 104
Lachs mit Curry-Kokos-Marinade 52
Lachs mit Gurkenspaghetti und Tomatendressing 189
Lachs & Pak-Choi in der Folie mit Ingwer-Soja-Sauce 90
Lachspizza mit Mascarpone & Kaviar 149
Lammfleisch
    Barrys Mixed-Spieße mit Bierbrot 68
    Herbies Lamm-Tagine 47
    Lammkeule, gegrillte, mit Harissa & Joghurtsauce mit Minze 119

    Lammkeule, geschmorte, mit Zwiebeln und Portwein 51
    Lammkoteletts auf griechische Art & würziger Zucchinisalat 116
    Lammrückenfilets mit Rucolasalat 202
    Lammsandwich, das beste türkische, vom Grill 72
    Lammspieße, gegrillte, mit Kräutern der Provence & Ratatouille 115
    Merguez-Würste, selbst gemachte 124
    Lammkeule, gegrillte, mit Harissa & Joghurtsauce mit Minze 119
    Lammkeule, geschmorte, mit Zwiebeln und Portwein 51
    Lammkoteletts auf griechische Art & würziger Zucchinisalat 116
    Lammrückenfilets mit Rucolasalat 202
    Lammsandwich, das beste türkische, vom Grill 72
    Lammspieße, gegrillte, mit Kräutern der Provence & Ratatouille 115
    Lammspieße, pikante, mit Granatapfelsauce 228
Leber
    Hähnchenlebern in Madeira & Kartoffelplätzchen mit Speck 213
    Kalbsleber, gegrillte, und Feigensalat mit Sherry-Vinaigrette 210
Litschi-Swizzle 169
Lynchburg Lemonade 169

M
Mais
    Hähnchenbrust mit Mais-Schalotten-Risotto 201
    Krabben-Maisküchlein 99

Mais, gegrillter, mit Chilibutter
& Limetten 128
Venusmuscheln mit Mais-Chili-
Salsa 192
Zucchini-Mais-Fritters mit Zie-
genquark & Gazpacho-Sauce 18
Makrele mit Tomaten, Fenchel
& Kapernbeeren 144
Meeresfrüchte
Austern mit Grapefruit, Minze
& Chili 174
Baby-Krake mit süßsauer einge-
legter Paprika 177
Flusskrebse mit Thymian-Oran-
gen-Butter 186
Garnelen-Avocado-Türmchen
219
Garnelen mit Chili, Oregano
& Olivenöl 36
Garnelen mit Romesco-Sauce 96
Hummer aus dem Wok mit Chili-
sauce 136
Jakobsmuscheln in der Schale mit
Chipotle-Koriander-Butter 190
Jakobsmuscheln mit Grüntee-
nudeln 233
Krabben aus dem Wok mit Thai-
Basilikum & Auberginen 161
Krabben-Mais-Küchlein 99
Miesmuscheln »Gazwah« 41
Muscheln mit XO-Sauce 63
Pfannkuchen, japanische, mit
Jakobsmuscheln & Shiitake-
Pilzen 91
Salat mit gegrilltem Tintenfisch,
Fenchel & Zitronendressing 217
Scampi, gebratene, mit Mango-
Kokos-Dressing 193
Tintenfisch, gebratener, mit Chili
und Salsa 106
Venusmuscheln mit Mais-Chili-
Salsa 192

Merguez-Würste, selbst
gemachte 124
Miesmuscheln »Gazwah« 41
Minutensteaks mit Olivendressing
& Tomatensalat 132
Möhren, eingelegte 74
Mums Steaksandwich 152
Muscheln mit XO-Sauce 63

P
Paloma 84
Petersfisch mit Zitronen-Petersilien-
Butter 27
Petes Burger 61
Pfannkuchen, japanische, mit
Jakobsmuscheln & Shiitake-
Pilzen 91
Pfannkuchen mit Zimtbananen 17
Pfirsiche, gebratene, mit Amaretto
241
Pimm's Cup 247
Pizza
Lachspizza mit Mascarpone
& Kaviar 149
Pizza »Puttanesca« 148

Q
Quesadillas mit Chilibohnen 156

R
Regenbogenforelle mit Gurken-
Relish 234
Reisnudeln, malaysische 140
Ribeye-Steak mit Chili-Salz-Kruste
und Zitrone 37
Rindfleisch
Gözleme (Gefüllte Fladenbrote)
89
Minutensteaks mit Olivendressing
& Tomatensalat 132
Mums Steaksandwich 152
Petes Burger 61

Ribeye-Steak mit Chili-Salz-Kruste
und Zitrone 37
Rindfleisch-Tataki, japanisches 218
Steak mit Café-de-Paris-Butter
227
Steak vom Kobe-Rind mit Stein-
pilzen, Kartoffeln & Schalotten
223
Steak-Wraps mit Chilibohnen 103
T-Bone-Steak mit Chimichurri
224
Thai-Rindfleischsalat 162
Rindfleisch-Tataki, japanisches 218

S
Salat mit gegrilltem Tintenfisch,
Fenchel & Zitronendressing 217
Salat von Gelbschwanzmakrele mit
Knoblauch und Mandeln 182
Sandwiches & gefüllte Brote
Gözleme (Gefüllte Fladenbrote)
89
Hähnchensandwich, vietnamesi-
sches 147
Hähnchen-Schawarma mit Knob-
lauch-Joghurt-Sauce 155
Lammsandwich, das beste türki-
sche, vom Grill 72
Mums Steaksandwich 152
Quesadillas mit Chilibohnen 156
Steak-Wraps mit Chilibohnen 103
Sangria 168
Sardinen auf Toast 95
Sardinen in Weinblättern mit
Kirschtomaten & Oliven 197
Saucen & Dressings
Ananas-Ingwer-Mojo 129
Auberginen-Relish, pikantes 135
Chimichurri 224
Donnies sagenhafte Tomaten-
Salsa 107
Gazpacho-Sauce 18

Knoblauch-Joghurt-Sauce 155
Möhrensauce 237
Olivendressing 132
Ponzu-Dressing, pikantes 206
Salatdressing, japanisches 182
Tamarindensauce 234
Tapenade, grüne 144
Tomatendressing 189
XO-Sauce 63
Zwiebel-Ponzu 218
Scampi, gebratene, mit Mango-Kokos-Dressing 193
Schmorgerichte
Herbies Lamm-Tagine 47
Kaninchen, geschmortes, mit Zimt, getrockneten Aprikosen & Pistazien 48
Lammkeule, geschmorte, mit Zwiebeln und Portwein 51
Schweinebauch, geschmorter, mit Chilisauce 44
Schnapperfilets mit Kartoffel-Krabben-Rösti, Spinat & Möhrensauce 237
Schweinebauch, geschmorter, mit Chilisauce 44
Schweinefleisch
Cola-Rum-Rippchen 56
Hamburger, portugiesische 127
Reisnudeln, malaysische 140
Schweinebauch, geschmorter, mit Chilisauce 44
Schweinekotelett mit Parmesan-Salbei-Kruste und Fenchelsalat 76
Schweinekoteletts, marinierte, mit Ananas-Ingwer-Mojo 129
Schweinerippchen mit Ahornsirup- & Tamarinden-Glasur 57
Tandoori-Schweinespieße 203
Schweinekotelett mit Parmesan-Salbei-Kruste und Fenchelsalat 76

Schweinekoteletts, marinierte, mit Ananas-Ingwer-Mojo 129
Schweinerippchen mit Ahornsirup- & Tamarinden-Glasur 57
Spieße
Barrys Mixed-Spieße mit Bierbrot 68
Lammspieße, gegrillte, mit Kräutern der Provence & Ratatouille 115
Lammspieße, pikante, mit Granatapfelsauce 228
Tandoori-Schweinespieße 203
Steak mit Café-de-Paris-Butter 227
Steak vom Kobe-Rind mit Steinpilzen, Kartoffeln & Schalotten 223
Steak-Wraps mit Chilibohnen 103
Stubenküken mit Chili, Rosmarin & eingelegten Zitronen 143
Stubenküken in Chermoula-Marinade mit Joghurt-Minze-Sauce 34

T

Tandoori-Schweinespieße 203
Tapenade, grüne 144
T-Bone-Steak mit Chimichurri 224
Thai-Rindfleischsalat 162
Thunfisch, gebratener, mit Wakame-Ponzu-Salat 206
Thunfisch mit Rosinen, Pinienkernen & Radicchio di Treviso 111
Tintenfisch, gebratener, mit Chili und Salsa 106
Toast mit Pilzen und Ricotta 23
Tomatendressing 189
Treacle 83

U

Udos Fisch in der Folie mit Tamarinden-Kokos-Würzpaste 67

V

Venusmuscheln mit Mais-Chili-Salsa 192

W

Whiskey Mac 83
Wurst
Eier mit Chorizo 13
Haloumi, gegrillter, mit Paprika, Kichererbsen & Chorizo 123
Merguez-Würste, selbst gemachte 124

Z

Zucchini-Mais-Fritters mit Ziegenquark & Gazpacho-Sauce 18

DK

Dorling Kindersley
London, New York, Melbourne, München und Delhi

Für die deutsche Ausgabe:
Programmleitung Monika Schlitzer
Projektbetreuung Florian Bucher
Herstellungsleitung Dorothee Whittaker
Herstellung Anna Plucinska

Bibliografische Information Der Deutschen Bibliothek
Die Deutsche Bibliothek verzeichnet diese Publikation in der Deutschen Nationalbibliografie;
detaillierte bibliografische Daten sind im Internet über http://dnb.ddb.de abrufbar.

Titel der Originalausgabe:
My Grill
Erschienen 2009 bei Murdoch Books Pty Limited
Programmleitung Jane Lawson
Lektorat Daniela Bertollo
Gestaltung Reuben Crossman
Fotos Anson Smart
Foodstyling David Morgan
Redaktion Sonia Greig
Herstellung Alexandra Gonzales

Text © Peter Evans 2009
The author asserts the moral rights to be identified as the author of this work.
Layout © Murdoch Books 2009
Fotos © Anson Smart 2009

© der deutschsprachigen Ausgabe by Dorling Kindersley Verlag GmbH, München, 2010
Alle deutschsprachigen Rechte vorbehalten

Übersetzung Helmut Ertl
Redaktion Claudia Boss-Teichmann

ISBN 978-3-8310-1719-5

Colour reproduction by Spitting Image
Printed and bound in China by C&C Offset Printing Co. Limited

Besuchen Sie uns im Internet
www.dorlingkindersley.de

Gesundheitshinweis: Durch Salmonellenerkrankungen besonders gefährdete Personen
(ältere Menschen, schwangere Frauen, Kleinkinder und Personen mit geschwächtem Immunsystem)
sollten den Verzehr roher oder nicht durchgegarter Eier vermeiden.

Hinweis zu Garzeiten und Temperaturen: Bei den Zeitangaben handelt es sich um Richtwerte.
Anhand der Beschreibung von Farbe und Konsistenz kann der Leser jedoch selbst erkennen, ob ein
Gericht ausreichend gegart ist.
Die Temperaturangaben für den Backofen beziehen sich (soweit nicht anders angegeben) auf Umluftherde.
Wenn Sie einen herkömmlichen Herd benutzen, die Temperatur um 20 °C erhöhen.